Pratique de mon système

Petite Bibliothèque Payot/Échecs 261

Aaron Nimzowitsch

Pratique de mon système

Traduit de l'allemand
par Céline Roos

Titre original :

DIE PRAXIS MEINES SYSTEMS
(Kurt Rattmann, Hambourg)

Collection dirigée
par Christophe Bouton

La traductrice tient à remercier Norbert Engel, Michel, Jacqueline, Bill, Stéphane et Sylvie pour l'aide qu'ils lui ont apportée.

PRÉFACE

Le maître moderne n'a pas de méthode secrète. Le jeu de position est bâti comme les autres domaines de l'art sur des procédés qu'il est possible d'étudier. Tels sont le but et la raison d'être de notre livre.

Ce livre se propose donc d'enseigner le jeu de position. Je reprends ici les stratagèmes déjà énoncés dans mes travaux de jeunesse, pour les examiner minutieusement avec d'abondants articles et en les illustrant par de nombreuses parties. Ce livre reste pourtant entièrement indépendant de *Mon Système**, car nulle part ne sera supposée une quelconque connaissance des règles du système ; lorsque cela sera nécessaire elles seront plutôt brièvement expliquées. Il n'est réellement pas difficile de se servir de la prophylaxie, de la surprotection, etc. Il suffit d'étudier le sujet !

La valeur de ce livre tient aussi à sa compilation de parties qui comprend cent neuf des meilleures parties que j'ai jouées, à l'exception de celles déjà publiées dans *Mon Système* et dans *Die Blockade.*

Encore quelques mots à propos de l'apparence extérieure du livre. Nous n'avons pas pratiqué l'auto-congratulation. Notre opinion est que cette « variante » issue de l'époque pseudo-classique et encore populaire aujourd'hui est aussi peu « jouable » que par exemple 3 ...c7-c5 ou de nombreuses autres variantes louées jadis avec moult qualificatifs. L'autocongratulation n'est « jouable » que dans de rares occasions, et en particulier lorsque la reconnaissance légitime n'est pas rendue. Dans tous les autres cas la louange personnelle est fade et démoralisante.

Je n'ai pas lésiné sur les tables dans cet ouvrage. Nous présentons non seulement une table des matières détaillée mais aussi un index des

* Petite Bibliothèque Payot/Échecs, n°s 157 et 158.

parties et un index des ouvertures. En outre, nous avons dû lors de la division du matériel nous soucier avant tout des stratagèmes les plus importants tels que la centralisation et le handicap et il nous a fallu négliger les « petits » stratagèmes tels que les colonnes ouvertes, la septième rangée, etc. Il nous a donc semblé opportun de présenter une table qui permette de savoir dans quelles parties ont été utilisées les diverses manœuvres de guérilla. Il n'est pas besoin d'expliquer que ce dernier sujet pourrait être inépuisable ; quoi qu'il en soit, les amateurs du jeu d'échecs qui le désireront auront la possibilité d'étudier plus avant les « éléments » (colonnes, pions passés, etc.) qui les intéressent.

Encore un point pour finir. Mon désir eût été de pouvoir faciliter la lecture des parties en illustrant toutes les variantes et évolutions par des diagrammes (pour certaines parties il aurait fallu quatre ou même cinq diagrammes). Le compendium volumineux n'est cependant plus à la mode, de nos jours la minceur est de rigueur. Nous pouvons toutefois suggérer à l'aimable joueur une méthode facile qui a fait ses preuves : elle consiste à utiliser deux échiquiers (par exemple un échiquier et un jeu de poche) pour rejouer les parties, l'un des échiquiers servant à la partie réelle et le second aux analyses. Cette méthode est beaucoup plus simple qu'il n'y paraît, l'effort est infime, et l'on profite ainsi d'analyses souvent fort intéressantes.

Août 1928,

L'AUTEUR.

I

LA CENTRALISATION

Elle permet d'obtenir d'excellents résultats dans la pratique des tournois contemporains. Puisque la nécessité stratégique en toute circonstance du contrôle des cases centrales est jusqu'à présent peu reconnue, il n'est pas rare de voir des joueurs d'expérience « carrément fuir » de leur propre chef le centre. Mais nous devons bien veiller à punir réellement tout début de négligence du centre du camp adverse. Le péché de négligence au centre a pour origine soit un habituel manque d'observation des nécessités stratégiques, soit une faiblesse passionnelle pour l'idée d'attaque à l'aile ! Dans le premier cas l'adversaire se voit ravir la supériorité au centre, dans le deuxième il nous la concède volontairement pour tenter témérairement sa chance à l'aile. Une attaque à l'aile ne donne pourtant de chance réelle que si le centre est fermé ou bien peut être préservé de toute invasion grâce à un minimum de forces. Si tel n'est pas le cas, l'attaque meurt faute d'attaquant, car, pensons-y, comment pouvoir concilier avec succès une formation d'attaque difficile avec une formation de défense encore plus épineuse ! Notre partie n° 3 en est une nette illustration. L'invasion du centre y produisit une paralysie totale — j'allais dire une démoralisation — des troupes de diversion.

Le mécanisme de la centralisation s'accomplit en traçant des cercles de plus en plus étroits autour du complexe de cases centrales (ceci après avoir tué dans l'œuf toute entreprise de poussée des pions centraux de l'adversaire). C'est dans ce sens que nous nous réjouissons de la conquête de toute colonne ou diagonale centrale, même de peu d'apparence encore. Si, d'aventure, nous avons réussi à établir quelques-unes de nos pièces au centre, et qu'elles y exercent réellement l'effet à distance attendu, alors nous sommes en droit de nous satisfaire du résultat de notre action de centralisation. Voir la partie n° 12.

En milieu de partie, après avoir ainsi réussi à accumuler ses pièces au centre, nous pouvons les utiliser pour monter une forte attaque à l'aile. En effet, il ne faut pas concevoir la centralisation comme un but en soi, mais bien comme la manière la plus rationnelle de rassembler les forces que l'on peut employer vers les ailes. Comparons avec la partie n° 8. Toujours est-il qu'une position sagement centralisée, ceci en toutes occasions, peut être jugée consolidée.

Néanmoins, une position centralisée n'est pas à l'abri d'une attaque. Il pourrait, par exemple, venir à l'idée de l'adversaire d'écarter nos pièces du centre par l'échange. Il nous faut, dans ce cas, sauver un reste suffisant de la centralisation pour la finale (partie n° 7). Un autre danger est que l'adversaire sacrifie un verrou pour, de cette façon, soudainement agrandir le territoire central. La parade consiste impérativement à s'adapter au plus vite aux nouvelles conditions ; parfois un contre-sacrifice en vue d'une exploitation précise d'une diagonale de verrou au centre semble être la bonne réponse. Contentons-nous provisoirement des courtes remarques énoncées, tout le reste devient clair au vu des parties et des commentaires les précédant.

1. La négligence du complexe de cases centrales : faute typique, récurrente. Le concept de loupe sur le centre

Dans les parties n° 1 et 2 le centre est négligé sans raison apparente, dans la partie n° 3 avec un objectif d'attaque à l'aile ; telle stratégie ne peut réussir que grâce à un jeu erroné de l'adversaire.

La loupe sur le centre est un instrument certes imaginaire, mais vraiment efficace qui, dans chaque situation particulière, révèle si le coup candidat augmente ou diminue au contraire l'effet d'ensemble au centre de nos troupes. Si Brinckmann avait utilisé cette loupe dans notre partie de tournoi berlinoise de 1928, il ne se serait pas égaré — après 1. d4 d5 2. ♘f3 e6 3. ♗f4 ♘f6 4. e3 c5 5. c3 — à jouer ♕b6, car dans la suite 6. ♕b3 ♘c6 7. ♘bd2 le coup centralisateur ♗d6 est impossible. Tout au moins aurait-il dû poursuivre par 7 ... ♗e7, mais il préféra le coup décentralisateur 7 ... ♘h5. Il s'ensuivit une courte mais efficace expédition punitive : 8. ♕xb6 axb6 9. ♗c7 c4 10. ♗xb6, et les Noirs durent perdre du temps à ramener le cavalier au centre. 10 ... ♘f6 (parant aussi le menace e3-e4). Alors advint 11. ♗c7 avec avantage blanc. Sans 7 ... ♘h5 les Blancs n'auraient pas eu de justification pour leur brigandage. Par exemple : 7 ... ♗e7 ! 8. ♕xb6 ? axb6 9. ♗c7 c4 10. ♗xb6 ♘d7 et les Noirs ont de l'attaque. Nous aurons encore par la suite l'occasion de nous convaincre de l'utilité de la loupe.

Partie n° 1
Noirs : K.Ahues
Berlin, 1928

1. c4 ♘f6 2. ♘c3 c6 3. e4 d5 4. e5 d4 5. exf6 dxc3 6. bxc3

1

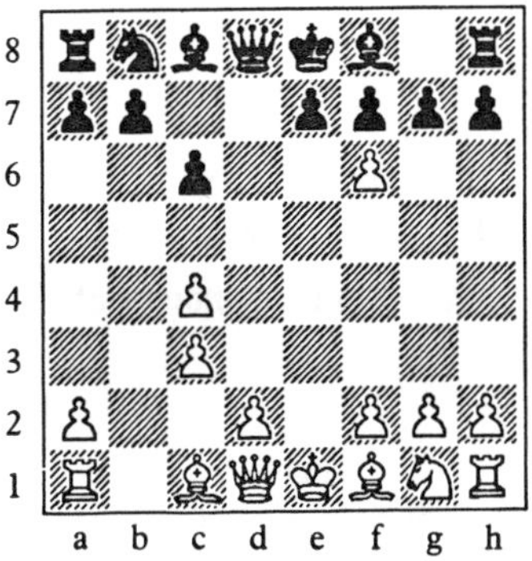

6 ... gxf6

Il était plus clair de jouer 6 ... exf6. Pourquoi plus clair ? Parce que la construction ♗d6, 0-0 et ♖e8 ne pouvait plus être empêchée. Une telle construction allait dans le sens d'une centralisation et assurait ainsi la meilleure protection face à toute surprise. Il en est tout autrement après le coup du texte gxf6. De cette manière certes, les Noirs obtiennent rapidement un « fier » centre de pions, mais la question est de savoir s'il a vraiment de quoi être fier ? Voyons : 6 ... gxf6 7. ♘f3 e5 8. d4 e4 ? 9. ♘h4 ! f5 10. g3 suivi de ♘g2 et ♗f4 provoquant la paralysie. Dans l'« obstination » aussi, ce centre se révèle faible (voir la note du neuvième coup). exf6 était bien le coup juste.

7. ♘f3 c5

Il semble plus juste positionnellement de jouer 7 ... e6, défendant le centre.

8. d4 ♘c6
9. ♗e2 f5

On peut considérer 9 ... e5 pour garder la position (= politique de l'« obstination »). La suite serait 10. ♗e3 ♕a5 (ou *10 ... b6 11. 0-0* suivi de ♕d2, ♖ad1 et les Blancs font pression sur la colonne d) 11. 0-0 ♕xc3 12. dxe5 ! (bien supérieur à 12. ♖c1, qui ramène seulement la dame en position de défense, via a5 vers c7) 12 ... fxe5 (ou 12 ... ♘xe5 13. ♕d5 !) 13. ♘g5 ♗f5 14. ♗h5 ♗g6 15. ♗xg6 hxg6 16. ♕d5 gagne. Le coup du texte est une faute plus grave, c'est un total abandon du centre. Relativement meilleur semble être 9 ...

♖g8, toutefois les Blancs conservent ici aussi l'avantage, par exemple : 9 ... ♖g8 10. g3 ♗h3 11. ♖b1 ♕c7 12. ♕a4 ♗d7 13. ♕c2 etc.

10. d5 ♘a5
11. ♘e5

Les jeux sont faits.

11 ... ♗d7

Ou 11. ♗g7 12. ♕a4+ ♔f8 (*12 ... ♗d7? 13. ♘xd7! ♗xc3+ 14. ♗d2 ♗xa1 15. ♘f6++ ♔f8 16. ♗h6! mat)* 13. f4 f6 14. ♘f3 avec une suprématie positionnelle absolue.

12. ♗h5 ♗g7 13. ♘xf7 ♕b6 14. ♘xh8+ ♔f8 15. ♘f7

Les Blancs rendent volontairement tout le matériel gagné, mais conservent un cavalier « géant » contrôlant e6. Voici comment il faut jouer. Il ne faut pas se cramponner à l'avantage matériel obtenu mais jouer avec élasticité (c'est-à-dire transformer l'avantage acquis en d'autres avantages) : — voici le mot d'ordre !

15 ... ♗e8 16. ♘g5 ♗xc3+ 17. ♔f1 !

Il ne faut pas jouer 17. ♗d2 sinon 17 ... ♗xh5 18. ♕xh5 ♗xd2+ 19. ♔xd2 ♕b2+.

17 ... ♗xa1 18. ♘e6+ ♔g8 19. ♗xe8 ♖xe8 20. ♕h5 ♖a8 21. ♕xf5 ♕b4 22. g3 ♕xc4+ 23. ♔g2 ♕e2

Les Noirs ne peuvent plus se tirer d'affaire.

24. ♗d2

Encore plus précis semble être 24. ♖e1 ! ♕xe1 25. ♘g5 ♗g7 ! 26. ♕f7+ ♔h8 27. ♗b2 ! et gagne.

24 ... ♘c4

Ou 24 ... ♕xd2 25. ♘g5 ♗g7 26. ♕e6+ avec mat à l'étouffé.

25. ♖e1 ♕xd2
26. ♘g5 ♘d6

Le reste est une effusion de sang que nous décrivons brièvement, n'étant guère amateurs de mises à mort.

27. ♕xh7+ ♔f8 28. ♕xe7+ ♔g8 29. ♕h7+ ♔f8 30. ♕h6+ ♔g8 31. ♕g6+ ♗g7

Pauvre fou, ton heure est venue ; mais console-toi, tu meurs dans ta patrie !

32. ♕h7+ ♔f8 33. ♘e6+ ♔e8 34. ♘xg7+ ♔d8 35. ♖e5

et les Noirs abandonnent.

Partie n° 2
Blancs : E. Bogolioubov
Londres, 1927

1. c4 e6 2. ♘c3 ♘f6 3. e4 c5 4. g3

D'après Bogolioubov, on peut envisager 4. ♘f3 ♘c6 5. d4 cxd4 6. ♘xd4 ♗b4 7. ♕d3.

4 ... d5 5. e5 d4 6. exf6 dxc3 7. dxc3

Rien ne s'oppose à 7. bxc3, par exemple : 7. bxc3 ♕xf6 8. d4 (*8 ... cxd4 9. cxd4 ♗b4+ 10. ♗d2 ♕xd4 11. ♗xb4 ♕e4+ 12. ♗e2 ♕xh1 13. ♕d6 ♘c6 14. ♗f3* gagne). Mais le coup du texte est aussi jouable car la majorité de pions noirs ne pourra guère se déployer.

7 ... ♕xf6 !
8. ♘f3

Ici, 8. ♗g2 est hautement recommandé, par exemple : 8 ... ♘c6 9. ♘e2 e5 10. 0-0 suivi de f4. Le coup du texte rend plus ardue l'action centrale de la diagonale du fou.

8 ... h6 9. ♗g2 ♗d7 ! 10. ♘d2 !

Voici qui rattrape quelque peu l'erreur commise au huitième coup.

10 ... ♗c6 11. ♘e4 ♕g6 12. ♕e2 ♗e7

12 ...f5 serait faux à cause de 13. ♗f3 suivi de ♘d2 et le point e5 serait affaibli pour longtemps. Visiblement, le problème posé ici aux Blancs est double : 1) il faut entraver la majorité de pions noirs, 2) il faut gagner le contrôle du centre. Ce double problème est solvable jusqu'à un certain degré, à condition de se servir de la façon la plus précise des forces de combat à disposition.

13. 0-0 0-0

2

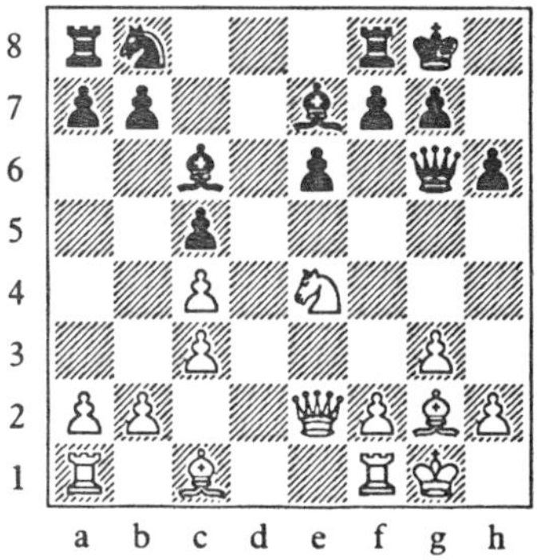

14. h4 ? !

Il néglige le centre ! Pourquoi pas 14. f4 !, si 14 ... ♘d7, 15. ♗d2 ♔h8 ! 16. ♖ae1 ♘f6 17. ♗c1 (avec l'idée ♘e4-d2-f3-e5). Après l'échange général proposé au dix-septième coup, il n'y aurait toujours pas de possibilité pour les Noirs d'avancer leur majorité.

14 ... f5
15. ♘d2 ♗xg2

Déclinant 15 ... ♗xh4 16. ♘f3 !

16. ♔xg2 ♘c6
17. ♘f3

Avec l'intention de jouer ♗f4.

17 ... f4

L'avance du verrou. Suit un dernier essai de consolidation, et le jeu blanc s'écroule.

18. ♖e1 ♖f6 19. ♕e4 fxg3 20. fxg3 ♗d6

Point faible en g3, développement insuffisant, position exposée du roi : voilà qui est trop, même pour une position centralisée. Nous percevons à présent les dégâts occasionnés par le coup h4.

21. g4 ♕xe4 22. ♖xe4 ♖af8 23. ♖e3 ♖f4

Le lecteur moins expérimenté observera le « travail » sur la colonne.

24. g5

24. ♖xe6 ♖xg4+ 25. ♔f2 ♘e5 mène à la débâcle.

24 ... ♖g4+
25. ♔h1

Ou 25. ♔f2 ♘e5 26. ♔e2 ♖g2+ 27. ♔f1 ♖g3 avec gain de pièce.

25 ... hxg5 26. hxg5 ♔f7 27. ♘g1

Si 27. g6+, le mieux est 27 ... ♔f6 et non ♔e7 à cause de 28. ♘h2 ♖h8 29. ♖e2 et si 29 ... ♖gh4?? 30. ♗g5+.

27 ... ♖h8+ 28. ♘h3 ♔e7! 29. b3 ♗f4

Le roi noir en f7 aurait ici permis le clouage par ♖f3, ceci explique le 28e coup des Noirs.

30. ♖f3 ♘e5

Les Blancs abandonnent.

Partie n° 3
Noirs : v. Scheve
Ostende, 1907

1. ♘f3 d5 2. d3 ♘c6 3. d4!

Le pion adverse c est à présent bloqué par son cavalier.

3 ... e6
Mieux vaut 3 ... ♘f6.

4. e3 ♘f6 5. c4 ♗e7 6. ♘c3 0-0 7. ♗d2 ♘e4

Correctement joué. Remarquons d'ailleurs que ♗d3 au lieu de ♗d2 n'aurait pas empêché le succès de cette intrusion : 7. ♗d3 ♘b4! 8. ♗e2 c5

8. ♗d3 f5

Douteux! On ne joue pas de Stonewall avec un cavalier en c6. Les Noirs doivent opter pour 8 ... ♘xd2 9. ♕xd2 ♘b4 10. ♗e2 dxc4 11. ♗xc4 c5

9. a3 ♗f6 10. ♕c2 ♔h8 11. 0-0 a6

Pour éviter un éventuel ♘b5. Au lieu de cela, il était temps d'abandonner toute idée (g5?) de thème d'attaque à la Stonewall. Simplement 11 ... ♘xd2 12. ♕xd2 dxc4 13. ♗xc4 e5 14. ♖ad1! e4! permettait encore aux Noirs d'égaliser à peu près (*15. ♘e1 ♖e8 16. f3 f4!*). Et pourquoi pas? Une suite de coups comme d3, puis d4 et encore a3 ne permet pas de bâtir en un tour de main une position capable d'exercer de la pression. D'autre part les Noirs ne sont pas restés inactifs : ils ont gagné la paire de fous grâce à la diversion du cavalier. Ne nous étonnons donc pas que l'équilibre des forces reste intact.

12. ♖ac1 h6
13. ♖fd1 g5

Ce coup serait jouable si les Blancs étaient dans l'impossibilité d'ouvrir les colonnes centrales. Une attaque à l'aile n'a aucun avenir lorsque le centre est ouvert.

14. ♗e1 g4
15. ♘e5 !

La colonne d, latente jusqu'ici, devient manifeste (voir les commentaires suivants).

15 ... ♗xe5
16. dxe5 ♘g5

16 ... ♘xe5 mènerait à 17. cxd5 exd5 18. ♗xe4 fxe4 19. ♖xd5 etc.

17. ♘e2 ♕e8 18. ♗c3 dxc4 19. ♗xc4

La colonne d agit implacablement, les Noirs n'obtiennent pas de structure d'attaque.

19 ... ♗d7 20. ♘f4 ♖d8 21. b4 b5 22. ♗b3 ♘e7 23. ♗d4 c6 24. ♕a2 ♘g6

Sur 24 ... ♘d5, suivrait 25. ♗xd5 cxd5 26. ♖c7 etc.

25. ♘h5 ♘h4
26. ♘f6

3

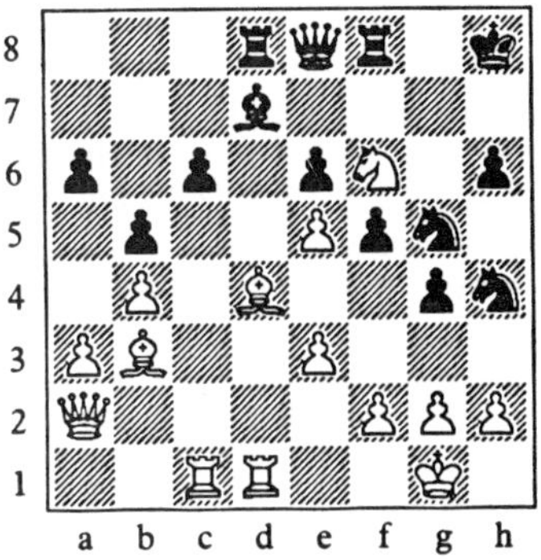

Comparons les deux structures. Les Blancs ont deux colonnes centrales, deux fous au centre et un cavalier « géant » ; c6, e6 et d7, tout traîne. Les Noirs ont deux cavaliers de diversion, à part ça, presque rien... Il n'y a rien de prodigieux à ce que l'attaque mise en scène par les Noirs leur soit renvoyée, avec de terribles dégâts.

26 ... ♕g6 27. ♗b6 ♘hf3+ 28. gxf3 ♖xf6 29. ♗xd8 ♘xf3 + 30. ♔f1 ♖f7 31. ♗f6 + ♖xf6 32. exf6 ♘xh2 + 33. ♔e1 ♘f3 + 34. ♔e2 f4 35. ♖xd7 Les Noirs abandonnent.

2. Péchés de négligence au centre

Dans la partie n° 4, les Noirs ont fait une percée mais les Blancs auraient pu, avec un jeu précis, assainir la position à partir du centre (21e coup). Négligeant cette possibilité, ils furent en désavantage. Dans la partie nº 5, les Blancs se voyaient menacés d'une attaque à l'aile roi. Ils ne saisirent pas l'occasion de mener une contre-attaque au centre, grâce à laquelle ils ne pensaient pas pouvoir obtenir de succès immédiat et succombèrent fort justement à l'attaque à l'aile roi. Dans la partie nº 6, les Noirs se préparaient à occuper quelques cases centrales. Les Blancs auraient dû s'y opposer, car il ne faut, au grand jamais, abandonner sans combat des cases au centre. Les Blancs sousestimèrent pourtant « le danger du centre », et leur adversaire put ainsi établir une puissante position centrale.

Les erreurs que nous avons dénoncées ici proviennent d'une part d'une connaissance insuffisante de la stratégie au centre mais aussi d'un état d'esprit certainement paniqué. Quelle morale en tirer ? Eh bien, même dans des situations apparemment critiques, un essai d'assainissement à partir du centre est souvent possible, conclusion : « Centraliser et ne pas désespérer ! »

Partie nº 4
Blancs : Erich Cohn
Ostende, 1907

1. d4 ♘f6 2. ♘f3 d6 3. ♗f4 ♘h5

En 1907 déjà, je suivais ma propre route !

4. ♗d2 ♘f6 5. c4 ♘bd7 6. ♗c3

Ou 6. ♘c3 e5 7. e4 ♗e7 et le temps ♗c1-d2 offert aux Blancs devient *quantité négligeable* *.

6 ...	**e6**
7. e3	**d5**

Meilleur est 7. b6 suivi de 8. ♗b7.

8.	**c5**

C'est jouable.

8 ... ♘e4 9. ♗d3 f5 10. b4 g6 11. ♗b2 ♗g7 12. ♘c3

12. 0-0 suivi de ♘e5 et f3 semblait adéquat.

12 ... 0-0 13. ♕c2 c6 14. ♘e2 ♕e7 15. 0-0

15. ♘e5 nous plaisait mieux.

15 ... e5 16. dxe5 ♘xe5 17. ♘xe5 ♗xe5 18. ♘d4 ♗d7 19. f3 ! ♘f6 20. ♖ae1 ♖ae8 21. e4 ?

La faute décisive. Il fallait jouer 21. f4 ♗c7 (21 ... ♗xd4 22. ♗xd4) 22. ♘f3 et ♗d4 et la

* En français dans le texte.

position blanche paraît consolidée. Le coup du texte mène rapidement à la catastrophe.

21 ... fxe4 22. fxe4 ♕g7 ! 23. exd5 ? ♘g4 24. ♕c4 ♗xh2+ 25. ♔h1 ♖xe1 26. dxc6+

Ou bien 26. ♖xe1 ♘f2+ suivi d'un mat en quatre coups.

26 ... ♗e6 27. ♕xe6+ ♖xe6 28. ♖xf8+ ♕xf8 29. ♘xe6 ♕f2

Les Blancs abandonnent.

Partie n° 5
Blancs : R. Spielmann
Carlsbad, 1923*

1. e4 c6 2. d4 d5 3. exd5 cxd5 4. c3 ♘c6 5. ♗f4 ♗f5

Une nouveauté.

6. ♘f3 e6 7. ♕b3 ♕d7 8. ♘bd2 f6

Couvrant e5 et préparant une avance générale à l'aile roi. Une stratégie de diversion est ici justifiée puisque le centre paraît solide : en effet e6 est bien protégé et la diagonale f5-b1 exerce un « effet central sympathique ». Maintes fois avons-nous insisté sur le fait qu'une attaque à l'aile n'a aucune chance si le centre n'est pas assuré.

4

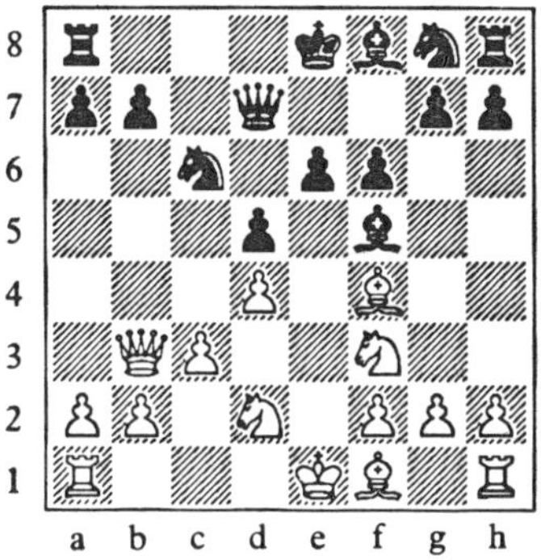

9. ♗e2

9. c4 est le bon coup, par exemple : 9. c4 ♗b4 10. cxd5 exd5 11. ♗b5 et jeu égal ou 9. ... ♘b4 10. ♖c1 et les Blancs n'ont rien à craindre.

9 ... g5 10. ♗g3 h5 11. h3 ♘ge7 12. 0-0

Ici, le coup c4 n'améliore pas réellement la situation au centre, par exemple : 12. c4 dxc4 13. ♗xc4 ♘d5 et le cavalier est installé au centre. Les Blancs auraient dû pourtant préférer cette suite.

12 ... ♗h6 13. ♘e1 g4 14. ♕d1 ♗xd2

Gagnant un pion.

15. ♕xd2 gxh3 16. ♘d3 b6 17. ♖fe1 h4 18. ♗h2 ♔f7

Si 18 ... 0-0-0 ? 19. ♘c5 !

19. g4

* Karlory Vary aujourd'hui. *(N.d.T.)*

Les autres coups perdent aussi.

19 ... hxg3 e.p. 20. ♗xg3 h2+ 21. ♔g2 ♗e4+

Le gain est clair avec 21 ... e5 !, par exemple 22. dxe5 ♗e4+ 23. f3 ♖ag8 24. e6+ ♕xe6 25. ♘f4 ♕g4 ! ou 24. ♕f4 (au lieu de e6) 24 ... ♘f5 25. fxe4 ♘xg3 26. ♕xf6+ ♔e8 27. e6 h1 :♕+ 28. ♖xh1 ♘xh1+.

22. ♗f3

22. f3 résiste plus longtemps.

22 ... ♘f5 ! 23. ♗xe4 dxe4 24. ♘f4

Si 24. ♖xe4 ♕d5 etc.

24 ... e5 25. ♘e2 ♘h4+ 26. ♗xh4 ♕g4+

Le mat suit en peu de coups.

Partie n° 6
Blancs : F. Yates
Londres, 1927

1. e4	**c5**
2. ♘f3	**♘f6**

J'ai introduit cette nouveauté au tournoi de San Sebastian.

3. e5 ♘d5 4. ♗c4 ♘b6 5. ♗e2 ♘c6

Les Blancs ont perdu des tempi avec leur fou ; en contrepartie le cavalier n'est pas tellement bien en b6. On ne peut donc critiquer la manœuvre du fou.

6. c3	**d5**
7. d4	

7. exd6 e.p. semble préférable.

7 ... cxd4 8. cxd4 ♗f5 9. 0-0 e6 10. ♘c3 ♗e7 11. ♘e1

Si le plan d'attaque f4, suivi de g4 et f5 (que ce coup prépare) est effectivement réalisable, cela prouve que 8 ... ♗f5 est une faute, ce qui serait un non-sens. En réalité, c'est 11. ♘e1 qui n'amène pas grand-chose et une diversion plus efficace résultait d'un plan utilisant la colonne c, par exemple : 11. ♗e3 0-0 12. ♖c1 suivi de a3, b4 et ♘f3-d2-b3-c5, le cavalier atteignant l'avant-poste prévu dans le système.

11 ...	**♘d7 !**
12. ♗g4 !	

Un coup ingénieux. 12. f4 ? permettait 12 ... ♘xd4 (12 ... ♕xd4 ? ? 13. ♗c5), 12. ♗e3 non plus ne réalisait rien à cause de 12 ... ♘dxe5 13. dxe5 d4 14. ♗d2 dxc3 15. ♗xc3 ♕c7 avec petit avantage positionnel noir. Le coup du texte 12. ♗g4 permet à Yates d'avancer f4 d'une façon époustouflante !

12 ... ♗g6 13. f4 ♘xd4 14. ♘xd5 ! ♘c6 !

Si 14 ... ♗c5, 15. b4 est fort. Une grave erreur serait 14 ...

exd5 à cause de 15. ♗xd7+ suivi de ♕xd4.

15. ♘xe7 ♕b6+
16. ♔h1 ♘xe7

5

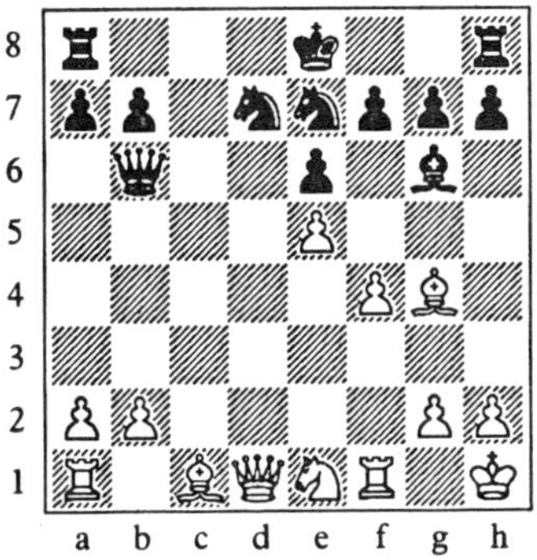

17. ♕a4

Voici une des erreurs typiques que nous avons mentionnées dans notre avant-propos ! Les Noirs veulent ouvertement occuper des points centraux, les Blancs devraient se battre pour eux ; au lieu de cela ils quittent le centre en jouant ♕a4. Il faut jouer 17. ♕e2 ! (avec l'idée ♗e3) 17 ... ♘d5 18. ♗f3 ♕c5 19. ♗d2 ♘7b6 20. ♖c1 ♕e7 puis ♗e3 et les Blancs obtiennent plus du centre que les Noirs. D'ailleurs même si les Blancs n'obtenaient pas ce « plus », qu'importe ? Ils devaient quand même lutter ! Les voici maintenant justement châtiés.

17 ... h5
18. ♗h3

Forcé puisque 18. ♗f3 permettait ♘f5, qui apporte aux Noirs encore plus de terrain au centre et une menace de mat par h4 suivi de ♘g3+.

18 ... ♗f5
19. ♕a3 ♕b5

Manœuvre de dégagement pour le cavalier en d7 qui se dirige, via b6, vers d5.

20. ♔g1 ♘b6 21. ♕f3 ♘bd5 22. b3 ♕b6+

6

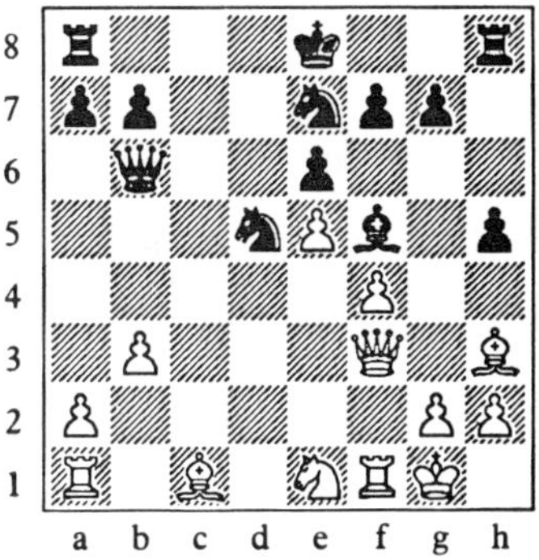

23. ♖f2 ♖c8

Ce coup, en liaison avec les suivants, conduisant à la décentralisation de l'une des tours, détériore la position si harmonieusement construite.

L'harmonie restait intacte avec 23 ... 0-0-0 !. Puis 24 ... ♔b8 et 25 ... g6 et, rien ne s'opposant au travail central des tours, 26 ... ♖d7 et 27 ... ♖c8. Mais 23 ... ♗g4 ! semble encore meilleur : 24. ♗xg4 hxg4 25. ♕xg4 ♖xh2 26. ♕xg7 0-0-0 27.

♔xh2 ♕xf2 28. ♘d3 ♕e2 et les Noirs doivent gagner. Enfin, un amalgame des deux façons de jouer était aussi possible, notamment : 23 ... 0-0-0 24. ♗a3 et maintenant 24 ... ♗g4. Si 25. ♖c1+ ♔b8 26. ♗c5, alors 26 ... ♕xc5 27. ♖xc5 ♗xf3 28. ♖xf3 ♖c8 avec envahissement victorieux par la colonne c.

24. ♗d2 ♖h6

Coup intéressant ! La position noire, à cause de sa centralisation, permet finalement une démarche aventureuse. Pourtant 24 ... 0-0 ! suivi de g6 et ♖fd8 était plus correct.

25. ♖d1 ♗xh3 26. ♕xh3 ♘f5 27. ♕d3 ♖g6 28. ♘f3 ♖g4 29. h3 ♖g3 30. a4 ♘h4

La construction noire souffre d'un conflit interne : la tour décentrée fait miroiter une attaque de mat, mais le reste des troupes est plutôt voué à une finale. (En finale le cavalier d5 serait terrible, et les cases blanches appartiennent sans conteste aux Noirs.)

31. ♔f1 ♖c6 !

Afin d'affaiblir la menace ♕h7 et ♕g8 : la tour s'enfuit à temps. Les Noirs doivent en effet louvoyer avec grande prudence.

32. a5 ♕d8
33. ♔g1 ♘f5

Il serait faux de jouer 33 ... ♘xf3+ 34. ♖xf3 ♖xf3 35. ♕xf3 g6 à cause de 36. f5.

34. ♔h2 a6
35. ♕b1

Pour menacer ♘d4.

35 ... ♕e7

Ignore la menace et se dirige aussi vers c5 (♕c5).

36. ♘d4

Coup perdant, 36. ♖c1 est meilleur.

36 ... ♕h4 !

Puisque le bataillon excentré ne peut rejoindre le reste de l'armée, c'est l'armée qui vient à lui.

37. ♗e1

Si 37. ♘xc6, 38. ♖xh3+ avec mat en deux coups.

37 ... ♘xf4

Nouvelle menace de mat (par ♖xg2+).

38. ♖xf4 ♖xh3+

Le plus simple.

39. gxh3 ♕xf4+
40. ♔g2 ♘e3+

Et mat en deux coups.

Je reçus pour cette partie le prix de dix livres de la meilleure partie.

3. La vitalité des troupes au centre

Les commentaires de la partie 7 nous permettent de voir comment une menace de centralisation en milieu de partie peut être transformée pour une finale. Ce stratagème est utile comme mesure défensive, nous pensons aux cas où la défense veut éliminer les troupes au centre par des échanges. Il sert aussi, lorsque cela est possible, à une progression lente mais sûre.

Dans la partie n° 8 les Noirs ont réussi, au moyen d'un joli gambit, à réduire à néant la tentative adverse d'encerclement au centre et bien des perspectives s'ouvrent alors à eux. Mais ici aussi, ils ont fait leurs comptes sans l'aubergiste (en l'occurrence la vitalité des forces centrales). Le blocage qui paraissait détruit, renaît de ses cendres et les agrippe au collet.

Partie n° 7
Blancs : Trois amateurs norvégiens
Oslo, 1921

1. e4 e6 2. d4 d5 3. ♘c3 ♗b4 4. exd5 exd5 5. ♘f3 ♗g4 6. ♗e2 ♘e7 7. 0-0 ♘bc6 8. ♗f4 ♗d6 9. ♘e5

9. ♕d2 semble plus naturel.

9 ... ♗xe2 10. ♘xe2 ♗xe5 11. ♗xe5 ♘xe5 12. dxe5

Après cette suite de coups, chaque camp a obtenu une majorité de pions, mais celle des Blancs semble moins mobile.

12 ... ♕d7 13. f4 0-0-0 14. c3 ♔b8 15. ♕b3 c5 16. ♖ae1

16. ♖ad1 !

16 ... h5 !
17. ♔h1 ♘f5

Voici la mobilité de la majorité blanche réduite à une peau de chagrin. Mais il reste encore beaucoup de travail avant de pouvoir attaquer cette majorité paralysée.

18. ♘g1 h4 19. ♘h3 d4 20. cxd4 cxd4 21. ♕d3 ♘e3 22. ♖f2 ♕d5

Les Noirs ont certainement progressé ayant obtenu d'une part une forte centralisation (bien que le pion passé isolé soit bloqué) et d'autre part la possibilité de jouer f6.

23. a3 f6

Ce minage de la chaîne de pions apparemment isolée par le cavalier en e3 pouvait encore être préparé au moyen de ♖he8 et si possible a7-a6 pour débloquer le pion passé en jouant ♕b5. Pourtant le coup du texte est absolument correct et approprié pour mettre au clair l'avantage noir.

24. exf6 gxf6
25. f5 !

7

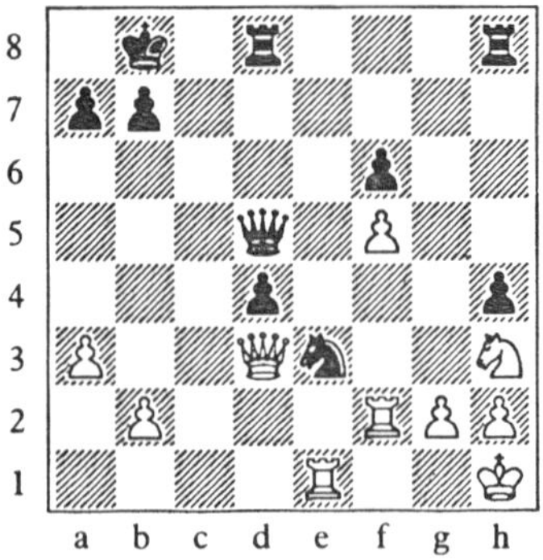

25 ... ♖hg8

Il fallait empêcher ou rendre inoffensif le coup ♘f4 visiblement prévu par les Blancs. Pour ceci le coup préventif 25 ... ♖he8 s'imposait. Si alors 26. ♘f4 ♕xf5 (encore plus forte et décisive serait la réfutation combinatoire 26 ... ♘g4 ! !) 27. ♕xf5 (si 27. ♖xe3 ? ? dxe3 !) 27 ...♘xf5 28. ♖xe8 ♖xe8 29. ♘d3 ♘d6 ! 30. ♖xf6 ♔c7. Toutes les pièces noires sont alors prêtes à soutenir le pion d. Le contenu stratégique de cette variante peut se définir ainsi : la centralisation noire s'est transmise du milieu de partie à la finale, stratagème que l'on peut vivement recommander dans tous les cas.

On doit cependant dire au nom de l'objectivité qu'on ne peut pas toujours adopter le stratagème introduit ici par 25 ... ♖hg8. Le coup de tour en g8 est aussi correct.

Et 25 ... ♖he8 (au lieu de ♖hg8) 26. ♖fe2 ? ♘xg2 ! 27. ♖xe8 ♘f4+ 28. ♕e4 ♖xe8 gagne.

26. ♘f4 ♕c6

La réussite de notre stratagème si souvent évoqué est obtenue ici en jouant le simple coup 26 ... ♕xf5 avec par exemple 27. ♕xf5 ♘xf5 28. ♘h5 ♖ge8 ! 29. ♖c1 ♘e3 30. ♘xf6 ♖e6. En comparant la position obtenue avec celle du diagramme 7, nous pouvons considérer l'augmentation sensible de mobilité du pion passé d4. Notons aussi le fait que la centralisation a pris un aspect de finale, ceci sans que son effet en soit diminué.

Après 30 ... ♖e6 peut suivre 31. ♘d7+ ♔a8 32. ♘c5 ♖c6 33. ♘d3 ♖xc1+ 34. ♘xc1 d3 ! 35. ♘b3 (si 35. ♖d2 ♖f8 ! ou 35. ♘xd3 a6 ! 36. ♖d2 ♘g4 ! et les Noirs gagnent.) 35 ...♘c4 36. ♘d2 ♘xb2 37. ♖f4 b5 suivi de ♘c4 et les Noirs gagnent. Donc 26 ... ♕xf5 est bien le coup juste qui permet sans grande peine de passer confortablement en finale avec une centralisation ravageuse.

Le coup 26 ...♕c6 choisi dans la partie ne rend pas l'affaire aussi simple.

27. ♘g6

Le coup correct est 27. ♔g1. En effet, après le coup joué dans la partie, une combinaison élégante permettait aux Noirs de gagner rapidement : 27. ♘g6 h3 ! 28. ♘e7 ♕c7 ! 29. ♘xg8

♘g4 ! 30. ♕g3 ♕xg3 31. hxg3 ♘xf2+ 32. ♔g1 ♘d3 33. ♖d1 h2+ ! 34. ♔xh2 ♘f2 35. ♖f1 ♘g4+ et 36 ... ♖xg8.

Avec 27. ♔g1 ! l'avantage noir n'est pas aussi facile à concrétiser : 27. ♔g1 ! ♖g4 28. ♕e2 (si 28. ♖xe3 ? ♕c1+) 28 ... ♖dg8 29. ♘g6 ♖4xg6 30. fxg6 ♖xg6 31. ♕d2 ♕e4. La position des Noirs en impose certes mais conserve les contraintes propres au milieu de partie, contraintes qui peuvent se faire pesantes à la longue.

27 ... ♖de8 ?

Une erreur provoquée par le zeitnot. Avec trois parties en simultanée, les Noirs devaient jouer trois fois vingt coups dans l'heure. Comme nous l'avons vu, 27 ... h3 permet un gain rapide.

28. ♘xh4 ♖g4 29. ♘f3 ♕d5 30. ♖d2 ♖ge4 31. ♘xd4 ♘xg2

Ceci n'aurait plus dû servir à rien. Après l'erreur du vingt-septième coup, la partie n'était plus tenable. Mais il en alla différemment.

32. ♖xe4 ♖xe4
33. ♘c6+ !

Plus simple encore que 33. ♘f3 ♕xd3 34. ♖xd3 ♘e3 35. ♖d4 ! ♖e8 36. ♔g1 suivi de ♔f2.

33 ... bxc6 34. ♕xd5 cxd5 35. ♔xg2 ♖e5 36. ♖f2 ?

8

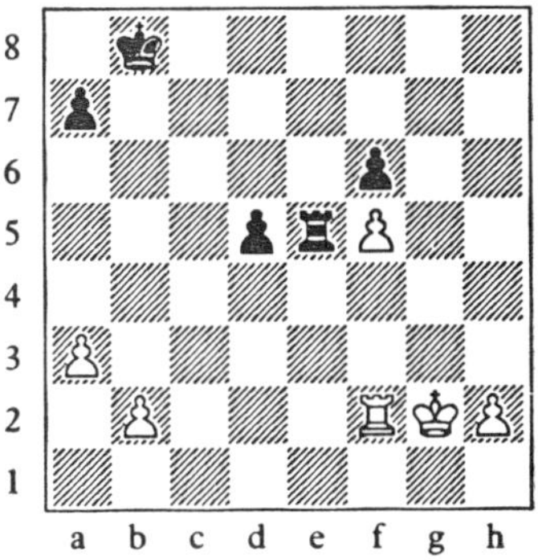

Ce seul faible coup permet aux braises enfouies de la centralisation noire de se raviver.

Il fallait jouer 36. h4 et si 36 ... ♖xf5 alors 37. ♖f2 ♖h5 38. ♔h3 f5 39. ♖d2 ou si 36 ... ♔c7 37. ♔g3 ♔d6 38. h5 ♖xf5 39. ♖h2 ♖g5+ 40. ♔f4 ♔e6 41. h6 ♖g8 42. h7 ♖h8 43. b4 avec gain pour les Blancs.

36 ... ♔c7 37. ♔g3 ♔d6 38. ♔g4 ♖e4+

Et les Noirs gagnèrent de la façon suivante :

39. ♔h5

Si 39. ♖f4 ? ♔e5 40. ♖xe4 ♔xe4 gagne.

39 ... d4 40. ♔g6 ♔e5 41. b4 ♖g4+ 42. ♔f7 ♖f4 43. ♖xf4 ?

Ce coup est naturellement une faute grossière, mais de toute façon la partie était perdue.

43 ... ♔xf4 44. ♔xf6 d3 45. ♔g6 d2 46. f6 d1 :♕

et les Noirs gagnèrent.

Partie n° 8
Blancs : Lœwenfisch
Carlsbad, 1911

1. e4 e6 2. d4 d5 3. e5 c5 4. c3 ♘c6 5. ♘f3 f6

Ce coup est stratégiquement faux : c'est seulement par la base, ici d4, que l'on peut attaquer une chaîne de pions. Voici pourquoi la suite correcte est : 5 ...♕b6 6. ♗e2 cxd4 7. cxd4 ♗d7 avec pression sur d4.

6. ♗b5 ♗d7
7. 0-0 ♕b6

Et non 7 ... ♘xe5 à cause de 8. ♘xe5 ♗xb5 9. ♕h5+ ♔e7 10. ♕f7+ ♔d6 11. dxc5 ! ♔xe5 12. ♖e1+ ♔f5 13. ♕h5+ g5 14. g4 mat

8. ♗xc6 bxc6
9. exf6 ♘xf6

Nous choisirions plutôt 9 ... gxf6.

10. ♘e5 ♗d6 11. dxc5 ♗xc5 12. ♗g5 !

Ce coup, qui conduit à un blocage total du centre de pions noirs, est la pointe de la variante du huitième au douzième coup des Blancs.

12 ... ♕d8 13. ♗xf6 ♕xf6 14. ♕h5+ g6 15. ♕e2 ♖d8 16. ♘d2 0-0 17. ♖ae1 ♖fe8 18. ♔h1 ♗d6 19. f4 c5 20. c4 ♗f8

Le pont entre un jeu de blocage toujours insidieux et une attaque directe vers l'autre camp n'est pas facile à établir. Nous pensons aujourd'hui que 20. ♕a6 était la meilleure méthode, avec comme suites possibles : 20 ... ♗b8 21. ♘b3 ♕e7 22. ♘a5 ou 20 ... ♕e7 21. ♘df3 ! menaçant selon les circonstances de poursuivre par ♕xa7 ou ♘g5.

Dans la suite 20. c4 ♗f8 les Noirs perdent un pion. Mais cette perte est plutôt agréable puisque leurs fous redeviennent actifs et les Blancs vont éprouver quelque difficulté à convertir tout à coup leur jeu de blocage.

21. cxd5 ♗c8 22. ♘e4 ♕g7 23. dxe6

23. d6 ! aurait évité la nécessité de cette reconversion, mais les Blancs voulaient « savourer » le pion offert. Le coup 23. d6 gagnait aisément.

23 ... ♗xe6

9

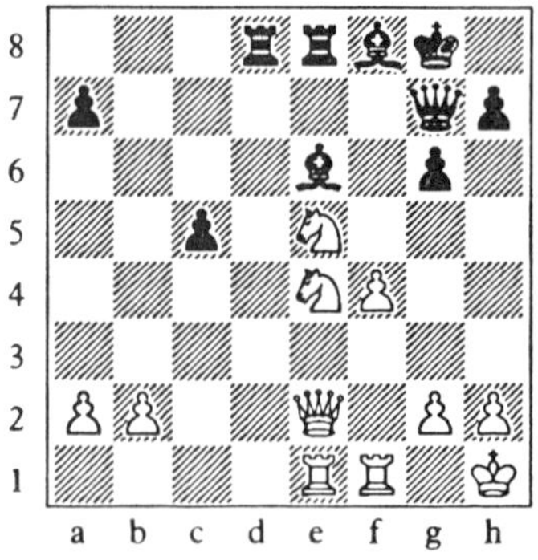

24. ♕a6 ♔h8 25. ♖d1 ♗g8 26. b3 ♖d4! 27. ♖xd4 cxd4 28. ♕a5

Les Blancs se gardent de provoquer les puissants fous par une attaque de diversion (♘g5). Le coup du texte empêche ♖d8 mais relâche le contrôle de la colonne c. Le combat s'engage à présent de façon dramatique.

28 ... ♖c8 29. ♖d1 ♖c2 30. h3 ♕b7 31. ♖xd4 ♗c5

L'attaque noire semble prendre le dessus.

10

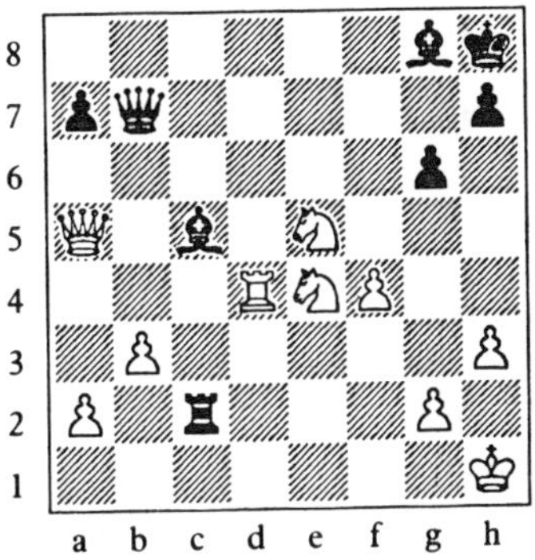

32. ♕d8!!

Prévoyant si 32 ... ♗xd4 33. ♕xd4 ♕g7 (sinon c'est pire) la pointe surprenante 34. ♘d6!! suivie de 35. ♘e8 avec gain immédiat. Devons-nous considérer ce salut comme plus ou moins accidentel? La réponse est non car tout le processus est typique. Si ton adversaire a contré le blocage central entrepris par un sacrifice de pion, reste sagement au centre et attends une occasion favorable pour faire un contre-sacrifice en utilisant comme base une diagonale centrale. Ce contre-sacrifice sera décisif.

32 ... ♗e7 33. ♕d7 ♕a6 34. ♖d3

Pour jouer ♕d4. Toujours la diagonale d4-h8!

34 ...	**♗f8**
35. ♘f7+	**♗xf7**

Ou 35 ... ♔g7 36. ♕d4+ avec mat en deux coups.

36. ♕xf7	**♖c8**

La déroute est totale.

37. ♖d7 Les Noirs abandonnent.

Cette partie comporte deux épisodes :

1. Une surprenante manœuvre de blocage central
2. Une défense intéressante contre la tentative adverse de faire sauter violemment le blocage.

Le premier épisode constituait une nouveauté à l'époque où la partie fut jouée, le second l'est encore aujourd'hui.

4. Nous apprenons à mieux connaître le terrain central. Quelques formes combinées de centralisation

Dans la partie n° 9, nous rencontrons une structure centrale déja vue dans la partie n° 7. Mais au contraire de ce qui s'y passait, le bloqueur se trouve ici directement bousculé. La structure centrale de la partie n° 10 est très originale. Dans la partie n° 11, la force de l'ancrage du verrou central est frappante.

Qu'une position centrale (voir la partie n° 7) puisse exercer un effet puissant sur des points même très éloignés sur les ailes nous paraît appartenir à l'essence même de la centralisation. Mais parfois ce rayonnement agressif plus ou moins automatique ne suffit pas, il faut alors combiner attaque centrale et attaque à l'aile. La partie n° 12 illustre bien ce procédé. Ce jeu combiné ne doit pas forcément consister en une attaque de diversion. C'est ce dont nous convainc la partie n° 13 où le jeu combiné ne poursuit que des desseins défensifs.

Il est important de remarquer qu'un jeu combiné simultanément au centre et à l' aile exige une très grande solidité de l'ensemble de sa structure. Cette considération explique l'effondrement de l'action combinée dans la partie n° 14 où l'aile dame de l'attaquant est trop faible. En conclusion la passionnante partie n° 15, où nous essayons de déterminer de manière analytique les limites de l'effet maximal à attendre d'une construction centrale.

Partie n° 9
Blancs : Yates
Semmering, 1926

1. e4 e6 2. d4 d5 3. ♘c3 ♗b4 4. exd5 exd5 5. ♗d3 ♘e7 6. ♘e2 0-0 7. 0-0 ♗g4 8. f3 ♗h5

Après cette suite de coups une petite faiblesse est apparue en e3. Elle ne peut cependant être mise en évidence que par l'avance un peu risquée c7-c5.

9. ♘f4 ♗g6 10. ♘ce2 ♗d6 11. ♕e1

Ce coup est à classer dans la rubrique « négligence du complexe central ». La loupe sur le centre indique clairement 11. ♗xg6 et 12. ♘d3, après quoi les cases centrales c5 et e5 sont fixées.

11 ... c5 ! 12. dxc5 ♗xc5+ 13. ♔h1 ♘bc6 14. ♗d2 ♖e8 15. ♘xg6 hxg6 16. f4

Une attaque à l'aile à partir d'une position centrale inférieure ! Il vaut encore mieux jouer : 16. ♕h4 ♘f5 17. ♕xd8 ♖axd8 avec seulement un petit avantage noir en finale.

16 ... ♘f5 17. c3 d4! 18. c4 ♕b6

La position des Noirs est clairement supérieure.

19. ♖f3 ♗b4!

Conquérant la case e3 pour les pièces noires.

20. a3 ♗xd2 21. ♕xd2 a5 22. ♘g1 ♖e3 23. ♖d1 ♖ae8 24. ♕f2

11

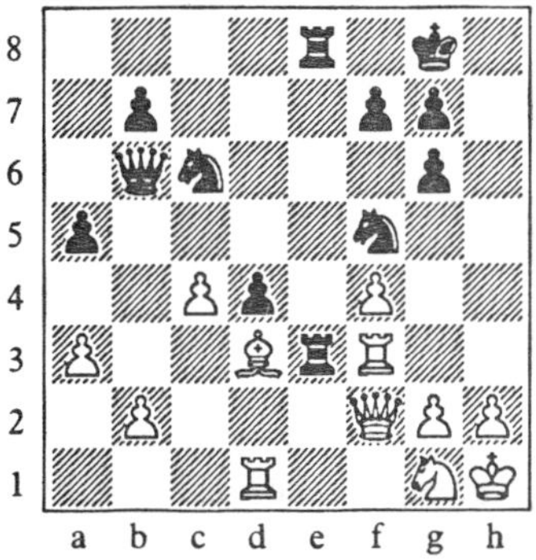

Le territoire central apparu ressemble à celui que nous avons vu dans la partie n° 7. Dans les deux parties le point d4 est le verrou de la centralisation, la case e3 lui semble logiquement annexée ainsi que la colonne e. Dans les deux parties aussi, l'effet central conduit (ou devrait conduire) à l'élimination du bloqueur blanc en d3.

24 ... ♕b3 25. ♖d2 ♘d6 26. c5 ♘c4 27. ♗xc4 ♕xc4

Mission accomplie, le bloqueur est tombé ! Voici maintenant comment l'étudiant devrait procéder : placer sur un deuxième échiquier le diagramme 7 de la septième partie, rejouer les coups 25 ... ♖hg8 et 26. ♘f4 et étudier les commentaires du vingt-sixième coup. Ceci fait, il comparera avec l'évolution des choses dans la neuvième partie des coups 24 à 27. Puis il tentera de comprendre et préciser clairement la différence entre les deux stratégies. Notre formulation se trouve à la fin de cette partie.

28. ♖c2 ♕d5
29. ♖c1 ♕e4

La menace est 30 ... ♖xf3 31. ♕xf3 ♕xf3 32. ♘xf3 ♖e2 et l'occupation de la deuxième rangée serait décisive.

30. f5

Une très ingénieuse tentative de salut.

30 ... ♖xf3 31. ♘xf3 ♕xf5 32. b4! axb4 33. axb4 ♘xb4

La suite 33 ... ♘e5 n'est pas non plus déplaisante avec, par exemple, 34. ♖e1 ♖e6.

34. ♕xd4 ♘d3
35. ♖c2

35. ♖c3 serait faux à cause de 35 ... ♖e1+ suivi de 36 ... ♕f1+ et 37 ... ♘f2 mat.

35 ... ♖c8 !

Séduisant mais incorrect serait 35 ... ♘e1 à cause de 36. ♖e2 ! ! ♖xe2 37. ♕d8+ ♔h7 38. ♘g5+ ♔h6 39. ♘xf7+ ♔h5 40. ♕h8+ ♔g4 41. ♕h3+ ♔f4 42. ♕g3+ ♔e4 43. ♘d6+ gagnant la dame.

36. ♖c3 ♘xc5

Il est important de bien comprendre qu'il faut considérer la suite des coups du trente-quatrième au trente-septième comme une centralisation sur la base de la diagonale centrale f1-b5. Le reste est de la technique (la technique de la « position à ressort »).

37. h4 b6
38. ♘g5 ♖f8 !

Pas de fausse pudeur, la position à ressort n'est que passagère.

39. ♖f3 ♕d7 40. ♕c4 ♘e6 41. ♖d3 ♕c8 42. ♕b5

Sans espoir serait la finale de tours résultant de 42. ♕xc8 ♖xc8 43. ♘xe6 fxe6 44. ♖d6 ♖b8 45. ♖xe6 ♔f7.

42 ...♕c1+ 43. ♔h2 ♕f4+ 44. g3 ♕f2+ 45. ♔h1 ♕f1+ 46. ♔h2 ♘c5

Les Blancs abandonnent.

N. B. : Voici la réponse à la question posée au vingt-septième coup : dans la neuvième partie le bloqueur tombe en défenseur, dans la septième il succombe dans l'attaque qui lui a été imposée. On peut considérer l'attaque dans la septième partie comme involontaire, puisque sans cela les Blancs auraient été pulvérisés par le tank central et son effet sur f2. Une caractéristique essentielle des positions fortement centralisées est de pouvoir forcer le camp adverse décentralisé à se lancer dans une attaque prématurée à l'aile.

Partie n° 10
Blancs : Réti
Marienbad, 1925

Les coups d'ouverture ont amené de façon hypermoderne une construction de pions connue dans la variante d'échange de la Française.

1. c4 e5 2. ♘f3 e4 3. ♘d4 ♘c6 4. ♘c2 ♗c5 5. ♘c3 ♘f6 6. d4 exd3 e.p. 7. exd3 d5 8. d4 ♗e7

Puis advint dans un style de blocage dynamique :

9. c5

Suivit :

9 ... ♗f5

Un essai de minage par b6 serait prématuré, par exemple : 9 ... b6 10. b4 a5 11. b5 suivi de 12. c6.

10. ♗d3

La suite naturelle ici est 10. ♗b5 suivi éventuellement de 11 ♗xc6.

10 ... ♗xd3
11. ♕xd3 b6

C'est le bon moment !

12. 0-0

12. b4 a5 13. b5 est réfuté par 13 ... ♘b4 avec gain de temps.

12 ... 0-0

12 ... bxc5 suivi de 13 ... ♗xc5 est faux à cause de 14. ♕b5.

13. ♗g5 ! h6 ! 14. ♗h4 bxc5 15. dxc5 ♘e5 16. ♕d4 ♘g6 17. ♗g3 c6

Les Noirs possèdent un bon pion d (mal bloqué) et la possibilité d'attaquer c5. Il ne nous semble pas que l'occupation de la diagonale centrale g3-b8 offre une compensation suffisante. Manifestement, les Blancs auraient dû jouer 10. ♗b5.

18. ♘b4 ♖c8
19. h3 ♖e8

Coup de dégagement au bénéfice du cavalier et, parallèlement, début d'occupation de la colonne centrale que mon adversaire ne pourra disputer à cause de la faiblesse du pion c.

20. ♖ad1 ♘f8
21. ♘d3

12

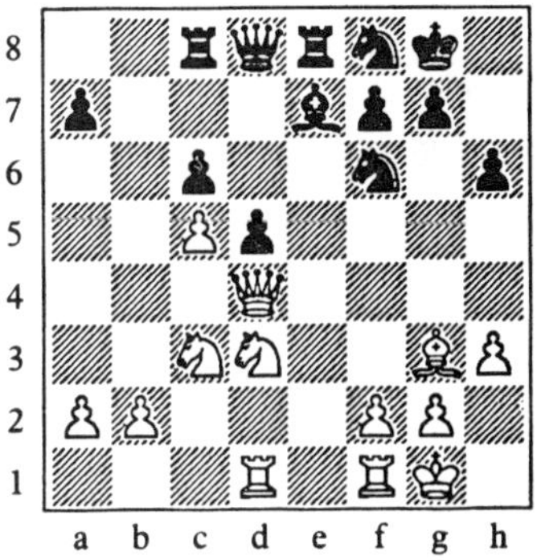

21 ... ♕a5

Je vis que 22. ♕a4 était forcé. Mais j'avais prévu dans ce cas une très originale manœuvre de centralisation.

22. ♕a4

22. b4 ♕a3 23. ♖b1 ♘e6 24. ♕e5 ♘d7 25. ♕e1 ♘exc5 26. bxc5 ♗f6 est mauvais.

22 ... ♕xa4
23. ♘xa4 ♘e4

Le cavalier occupe à présent le centre libéré par les manœuvres des antagonistes.

24. ♗h2 ♘e6

Que veut-il donc, celui-là ? c5 est pourtant facile à protéger !

25. b4 ♘d4 !

Secondant de façon tout à fait inhabituelle ! Deux cavaliers, l'un, pouvant être repoussé par f3 et l'autre à découvert, maîtrisent l'échiquier.

26. ♖fe1

Si 26. f3 ? ♘e2+ suivi de 27 ... ♘4g3+.

26 ... ♗h4 !

Un troisième se joint à l'attaque.

27. ♗e5

La situation des Blancs est critique. Le coup du texte perd un pion.

27 ... ♖xe5

La suite fut :

28. ♘xe5 ♗xf2+ 29. ♔f1 ♗xe1 30. ♖xd4 ♗g3 31. ♘f3 ♖e8 32. ♖d1 ♖e6 33. ♖c1 ♔f8

Le roi se rapproche de l'aile menacée.

34. ♘c3 ♘xc3 35. ♖xc3 ♖e4 36. a3 ♔e8 37. ♖d3

Un coup subtil permettant b5 en réponse à ♔d7.

37 ... a6 38. ♖d4 f5 39. a4 ♔d7 40. b5

Ce coup est réfuté par une petite finesse digne d'une étude.

40 ... axb5 41. axb5 cxb5 42. ♖xd5+ ♔c6 ! !

Comme dans la première partie, l'avantage matériel est gracieusement rendu.

43. ♖d4

Ou 43. ♖xf5 b4 etc.

43 ... ♔xc5

et les Noirs gagnent.

44. ♖xe4 fxe4 45. ♘d2 ♔d4 46. ♔e2 ♗f4 47. ♘b3+ ♔c4 48. ♘a5+ ♔c3 49. ♘b7 b4 50. ♘a5 ♔c2 51. g3 ♗xg3

Les Blancs abandonnent.

Partie n° 11
Blancs : Lœwenfisch
Wilna, 1912

1. e4 c6 2. c4 e6 3. ♘f3 d5 4. exd5 exd5 5. cxd5 cxd5 6. ♗b5+ ♘c6 7. 0-0 ♗d6

Ce coup permet un développement sans heurt de toutes les forces.

8. d4 ♘e7 9. ♗g5 f6 10. ♗h4 0-0 11. ♘bd2 ♗g4 12. ♗xc6 ♘xc6 13. ♕b3 ♗b4

Réduisant à néant la tentative blanche de déstabiliser la structure noire.

14. ♘e5

Les Noirs menaçaient ♕b6.

14 ... ♘xe5

14 ... ♗xd2 15. ♘xg4 g5 16. ♗g3 f5 17. ♕xb7 ♕c8 échoue à cause de la pointe 18. ♗e5 !. Après 18 ... ♘xe5 19. ♕xc8 puis 20. ♘xe5, les Blancs ont gagné un pion, peu dangereux, il est vrai.

15. ♕xb4 ♘d3 !
16. ♕xb7 ♗e2

13

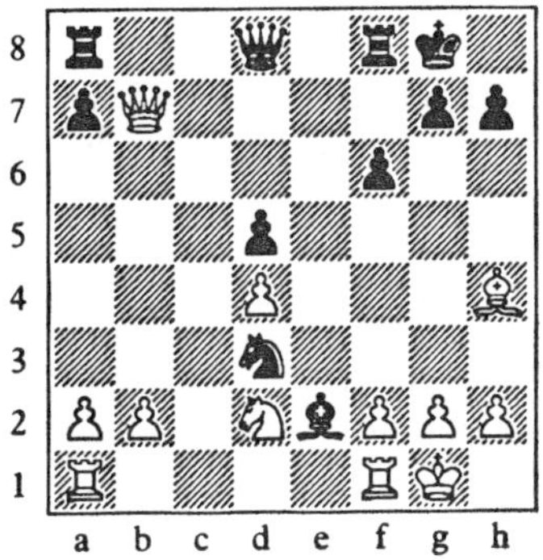

17. ♖fb1 ♖c8

La centralisation réalisée en plein milieu du camp adverse est assez amusante.

18. ♘f1 g5 19. ♗g3 f5 20. ♗e5 ♖f7 21. ♕a6 f4 22. ♖e1

Se révoltant contre son destin car 22. f3 ♖c2 lui semblait trop pénible. Par ailleurs, la tentative 22. ♖d1 est aussi vaine.

22 ...♘xe1 23. ♕xe2 ♘xg2 24. ♘d2 ♘h4 25. ♘f3 ♘g6

Le cavalier, ayant réussi son expédition de chapardage, se replie en une position de consolidation. Cela semble tout indiqué. Les manœuvres de brigandage conduisent souvent en effet à une certaine désorganisation, puisque les forces se trouvent dispersées.

26. ♔h1 g4 27. ♘d2 ♕d7 28. ♖g1 ♖c2

C'est le bouquet !

29. h3 g3

Les Blancs abandonnent.

Partie n° 12
Blancs : Dr. Tartacover
Londres, 1927

1. d4 e6 2. ♘f3 ♘f6 3. e3 b6 4. ♗d3 ♗b7 5. ♘bd2 c5 6. 0-0 ♘c6 7. c3 ♖c8 8. ♕e2 ♗e7 ! 9. dxc5 bxc5 10. e4 d5 11. exd5 exd5

Les Noirs ont conduit de façon originale la partie (voir les huitième et onzième coups). La position est à peu près égale mais les Noirs ont quelques petites possiblités dynamiques au centre.

12. ♗a6 ♗xa6 13. ♕xa6 0-0 14. ♖d1 ♕c7 15. ♘f1 ♖b8 16. ♕e2 ♖fd8

16 ... ♖fe8 serait erroné puisqu'il s'agit avant tout ici de consolider la position. L'important pion d mérite bien une escorte respectable !

17. ♗e3 h6 !

Tactique centrale : j'ai l'intention de prendre à mon adversaire presque toutes les cases centrales. Son unique case centrale f5 aura alors peu d'importance puisque la manœuvre ♘f1-g3-f5 serait contrée par ♗f8. Les Blancs n'ont plus alors de perspectives d'attaque, ♗g5 étant interdit.

18. ♘g3 ♗f8
19. ♕c2 ♘g4

Les Noirs poursuivent leur but : une position centrale (la case e5).

20. ♘f1 ♘ce5 21. ♘xe5 ♘xe5 22. b3

13 a

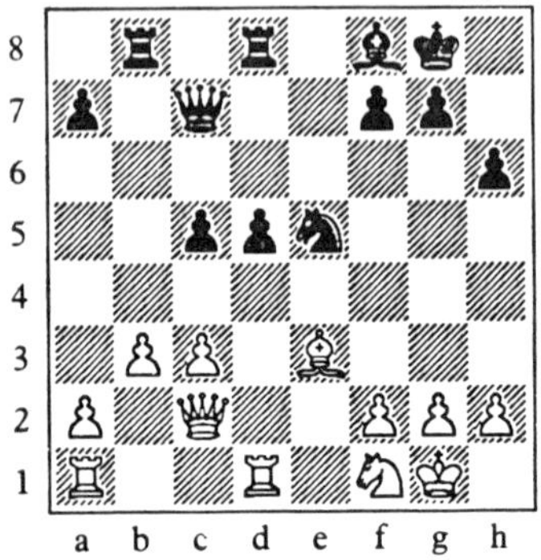

22 ... a5 !

Voici l'attaque adjointe à la centralisation !

23. ♖d2 c4

Une autre ligne de jeu encore plus solide si possible consiste en 23 ... ♖d7, 24 ... ♖bd8 et 25 ... a4 ; si alors 26. bxa4 ♘c4 et les tours noires pénètrent par la colonne b.

24. bxc4

24. ♖ad1 assure une meilleure défense, avec l'idée de sacrifier la qualité si les Noirs jouent ♘d3.

24 ... ♘xc4
25. ♖d3 a4 !

En poussant le pion en a3, les Noirs vont révéler la brèche en b2.

26. ♘d2 ♘xe3 !
27. fxe3

Les Blancs seraient encore plus embarrassés après 27. ♖xe3 d4 28. ♖d3 ♗b4.

27 ... ♕a7 28. ♖b1 ♖xb1+ 29. ♕xb1 ♗c5 30. ♔f2 ♖b8 31. ♕c2 ♕d7

Les faiblesses blanches que sont le pion e3, la case b2 et la situation quelque peu vulnérable du roi vont à présent être traitées avec grand art (voir la « technique du louvoiement » dans l'un des derniers chapitres).

32. ♘f3

Si 32. c4 ? d4 !

32 ... ♕e6
33. ♕e2

Si 33. ♕xa4 ? ♗xe3+ !

33 ... a3 !

Enfin !

34. ♖d2 ♖b1 35. ♘d4 ♕f6+ ! 36. ♕f3 ♕e5

Les Noirs obtiennent ainsi le maximum, au centre et latéralement. Existe-t-il en effet point plus central que e5 et peut-on demander plus qu'une tour infiltrée contrôlant la deuxième rangée ?

37. g3

Ce coup est une faute décisive, dont les Noirs ne tirent pas profit. Le seul coup possible est 37. ♕g3, après 37 ... ♗xd4 38. cxd4 ♕e6 les Blancs peuvent encore offrir une faible résistance. Il pourrait suivre 39. ♕c7 (pour prévenir ♕c6), 39 ... ♕a6 40. ♕d8+ ♔h7 41. ♕xd5 ♕f1+ 42. ♔g3 ♖b2 avec gain pour les Noirs. Notons la collaboration décisive du pion a3.

37 ... ♗xd4 ?

Le coup 37 ... ♖c1 gagne immédiatement : si 38. ♘e2, alors 38 ... ♗xe3+, et si 38. ♘c6, le plus simple est 38 ... ♕xc3.

38. cxd4 ♕e6
39. ♔g2

Pour tenter un contre-jeu sur la colonne f avec ♖f2. Mais la position blanche ne peut plus être sauvée.

39 ... ♖b2

Les Noirs sortent leur atout !

40. ♖f2 f5
41. ♔g1 ♖b1+

Erreur due au zeitnot. Le coup correct est 41 ... ♔h7. Maintenant le pion f ne peut être pris, en effet : 42. ♕xf5+ ? ♕xf5 43. ♖xf5 ♖xa2 44. ♖xd5 ♖b2 et la promotion du pion a est assurée. Donc 42. ♔g2 ♔g6 43. ♔g1 ♕e4 et les Noirs gagnent comme dans la partie.

42. ♔g2 g6

Cette façon directe de protéger le pion f n'est de loin pas aussi efficace que l'indirecte (voir la note précédente).

43. ♕f4 ♕e4+ 44. ♕xe4 dxe4 45. ♖e2

Voici qui remet en route la pendule des Noirs. C'est la panne si les blancs jouent 45. g4. Par exemple : 45 ... fxg4 46. ♖f6 ♖b2+ 47. ♔g3 ! Attention à la première traverse et les Blancs peuvent éviter la perte. Comprenons bien que ce « salut providentiel » n'est pas « inhérent » à la partie puisque, en jouant 41 ... ♔h7 et 42 ... ♔g6, les Noirs peuvent échanger les dames sans permettre aux Blancs d'opérer une brèche.

45 ... ♔f7

La finale qui suit est ravissante de simplicité, un paradigme de la spécialité traitée dans *Mon Système* : la septième rangée absolue et un pion passé gagnant presque toujours (nous l'appelons absolue lorsque le roi reste prisonnier de la huitième ou première rangée à cause d'une tour).

46. ♔f2 ♔e6 47. ♖d2 ♔d5 48. ♔e2 ♖b2

Le coup sous enveloppe qui suppose vue toute la percée suivante.

49. ♔d1

Menaçant d'éliminer l'indésirable hôte ♖b2.

49 ... g5

Voici l'action adjointe sur l'autre aile. Après 50. ♖xb2 axb2 51. ♔c2 f4, les Blancs sont perdus.

50. ♖c2 f4 ! 51. gxf4 gxf4 52. ♖c5+ ♔d6 53. exf4 ♖xa2

Les Noirs ont la « septième absolue » et le pion passé.

54. ♖a5 e3 55. ♔e1 ♖a1+ 56. ♔e2 a2 57. f5 ♖h1

Et les Noirs gagnèrent en peu de coups.

Si l'on excepte le relâchement apparu au quarante et unième coup des Noirs, l'idée fondamentale ressort clairement : à savoir la combinaison d'un effet central et d'un contournement latéral. Un exemple instructif !

Partie n° 13
Blancs : Sämisch
Berlin, 1928

1. e4 e6 2. d4 d5 3. ♘c3 ♘f6 4. ♗g5 ♗e7 5. e5 ♘g8

Les Noirs préparent avec ce coup décrié un nouvel et intéressant plan de combat.

6. ♗e3 b6

La pointe ! Le plan est ♗a6 avec l'idée d'échanger les fous de cases blanches.

7. ♕g4 g6 8. h4 h5 9. ♕g3 ♗a6 10. ♘f3 ♗xf1 11. ♔xf1 ♕d7

Menaçant à présent la diversion ♕c6, suivie de la poussée b6-b5-b4. Remarquons la faiblesse des cases blanches c2, c4 et b5, c'était là le sens de l'échange des fous.

12. a3 ♘c6

Les Noirs peuvent se réjouir de la réussite de la diversion de la dame en d7 : le pion en a3 constitue à présent une faiblesse.

13. ♖d1

Les Blancs défendent prophylactiquement leur jeu, la partie y gagne en intérêt. Saemisch, par ailleurs brillant et talentueux stratège, est un des rares joueurs à lutter pour les cases centrales.

13 ... ♘a5 14. ♘g5 ♘h6 15. ♗c1 0-0-0 16. ♕d3 ♔b8 17. ♖h3

14

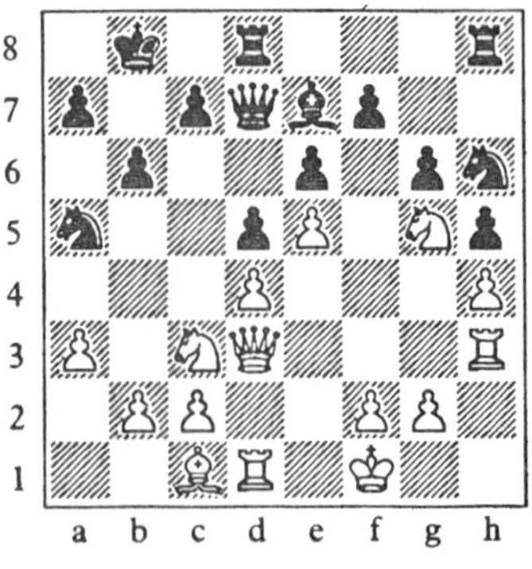

La position blanche semble maintenant bien consolidée. Le danger que ♘c4 implique reste local, à c7-c5 peut toujours être répliqué dxc5 avec de bonnes chances de défense basées sur la colonne d, et le plus important : le cavalier g5 exerce un effet sur toute l'aile roi tandis que son échange assurerait au fou qui le reprendrait une puissante diagonale.

17 ... ♖df8

Coup quelque peu venimeux, comme nous le verrons bientôt.

18. ♔g1

Les Blancs sous-estiment le danger. Ils devaient placer immédiatement leur tour en f3, maintenant cette issue va être bloquée. Sur 18. ♖f3 ! se produisait aussi 18 ... ♘f5 19. g3 f6 20. exf6 ♗xf6 (menaçant ♘c6 suivi de e6-e5) 21. ♖e1 ! ♖e8 ! 22. ♖f4 ! ♗xg5 (*si 22 ... e5, les Blancs peuvent sacrifier la qualité par 23. dxe5 ♗xe5 24. ♘xd5 ♗xf4 25. ♗xf4*) 23. hxg5 ♘c6, les Noirs obtenant un petit avantage grâce à leur possibilité de percée en e5. L'ouverture a été assez favorable aux Noirs.

18 ... ♘f5
19. ♘e2 ♕d8 !

19 ... f6 est moins fort ici à cause de la réponse 20 ... ♘f3.

20. g3

Pour parer la menace 20 ... ♘xh4 (voir la première partie du commentaire au dix-huitième coup).

20 ... c5 21. dxc5 bxc5 22. ♔g2 ♕b6

L'idée des Noirs, pour se débarasser du cavalier en g5, est de provoquer la poussée f4 en attaquant le pion e, et seulement après cela, d'échanger par ♗xg5 puisque le fou en c1 ne peut alors plus reprendre.

23. f4

Ce coup n'est pas pressé. Saemisch, pour qui la surprotection est devenue une « nécessité psychologique » ne peut supporter la vue d'un pion à découvert.

23 ... ♗xg5 24. hxg5 ♖c8 25. ♖h2 ♖hd8

Ou la fringale des tours libérées.

26. ♔h3 d4

Lente avancée du front central avec centralisation graduelle des pièces protectrices.

27. ♕f3 ♖d5 28. b3 c4 ! 29. b4 ♘c6 30. c3 d3

(Diagramme 15)

Ce coup prépare une belle combinaison qui semble juste. Pourtant d'un point de vue pratique, il eût mieux valu donner la préférence à une stratégie de simplification. Les Noirs pouvaient ainsi conserver, sans se donner beaucoup de peine, une partie de leur centralisation pour passer en finale. La manière de le faire est : 30 ... ♖cd8 31. cxd4 ♘cxd4 32. ♘xd4 ♘xd4. A présent la contre-centralisation 33. ♕e4 est réfutée par 33 ... ♘f5, tandis que 33. ♕f2 est suivie de 33 ... ♘b3, avec par exemple 34. ♗e3 ♕b7 et les Noirs ont un avantage positionnel écrasant.

15

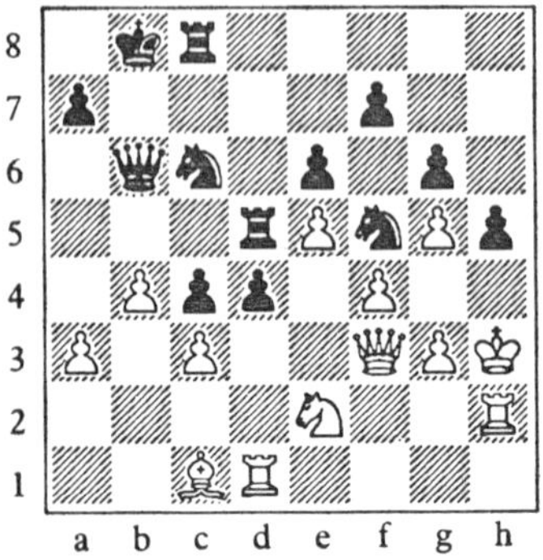

31. ♘g1 d2 32. ♖hxd2 ♖xd2 33. ♗xd2 ♖d8 34. ♕e2 ♖d3

Si 34. ♗c1, suit 34 ... ♖xd1 35. ♕xd1 ♕f2 36. ♘e2 ♔c8 37. ♕a4 ♕f3 et les Noirs gagnent, ou 37. a4 ♘e7 suivi de ♘d5 et ♘e3 avec gain immédiat.

35. ♘f3 ♕d8 36. ♖f1 ♕d5 37. ♖f2 h4

C'est le triomphe de l'idée de la centralisation appliquée au milieu de partie. Les Blancs perdent maintenant la dame.

38. gxh4 ♘cd4 39. cxd4 ♘xd4 40. ♕xd3

Il n'y a pas mieux. Cette finale est aisément gagnante. Mais la fatigue, dont les Noirs auraient pu se préserver en jouant 30 ... ♖cd8 au lieu du sacrifice de pion, leur fait commettre une grave erreur. Ils perdent ainsi les fruits de leur labeur.

40 ... cxd3 41. ♘xd4 ♕xd4 42. ♔g3 ♕e4 ?

Pour gagner, il faut jouer 42 ... ♕a1 43. ♔f3 ♕xa3 44. ♔e3 ♔c7.

43. ♖h2 ♔b7 44. a4 ♔c6 45. a5 ♔d5 46. h5 gxh5 47. ♖xh5

C'est en quelque sorte une nouvelle partie qui se présente. Saemisch n'ayant pas profité d'une possibilité de nulle, j'ai fini péniblement par la gagner.

47 ... ♕e2 48. ♖h2 ♕d1 49. ♖f2 ♔e4 50. ♔h2 ♔f5 51. ♖g2 ♕f1 52. ♔g3 ♔e4 53. ♖f2 ♕h1 54. ♖g2 ♔d4 55. ♖h2 ♕d1 56. ♖g2 ♔c4 57. ♖f2 ♕h1 58. ♖h2 ♕e4 59. ♖f2 ♔b3 60. ♖h2 ♔c2 61. ♖f2 ♔d1 62. ♖h2 ♕c6 63. ♔g4 ♕c2 64. ♔g3 ♕xd2

La seule chance de gain !

65. ♖xd2+ ♔xd2 66. f5 ! ♔e3 67. g6 fxg6 68. f6

Il a vu un fantôme. 68. fxe6 conduit à la nulle avec par exemple : 68 ... d2 69. e7 d1 : ♕ 70. e8 : ♕ ♕f3+ 71. ♔h2 ♔f2 ? 72. ♕xg6.

68 ... d2 69. f7 d1 : ♕ 70. f8 : ♕ ♕g1+ 71. ♔h3 ♔e4 72. b5 ? ♕h1+ 73. ♔g3 ♕e1+ 74. ♔g4 ♕xa5 75. ♕d6 ♕b6 76. ♔g5

♕xb5 77. ♔f6 ♕f1+! 78. ♔g7 ♕f5 79. ♕c6+ ♔xe5 80. ♕c5+ ♔e4 81. ♕xa7 e5 82. ♕g1 ♔d5 83. ♕d1+ ♔c5 84. ♕c1+ ♔b5! 85. ♕b2+ ♔c6 86. ♕c3+ ♔d7 87. ♕d2+ ♔e8 88. ♕d5? ♕d7+

Les Blancs abandonnent.

88. ♕a5 aurait donné aux Blancs un petit contre-jeu.

Une très intéressante finale de dames.

Partie n° 14
Blancs : Dr. Alekhine
Partie de départage pour le premier prix, Saint-Pétersbourg, 1913

16

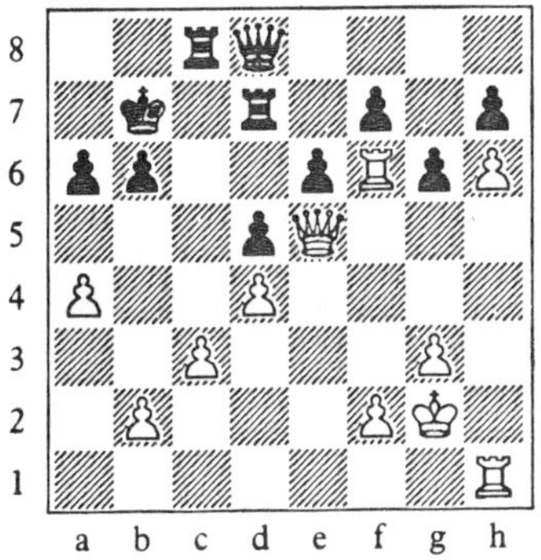

1. ♖f4

Comparons cette position avec celle obtenue après le trente-troisième coup des Noirs dans la douzième partie. Les attaques à l'aile sont construites différemment dans les deux cas. Dans la douzième, le pion avancé était secondé par une colonne, dans la quatorzième par une diagonale. La diagonale a un effet moins puissant.

1 ... ♖c4

Le plan des Blancs, plan combiné au centre et à l'aile roi échoue à cause de la faiblesse de leur aile dame. A la place du coup joué est aussi possible : 1 ... ♕h8 avec par exemple 2. ♕g7 ♕xg7 3. hxg7 h5 4. g4 ♖g8 5. gxh5 gxh5 6. ♖xh5 ♖xg7+ 7. ♔f3 et peut-être 7 ... a5 suivi d'un éventuel b5. Les Noirs devraient pouvoir tenir la finale de tours.

Le coup du texte est quand même bien meilleur.

2. ♖a1

Il n'est pas agréable de jouer un tel coup mais 2. ♕g7 est réfuté par 2 ... f5 3. ♕e5 ♖xa4 4. ♕xe6 ♖e7 5. ♕f6 ♕d7 et les Noirs sont mieux.

2 ... ♖c6
3. ♖f6

3. ♕g7 est dangereux à cause de 3 ... f5 4. ♕e5 ♕g5 5. ♖h1 ♖e7 suivi de ♖c4.

3 ... ♕b8 4. ♕e3 ♖e7 5. ♕f3 ♕e8! 6. g4 ♕d7 7. ♖e1 ♖c7

Les Noirs ont bien progressé : le pion f7 est correctement protégé, a4 est attaqué, la case g7 est difficile d'accès.

8. b3

Coup qui affaiblit encore plus l'aile dame.

8 … ♔a7 9. g5 ♕d6 10. ♕d3 ♕a3

Les Noirs passent à l'attaque.

11. ♕c2 ♕b4 12. ♖c1 ♕a3 13. ♖e1 ♕b4 14. ♖c1 ♕a3 15. ♖e1 ♕b4 16. ♖c1 ♕d6 17. ♕d3 ♕a3 18. ♖b1

Si à nouveau 18. ♕c2, suit 18 … ♖c6 et 19 … ♖c7.

18 … ♕a2
19. ♖f3 e5

Après cette percée, la position blanche affaiblie de toutes parts n'est plus tenable. La partie continua ainsi.

20. ♖e3 e4 21. ♕d1 f5! 22. gxf6 e.p. ♖f7 23. ♖a1 ♕b2 24. ♖b1 ♕a3 25. c4 ♖xf6 26. cxd5 ♖cf7 27. ♖e2 ♕d6 28. ♕c2 ♕xd5

Les Noirs ont maintenant une puissante attaque à l'aile roi.

29. ♔f1 e3
30. ♖xe3 ♕h1+

Plus fort que 30 … ♖xf2+.

31. ♔e2 ♖xf2+ 32. ♔d3 ♕d5 33. ♕c8 ♖d7

Ici **Alekhine abandonne** car 34. ♖e4 ♖f3+ 35. ♔d2 ♕g5+ conduit au mat.

Partie n° 15
Noirs : Dr. Alekhine
Semmering, 1926

1. e4 ♘f6 2. ♘c3 d5 3. e5 ♘fd7 4. f4 e6 5. ♘f3 c5 6. g3 ♘c6 7. ♗g2

L'aile roi des Noirs est quelque peu coincée ; en contrepartie son complexe central n'en est que plus mobile.

7 … ♗e7 8. 0-0 0-0 9. d3 ♘b6

9 … d4 permettrait la centralisation 10. ♘e4. Pour l'éviter, 9 … f6 est à considérer avec par exemple : 10. exf6 ♗xf6, les Noirs contrôlant le centre.

10. ♘e2! d4?!

Les Noirs tentent d'établir la faute du coup de cavalier blanc, puisque celui-ci ne peut plus atteindre la case e4. Ils sont pourtant dans l'erreur, et la poussée d4 aurait dû être préparée par 10 … f6, par exemple : 11. exf6 ♗xf6 12. c3 e5 13. fxe5 ♘xe5 et les Noirs ont une bonne position.

11. g4! f6

Ce coup, négligé par deux fois, n'est plus à présent aussi utile aux Noirs en raison de la faiblesse de la case e4. Des mesures prophylactiques telles que 11 … ♖e8 12. ♘g3 ♗f8 13. ♘e4 ♘d5 (f4-f5 est sous-jacent) sont préférables.

12. exf6 gxf6

La suite 12 ... ♗xf6 13. ♘g3 e5 14. f5 n'est pas plus réjouissante.

13. ♘g3 ♘d5

Les Noirs essaient de protéger l'aile menacée à partir du centre, mais cela ne suffira pas.

14. ♕e2 ♗d6
15. ♘h4

Menaçant 16. ♗xd5 et 17. ♘f5.

15 ... ♘ce7
16. ♗d2

Plus précis est 16. ♘h5, avec par exemple 16 ... ♘g6 17. ♗xd5 exd5 18. ♘f5 et l'attaque est gagnante.

16 ... ♕c7
17. ♕f2

Ici aussi, 17. ♘h5 est meilleur.

17 ... c4!
18. dxc4 ♘e3!

C'est ainsi que le docteur Alekhine, au moyen d'une ingénieuse diversion, sait calmer pour un temps l'attaque adverse.

19. ♗xe3 dxe3
20. ♕f3 ♕xc4

La position s'est un peu clarifiée : le pion passé des Noirs paraît certes souffrant mais possède une bonne assurance. S'il tombe, les diagonales c6-h1 (après une éventuelle manœuvre ♗c8-d7-c6) et c5-g1 offriront en effet une bonne compensation. Les Blancs en montant par g4-g5 une attaque à l'aile roi ont un objectif plus substantiel que ce douteux gain de pion. La négligence de ce coup va renvoyer les Blancs aux arrières.

21. ♘e4 ♗c7
22. b3 ♕d4
23. c3 ♕b6
24. ♔h1

Les Blancs ont repéré la percée adverse.

24 ... ♘d5

24 ... ♗d7 est bien meilleur.

25. f5

Les Blancs ratent le coup gagnant 25 g5, les continuations possibles étant : 25 ... fxg5 26. ♘xg5 ♖xf4 27. ♕h5 ou 25 ... f5 26. ♕h5 fxe4 27. ♗xe4 etc.

25 ... ♘f4!
26. ♖fd1 ♔h8

D'après H. Wolf, la suite 26 ... e2 27. ♖d2 ♕b5 avec éventuellement ♕e5 était plus forte.

27. ♗f1 exf5
28. gxf5 ♗e5
29. ♖e1 ♗d7

La partie se déroule maintenant suivant les commentaires du vingtième coup : les Blancs s'emparent du pion et la pression des Noirs s'exerce grâce à leurs fous.

30. ♖xe3 ♗c6
31. ♖ae1 ♘d5

31 ... ♖g8 aurait accentué la pression.

32. ♖d3 ♘xc3

Joli mais inexact. L'acceptation du sacrifice est certes suicidaire (33. ♖xc3 ♗xe4 34. ♕xe4 ♕f2) mais les Blancs disposent d'une contre-combinaison cinglante.

17

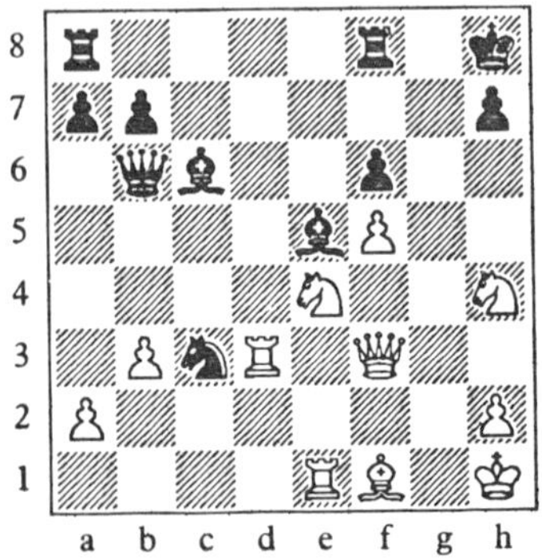

33. ♘g6+ hxg6
34. ♕g4!!

La pointe. Il n'est pas bon de taper tout de suite dans le tas par 34. fxg6 ♔g7 35. ♕h3 ♖h8 36. ♖d7+ ♗xd7 37. ♕xd7+ ♔xg6, car les Blancs se trouvent alors sous la menace d'un mat en deux coups.

34 ... ♖f7?

La situation exigeait 34 ... ♖g8 avec comme suite : 35. fxg6 ♔g7 36. ♖d7+ ♗xd7 37. ♕xd7+ ♔xg6 38. ♗d3! ♔h6 39. ♕h3+ ♔g7 40. ♖g1+ ♕xg1+! et le gain ne pointait toujours pas a l'horizon pour les Blancs.

35. ♖h3+ ♔g7 36. ♗c4! ♗d5 37. fxg6 ♘xe4 38. gxf7+ ♔f8 39. ♖xe4

Pour gagner, plus simple est : 39. ♕g8+ ♔e7 40. f8 :♕+ ♖xf8 41. ♖h7+ ♔e8 42. ♕xd5.

39 ... ♗xe4+ 40. ♕xe4 ♔e7 41. f8 :♕+!

La consécration pour le pion passé !

41 ... ♖xf8
42. ♕d5 ♕d6

42 ... ♕c6 provoquerait la perte de la dame et non l'échange à cause de 43. ♖h7+ ♔e8 44. ♗b5.

43. ♕xb7+ ♔d8 44. ♖d3 ♗d4 45. ♕e4 ♖e8 46. ♖xd4

Les Noirs abandonnent.

5. La masse de pions mobiles au centre. Comment maintenir le contact entre les pions centraux et les pièces qui soutiennent cette avance

Nous avons déjà vu ce processus à l'œuvre dans la treizième partie (voir les vingt-sixième et vingt-septième coups ainsi que la variante donnée dans la note du trentième coup : 30 ... ♖cd8 31.

cxd4, etc.). L'avancée des pions n'était pas un phénomène isolé et autonome. Elle tirait ses forces du voisinage de pièces prêtes à occuper les points centraux qui se libéraient. Il s'agit donc d'une centralisation préparée en coulisses. Il en va de même dans les parties 16 et 17. Dans la seizième, où nous observerons particulièrement les petits coups très fins de la dame en e4-d4-d5 et le vigoureux effet aux ailes (b6 et g7), l'avancée d5-d6 n'est rendue possible que par la centralisation. Dans la dix-septième également, la coopération des pièces au centre est importante. Mis à part l'abandon volontaire de la colonne c, nous noterons la tentative positionnelle 32 ... h5. Cette manœuvre est particulièrement caractéristique ; dans les parties positionnelles de maîtres chevronnés la structure centrale se manifeste souvent ainsi.

Partie n° 16
Noirs : Romith
Londres, 1927

1. d4 d5 2. c4 e6 3. ♘c3 ♘f6 4. ♗g5 ♘bd7 5. e3 c6 6. cxd5 exd5 7. ♗d3 ♗d6

Mieux vaut 7 ... ♗e7.

8. ♕c2 h6
9. ♗h4

Cette ouverture a mis les Noirs en « souffrance de roque ». Nous voulons dire par là que dans cette situation le petit roque est trop dangereux et le grand roque difficile à préparer. Romith choisit une stratégie de louvoiement gardant en réserve la possibilité des deux roques, en l'occurrence, cette stratégie est intéressante.

9 ... ♕a5 10. 0-0-0 ♗b4 11. ♘ge2 ♗e7

Voici un louvoiement dans les règles de l'art ! Les Noirs désiraient dévier le cavalier roi de la route g1-f3-e5. Cette fine manœuvre témoigne de plus de sens échiquéen que bien des attaques à la hussarde.

12. ♔b1 ♘f8!
13. h3

De cette manière le fou pourra aller en g3, sans craindre ♘h5.

13 ... ♗e6 14. f3 a6 15. a3

Il n'est pas encore facile de démarrer une attaque durable, par exemple : 15. e4 ? ♘xe4 ! 16. ♗xe7 ♘xc3+ et 17 ... ♔xe7.

15 ... ♗d7

Prévoyant une excursion du cavalier f8 par e6, c7, b5.

16. ♗xf6! ♗xf6 17. e4 ♘e6 18. e5 ♗e7 19. f4

Voici le centre de pions mobiles.

19 ... ♘c7
20. f5 ♘b5

18

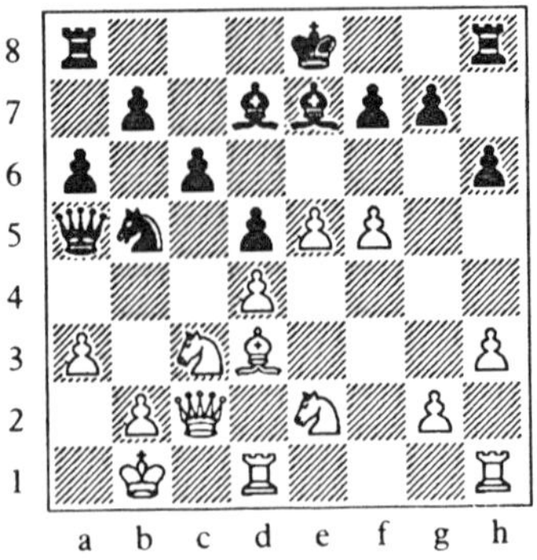

21. ♖hf1

Le contact est établi : *cf.* notre introduction.

21 ... ♕b6

Sur 21 ... ♗xa3, je pensais répondre 22. ♗xb5 axb5 23. bxa3 ♕xa3 24. ♕a2. Si 21. ♖hf1 n'est pas joué, la variante est réfutée par 24 ... ♗xf5+. Le contact est donc immédiatement utile. En fait, l'échange en c3 suivi du grand roque est meilleur que le coup du texte. Par exemple : 21 ... ♘xc3+ 22. ♘xc3 0-0-0 23. ♘a4 ♔b8 24. b4 ♕c7 25. ♔a2, après quoi les Blancs n'ont pas d'attaque facile à mener.

22. ♗xb5 ! axb5 23. ♘f4 b4 24. ♘cxd5

La pointe.

24 ... cxd5

Les Blancs ont une forte attaque après 24 ... b3 25. ♕e4.

25. ♘xd5 ♕a5 26. ♘c7+ ♔d8 27. ♘xa8 ♕xa8

Prise forcée puisque la suite 27 ... bxa3 28. d5 axb2 29. ♕c7+ ♕xc7 30. ♘xc7 ♔xc7 31. d6+ serait décisive.

28. d5 ♕c8
29. ♕e4

La position centrale de la dame augmente nettement la valeur de la mobilité des pions blancs centraux.

29 ... ♖e8 30. ♖c1 ♕b8 31. e6 !

La case d6 semble être un point mort que les pions ne peuvent dépasser. Oui, s'il n'y avait pas la dame au centre ! Mais elle est là et l'obstacle est balayé.

31 ... ♗b5
32. ♕d4

La menace est 33. ♕b6+.

32 ... b6
33. d6 !

Sur 33 ... ♕xd6, 34. ♖fd1 ! gagne. Sur 33 ... ♗xd6, la suite 34. ♖fd1 ♔e7 35. ♕xg7 ♖f8 36. ♕xh6 est décisive. Remarquons que de d4, la dame exerce un effet aussi bien sur g6 que sur b7 ; conséquence classique de la centralisation.

33 ... ♗f6 34. e7+ ♔d7 35. ♕d5 ♗xf1 36. ♕c6 mat.

Partie nº 17
Blancs : Gruenfeld
Kecskemet, 1927

1. d4 ♘f6 2. c4 e6 3. ♘c3 ♗b4 4. ♕c2 d6

Possible est 4 ...b6, par exemple : 5. e4 ♗xc3+ 6. bxc3 d6 7. f4 ♘fd7. Les Noirs se développent alors par ♘c6, éventuellement plus tard ♘a5, ♗b7, c5 (jamais e5), ♕c7 et 0-0-0 ; et leur défense est solide.

5. ♗g5 ♘bd7
6. a3

Perte de temps. Meilleur semble être 6. e3, par exemple : 6 ... b6 7. ♗d3 ♗b7 8. f3

6 ... ♗xc3+ 7. ♕xc3 h6 8. ♗h4 b6

8 ... 0-0 est aussi très bon. Si 9. f3, les Noirs répondent simplement 9 ... d5 etc.

9. f3 ♗b7
10. e4

La structure blanche a tout au plus une valeur passive. En effet, après 10 ... e5 11. ♗f2 c5 12. d5 *(ou 12. dxc5 dxc5, puis 13 ... ♕e7 et ♘d7-b8-c6-d4)*, les deux fous sont inoffensifs. Par ailleurs, l'attaque noire a peu de chance d'aboutir.

10 ... ♘xe4

L'outrecuidance !

11. ♗xd8 ♘xc3
12. ♗h4 !

La suite 12. ♗xc7 ♔e7 13. bxc3 ♖hc8 14. ♗xd6+ ♔xd6 est inférieure puisque le pion blanc c ne peut tenir contre la batterie ♖c7, ♖ac8, suivis de ♘b8 ! et ♗a6. Au contraire, après 12. ♗h4 !, les Noirs perdent une pièce.

12 ... ♘a4

Ici, les Noirs pensèrent au slogan électoral américain : « to make the best of it ! ». Ne pas désespérer, trouver la meilleure chance dans la situation extrême ! Compliquer au possible le gain. C'est ainsi que pense l'Américain, et cette façon de penser a du bon ! Cette partie en est la preuve.

13. b3 c5 !
14. bxa4 ?

Faible. Le coup 14. d5 était adéquat, encore que dans ce cas aussi les Noirs avaient encore de la ressource : 14. d5 exd5 15. bxa4 dxc4 16. ♗xc4 d5 17. ♗b5 ! g5 ! 18. ♗g3 0-0-0. Après le coup du texte, les Blancs sont moins bien.

14 ... cxd4 15. ♘e2 e5 16. ♘c1 ♘c5

Les Noirs ont une forte position, deux pions pour la pièce, de bonnes chances d'en gagner deux autres, ils ont pris l'avantage.

17. a5 bxa5

Il ne faut pas sous-estimer le pion a5 qui protège des cases importantes.

18. ♘d3 ♘d7

Ce repli est correct, il permet aussi de surveiller la case e5, par exemple : 19. c5 ? dxc5 ! et le pion e5 est protégé. C'est pourquoi 18 ... ♘e6 est faux, car la réplique 19. c5 *(19 ... ♘xc5 20. ♘xc5 dxc5 21. ♗b5+* avec un jeu ouvert) pose des problèmes aux Noirs.

19. ♗e2 ♗a6 20. 0-0 ♗xc4 21. ♗e1 a4 22. ♗b4 d5 23. ♖fe1 f6

Il faut prévenir des combinaisons avec sacrifice sur e5.

24. ♘b2 ♗xe2
25. ♖xe2 ♔f7

Jouable était 25 ... ♖c8 26. ♘xa4 ♔f7, mais je voulais céder la colonne c pour faire avancer plus vite mon centre. La suite de la partie m'a donné raison.

26. ♖c1 ♘b6 27. ♖c7+ ♔g6 28. ♖ec2 e4 !

Voir la remarque précédente.

29. ♖2c6 d3 30. ♖e6 ♖he8 ! 31. ♖xe8 ♖xe8 32. ♔f1

Si 32. ♖xa7 ? ♖c8 !

32 ... h5

Un tâtonnement. Il faut provoquer de nouvelles faiblesses.

33. h3

Ce coup allait probablement être forcé à la longue, à cause de la menace h5-h4-h3. Pourtant les Blancs n'auraient pas dû s'y résoudre sans lutte car il existe à présent un terrible trou en g3.

33 ... h4 ! 34. ♔g1 ♔f5 35. ♔f2 e3+ 36. ♔f1 d2 37. ♔e2 d4

19

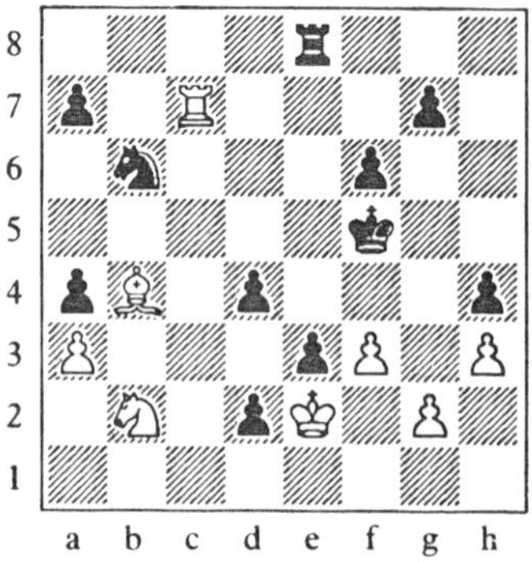

38. ♘d3

Les Blancs semblent avoir obtenu une situation de blocage. La manœuvre de cavalier qui suit va la rendre illusoire.

38 ... ♘d5 !
39. ♖c5

Après 39. ♖c4, la suite 39 ... ♘xb4 40. ♘xb4 (*40. ♖xb4 ? ♖c8 !*) 40 ... ♖d8 41. ♘d3 ♖b8 42. ♖b4 ♖xb4 43. ♘xb4 ♔f4 et 44 ... ♔g3 est décisive.

39 ... ♖d8 40. ♗a5 ♖d7 41. ♖c4 ♘f4+ 42. ♘xf4 ♔xf4 43. ♗c3

Ou 43. ♗c7+ ♔f5 etc.

43 ... ♔g3 44. ♖xd4 ♖xd4 45. ♗xd4 ♔xg2 46. ♗xe3 ♔xh3 47. ♗xd2 ♔g2 Les Blancs abandonnent.

6. L'abandon du centre de pions

Ce n'est pas nécessairement une catastrophe puisque comme nous l'avons vu dans les exemples précédents, il s'agit surtout de suffisamment contrôler les cases centrales. Le centre de pions passés perd de sa mobilité de façon inquiétante et peut même devenir une cible si le camp adverse y exerce un contrôle rigoureux.

Dans la dix-huitième partie, Steiner manque l'occasion d'établir une position de pression contre le centre mobile adverse. Dans la dix-neuvième, une tentative insuffisamment fondée de paralyser totalement un centre fort et mobile est réduite à néant : pour être plus précis, non la tentative mais plutôt ses acteurs, le pion c4 et peu de temps après le pion e4. Dans la vingtième se succèdent rapidement : 1) l'abandon du centre, 2) sa récupération au prix d'un pion, 3) le pion de moins se trouve compensé par une centralisation sur les cases blanches, 4) les Noirs auraient dû obtenir l'avantage, mais leur trente-troisième coup sort la partie de sa logique ; elle perd du coup de son intérêt didactique.

Partie n° 18
Noirs : L. Steiner
Niendorf, 1927

1. e4 e5 2. ♘f3 ♘c6 3. ♘c3 ♘f6 4. ♗b5 d6 5. d4 ♗d7 6. ♗xc6 ♗xc6 7. ♕d3 ♘d7 8. ♗e3 exd4 9. ♗xd4

Après cette ouverture, les Noirs ont moins à redouter l'abandon du centre de pions que la surveillance du pion g7 par le fou en d4. Il suivit :

9 ... f6 ?

Ce coup nous semble être une faute décisive. La suite correcte est un immédiat : 9 ... ♘c5, avec par exemple : 10. ♕e2 ♘e6 11. 0-0-0 ♗e7 12. ♘d5 0-0 13. ♗c3 ♖e8 suivi de 14 ... ♗f8 pour avoir une pression au centre. Ou encore 12 ... ♗xd5 13. exd5 ♘xd4 14. ♘xd4 0-0 suivi de 15 ... ♗f6 et les Noirs sont bien.

10. ♘h4

Cette diversion n'est pas prématurée.

10 ... ♘c5 11. ♕e2 ♘e6 12. ♘f5

Les Noirs ne peuvent plus maintenant se développer correctement. Si 12 ... ♗e7 ? 13. ♘d5 ♗xd5 14. exd5 ♘xd4 15. ♘xd4 et la pression sur e6 est décisive.

12 ... ♕d7

12 ... g6, avec comme suite possible : 13. 0-0-0 ♔f7 14. ♕c4

équivaudrait à un coup d'épée dans l'eau.

13. 0-0 !

Un coup de développement et d'attente. Les Noirs sont quasiment forcés de s'affaiblir, pour pouvoir se développer de manière cohérente. Quant aux Blancs, il leur suffit d'attendre tranquillement que leur adversaire se résigne à a6 ou b6. C'est pourquoi si 13. 0-0 semble être un coup de développement, dans l'esprit il s'apparente bien plus à un tâtonnement, tel le coup 32 ... h5 de la dix-septième partie.

13 ... b6

13 ... a6 présente aussi des inconvénients. Mais 13 ... 0-0-0 serait absolument mauvais, par exemple : 14. ♗xa7 b6 15. a4 ♔b7 16. a5 ♔xa7 17. axb6+ ♔b8 18. ♖a7 ♗b7 (le seul coup) 19. ♖xb7+ ! ♔xb7 20. ♖a1 cxb6 21. ♕a6+ ♔c6 22. ♕b5+ ♔b7 23. ♕d5+ ♕c6 24. ♖a7+ et les Blancs gagnent. Au lieu de s'affaiblir par a6 ou b6, Steinitz aurait malgré tout tenté 13 ... ♗e7, par exemple : 14. ♘d5 ♗d8 ! 15. c4 0-0 16. ♗c3 ♖e8, après quoi les Noirs sont terriblement resserrés, mais peuvent encore tenir.

14. a4

Comme sur des roulettes !

14 ... a5
15. ♘d5 ♘xd4

Si 15 ... 0-0-0 ? 16. ♗xb6 !

16. ♘xd4 ♗b7 17. ♘e6 ♖c8 18. ♕h5+ g6 19. ♘xf6+ ♔f7 20. ♘xd7 gxh5 21. ♘dxf8

Les Noirs abandonnent.

Comme nous l'avons montré, la position noire était jouable avec 9 ... ♘c5, et même peut-être plus tard avec 13 ... ♗e7 ! suivi de 14 ... ♗d8, mais pour ceci, encore faut-il être un Steinitz avec sa maîtrise des positions de défense. 10 ... ♘e5 ! aussi aurait bien fonctionné.

L'abandon du centre n'est donc pas forcément une catastrophe.

Partie n° 19
Blancs : Alapin
Carlsbad, 1911

1. e4 c6 2. c4 d6 3. d4 ♘f6 4. ♘c3 ♘bd7 5. f4 e5 6. ♘f3 exd4 7. ♕xd4 ♘c5

Afin de dompter le tigre prêt à bondir — ou plutôt le centre prêt à avancer : après 8. e5 ? dxe5 les Blancs n'obtiennent rien.

8. ♗d3 ♕b6

8 ... ♘xd3+ pour avoir la paire de fous est aussi à considérer.

9. ♗c2 ♗e7 10. 0-0 0-0 11. ♔h1 ♖d8

Le domptage continue.

12. ♖b1 ♗e6 !

Voici le contre-jeu : attaquer sur le flanc par c4. Il y a une raison profonde pour qu'il en soit ainsi : comment le pion c4 peut-il s'imaginer pouvoir paralyser le centre fort et élastique qu'est le pion d6 ? Ce *monsieur** sera sévèrement puni pour cela.

13. f5

Ce coup est une énorme concession, la mobilité du centre blanc diminue considérablement. Les autres coups permettaient l'attaque dont nous parlions : 13. ♗e3 ♕a6 14. b3 b5 (*ou 14 ... d5 15. cxd5 cxd5 16. e5 ♘fe4*) ou 13. b4 ♘a6 14. ♕d3 ♘xb4 15. ♕e2 ♕c5.

13 ... ♗c8 14. ♗g5 ♘cd7 15. ♕d2 a6 ! 16. b3 ♕c7 17. ♖bd1 b5

Le juste courroux des Noirs éclate.

18. ♖fe1 ♘e5
19. cxb5 axb5

*Monsieur** « des courants d'air » c4 a été soufflé, le coq ne chantera plus pour lui.

20. ♗b1 ♗b7 21. ♕c1 ♕b6 22. h3

22. ♗e3 ♕a5 23. ♗g1 semble plus correct.

(Diagramme 20)

22 ... ♘xf3 !

Le début d'une puissante combinaison.

20

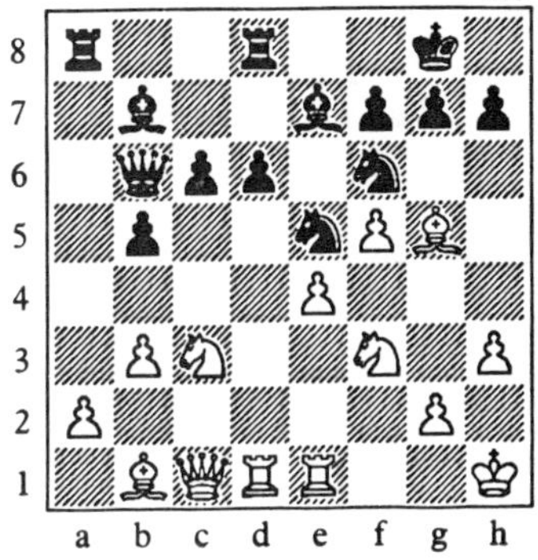

23. gxf3 ♕f2 24. ♕e3 ♕g3 25. f4 ♕xe3 26. ♖xe3 h6 27. ♗h4 b4

Ces deux coups de pions sont la pointe, le centre de pions va être conquis de façon surprenante.

28. ♘a4 ♘xe4 ! ! 29. ♖xe4 ♗xh4 30. ♖xb4 ♖a7

Les Noirs ont un jeu gagnant grâce à leurs deux fous installés dans la structure déchirée de pions adverses. La suite fut :

31. ♗e4 ♗e7 32. ♗f3 d5 33. ♖bd4 ♖d6 34. ♔h2 ♖f6 35. ♗g4 ♗d6 36. ♖c1 h5 37. ♔g3

Si 37. ♗xh5 ♖xf5 38. ♗g4 ♖xf4, les Noirs gagnent une pièce.

37 ... hxg4 38. hxg4 g5 39. fxg6 e.p. fxg6 40. g5 ♖f5 41. ♔f3 ♖a8 42. ♘c5 ♗xc5 43. ♖xc5 ♖xa2 Les Blancs abandonnent.

* En français dans le texte.

Partie n° 20
Blancs : Dr. Alekhine
Kecskemet, 1927

1. e4 e6 2. d4 d5 3. ♘c3 ♘f6 4. exd5 ♘xd5 5. ♘e4

Les Noirs après ce début doivent, très tôt dans la partie, se débrouiller sans pion au centre. Leur position reste pourtant assez confortable. Ils résolvent tout de suite le problème de façon satisfaisante.

5 ... ♘d7 6. ♘f3 ♗e7 7. ♗d3 b6 8. 0-0 ♘b4 9. ♗c4 ♗b7 10. ♕e2 0-0 11. a3 ♘d5 12. ♖d1

Coup préventif contre c7-c5. Les Noirs maintenant ouvrent trop vite le jeu.

12 ... c5

Le coup précédent imposait une libération lente par 12 ... c6, suivi de ♕c7 et ♖fd8, et finalement c6-c5. Il ne faut pas libérer trop soudainement une position resserrée, mais aux échecs aussi, la tentation d'une libération rapide est enivrante. La suite débutant par 12 ... c6 aurait donné un jeu fort et vivant. D'ailleurs après 12 ... c6 et 13 ... ♕c7, il est aussi possible de jouer 14 ... ♘f4 sur 14. ♗d3.

13. ♗b5! ♘c7
14. ♗xd7

La variante 14. dxc5 ♘xb5 15.♕xb5 ♗xe4 16.♖xd7 ♕e8 17.c6 ♖c8 ne séduit évidemment pas Alekhine.

14 ... ♕xd7 15. dxc5 ♕c6 16. ♘d6!

Renonçant à gagner un pion par 16. cxb6 axb6 17. ♖e1 à cause de 17 ... ♘d5. Si 18. c4 ♘f6 19. ♘xf6 ♗xf6, les Noirs ont de superbes diagonales pour leurs fous, ou 18. ♘e5 ♕c7 19. ♘d3 ♖ac8 20. c3 ♖fd8, les Noirs prennent alors l'avantage grâce à un jeu puissant et centralisé.

16 ... ♗xd6!

C'est le meilleur coup. Sur 16 ... ♗a6 17. c4 bxc5 18. ♘e5 ♕a4 survient 19. ♗h6!, par exemple : 19 ... ♗xd6 20. ♖xd6 gxh6 21. ♕g4+ ♔h8 22. ♖d7 et les Blancs ont une position gagnante.

17. cxd6 ♘e8
18. ♗g5

Encore un coup raffiné.

18 ... ♘f6! 19. ♖d4 ♘d7 20. ♗e7 ♖fc8 21. c3 e5

Nous voyons à présent que la centralisation noire pouvait survivre malgré toutes les finesses de l'adversaire. De plus la position du fou en e7 est quelque peu problématique tandis que le fou en b7 déploie au contraire une activité intense. Le jeu est équilibré, le pion de moins n'a guère d'importance.

22. ♖g4

Afin de procurer un champ d'activité au fou exclu en e7. En même temps, la tour protège la case g2, soulageant certainement le cavalier placé en f3.

22 ...	**♕d5 !**
23. ♖g3	**♖c4**

21

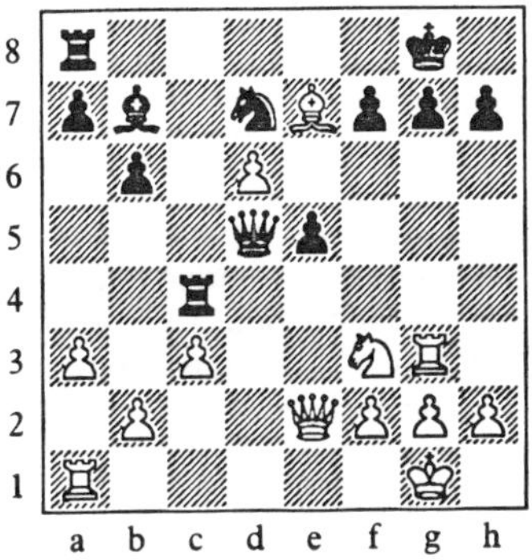

24. ♖d1

Alekhine pense ici pouvoir donner l'assaut avec 24. ♘g5. Si 24 ... h6 ? 25. ♖d1 ♕c6 26. ♘xf7 ♔xf7 27. ♕h5+ ♔g8 28. ♕g6. Mais il ne voit pas la possibilité 24. ♘g5 g6 ! 25. ♖d1 ♕c6 ! 26. ♖f3 f5, et le sacrifice 27. ♖xf5 qui sans cela serait décisif est impossible à cause du mat en g2. Le coup du texte permet aux Noirs de forcer un échange de tours bienvenu grâce à une manœuvre originale.

24 ... ♕e4 25. ♕f1 ♕c2 ! 26. ♖d2 ♕a4 27. ♖e2

Si 27. h3, proposé comme meilleur par Alekhine, j'avais préparé entre autres le changement de front ♗b7-e4-g6, suivi de f5 etc. Notons que toutes les manœuvres noires transitent par e4.

27 ... ♖e4 28. ♖xe4 ♕xe4 29. ♕c1 h6 30. h3 ♔h7 31. ♕d1 g6

31 ... f5 est interdit à cause du sacrifice ♘g5+ suivi de ♕h5+ et ♕xg5.

32. ♖g4	**♕d5**
33. ♕c2	**♖g8**

22

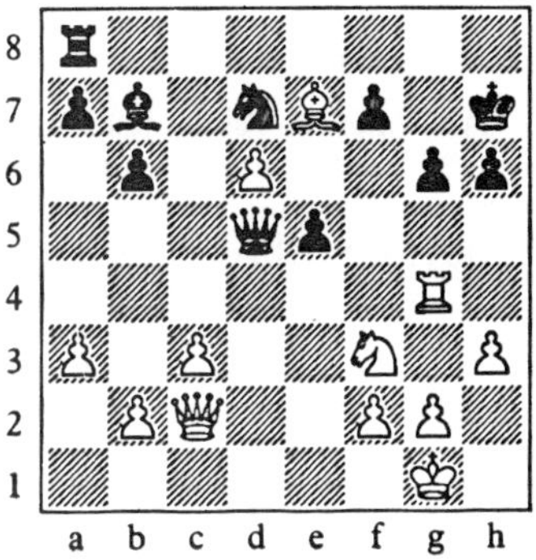

L'excursion de la tour par a8-c8-c4 me semblait aussi risquée que tentante. Risquée à cause de la menace ♘f3-h4xg6, tentante en considération du « système ». La case e4 est ici le point stratégique important, il doit attirer les pièces comme par magnétisme. Voir sous « surprotection ». Sur 33 ... ♖c8, la suite pourrait être 34. ♘h4 e4 35. f3 ♕c5+ et 36. ♔h1 ou ♔h2. Si 36. ♔h1, les Noirs gagnent une pièce par 36 ... ♕e3 37. fxe4 ? h5

38. ♖g5 ♕e1+. Si 36. ♔h2, les Noirs peuvent choisir 36 ... ♕e3 (37. fxe4 ♖c4) ou 36 ... ♘e5, par exemple : 37. ♖f4 ♕e3 38. g3 exf3 ! 39. ♖xf7+ ♔g8 et les Blancs ne peuvent parer la menace ♕e2+. Il semble découler de cette petite analyse que 33 ... ♖c8 ! permet bien de mettre à jour l'illusion de l'avantage blanc.

34. ♖h4

Menaçant ♗g5.

34 ... f6 ! 35. c4 ♕e6 36. ♘d2 ♕f5 37. ♕d1 g5

Alekhine soutient justement que 37 ... h5 était préférable. En effet, maintenant la tour blanche redevient libre. Les deux joueurs se trouvaient en zeitnot.

38. ♖g4 ♕g6 39. ♖g3 f5 40. ♖c3 e4 Nulle.

Les joueurs convinrent ici de la partie nulle, considérant leur problème commun de zeitnot. Après 41. ♘b3 suivi de c5, les Blancs semblent de nouveau avoir l'avantage.

Nous conseillons à l'étudiant de rejouer attentivement cette partie, afin de développer son sens des « faiblesses sur cases de certaine couleur ». Ici il s'agissait des cases blanches g2, e4, c4 et d7.

7. La centralisation comme *Deus ex machina* (solution soudaine)

Nous prions le lecteur, amateur d'échecs de ne pas sous-estimer cette opportunité. La centralisation apparaissant soudain, tel un remède miracle, est moins typique que celle édifiée lentement et méthodiquement ! C'est la centralisation rapide qui nous intéresse le plus d'un point de vue psycho-didactique. La centralisation soudaine accomplit ce que la centralisation lente ne pouvait faire. De quoi s'agit-il ? Eh bien, de vous faire acquérir la foi du charbonnier pour les vertus de la centralisation. En effet, il ne suffit pas de connaître des détails, encore faut-il être persuadé que la centralisation peut accomplir des miracles. La foi est nécessaire au succès !

Partie n° 21
Noirs : Marshall
New York, 1927

1. ♘f3 ♘f6 2. e3 d5 3. b3 ♗g4 4. ♗b2 ♘bd7 5. h3

Ce coup de pion hypothéquant un éventuel petit roque, les ressources blanches diminuent.

5 ... ♗h5 6. d3 h6 7. ♘bd2 e6 8. ♕e2

Si 8. ♗e2, suivi de 9. 0-0, les Blancs doivent s'attendre à une marée de pions déferlant sur leur roque. Par exemple : 8. ♗e2 ♗d6 9. 0-0 ♕e7 10. c4 0-0-0 11. ♖c1 g5. J'ai perdu de cette façon contre Vidmar, dans le même tournoi.

8 ... ♗b4 9. g4 ♗g6 10. ♘e5 ♘xe5 11. ♗xe5 ♗d6 12. ♘f3 ♕e7 13. ♗g2 0-0-0 14. 0-0-0 ♗xe5 15. ♘xe5 ♗h7 16. c4

La position blanche s'assouplit, mais il faut encore établir une ligne de jonction avec la deuxième rangée.

16 ... ♘d7 17. ♘xd7 ♖xd7 18. cxd5 exd5 19. ♕b2 f5 !

Les Blancs ont pu assurer la sécurité de leur roi grâce à des mesures préventives, 16. c4 et 19. ♕b2. Mais l'autre aile garde toujours des faiblesses. Il était impossible de tout prévenir des deux côtés. A leur grand regret, les Blancs durent tolérer 19 ... f5.

20. ♖d2 ♖f8 21. gxf5 ♗xf5 22. ♖hd1 ♕g5 23. f4 ! ♕g3

(Diagramme 23)

24. ♕e5 !

Ce coup au centre inattendu sauve la partie ! La prophylaxie (tactique préventive) partage les honneurs de ce sauvetage avec la centralisation, car de toute évidence 24. ♕e5 est la suite de 19. ♕b2.

24 ... ♗xh3

23

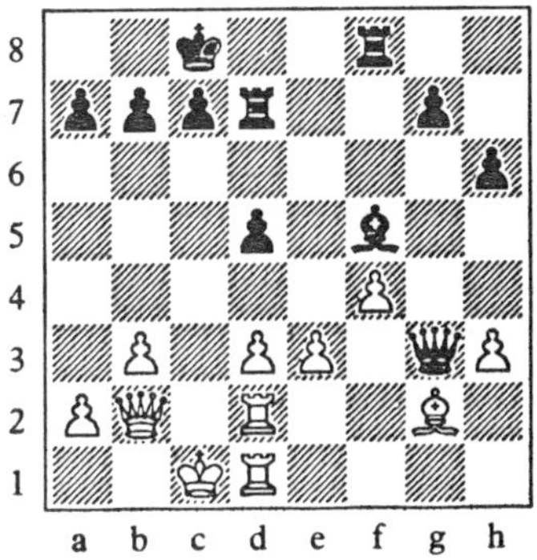

24 ... c6 n'améliore pas la situation.

25. ♗xd5 ♕g6 26. ♗e4 ♕f6 27. ♕xf6 ♖xf6 28. ♖g1 ♗f5 29. ♖dg2

Tout se déroule dans l'ordre ; d'abord la centralisation, maintenant le passage, positionnellement justifié, à l'aile.

29 ... ♗xe4 30. dxe4 ♖d3 31. ♖xg7 ♖xe3 32. ♖g8+

L'attaque à l'aile a abouti à une percée.

32 ... ♔d7 33. ♖1g7+ ♔c6 34. ♖g6 ♖d6

Même cet essai ingénieux de coincer le roi blanc dans un cul-de-sac est insuffisant.

35. e5 ♖e1+ 36. ♔b2 ♖e2+ 37. ♔a3 ♖xg6 38. ♖xg6+ ♔d5 39. ♖xh6 a5 40. ♖h7 ♖c2

Si à la place de ce coup, 40 ... ♔c6, alors 41. ♖e7 b5 42. b4 ♖e3+ 43. ♔b2 axb4 44. f5 et le cul-de-sac est supportable. Il a coûté un pion, perte de peu d'importance compte tenu des deux pions blancs liés.

41. ♖e7 b5
42. b4

Il ne faut pas jouer 42. f5 ? à cause de 42 ... c6 ! 43. b4 ♔c4 suivi du mat.

42 ... a4 ?

La suite 42 ... axb4+ 43. ♔xb4 ♖c4+ 44. ♔xb5 c6+ ! suivi de 45 ... ♖xf4 laissait une petite chance de nulle. Après le coup du texte, les Noirs sont perdus.

43. f5 c5

24

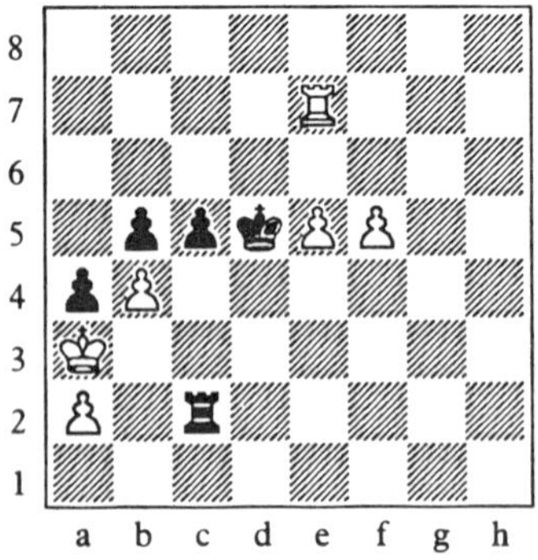

44. f6 ??

Une bourde fatale. 44. e6 assurait un gain facile, par exemple : 44 ... ♖c3+ (44 ... ♔c4 ? 45. ♖c7) 45. ♔b2 cxb4 46. ♖d7+ ! ♔c6 47. ♖d8 ♖e3 48. f6.

44 ... ♖c3+
45. ♔b2 cxb4

Nulle.

En effet, si 46. f7, suit 46 ... a3+ 47. ♔b1 ♖f3 48. e6 ♖f1+ 49. ♔c2 ♖f2+ 50. ♔d3 b3 51. axb3 a2 52. ♖a7 et la partie est nulle.

La centralisation blanche aurait gagné facilement sans la bourde du quarante-quatrième coup.

Partie n° 22
Noirs : Vukovic
Fin de partie,
Kecskemet, 1928

25

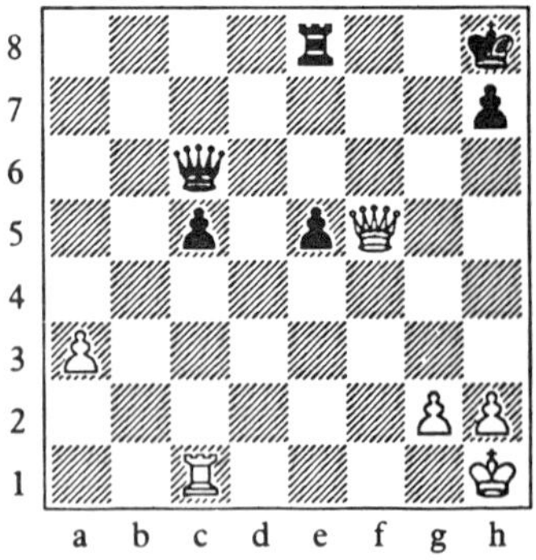

Sans la dame centralisée en c6, la position noire n'est pas solide avec le roi à protéger et des pions isolés. Mais ainsi, tout semble aller. Les Noirs projettent même la poussée c4, suivi de e4 ou c3, et si alors ♕c2, ils répondront ♖g8. Mais je réussis tout de suite à décentraliser l'adversaire.

37. ♕h5 !

La menace est 36. ♖xc5.

37 ... ♖e7

Si 37 ... ♔g7 38. ♖c3.

38. ♖d1 ♕g6

Les Blancs n'ont pas mieux ! Maintenant j'occupe la diagonale centrale cédée par l'adversaire.

39. ♕f3

Avec gain de temps à cause de la menace d'échec en f8.

39 ... ♔g7
40. ♕d5

La situation s'est transformée d'un coup.

40 ... ♕h5 41. ♖d3 ♕f7 42. ♖g3+ ♔h8 43. ♕xc5 ♕f1+ 44. ♕g1 ♖f7

Les Blancs ont gagné leur pion, cependant ils ont dû laisser le centre. Mais le pion de plus est sain de même que la position de repli adoptée, et la finale de tours qui suit va gagner facilement.

La suite fut :

45. h3 e4 46. ♔h2 ♖f2 47. ♕xf1 ♖xf1 48. ♖e3 ♖a1 49. g4 ♔g7 50. ♔g3 ♔g6 51. ♔f4 h5 52. gxh5+ ♔xh5 53. ♔xe4

La position est gagnante.

53 ... ♔h4 54. ♔d4 ♖c1 55. ♖c3 ♖a1 56.♔c4 ♔g5 57. ♖f3 ♖b1 58. a4 ♖a1 59. ♔b4 ♖b1+ 60. ♖b3 ♖f1 61. a5 ♔f6 62. a6 ♔e6 63. a7 ♖f8 64. ♔c5

Les Noirs abandonnent.

Partie n° 23
Noirs : Duras
Saint-Sébastien, 1912

1. e4 e6 2. d4 d5 3. e5 c5 4. ♘f3

Je pense aujourd'hui que 4. ♕g4 est meilleur.

4 ... ♕b6 5. c3 ♘c6 6. ♗d3

6. ♗e2 est préférable.

6 ... cxd4 7. cxd4 ♗d7 8. ♗e2 ♘ge7

Mieux est 8 ... ♘h6.

9. ♘a3 ♘g6

Ici Duras choisit un coup contraire à la tradition, on joue d'habitude 9 ... ♘f5 pour exercer une pression sur le pion d4. Il soumet ainsi un problème nouveau et intéressant que je formulerais comme suit : le coup 9 ... ♘g6 est-il décentralisateur ? En général, on ne peut attaquer une chaîne de pions (ici, les pions blancs d4 et e5 opposés aux noirs d5 et e6) que par la base, ici d4. Il paraît donc déplacé de porter l'attaque à la pointe e5 de la chaîne. Voici pour la chaîne de pions.

Mais un diagnostic précis éclaire différemment la situation : nous voyons en particulier le cavalier en a3 et nous frémissons de son absolue inutilité dans le cas de la poussée f7-f6. D'une certaine façon, le coup ♘e7-g6 agit donc quand même au centre et ne pourrait donc être considéré comme décentralisateur.

Réservons notre jugement pour l'instant.

10. 0-0

10. h4 est envisageable, par exemple : 10 ... ♗b4+ 11. ♔f1 f6 12. h5. Mais le succès de cette expédition punitive est douteux, puisque les Noirs peuvent aussi bien jouer 12 ... ♘ge7 *(13. h6 fxe5 14. hxg7 ♖g8 15. dxe5 ♖xg7)* que 12 ... ♘xe5 (dans un style sacrifice) 13. dxe5 fxe5 14. ♕c2 (le meilleur coup) 14 ... ♗c5 *(si 14 ... 0-0 15. ♗e3 suivi de 16. ♘g5)* et les Blancs sont mal.

10 ... ♗e7

10 ... f6 est possible immédiatement, mais Duras aime à dissimuler ses plans dans la mesure du possible.

11. ♘c2

Si 11. ♖e1 ♗b4 et la tour doit revenir en f1, car sur 12. ♗d2? ♘xd4.

11 ... f6
12. ♗d3 0-0-0

On va bien voir si l'action noire sur e5 a réellement de l'effet.

13. b4

L'idée de ce coup est de jouer b4-b5 pour soulager le centre. Le coup consolidateur 13. ♖e1 est bon aussi. De toute façon, les deux coups doivent être joués, peu importe l'ordre.

13 ... fxe5 ?

Ce coup cède la case d4 au cavalier c2 et ainsi s'effondrent les prémisses de l'opportunité de l'attaque f7-f6. (*cf.* note au coup 9 ... ♘g6). La suite correcte est 13 ... ♔b8 suivi de 14 ... ♖c8. Une variante possible est : 13 ... ♔b8 14. ♖e1 ♖c8 15. ♖b1 *(pas 15.b5 à cause de 15 ... ♘a5 suivi d'un éventuel 16 ... ♘c4)*. Les Blancs conservent cependant l'avantage grâce à une forte initiative (16. ♗d2 avec a2-a4-a5) alors que les Noirs sont enfermés. Cette variante principale renforce notre conviction que la manœuvre 9 ... ♘g6 est peu motivée. Et si l'on veut noter que les Noirs pouvaient jouer le coup centralisateur 9 ... ♘f5, on peut vraiment dire que 9 ... ♘g6 mérite l'épithète « décentralisateur ».

14. ♗xg6 hxg6
15. ♘xe5 ?

Les Blancs laissent filer leur avantage. Le coup juste est 15. dxe5 avec par exemple 15 ... ♘xb4 16. ♗e3 (pas 16. ♖b1 à cause de 16 ... ♗a4) et 17. ♘d4. Les Blancs perdent bien un pion, mais bientôt leur complexe central imposant et les possibilités d'attaque sur les colonnes vont leur assurer un grand avantage. Le coup du texte 15. ♘xe5 est erroné : d'une part il donne à la tour la case h4 d'où elle pourra exercer une pression au centre, d'autre part il redonne de l'activité au fou d7. Enfin, 15. ♘xe5 va à l'encontre d'un principe de base : « Pour le joueur bloqué, chaque échange de pièce est un soulagement. » A présent, les Blancs ont au mieux la nulle.

15 ... ♘xe5 ! 16. dxe5 ♗a4 17. ♕d2 !

C'est à nouveau le seul coup. Si 17 ...d4, alors 18. ♗b2 d3 19. ♘d4 ! ♖xd4 ? 20. ♕c3+.

17 ... ♔b8 ?

Les Noirs rétablissent la parité de la gaffe du quinzième coup. Ils pouvaient gagner un pion par 17 ... ♖h4 ! 18. ♗b2 ♗xb4 19. ♘xb4 ♕xb4 20. ♖ac1+ ♔d7 et conservaient ainsi le contrôle permanent de la case d4.

(Diagramme 26)

18. ♘d4 !

Coup centralisateur, au prix d'un pion. Cette insistance courageuse sur l'idée de centralisation sauve la position blanche, pourtant proche de l'effondrement. Si les Blancs avaient pensé plus tôt au sacrifice de pion, ils n'auraient pas manqué le coup 15. dxe5. Mais à ce moment, ils n'étaient pas encore prêts à des décisions héroïques...

26

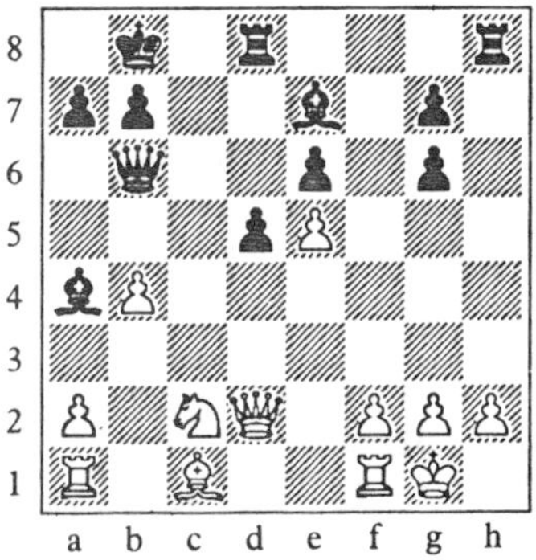

18 ... ♖h5

Si 18 ... ♗xb4, alors 19. ♕d3 suivi de 20. ♗e3 et 21. ♖b1, et les Blancs obtiennent un jeu harmonieusement composé de blocage et d'attaque, semblable d'ailleurs à celui décrit dans la note du quinzième coup.

19. ♕d3 ♖dh8 20. h3 g5 21. ♗e3 g4

D'un côté de puissants coups centralisateurs (♘d4 !, ♕d3 ! et ♗e3 !), de l'autre des coups à l'aile émouvants de maladresse. Il n'est pas difficile de pronostiquer le vainqueur dans ces circonstances.

22. ♘f5 ♗b5

Ou 22 ... ♕d8 23. ♘xe7 ♕xe7 24. ♕d4 suivi de ♕xg4.

23. ♕a3

Avec effet central à grand rayon d'action : de d4 à a7 et g4.

23 ... ♕a6 24. ♕xa6 ♗xa6 25. ♘xe7 ♗xf1 26. ♖xf1 g5 !

La résistance se poursuit, acharnée mais vaine à la longue :

27. f3 ! gxh3 28. g4 ♖5h7 29. ♗xg5 ♖e8 30. ♔h2 ♔c7

La finale de tours qui surviendrait après la double prise en e7 ne serait pas tenable pour les Noirs.

31. ♖c1+ ♔d7
32. f4

32. ♗f6 gagnait bien plus facilement.

32 ... ♖g7 ! 33. ♔xh3 ♖xg5 34. fxg5 ♖xe7 35. g6 !

Un des pions g tombe mais le deuxième devient très fort.

35 ... ♖g7 36. g5 ♖xg6 37. ♔g4 ♖g8 38. ♖c3 ♖d8 39. b5 d4 40. ♖h3 ♔c7 41. g6 d3 42. ♖h1 ♔d7 43. ♖h7+ ♔c8 44. ♖h1 ♔d7 45. ♔g5 d2 46. g7

Les Noirs abandonnent.

La suite pouvait être : 46 ... ♔e7 47. ♔g6 d1 :♕ 48. ♖xd1 ♖xd1 49. g8 : ♕ ♖g1+ 50. ♔h7 ♖h1+ 51. ♔g7 ♖g1+ 52. ♔h8 ♖h1+ 53. ♕h7+ ♖xh7+ 54. ♔xh7 ♔f7 55. ♔h6 et les Blancs gagnent la finale de pions.

Nous recommandons vivement d'étudier profondément cette partie particulièrement importante pour la centralisation.

II

HANDICAP ET BLOCAGE

Ainsi peut-on obtenir, comme avec la centralisation, d'excellents résultats et j'ose recommander pour le mieux l'adoption de la stratégie du handicap à tout joueur — sans distinction de niveau ! Nous constatons souvent avec surprise qu'un joueur de niveau moindre justement applique la méthode du blocage avec plus de vigueur et moins de complexes qu'un joueur de première catégorie. Cela est particulièrement vrai de mon stratagème spécial : « le sacrifice en vue du blocage ». L'amateur chevronné économe de ses pions se fourvoie ici avant l'étudiant doué de seconde catégorie. Regardons par exemple la partie suivante jouée entre deux amateurs :

1. d4 d5 2. c4 e5 3. dxe5 d4 4. a3 ♗f5 5. e3 c5 6. exd4 ♘c6 !

Un surprenant « sacrifice de pion en vue du blocage ».

7. d5 ♘xe5 8. ♘f3 ♗d6 9. ♗e2 ♘e7 10. 0-0 ♕c7 !

Le pion de plus des blancs ne peut avancer pour l'instant. Au contraire l'armée noire centralisée est une base parfaite pour un lent mais sûr étouffement du camp adverse.

11. ♘xe5 ♗xe5
12. f4

La pression centrale d6-h2 a ainsi conduit à un relâchement de la position blanche.

12 ... ♗d4+ 13. ♔h1 0-0-0 14. ♘c3 a6

14 ... ♗xc3 suivi de ♖d6 semble encore meilleur, il serait alors facile de contrer l'attaque sur la colonne b par b7-b6 suivi de a7-a5 si a3-a4.

15. g4

Mieux est 15. ♗d2 suivi de b4.

15 ... ♗xc3 16. bxc3 ♗e4+ 17. ♗f3 ♗xf3+ 18. ♕xf3 f5 ! 19. h3 g6

Une perte de temps, de toute façon gxf5 n'est pas à craindre, il faut considérer ♔b8 de suite.

20. ♗e3 ♔b8!

Place au bloqueur! Le cavalier aspire en effet à la case d6.

21. ♖ab1

Meilleur est 21. ♕f2.

21 ... ♘c8
22. ♖b3 ♘d6

La position blanche paraît maintenant bien démunie : les points « blancs » c4 et e4 sont faibles, le pion d5 et donc la diagonale f3-b7 semblent bloqués.

23. ♖fb1 ♔a8 24. ♖b6 ♖he8 25. ♕f2 ♖xe3! 26. ♖xd6 ♖de8 27. ♖db6 ♖e2 28. ♕f1 ♕e7 29. ♖6b2 ♕e4+ 30. ♔g1 ♕d3

Les Blancs abandonnent.

Monsieur Karl Jacobsen de Copenhague, qui dirigeait les pièces noires, venait alors juste d'accéder à la deuxième catégorie après trois mois de cours.

Bien sûr, le stratagème adopté dans cette partie n'épuise pas de loin notre sujet. Le handicap concerne un champ très large et n'est donc réellement pas simple à assimiler. Il s'agit avant tout de comprendre le sens profond du handicap. Une masse de pions adverses veut avancer, nous tentons de contrecarrer ce vœu en nous opposant à cette poussée menaçante. L'idée profonde de la méthode du handicap est-elle assez précisément présentée par cette description du processus? Non. En réalité la méthode du handicap n'est que la manœuvre partielle d'une attaque longuement préparée. Elle n'est profitable à la longue que si le raidissement premier prépare une attaque explicite : lorsque l'instrument du handicap est une colonne tour, le pion à handicaper devient lui-même objet de l'attaque ; au contraire si l'action du handicap se situe sur une diagonale, c'est l'aile visée par le fou qui est l'objet de l'attaque. Cette connaissance de la valeur profonde, latente de l'attaque par la méthode du handicap (*cf.* n° 26-28) permettra d'élargir l'horizon échiquéen de l'étudiant.

Notre tâche suivante est de donner à l'étudiant un sens plus aiguisé du degré relatif de faiblesse dynamique d'un pion ou d'un complexe de pions. A cet effet nous présentons une série de parties dans lesquelles un complexe de pions doublés malgré un semblant d'élasticité au début finit par échouer dans une paralysie totale. Nous tenons ceci pour un exercice utile. Le cas des complexes doublés présente la meilleure illustration des faiblesses dynamiques des pions.

Après ces exercices préparatoires, nous sommes enfin en mesure d'appréhender le problème du blocage (le handicap en est la première étape). Ainsi apprenons-nous à tisser un réseau en vue du blocage et à éviter les embûches que pourrait nous amener une éventuelle faille. L'application de mesures prophylactiques est tout particulièrement recommandée à cette fin. En définitive, nous présentons deux nouvelles variantes originales (à savoir ma variante du triangle de Dresde et la Française avec le pion c « hardiment avancé »). Nous tentons de faire la liaison entre d'une part ces variantes et d'autre part les principes du blocage.

Nous recommandons encore au lecteur attentif une étude consciencieuse de l'ensemble de la deuxième section. Il y trouvera ample matière à étude.

1. Handicap des poussées de pion libératrices

La stratégie du handicap nous donne ici la première preuve de ses capacités, une preuve inaugurale en quelque sorte. Pour l'instant, n'attendons pas de sa part d'exaltants plans de blocage, et contentons nous de la maxime : « Il faut empêcher les poussées de pion libératrices ! » Voyons à présent si Monsieur Handicap va passer ce test.

Partie N° 24
Noirs : Breyer
Gotenburg, 1920

1. e4 e5 2. ♘f3 ♘c6 3. ♘c3 ♘f6 4. ♗b5 d6 5. d4 ♗d7 6. ♗xc6 ♗xc6 7. ♕d3 ♘d7

A la suite de cette ouverture que nous avons déjà vue dans la dix-huitième partie, les Blancs choisissent au lieu de 8. ♗e3, le coup :

8. d5

Ils parvinrent alors à exercer une pression sur toute l'aile dame en utilisant la faiblesse du pion a. Voici la suite.

8 ... ♘c5 9. ♕c4 ♗d7 10. b4 ♘a6 11. ♗e3 ♗e7 12. 0-0 0-0 13. a4 ♔h8 14. ♘b5 ♕b8

Le sacrifice de pion 14 ... g6 est à considérer, si alors 15. ♘xa7 f5 16. ♘b5 f4 et les Noirs obtiennent un peu de contre-jeu à l'aile roi.

27

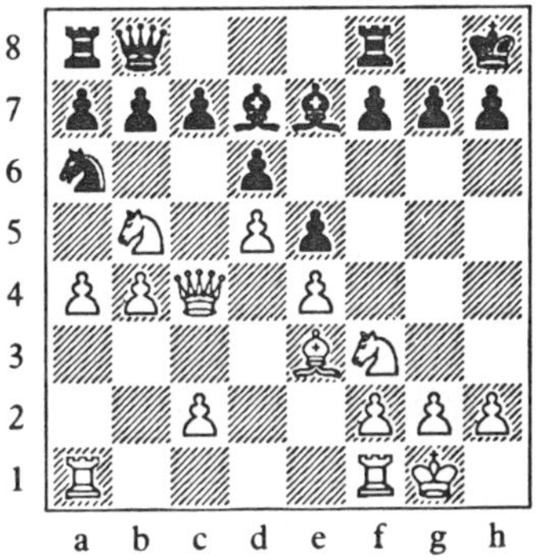

15. c3 !

Ce coup empêche la poussée libératrice c6, par exemple : 15 ... c6 16. dxc6 bxc6 17. ♘xd6 ♗xd6 18. ♕xa6 et le pion b4 est protégé.

15 ... h6

Un immédiat 15 ... f5 donnerait aux Blancs l'agréable réplique 16. ♗g5.

16. ♘d2 !

Pour pouvoir répondre f2-f4 à la poussée f7-f5, car les Noirs ont une tour de moins en jeu.

16 ... g5

Comment maintenant empêcher ou du moins rendre inopérant f5 ?

17. ♖fe1 ! f5 18. exf5 ♗xf5 19. ♘f1

Plus simple est 19. f3 suivi de 20. ♘e4, après quoi les Blancs sont forts sur les cases blanches et, encore plus important, sur la colonne e. On pourrait qualifier de « mystérieux » leur coup de tour extraordinairement caractéristique.

19 ... ♗g6 20. ♘g3 ♗f6 21. f3 ♗g7

28

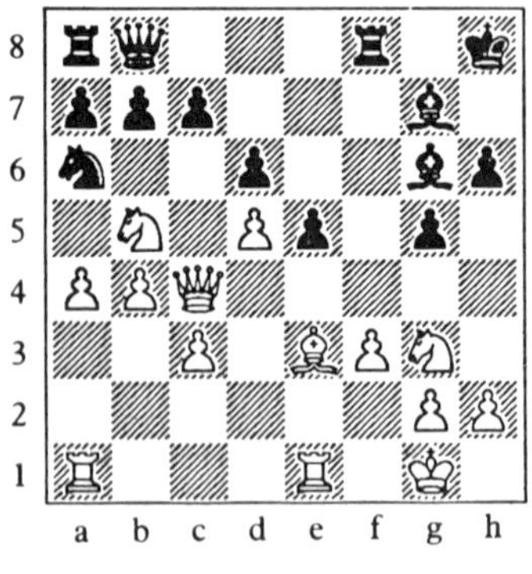

Le coup de débordement blanc 22. h4 pouvait entrer en ligne de compte. Pourtant cette attaque échoue, car la tentative libératrice c7-c6, actuellement moribonde, retrouve soudainement toute sa vigueur, par exemple : 22. h4 c6 ! 23. dxc6 bxc6 24. ♕xc6 gxh4 et le jeu est incertain. Observons la vitalité des tentatives possibles ou non de poussées libératrices. Il est rare qu'elles disparaissent complètement, au contraire elles subsistent souvent à l'état de menaces latentes.

La stratégie de handicap correcte contre l'éventuelle poussée c6 consiste à jouer 22. ♖e2, puis 23. ♖d1 *(22. ♖d1 n'est pas juste tout de suite à cause de la réponse 22 ... ♗c2).* Après cela, rien ne s'oppose à h2-h4. Tout n'est pourtant pas si simple, les Noirs ont encore des tentatives à exploiter. La variante suivante nous livre une instructive possibilité : 22. ♖e2 ! ♔h7 ! *(Ce coup est nécessaire afin de poursuivre par ♗f7, qui ne fonctionnait pas tout de suite à cause de 23. ♕e4 avec une centralisation à long terme de la dame blanche. A présent au contraire, les Noirs peuvent répliquer à 23. ♖ad1 la diversion 23 ... ♗f7, car 24. ♕e4+ ne sert à rien à cause de 24 ... ♗g6.)* 23. h4 ! *(La position du roi noir en h7 permet ce coup.)* 23 ... c6 24. dxc6 bxc6 25. h5 ! menaçant hxg6 avec échec et les Blancs gagnent. La justesse du coup 22. ♖e2 est donc magistralement établie.

22. ♖a2

Ce coup permet à l'adversaire de se libérer sans cependant s'assurer de véritables chances de salut, sa position étant déjà trop mauvaise.

22 ... ♗f7 !
23. ♘e4

Faisant de nécessité vertu : le sacrifice de qualité devrait gagner la partie.

23 ... c6 24. ♘bxd6 ♗xd5 25. ♕e2 ♗xa2 26. ♕xa2 ♕c7 27. b5 cxb5 28. axb5 ♘b8 29. ♕e6

La forte centralisation, le développement étincelant et la possibilité d'attaque immédiate par h2-h4 devraient suffire à assurer le gain.

29 ... a6 30. h4 ! axb5 31. hxg5 ♖a6 32. ♖d1

Si 32. gxh6, alors 32 ... ♗f6.

32 ... ♕c4

Breyer se défend avec beaucoup d'ingéniosité, effectivement il réussit à survivre au milieu de partie mais il obtient une finale perdante.

33. ♕xc4 bxc4
34. gxh6 ♗f6

Puis mes coups devinrent de plus en plus faibles et la partie aboutit à la nulle. J'étais encore sous le coup de la terrible période d'après-guerre dont j'avais été l'une des nombreuses victimes. Voici la suite :

35. ♖b1 b6 36. ♗xb6 ♘d7 37. ♗e3 ♗h4 38. ♘xc4

38. ♖b7 gagne facilement, par exemple : 38 ... ♘f6 39. ♘f7+ ♖xf7 (le meilleur coup) 40. ♖xf7 ♘xe4 41. fxe4 ♖a3 42. ♗d2 ♖a2 43. ♖d7.

38 ... ♘f6 39. ♘xf6 ♗xf6 40. ♘d2

Ici aussi, l'attaque directe 40. ♖b7 est gagnante, par exemple : 40 ... ♖c6 41. ♘b6 ♖xc3 42. ♘d7 ♖f7 43. ♖b8+ ♔h7 44. ♘f8+ ♔h8 ! 45. ♗g5 ! ♖b3 46. ♖e8 gagne. Les Blancs n'attaquent pas assez, signe de dépression.

40 ... ♖g8 41. ♘e4 ♗h4 42. ♔h2 ♖a2 43. ♗d2 ♗g3+

Les Blancs ne peuvent plus gagner.

44. ♔h3 ♗f4 45. ♘f6 ♖f8 46. ♗xf4 exf4 47. ♖b6 ♖a1 ! 48. ♔g4 ♖g1 49. ♔xf4 ♖xg2 50. ♔f5 ♖h2 51. ♔g6 ♖g2+ 52. ♘g4 ♖g3 53. ♖b7

Il fallait utiliser la septième rangée plus tôt, maintenant c'est trop tard !

53 ... ♖gxf3

Nulle

Partie n° 25
Noirs : Dr. Tartacover
Gotenburg, 1920

1. d4 f5 2. e3 ♘f6 3. ♘f3 e6 4. ♗e2 g6 5. c4 ♗g7 6. 0-0 0-0 7. b4 !

Pour déplacer le centre du combat à l'aile dame.

7 ... d6 8. ♘bd2 ♘bd7 9. ♗b2 ♕e7 10. c5

L'ouverture a donné aux Blancs un avantage positionnel clair, car 10 ... e5 échoue à cause de la suite 11. cxd6 cxd6 12. dxe5 dxe5 13. ♘c4 puis ♕b3, ♖ac1 et ♖fd1.

10 ... a5 11. cxd6 cxd6 12. b5 ♘b6 13. ♘c4 ♘xc4 14. ♗xc4 d5 15. ♗d3 ♗d7 16. a4 ♖fc8 17. ♘e5 ♗e8 18. ♕d2 !

Tolérant l'apparition de fous de couleurs opposées pour les deux camps.

18 ... ♘e4 19. ♗xe4 ♗xe5 20. dxe5 dxe4 21. ♖ac1 ! ♖d8

Les Noirs doivent éviter l'échange par égard pour les pions a5 et b7, voués sinon à la disparition.

22. ♗d4 g5 !

(Diagramme 29)

Comment empêcher à présent la poussée libératrice f5-f4 ?

23. ♖c4 !

29

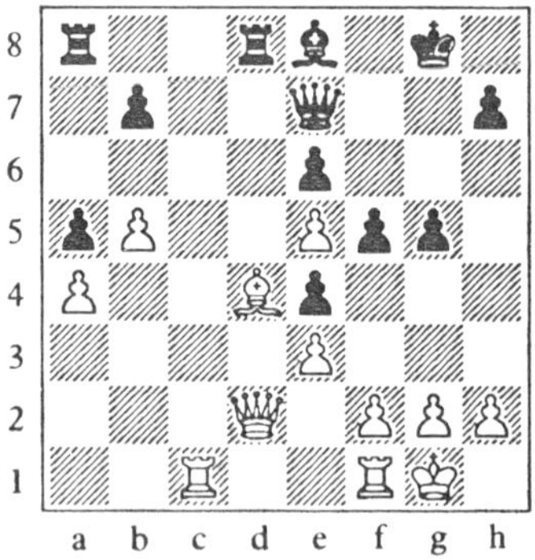

Très simplement. Si 23 ... f4, vient maintenant 24. exf4 puis ♕xf4.

23 ... ♕f7
24. ♕e2 ?

Il faut empêcher 24 ... f4, et à cet effet s'impose 24. ♕c2. Puis avec 25. ♖fc1, les Blancs peuvent se servir de la colonne c. Grâce au coup du texte, Tartacover échappe promptement à son destin.

24 ... f4 ! 25. exf4 ♕xf4 26. ♕e3 ♖ac8

Les Blancs souffrent d'une faiblesse momentanée de la première rangée, Tartacover fonde son plan de salut sur ce « petit détail ».

27. ♖fc1 ♖xc4 28. ♖xc4 ♕xe5 ! 29. h4 ♕f4 30. hxg5 e5

Aucun des deux camps ne peut plus gagner la partie. Voici la fin :

31. ♕xf4 exf4 32. ♗b6 ♖d1+ 33. ♔h2 ♗g6 34. ♗xa5 e3 35. ♖c8+ ♔f7 36. ♖c7+ ♔e6 37. fxe3 fxe3 38. ♗b4! ♖d4 39. ♗c5 ♖xa4 40. ♖e7+ ♔d5 41. ♗xe3 ♖e4

Nulle.

2. Handicap d'une masse de pions centraux

Monsieur Handicap s'étant montré parfaitement capable de rendre difficile les poussées de pions libératrices, permettons-nous de mettre son talent à plus rude épreuve. Il s'agit cette fois de stopper une masse de pions mobiles, nous en avons expérimenté la difficulté dans les parties contre Gruenfeld et Romith. Ce travail difficile par lui-même peut cependant être allégé pour l'acteur du handicap, pour peu que l'opposition passive soit liée à une idée d'attaque, même modeste. Les parties contre Alapin (partie 18) et Steiner (partie 19) sont des exemples de ce que nous entendons par là. Nous avons aussi les cas typiques de pions blancs e4 et f2 opposés aux pions noirs d6 et f7 (*cf.* la défense Steinitz dans l'Espagnole) où les Noirs se servent de la colonne e pour prévenir la menace de poussée e4-e5 tout en attaquant le pion e4.

Il advient souvent dans la pratique moderne que l'opposition à la poussée et un jeu d'attaque apparaissent simultanément mais soient séparés spatialement. Dans la vingt-septième partie par exemple, les Noirs handicapent au centre tout en attaquant à l'aile dame. Il en est de même dans la vingt-huitième partie. Dans la vingt-sixième partie, la « Splendeur » contre Marshall, cette séparation spatiale n'existe pas puisque le handicap et l'attaque ont tous deux lieu au centre. Résumons : lorsque l'opération du handicap se fonde sur une colonne ouverte, il faut agir au centre ; par contre si le handicap s'appuie sur une diagonale, nous avons la mission et la responsabilité de chercher de nouveaux terrains de combat au-delà du centre. La méthode nous apparaît dans les trois parties suivantes.

Partie n° 26
Noirs : Marshall
New York, 1927

1. c4 ♘f6 2. d4 e6 3. ♘f3 c5

Donnant un jeu fermé.

4. d5 d6 5. ♘c3 exd5 6. cxd5 g6!

Le fou prend le contrôle du point central e5 ainsi que la responsabilité de freiner une avancée au centre d'une masse de pions blancs (e4 et f4).

7. ♘d2!

Nombre de lecteurs vont regretter que les Blancs s'esquivent pour ainsi dire du problème de handicap au centre inauguré par Marshall, au lieu d'entreprendre sa résolution en jouant 7.e4 ♗g7 8. ♗d3 0-0 9. 0-0 a6 10. a4 ♖e8 11. h3. Mais je considérais que la position en résultant était à peu près équilibrée, à y regarder de plus près la variante 11 ... b6 suivi de ♖a8-a7-e7 me semblait digne d'intérêt. D'ailleurs, les Noirs auraient déjà pu au dixième coup, jouer ♗g4 suivi de ♗xf3, comment alors contrer la construction de handicap ♕c7 avec les tours doublées sur la colonne e ? L'aimable lecteur me comprendra d'avoir choisi la complication plutôt que d'entrer avec 7. e4 dans une ornière menant probablement, après le développement complet des deux camps, à une position complètement bloquée (ce que l'on appelle le point mort).

7 ... ♘bd7 8. ♘c4 ♘b6 9. e4 ♗g7

9 ... ♘xc4 10. ♗xc4 ♗g7 est possible ici. Après par exemple 11. 0-0 0-0 12. h3 ♖e8 13. ♕d3 a6 14. a4 ♗d7, les Noirs peuvent compléter leur construction en jouant ♕c7 et en doublant leurs tours sur la colonne.

10. ♘e3 !

Marshall n'y avait pas pensé : les Blancs projettent a2-a4-a5 puis le retour du cavalier en c4. Les Blancs paraissent avoir l'avantage maintenant.

10 ... 0-0 11. ♗d3 ♘h5 12. 0-0 ♗e5 13. a4 ♘f4 14. a5 ♘d7 15. ♘c4 ♘xd3 16. ♕xd3 f5 17. exf5 ♖xf5 18. f4

Les Blancs ont laissé à leur adversaire la possibilité de bousculer leurs pions centraux. Mais comme auparavant, ils sont bien centralisés (♘c4 !) et ont aussi des chances à l'aile dame.

A la place du coup combinatoire joué, 18. ♘e4 est aussi très bon.

18 ... ♗d4+ 19. ♗e3 ♗xc3 20. ♕xc3 ♘f6 21. ♕b3

29 a

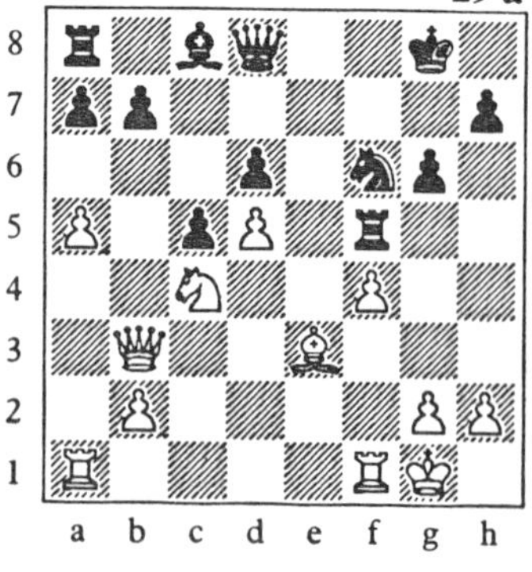

Les Blancs ont des compensations pour le pion d, remarquons entre autres la difficulté de développement de l'aile dame noire.

21 ... ♖xd5

Si 21 ... ♘xd5, le coup 22. ♖ae1 ! empêche 22 ... ♗e6 à

cause de 23. ♗xc5. Les Noirs seraient démunis, les Blancs pouvant alors gagner en jouant ♗d2 et en doublant les tours sur la colonne e.

22. f5 ! **gxf5**
23. ♗g5

Ce coup annonce une pointe. Si 23 ... ♗e6 (les Blancs doivent compter sur cette parade), alors 24. ♕xb7 (menaçant ♗xf6 avec gain de pièce) 24 ... ♖c8 25. ♖ae1 ! Le fou doit alors abandonner la protection d'une des deux tours exposées qui sera gagnée par 26. ♗xf6.

23 ... ♖d4 24. ♘b6+ c4 25. ♕c3 axb6 26. ♕xd4 ♔g7 27. ♖ae1 bxa5 28. ♖e8 !

La voie la plus rapide pour le gain.

28 ... ♕xe8 29. ♕xf6+ ♔g8 30. ♗h6
Les Noirs abandonnent.

Partie n° 27
Blancs : Saemisch
Carlsbad, 1923

L'ouverture hypermoderne a donné aux Blancs un jeu un peu plus aéré :

1. d4 ♘f6 2. c4 b6 3. ♘c3 ♗b7 4. ♕c2 ♘c6 ! ? 5. d5

Ou 5. ♘f3 d6 6. d5 et 6 ... ♘b8 comme dans la partie ; en fait dans cette variante, après 7. g3 et 8. ♗g2 les Blancs obtiennent plus qu'avec le coup du texte.

5 ... **♘b4**
6. ♕d1 **a5**

Se ménageant en prévision du coup a3 une retraite paisible en c5 via a6.

7. e4 !

Saemisch montre avec ce coup et les suivants sa détermination et sa maîtrise échiquéenne. Combien d'autres à sa place auraient tenté de chasser le cavalier au prix d'un affaiblissement !

7 ... e5 8. g3 g6 9. ♗g2 ♗g7 10. ♘ge2 0-0 11. 0-0 d6 12. f4 exf4 13. gxf4

30

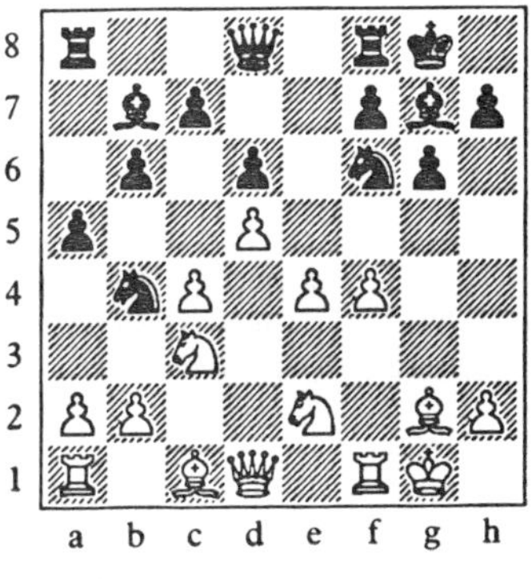

13 ... **♖e8**
14. ♘g3 **♘d7**

Le centre des Blancs est handicapé. Les Noirs tentent à présent d'adjoindre à cette action passive de handicap une attaque à l'extrémité de l'aile dame, *cf.* notre introduction. Nous devons une explication au lecteur attentif : nous avons jusqu'ici volontairement ignoré l'existence de la colonne e des Noirs et considéré l'action du handicap comme un effet de la diagonale g7-c3. Est-ce bien vu ? D'un point de vue éclairé, la réponse est oui, certainement. En effet, le pion e4 est si bien protégé que la colonne e ne joue aucun rôle d'attaque. Les véritables acteurs sont le centre blanc habité d'une force d'expansion et la diagonale noire de handicap, qui bientôt se révèlera agressive !

15. ♕f3

Nous devions reconnaître à Saemisch le mérite de laisser le cavalier b4 en paix, mais nous pensons qu'il exagère en abandonnant aussi la case c2. C'était le moment de centraliser par 15. ♗e3, par exemple : 15. ♗e3 f5 ? 16. a3 ♘a6 17. ♗d4 ou 15. ♗e3 ♕f6 (pour empêcher ♗d4) 16. e5 ! dxe5 17. ♘ce4 ♕d8 18. f5 avec une forte attaque.

15 ... a4 !

La diagonale devient entreprenante, la menace est 16 ...a3.

16. ♗d2 ♗a6 17. ♘d1 ♘c2 18. ♖c1 ♘d4 19. ♕a3

Elle n'avait pas de bonne case.

19 ... ♘c5

La percée b6-b5 était jouable immédiatement car suffisamment préparée.

20. ♘f2 f5

C'est la mauvaise piste, comme avant il faut attaquer l'aile dame des Blancs. Par exemple : 20 ... b5 ! 21. ♗b4 (considéré à tort par Maroczy comme la réfutation) 21 ... bxc4 22. ♗xc5 dxc5 23. ♕xc5 ♕d6 ! 24. ♕xd6 cxd6 avec un ♗xb2 inévitable et les Noirs ont l'avantage.

21. exf5 gxf5
22. ♘h5 !

Afin de préparer une attaque avantageuse avec ♕g3 si 22 ... ♘e2+ et 23 ... ♘xc1.

22 ... ♕e7

La défense 22 ... ♗h8, suivi de 23 ... ♔f7 était aussi jouable.

23. ♘xg7

Après ce coup les Blancs sont à nouveau plus mal alors qu'ils pouvaient égaliser en jouant 23. ♔h1 ♗h8 ! 24. ♕h3.

23 ... ♕xg7 24. ♔h1 ♖e2 25. ♗c3 ♗xc4

La menace immédiate est le sacrifice de dame 26 ... ♕xg2+, avec 27. ♔xg2 ♗xd5+ 28. ♔h3 ♖e3+ 29. ♔h4 ♘f3+ 30. ♔h5 ♗f7+ etc. Si 26. ♖g1, les Noirs poursuivent par ♔f7, par exemple : 27. ♗f3 ♕xg1+ ! et prennent l'avantage. Il est intéressant de noter que ce sacrifice de dame aurait dû réapparaître plus tard sous une forme améliorée, voir les commentaires du vingt-sixième coup des Noirs.

26. ♗f3

31

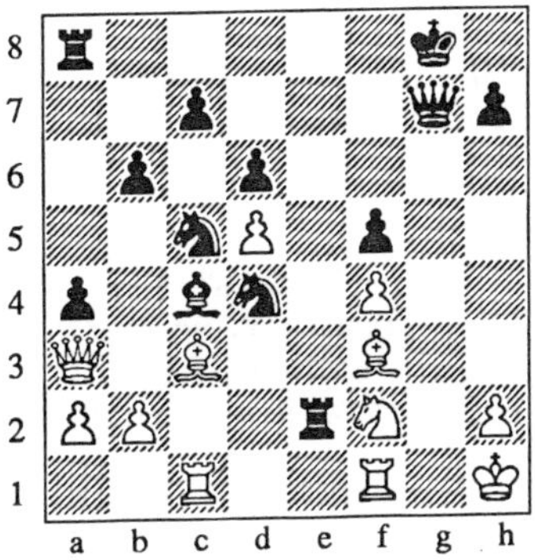

26 ... ♔f8?

Une faute due au zeitnot. Le sacrifice de dame était encore très bon, par exemple : 26 ... ♘xf3 27. ♗xg7 ♗xd5 et les Blancs sont désemparés. Si 28. ♗h6, alors 28 ... ♔f7 29. ♖cd1 ♖d2! 30. ♖xd2 ♘xd2+ 31. ♔g1 ♖g8+ 32. ♗g5 ♘f3+ 33. ♔g2 ♘xg5+ 34. ♔g3, puis 34 ... ♘f3+ 35. ♔h3 ♘d2 36. ♖d1 ♗g2+ 37. ♔h4 ♘f3+ 38. ♔h5 ♘e6 39. ♕e3 ♖g6 ou 39. ♘h3 ♖g4 gagne pour les Noirs. Si 28. ♔g2, alors 28 ... ♔xg7 29. ♔h3 ♖e6 *(30 ♖g1+ ♔f7)*, et les Noirs, en compensation d'un petit désavantage matériel, obtiennent une très forte attaque, probablement décisive. Les Noirs pouvaient donc au vingt-sixième coup conclure la partie de manière fort élégante (la discrétion de tous ces petits coups).

27. ♗xd4?

Egalement en zeitnot, les Blancs commettent rapidement une gaffe « de revanche » après celle des Noirs. Les Blancs décidaient de la partie avec 27. ♖cd1 ♘d3 28. ♗xd4 ♕xd4 29. ♗xe2 ♘xf2+ 30. ♖xf2 ♕xf2 31. ♗xc4.

27 ... ♕xd4 28. ♗xe2 ♗xe2 29. ♕h3

Les Blancs n'ont guère mieux.

29 ... ♕xd5+ 30. ♔g1 ♗xf1 31. ♕h6+ ♔e8 32. ♔xf1 ♔d7 33. ♕xh7+ ♔c6

Les Noirs devraient maintenant gagner sans peine.

34. ♕h3 ♖g8 35. b4 axb3 e.p. 36. axb3 ♔b7 37. ♖c3 ♖a8 38. ♕f3 ♖a1+

Les Noirs se compliquent la tâche. La tour doit rester en a8, l'immédiat 38 ... ♘e4 donne un gain facile.

39. ♔g2 ♘e4 40. ♘xe4 fxe4 41. ♖xc7+

Cette ressource existe grâce à 38 ... ♖a1+.

41 ... ♔xc7 42. ♕c3+ ♔b7 43. ♕g7+ ♔c6 44. ♕xa1 e3+

Voici à présent une très instructive finale de dames dans laquelle les Noirs sont un peu mieux.

45. ♔g3 ♕d2 46. ♕a8+ ♔c5 47. ♕a3+ ♔d5 48. ♕a4 ♕e1+ 49. ♔g4 ♕e2+ 50. ♔g3 b5 51. ♕b4 ♕f1 52. h4

52. f5 ! donnait des chances de nulle, avec par exemple : 52 ... ♔e5 53. ♕c3+ ♔e4 54. ♕c6+ suivi de la nulle.

52 ... ♕f2+ 53. ♔g4 ♕g2+ 54. ♔f5 ♕c2+ 55. ♔g4 ♔e6 !

Les Blancs n'ont pas vu ce coup en calculant la variante. Si maintenant 56. ♕xb5, 56 ... ♕g2+ 57. ♔h5 ♕d5+ gagne.

56. f5+ ♕xf5+ 57. ♔g3 e2 58. ♕c3 ♕f1 59. ♕e3+ ♔f7 60. ♕a7+ ♔g6 61. h5+

Les braises de l'échec perpétuel doivent périodiquement être nourries de bois neuf.

61 ...	**♔xh5**
62. ♕h7+	**♔g5**

Le roi se dirige vers b2, mais il faut encore assurer cette case refuge en installant une coulisse, c'est-à-dire avancer d6-d5, pour protéger ses arrières.

63. ♕g7+ ♔f5 64. ♕f7+ ♔e5 65. ♕e7+ ♔d5 66. ♕b7+ ♔d4 67. ♕b6+ ♔e4 !

La fuite directe vers b2 n'est pas encore mûre.

68. ♕c6+	**d5 !**

Voici la coulisse.

69. ♕e6+ ♔d4 70. ♕b6+ ♔d3 71. ♕xb5+ ♔c2

Les Blancs abandonnent.

Si le pion était en d6 au lieu de d5, ♕c4+ ferait nulle. Résumons nous : Si les Blancs avaient joué 23. ♔h1 au lieu de ♘xg7, les Noirs n'auraient pas pu exploiter décisivement la colonne e. Par contre la manœuvre correcte à l'aile dame, 19 ... b5 ou 20 ... b5 aurait simplifié le gain pour les Noirs.

Partie n° 28
Blancs : V. Buerger
Carlsbad, 1923,
au tournoi impérial

1. c4 ♘f6 2. ♘c3 c5 3. g3 g6 4. ♗g2 ♗g7 5. d3 0-0 6. ♗d2 e6

Ne craignant pas la menace ♕c1 et ♗h6, je me dispense de la suite dépourvue d'idées 6 ... h6 et 7 ...♔h7 et de ses semblables.

7. ♕c1	**d5**
8. ♘h3	

Voici de l'idée ! Les Blancs veulent forcer une décision au centre avec ♘f4. La variante 8. ♗h6 d4 9. ♘d1 ♕a5+ ne les séduit pas, avec raison.

8 ... d4 9. ♘a4 ♘a6 10. a3 ♕e8 11. b3 e5 12. ♘b2 ♗g4

Pour l'empêcher de roquer, pourtant je crois aujourd'hui que 12 ... ♗f5 était meilleur. Il était difficile de le savoir pendant la partie.

13. ♘g5

Habilement joué. Les Blancs valorisent le cavalier grâce à la case e4, le préservent du coup de l'attaque du fou et s'apprêtent ainsi à poursuivre à l'aile dame. En d'autres termes, ils s'opposent passivement à la menace de poussée e5-e4, mais ce jeu passif est accompagné d'un énergique jeu d'attaque à l'aile dame. *Cf.* notre introduction.

13 ... ♖b8 14. b4 b6 15. b5 ♘c7 16. a4 ♗c8!

Pour provoquer l'échange avec le fou g2.

17. a5 ♗b7
18. f3

La variante 18. ♗xb7 ♖xb7 19. axb6 axb6 20. 0-0 est plus simple. La colonne a n'avait pas immédiatement une grande importance certes, mais elle aurait contraint l'adversaire à une constante surveillance et à détacher des troupes de l'aile roi.

18 ... ♘e6
19. a6

Il y a quelques mois encore, je pensais que cette fermeture de la position pouvait se jouer. Je pense à présent que le jeu des Blancs, exclusivement confiné dans une défense passive, doit s'effondrer tôt ou tard. Le coup juste est 19. axb6.

19 ... ♗a8!

Espérant pouvoir préparer la percée e5-e4, les Noirs placent le fou dans un coin où il est dépourvu de coups*.

20. h4

Créant une nouvelle faiblesse. Relativement meilleur est le plan ♘b2-d1-f2, pour s'opposer dès à présent à la poussée e5-e4. Mais cette tactique de prévention n'aurait pas réussi car la défense des Blancs est trop passive.

20 ... ♘h5 21. ♘xe6 ♕xe6 22. g4 ♘f6

On peut considérer ici le sacrifice de pion avec 22 ... ♘f4 23. ♗xf4 exf4 24. ♕xf4 ♗e5 25. ♕d2 ♕d6 suivi de 26 ...♗f4.

23. ♗h3 ♕d6 24. ♘d1 h5 25. g5 ♘h7 26. ♘f2 f6 27. gxf6

32

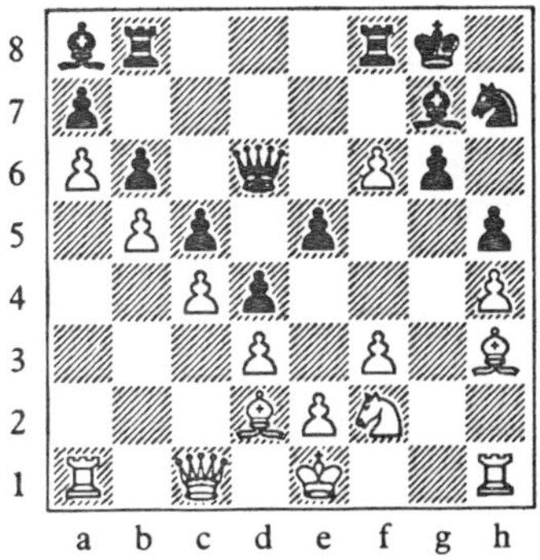

* *Zugtot* dans le texte, jeu de mots avec *zeitnot.*

27. ♖g1 est un peu meilleur, si 27 ... fxg5 28. hxg5 et le fou d2 surveille à partir de d2 la brèche en f4, ce qu'il n'a pas fait dans la partie. A 27. ♖g1, j'aurais répondu 27 ... f5 pour mettre toutes les pièces en contact avec la case e4, par exemple le cavalier en d6 via f8, e6, c7, e8, la meilleure case pour la dame est c7 et les tours sur la colonne e. La percée e5-e4 doit alors suivre avec un effet décisif.

27 ... ♗xf6 28. ♗g5 ♗xg5 29. hxg5 ♖f4 !

Voir la première partie de la note précédente.

30. ♖g1 ♖bf8

Le gain du pion par 30 ...♕e7 31. ♕d2 ♘xg5 32. 0-0-0 serait insignifiant.

31. ♗f1 ♖h4 !

Empêchant 32. ♘h3 car 32 ... e4 ! 33. dxe4 ♕h2 gagne une pièce.

32. ♕d2 ♖h2 !
33. ♖g2

Ce coup est forcé. La tour h2 exerce une pression trop forte.

33 ... ♖xg2
34. ♗xg2 e4 !

C'est la pointe de la combinaison débutant par l'échange des tours.

35. dxe4 ♕g3

La percée devient invasion.

36. ♔f1

36. ♗f1 serait suivi de 36 ... ♗xe4.

36 ... ♘xg5
37. ♔g1

Si 37. ♘h1, alors 37 ... ♘xe4 38. ♘xg3 ♘xd2+ puis 39 ... ♘xc4 et le fou enfermé en a8 peut disposer de la case d5.

37 ... ♖xf3

Je pris ici environ vingt minutes pour considérer si 37 ... h4 ne gagnait pas plus vite. La suite serait 38. ♘h1 ♘h3+ 39. ♔f1 ♕h2 40. ♗xh3 ♕xh1+ 41. ♔f2 ♕xa1 et l'attaque 42. ♕h6 aurait des développements fâcheux pour les Noirs. Par contre 41 ... ♕xh3 42. ♖g1 ♕h2+ 43. ♖g2 ♕f4 gagne facilement aussi.

38. ♕xg5 ♕xg5 39. exf3 ♕e3 40. ♖d1 ♕b3 41. ♖c1 g5 42. ♔h2 ♕e3 43. ♖f1 ♕e2 44. ♘h3 d3 45. ♘f2 d2 46. ♔g1 ♕xc4 47. ♖d1 ♕c1 48. ♗h3 g4 49. fxg4 ♗xe4

Le fou sort enfin.

50. gxh5 ♗f3

Les Blancs abandonnent.

3. Handicap d'une majorité qualitative, particulièrement d'une majorité en chaîne

Commençons par une explication afin d'établir clairement le

concept de majorité qualitative. J'écrivais dans ma monographie *Die Blockade* qu'une majorité, par exemple de trois pions contre deux, doit évidemment être handicapée. Les positions où il y a majorité idéale sur une des ailes doivent aussi être abordées dans ce même esprit. Voici les premiers coups de la partie que j'ai joué en 1923 avec Bernstein à Carlsbad : 1. ♘f3 ♘f6 2. d4 d5 3. c4 e6 4. ♘c3 ♗e7 5. e3 0-0 6. a3 a6 7. c5 c6 8. b4 ♘bd7 9. ♗b2 ♕c7 10. ♕c2 e5 11. 0-0-0 ! e4. Les Blancs ont obtenu une majorité idéale à l'aile dame, les Noirs à l'aile roi. Comment cela ? Eh bien le pion e4 vaut plus que le pion e3, de même le pion c5 vaut plus que le pion c6. Si les Noirs peuvent agir sans opposition, ils vont pousser f5, g5 et f4, montant ainsi une attaque dont la véhémence aurait peu à envier à celle provoquée par une véritable majorité. De la même façon, les menaces y seront la formation d'un verrou (par f4-f3) et l'ouverture d'une colonne (par f4xe3), puis éventuellement la conquête du pion dénudé placé « latéralement » (non frontalement) en e3.

Reconnaître une majorité comme telle, signifie cependant s'y opposer immédiatement. Aussi la suite fut : 12. ♘h4 ! ♘b8 (empêchant 13 ♘f5) 13. g3 ! ♘e8 14. ♘g2 ! f5 15. h4 et l'aile roi des Noirs qui était prête à avancer fut paralysée. Quelques coups plus tard, le handicap s'est transformé en blocage avec ♘f4.

Ce qui précède résume les explications du traité *Die Blockade.* Ajoutons à ceci la remarque suivante pour expliquer la suprématie du pion e4 sur son antagoniste le pion e3 : tandis que le pion e4 a passé le centre, le pion e3 est bloqué, ne pouvant y avancer, douloureuse situation pour un pion central !

La stratégie de handicap à adopter dans le cas d'une majorité qualitative est tellement bien mise en lumière dans les treizième et vingt-septième parties que nous nous contentons d'y renvoyer simplement. Par contre notre conscience pédagogique exige que nous nous penchions plus avant sur le stratagème non encore traité : « la fuite du roi comme palliatif ». Voici l'esquisse d'une situation critique caractéristique : une majorité qualitative se rapproche lentement de la chaîne de pions adverses, menaçant de la détruire. Cela serait doublement désagréable au camp adverse puisqu'en conséquence de cette destruction, son roi serait à découvert. La méthode palliative consiste à handicaper le déroulement de la majorité qualitative jusqu'à ce que le roi se soit échappé de là ; l'attaque n'est donc pas arrêtée mais ses effets sont amoindris. Les vingt-neuvième et trentième parties illustrent clairement ce processus.

Partie n° 29
Blancs : Van Vliet
Ostende, 1907

Cette partie est déjà décrite dans *Die Blockade*. Nous la présentons ici aussi car une étude récente nous a conduit à réviser partiellement les jugements que nous y avions émis. Dès l'ouverture, Van Vliet manifeste son intention d'exercer une pression sur e5.

1. d4 d5 2. ♘f3 c5 3. e3 e6 4. b3 ♘f6 5. ♗d3 ♘c6 6. a3 ♗d6 7. ♗b2 0-0 8. 0-0 b6 9. ♘e5 ♗b7 10. ♘d2 a6 11. f4

Décidant que le moment de créer du contre-jeu était venu, je jouai :

11 ... b5 12. dxc5! ♗xc5 13. ♕f3

Pour qui connaît la stratégie du centre, les manœuvres 12. dxc5 et 13. ♕f3 visent à dominer et plus tard à occuper les cases centrales par l'action des pièces. Bien sûr, les Noirs n'acceptent pas le rôle de spectateur passif et vont aussi lutter pour le contrôle de ces cases.

13 ... ♘d7

Les Noirs attaquent le cavalier e5 déraciné par le coup 12. dxc5, semblant ainsi provoquer des conséquences importantes. Pourtant ce coup n'est pas le meilleur : le cavalier f6, de plein droit un cavalier centralisé puisqu'il agit sur e4, et de plus défend le roque, ne devrait être déplacé qu'en cas extrême. La situation n'est pas telle et exige une solide action centrale par 13 ... ♖c8. Dans la partie jouée à Carlsbad contre Dus je poursuivis par : 14. ♕g3 ♘xe5! 15. ♗xe5 ♗d6 16. ♗d4 ♕e7! 17. b4 g6! 18. ♕g5 et les Noirs pouvaient simplement égaliser avec 18 ... ♘d7 19. ♕xe7 ♗xe7 20. e4 ♘f6. Il est intéressant que l'on puisse envisager aussi la poussée immédiate 13 ... d4, mais elle échoue après 14. ♘xc6 dxe3 15. ♘e4! ♘xe4 16. ♘xd8 e2+ 17. ♔h1 exf1 :♕+ 18. ♖xf1 ♘f2+ 19. ♕xf2 ♗xf2 20. ♘xb7. Malgré ses insuffisances, cette variante est instructive et nous montre que la poussée d4 doit être préalablement préparée. Le bon coup est donc 13 ... ♖c8! et après 14. ♕g3, soit 14 ... ♘xe5 comme dans la partie contre Dus, soit 14 ... d4 15. e4 ♘xe5 16. fxe5 ♘d7 17. ♘f3 avec un jeu incertain. Le coup du texte donne aux Noirs un jeu particulièrement difficile.

14. ♘xc6 ♗xc6
15. ♕g3! ♘f6

Si 15 ... f6, alors 16. ♕h3! f5 et les Blancs occupent les cases du centre après 17. b4 ♗e7 18. ♘b3 ♗f6 19. ♘d4. Pourtant si les Noirs jouent à la suite de cette variante ♕c8, puis g6 et ♘b6, ils semblent pouvoir opposer une forte résistance. Le coup

15 ... f6 semble donc être le bon coup. Après le coup du texte, la position des Noirs devient telle que les Blancs tiennent les commandes, quelque variante qu'ils choisissent, et n'ont même plus besoin d'utiliser la stratégie indiquée.

16. ♖ad1

Voici un coup sans éclat. La stratégie centrale requérait pourtant bien 16. b4! suivi de 17. ♘b3.

16 ... a5

Les Noirs déploient toutes leurs ressources, la poussée b3-b4 n'est plus possible et le pion a3 paraît faible. Mais il est toujours difficile d'avoir prise sur la position blanche, puissamment centralisée.

17. ♕h3

Joué dans un style pot-au-feu. Le connaisseur du système aurait ici considéré le « sacrifice de pion en vue du blocage » et joué 17. ♘f3! ♗xe3+ 18. ♔h1 pour occuper les cases centrales d4 et e5. Le pion supplémentaire des Noirs n'aurait pas eu de valeur positive en mobilité, mais plutôt négative comme verrou de ses propres pièces. Mais 17. ♕h3 est aussi très fort.

17 ... h6

Pour provoquer g2-g4 et forcer le tempo de la partie. L'autre possibilité est 17 ... d4, par exemple : 18. e4 e5 19. fxe5 ♗d7 *(pas 19 ... ♘d7 sinon 20. e6)* 20. ♕g3 ♘g4 21. ♖de1 et les Blancs conservent l'avantage.

18. g4 d4

Afin de provoquer l'emboîtement des pions. Ce stratagème que nous étudierons plus avant dans le sous-chapitre « l'atelier du blocage » est un élément important de la stratégie du blocage.

19. e4 ♕d7

Afin de pouvoir répondre à 20. g5 le coup 20 ... e5. On peut néanmoins se demander si 19 ... e5 n'est pas meilleur. La continuation pourrait être : 20. fxe5 ♘d7 21. ♘f3 ♕e7 22. ♕g3 ♖ae8 23. g5 h5, et la position noire n'inspire pas non plus confiance dans ce cas.

20. ♖de1 e5
21. f5

33

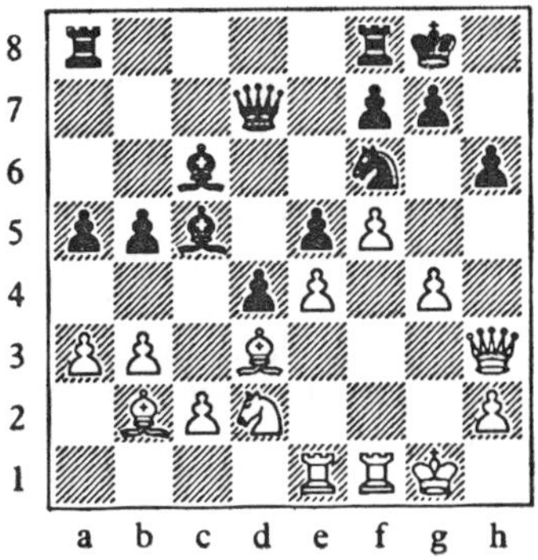

21 ... ♘h7

Se raidissant de toutes ses forces contre la menace des Blancs de déplacer la dame, puis de jouer h4 et g5. Mais ce coup est aussi le prélude du prochain plan de fuite du roi. Un problème, dont l'analyse est du plus haut intérêt stratégique, se pose à présent : n'était-il pas plus simple de préparer cette fuite par ♕e7, ♘d7 et f7-f6, cela n'aurait-il pas représenté le gain de deux tempi par rapport à la façon de manœuvrer dans la partie ? En effet dans la partie le cavalier voyage circulairement de f6, via h7-f8 vers d7. Voici la réponse : si 21 ... ♕e7, alors vient 22. ♘f3 ♘d7 23. ♘h4 !, ce qui empêche 23 ... f6 et la fuite du roi. D'autre part, les Blancs ont la désagréable menace 24. f6 suivi de 25. ♘f5.

La manœuvre « handicaper, jusqu'à ce que le roi se soit enfui » indiquée dans l'introduction, ne nécessite pas tant la rapidité que savoir inciter l'adversaire à avancer ses pions en marée. De par sa nature, une avancée de pions force temporairement du moins les pièces à rester en arrière, puisqu'elle occupe les cases disponibles. Lorsque nous planifierons une fuite du roi, nous apprécierons volontiers cet état de choses. *Cf.* le commentaire du vingt-quatrième coup.

22. ♘f3 ♕e7 23. ♕g3 ♖fe8 24. h4 f6

La marée de pions des Blancs leur a coûté une case importante, leur cavalier ne peut plus atteindre la case h4.

25. ♖a1 ♕b7 26. ♖fe1 ♔f7 27. ♖e2 ♖h8 ! 28. ♔g2 ♘f8 29. g5 hxg5 30. hxg5 ♘d7

Les Noirs ont assez bien consolidé leur position : en effet, le roi a un petit asile en d6 ou même en c6 et ils tiennent la colonne h. De plus, ils possèdent un objectif d'attaque facile en finale : le pion a3. Malgré tout, comme auparavant, il leur est très difficile de progresser.

31. gxf6

Ainsi, le cavalier pourra occuper la case g6. A notre avis, ce coup est bon, nous n'avons rien à lui reprocher (dans le livre du congrès, il est accompagné d'un point d'interrogation). 31. ♖g1 paraît peut-être meilleur, mais qu'adviendrait-il de la position des Blancs après 31 ... ♔e7 suivi de ♖ae8 et ♔d8 ? Avec, de plus, le pion a3 exposé... Non, il n'y a rien à reprocher à 31. gxf6, la position des Blancs a belle allure comme avant, mais un ver la ronge et ni 31. gxf6, ni 31. ♖g1 n'y peuvent rien changer.

31 ... gxf6 32. ♘h4 ! ♖ag8 33. ♘g6 ♖h5 34. ♔f2 ♘f8 35. ♖g1 ♖g5

Les Noirs ont parfaitement joué cette suite de coups, g6 devient une position intenable. D'ailleurs, 35 ... ♘xg6 36. fxg6+

♔g7 puis 37 ... ♖gh8 peut aussi être joué.

36. ♕h4

36. ♕h2 semble indispensable.

36 ... ♖xg1

Renonçant, pour entrer dans la variante principale, à la clé secondaire 36 ... ♘xg6, qui n'aurait pas été possible si 36. ♕h2 !

37. ♔xg1 ♘xg6 38. ♕h5 ♔f8 39. fxg6 ♕g7 40. ♖g2 ♖h8 41. ♕e2

34

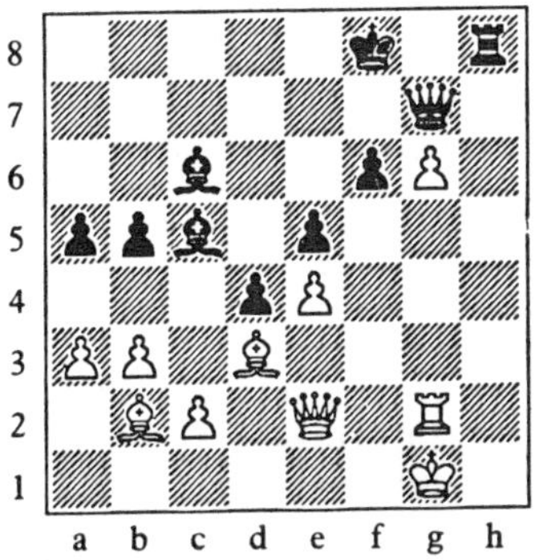

41 ... ♖h4!?

C'est une fausse piste, que je considérais encore juste en 1925 dans *Die Blockade*. Les Noirs pensent à tort que le pion e4 est intenable à cause du dangereux ♗c5. Pour gagner la partie, le plus simple était un jeu d'attaque avec g6 comme objectif. Notamment, 41 ... ♖h6 42. ♕g4 ♗d7 43. ♕g3 ♗e8 gagne.

42. ♗c1 ! ♖xe4 !?
43. ♕d2 ?

Ne voyant pas que Dame Fortune lui sourit. Il faut dire que aussi bien Teichmann que moi-même et tous les autres avons souffert d'aveuglement à propos de cette possibilité de salut. Les Blancs peuvent bien obtenir la nulle grâce au sacrifice de dame 43. ♕xe4 ♗xe4 44. ♗xe4 avec la menace ♖g2-h2-h7. En effet 44 ... d3+ ne sert à rien à cause de 45. ♔f1. Le coup joué perd au contraire la partie.

43 ... ♖h4 44. ♕xa5 ♕d7 45. g7+ ♔g8 46. ♗c4+ bxc4 47. ♕xc5 ♖h1+.

Les Blancs abandonnent.

Nous suggérons au lecteur l'exercice suivant : prenez les pièces noires dans la position obtenue après le coup 30 ... ♘bd7. Votre adversaire, de force sensiblement égale, jouera alors 31. ♖g1. Poursuivez avec le coup suggéré 31 ... ♔e7, puis éventuellement par ♖ae8 et ♔d8, ♔c8. Les questions suivantes forment le cœur du problème : avec quel tempo et quelle force le processus d'échange qui vous est favorable va-t-il s'accomplir ? L'adversaire pourra-t-il pénétrer en g7 sans pour cela devoir tolérer cet échange ? Ou bien la partie va-t-elle lentement mais sûrement évoluer vers une finale sans doute supérieure pour les

Noirs ? Cet exercice sera aussi intéressant qu'instructif.

Partie n° 30
Noirs : Buerger
Londres
(Club Impérial),
1927

Voici une hollandaise en premier, plutôt inoffensive, qui prendra entre les sixième et dixième coups une direction peu ordinaire et tout aussi peu satisfaisante.

1. b3 ♘f6 2. ♗b2 e6 3. f4 d5 4. ♘f3 ♗e7 5. e3 ♘bd7 6. ♗d3

L'idée est de roquer si 6 ... ♘c5, après 7. 0-0 ♘xd3 8. cxd3 puis les Blancs joueront d3-d4, d2-d3 et ♘e5 avec du jeu sur la colonne c.

6 ... ♘e4 7. ♘e5 0-0 8. 0-0 ♘xe5 9. ♗xe4 ♘d7 10. ♗f3 ♗f6

La partie semble s'acheminer vers la nulle.

11. ♘c3 c5
12. ♕e1

12. ♕e2 d4 13. ♘e4 ? d3 ! 14. ♘xf6+ ♕xf6 15. ♗xf6 dxe2 et les Noirs gagnent.

12 ... b6

Nous préférons 12 ... ♘b6 pour préparer e6-e5.

13. g4 ♗a6
14. d3 d4

Le seul résultat de ce coup va être un renforcement de la chaîne de pions alors que les Noirs devraient justement provoquer l'ouverture du jeu. Le coup juste est 14 ... ♖c8 suivi éventuellement de c5-c4.

15. ♘e4 ♖c8 16. ♘xf6+ ♘xf6 17. e4 e5 18. f5 h6 19. ♕g3 ♖e8 ?

35

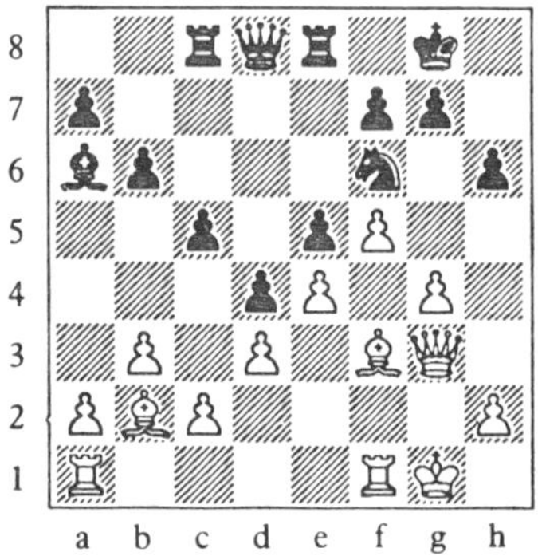

Cette position et celle illustrée par le diagramme n° 33 présentent des similitudes. Dans chacune d'entre elles, la fuite du roi est tout indiquée et l'avancée blanche h2-h4 et g4-g5 ne peut être arrêtée. Dans la position du diagramme n° 33 de la vingt-neuvième partie, les Noirs devaient provoquer une marée de pions adverse à l'aide d'une lente stratégie. Cette marée blanche encombra effectivement les cases que les pièces convoitaient (la case h4 pour le cavalier) et permit ainsi un déroulement aisé de la manœuvre de fuite. Ici la situation est toute autre. Le danger que les pièces blanches puissent empêcher la fuite du roi est inexistant et la lenteur voulue dans l'autre partie ne serait ici qu'une perte de temps néfaste. Le plan juste est 19 ... ♘d7 suivi de f7-f6 et ♔f7. Par exemple : 19 ... ♘d7 20. h4 f6 21. ♗c1 ♔f7 22. g5 hxg5 23. hxg5 ♖h8, et les Noirs peuvent sans problème conduire leur roi en b8 via d6. Plus tard, ils pourront penser à l'attaque suggérée par la position, à savoir b6-b5 suivi de c5-c4. Bref, les Noirs ont les moyens de consolider parfaitement leur position. Après le coup erroné du texte, les Noirs ne peuvent plus sortir de la maison en feu et périssent sur un misérable bûcher. D'où sort l'idée qu'une mort flamboyante serait belle ? Voici la suite :

20. h4 ♘h7 21. ♗c1 f6 22. ♖f2 ♖c7 23. ♖g2 ♕e7 24. ♕h3 ♖c6 25. ♗d2 ♖d8 26. ♔h1 ♖dd6 27. a4

Auparavant, b6-b5 aurait été contré par a2-a4, mais à présent les Blancs ont besoin de leur tour-dame sur l'aile roi et assurent d'abord la sécurité de l'aile dame.

27 ... ♗c8 28. ♖ag1 a6 29. ♖h2

Il n'est plus possible de parer g4-g5.

29 ... ♔h8 30. g5 fxg5 31. hxg5 b5 32. axb5 axb5 33. ♕h4 c4

Il n'y avait plus de défense.

34. gxh6 ♕xh4
35. hxg7+

Les Noirs abandonnent.

Une suite plausible était : 35 ... ♔g8 36. ♖xh4 ♖d8 37. ♗a5 ♖e8 38. ♗h5 ! ♖e7 39. ♗f7+ ! ♖xf7 40. ♖xh7 ♔xh7 41. g8 : ♕+ etc.

Morale de l'histoire : ne provoque la marée de pions adverse que si l'obstruction des cases en résultant sert ton plan de fuite du roi. Sinon, va-t-en vite de là, car la lenteur voulue dans la vingt-neuvième serait inutile !

4. Handicap d'un complexe de pions doublés (brièvement : complexe doublé)

A. Parties 31 à 34.
   Blancs : pions a2, c3, c4, d3, e4.
   Noirs : pions e5, d6, c7, b7, a7.

B. Partie 35. Le complexe doublé fixé c2, c3 ou c7, c6.
   Blancs : pions c2, c3, d4, e3 ou e5.
   Noirs : pions c4, d5, e6.

C. Partie 36. Le complexe doublé c2, c3 bloqué par le ♘c4.

Cas A

Si les Blancs le refusent, les Noirs ne pourront jamais inciter à une action le complexe de formation hérisson, c'est-à-dire le forcer à jouer d3-d4, bien plus souvent il s'« *obstine* » à conserver sa position ramassée. Par ailleurs, une telle ascèse ne peut guère contribuer à l'enrichissement de la position blanche, l'inverse est plus courant. *Cf.* la dixième partie.

Il est rare que le complexe doublé, sorti de sa réserve avec la poussée d3-d4, s'en tienne là. La plupart du temps, d4-d5 suit d3-d4, et le complexe se trouve définitivement compromis. A mon avis, si une certaine nervosité provoque la continuation de l'avancée des pions (une pression désagréable, notamment sur la colonne e), il est plus rare que ses motifs soient objectivement fondés. Comparons avec la partie suivante jouée à Berlin en 1928, j'avais les Noirs contre Teichmann : 1. d4 ♘f6 2. c4 e6 3. ♘c3 ♗b4 4. ♗g5 ♗xc3+ 5. bxc3 ♕e7 6. ♕c2 d6 7. e4 e5 8. ♗d3 h6 9. ♗e3 0-0 10. ♘e2 (*ou 10. ♘f3* à la partie n° 33), 10 ... ♘c6 11. d5. Ce coup n'a pas de fondement objectif, la menace insignifiante exd4 cxd4 et ♘b4 peut aussi être parée en jouant 11. ♖b1. Dans la trente-troisième partie (voir la note du treizième coup des Noirs) nous aurons aussi l'occasion de nous convaincre de la grande capacité de résistance du complexe étendu avec d3-d4. Les faiblesses du complexe apparaissent clairement au contraire après la poussée d4-d5 (sans que les Noirs aient usé du coup d'attaque c7-c5), *cf.* la trente-deuxième partie et la note du trente-neuvième coup. Les possibilités découlant de c7-c5 et d4-d5 sont illustrées par les parties n° 33 et 34.

Cas B

Les deux faiblesses que sont d'une part le pion a isolé et d'autre part les pions c doublés présentent ensemble une image moins réjouissante du fait justement de la présence du complexe doublé fixé qui laisse l'isolani bien isolé et coupé du reste des troupes, *cf.* la partie n° 35. En revanche si la chaîne blanche (c3, d4, e5) s'étend jusqu'à e5 les Blancs ont évidemment du contre-jeu ; dans ces situations une défense prophylactique du complexe est envisageable, *cf.* mes parties n° 49 et 50 présentées plus avant contre Kmoch (jouée à Niendorf en 1927) et Vajda (jouée à Kecskemet en 1927).

Cas C

Comparez ces deux ouvertures : **Blancs : Morrison,** 1927 : 1. e4 e6 2. g3 d5 3. ♘c3 ♘c6 4. exd5 exd5 5. d4 ♗f5 6. a3 ♕d7 7. ♗g2 0-0-0 8. ♘ge2 ♘ce7 ! 9. ♘f4 ♘f6 10. h3 h5 11. ♘d3 ♘e4 12. ♗e3 ♘xc3 ! 13. bxc3 ♘c6 14. ♘b4 ♗e6 15. ♕e2 ♘a5 et **Blancs : Leonhardt,** Berlin, 1928 : 1. e4 e6 2. d4 d5 3. ♘c3

♗b4 4. exd5 exd5 5. ♗d3 ♘c6 6. ♘e2 ♘ge7 7. 0-0 0-0 8. ♗f4 ♗g4 9. h3 ♗h5 10. ♕c1 ♗a5 ! Si maintenant 11. a3 (pour empêcher ♘b4), alors 11 ... ♗xc3 12. bxc3 ♘a5, et les deux coups du fou ont permis aux Noirs d'attirer à eux le pion blanc adverse (il était moins facile à attaquer en a2).

Passons à présent aux parties.

Partie n° 31
Noirs : Saemisch
Dresde, 1926

Les Noirs ne réussissent pas à forcer l'avancée du complexe doublé adverse (les Blancs sont bien plus « *obstinés* »), c'est pourquoi le tableau de la maladie ne se manifeste que confusément. En compensation, nous avons ici la possibilité d'observer un intéressant symptôme accompagnateur, à savoir un remarquable désarroi des officiers blancs. Ces officiers seraient quant à eux bien prêts à l'attaque, pourtant leur ardeur à combattre se trouve refrénée, car ils ne peuvent en aucun cas compter sur la coopération du « parti des pions ». L'attitude irrésolue des officiers (10. ♕c2 11. ♕d2) paraît assez raisonnable, la masse de pions incriminée se révélant en défense aussi peu fiable (il existe une menace de débordement à la fin par c7-c6 suivi de d6-d5).

La faiblesse latente des pions se projette ainsi à l'étudiant en une image claire et l'étude de la partie devient profitable.

1. c4 e5 2. ♘c3 ♘f6 3. ♘f3 ♘c6 4. e4 ♗b4 5. d3 d6 6. g3 ♗g4 7. ♗e2

Une inconséquence seulement apparente, car la poussée g3 était aussi conçue comme préparation d'un éventuel mouvement de cavalier en h4, de plus 7. ♗g2 permettrait à l'adversaire ♘d4.

7 ... h6 8. ♗e3 ♗xc3+ 9. bxc3 ♕d7 10. ♕c2

Les Blancs reconnaissent que leur centre de pions a une mobilité très réduite, en effet d3-d4 et même d4-d5 conduiraient seulement à la paralysie — créée par la faiblesse de la case c5. Ils s'efforcent alors d'adapter le mouvement de leurs pièces aux conditions étroites du terrain. Dans cet esprit, 10. ♘d2 serait aussi à considérer (afin de former en poussant f2-f3 une position à ressort), par exemple : 10 ... ♗xe2 11. ♕xe2 ♘g4 12. f3 ♘xe3 13. ♕xe3 0-0 14. 0-0 avec un jeu approximativement égal. 10. ♕d2 peut au contraire être jugé comme une mauvaise utilisation du terrain mesuré qui est à la disposition des Blancs : la case d2 doit rester vacante. De plus, la dame est certainement mieux placée en c2, d'où elle vise éventuellement la case a4, gardant d'autre part en réserve la menace de poussée d3-d4. Sur

10. ♕d2 nous recommandons 10 ... ♘a5, par exemple : 11. ♕c2 0-0 suivi de ♖fe8, c7-c6 et d6-d5, et les Noirs devraient avoir l'avantage. Il suivit :

10 ... 0-0 ?

Ici aussi, nous aurions joué 10 ... ♘a5 (11. d4 ? ♘xc4 !)

11. ♕d2 !

Maintenant, c'est en fait le roque noir qui est dangereusement exposé.

11 ... ♘h7 ?

Afin de poursuivre par f7-f5. Ceci s'avère pourtant inexécutable, le seul bilan résultant étant le ♘h7 décentralisé.

12. h3 !

12. ♘h4 aurait aussi été suffisant.

12 ... ♗xh3

Perd une pièce. Les Noirs s'attendaient seulement à 13. ♗xh6 qui d'ailleurs aurait été aussi fort (13. ♗xh6 ♗g2 14. ♖h2 ♗xf3 15. ♗xf3 gxh6 16. ♕xh6 f6 17. ♗g4 ! etc.)

13. ♘g1 ! ♗g4 14. f3 ♗e6 15. d4

Et les Noirs ne peuvent sauver la pièce. Il suivit encore :

15 ... exd4 16. cxd4 d5 17. cxd5 ♗xd5 18. exd5 ♕xd5 19. ♖d1 ♖fe8 20. ♔f2 ♘f6

Retour repentant du cavalier décentralisé.

21. ♖h4 ♘e7 22. ♗d3 ♘f5 23. ♗xf5 ♕xf5 24. ♔g2 ♖e7 25. ♗f2 ♖ae8 26. ♖f4 ♕g6 27. d5

La consolidation achevée (vingt-quatrième et vingt-cinquième coups), les Blancs disputent maintenant à leur adversaire la case d5, ainsi disparaît le dernier espoir des Noirs.

27 ... ♖e5

Si 27 ... ♖d7, alors 28. ♕a5 etc.

28. ♖d4 ♖d8 29. ♕a5 ♘h5 30. ♕xc7 ♖de8 31. d6
Les Noirs abandonnent.

Partie nº 32
Noirs : Colle
Londres, 1927

Le complexe doublé de la partie précédente étendu et ... affaibli avec d3-d4 : voici composé le thème de bataille de la présente partie. Bien que dans l'ensemble la poussée d4 ait eu une action stimulante pour le jeu des Blancs, il n'en reste pas moins que pour le complexe elle a été le premier pas vers le déclin, d4-d5 a été le deuxième pas définitif. Que l'on me comprenne bien ! Le bonheur ou le malheur du complexe et de l'organisme entier de la partie ne concordent pas toujours, en règle générale c'est pourtant le cas. Observez ensuite de quelle manière les Blancs sont contraints de jouer d4-d5 malgré leur résistance acharnée.

1. d4 ♘f6 2. ♘f3 e6 3. c4 b6 4. g3 ♗b7 5. ♗g2 ♗b4+ 6. ♘c3

Afin de soumettre à discussion la question du complexe doublé.

6 ... 0-0 7. 0-0 ♗xc3 8. bxc3 d6 9. a4 !

L'idée de ce coup est de provoquer a7-a5, la case a5 étant alors verrouillée pour l'éventuelle équipée ♘b8-c6-a5.

9 ... a5

Ou 9 ... ♘c6 10.♘d2 ♘a5 11. ♗xb7 ♘xb7 12. ♘b3 et le complexe est assez sain.

10. ♗a3 ♘bd7 11. ♘d2 ♗xg2 12. ♔xg2 e5 13. e4

Nous pouvons maintenant voir « grandeur nature » le complexe de la trente et unième, étendu par e3-e4.

13 ... ♖e8

La menace est exd4 suivi de ♘xe4. Habituellement cela suffit à provoquer d4-d5, mais il est facile ici de protéger le pion e4.

14. f3 ♘f8

La tour e8 a une fonction défensive, elle handicape la poussée f3-f4.

15. ♖f2 ♕d7 16. ♘f1 ♘g6 17. ♗c1 ♔h8 18. ♘e3 ♘g8 19. h4 ♕c6 20. h5 ♘6e7 21. ♕d3 ♖f8 22. g4 g6 !

36

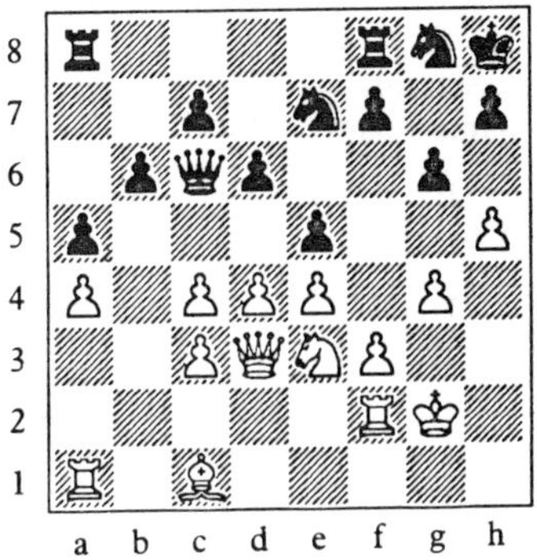

23. ♗d2 ! gxh5
24. ♘f5

L'idée de contrecarrer la menace de l'avancée f7-f5 est correcte même au prix d'un pion, mais son application au moyen de 24. ♖h1 était peut-être plus aiguë, par exemple : 24. ♖h1 ♕xa4 25. ♖xh5 f6 26. ♔g3 avec l'idée de tripler les pièces lourdes sur la colonne h. Cependant les Blancs qui visaient le premier prix ne voulaient pas jouer de façon trop aiguë.

24 ... ♘xf5 25. gxf5 ♘f6 26. d5

Nous y voici quand même ! Toujours est-il que le complexe a accompli un bon travail sur le plan « obstination ».

26 ... ♕d7 27. ♕e3 ♖g8+ 28. ♔h1 ♕e7 29. ♖h2 ♖g7 30. ♗e1 ♘d7

En vue de la menace ♗h4.

31. ♖xh5

Plus simple semble 31. ♗h4 f6 32. ♕h6 ♕f7 en continuant par des coups de-ci de-là de la tour-dame (♖a-d1-a1 etc.)

31 ... ♖ag8 32. ♗f2 f6 33. ♖h2 !

Installation qui consolide la partie.

33 ... ♖g5 34. ♗h4 ♖h5 35. ♖g1 ♕f8 36. ♖g4 ♕h6 37. ♕xh6 ♖xh6 38. ♗f2

38. ♖xg8+ suivi de 39. ♗f2 conduisait clairement à la partie nulle.

38 ... ♖xh2+
39. ♔xh2

37

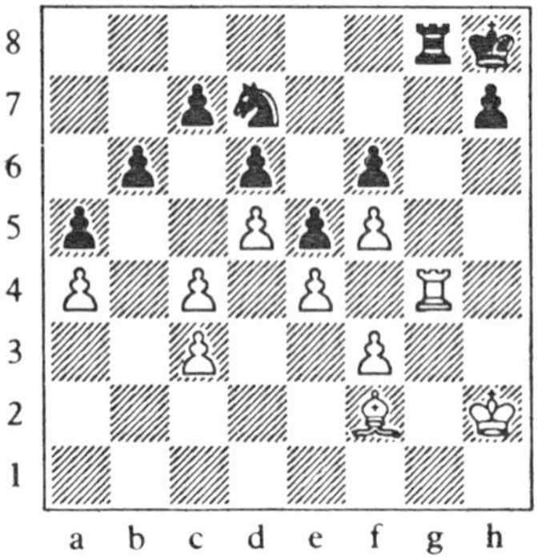

39 ... ♖b8 !

La faiblesse significative du complexe doublé paralysé devient manifeste : les Noirs peuvent tenter de jouer pour le gain en dépit du fait que leurs pions ont des bases fragiles (ils sont placés sur la couleur du fou adverse). De plus, le coup du texte n'est pas le seul possible, il existe aussi 39 ... ♖c8. Par exemple : 39 ... ♖c8 40. ♖g1 ! c6. Particulièrement recommandée dans les cas de paralysie, voici la consultation du complexe préalablement figé : on provoque d'abord l'avancée d3-d4-d5 puis on liquide au moyen de c7-c6. Bien sûr dans cette partie ceci est un peu plus compliqué car les Blancs en montant une attaque directe du roi ont eux aussi provoqué des faiblesses chez l'adversaire. Après 41. ♖b1 ! cxd5 42. cxd5 ♖xc3 43. ♗xb6 ♖xf3 44. ♗xa5 ♘c5 la position est nettement à double tranchant, toutefois les Noirs me semblent avoir l'avantage.

40. ♖g1 ♘c5 41. ♖a1 ♔g7 42. ♗e3 ♔f7 43. ♖a2 ♘d3

Les deux derniers coups de défense des Blancs visaient justement à parer celui-ci. Les Noirs devraient se satisfaire de la nulle.

44. ♖d2 ♘e1 45. ♔g3 ♖g8+ 46. ♔f2 ♘g2 47. ♗h6 !

Parade dont la pointe est la capture du cavalier si 47 ... ♘h4 48. ♔e3 ♖g3 49. ♖h2 ! ♘xf3 50. ♔f2 ♘xh2 51. ♔xg3 ♘f1 52. ♔g2 et le cavalier est enfermé.

47 ... ♘f4 ?

Ce coup perd un pion et la partie après une lutte coriace en finale. Avec 47 ... ♘h4 48. ♔e3 ♘g2+ Colle pouvait facilement obtenir la nulle dans cette partie qu'il avait bien menée. Nous présentons brièvement la finale, en notant toutefois qu'elle est une illustration instructive de la « *septième rangée absolue* ». Nous sommes économes de place mais ne lésinons ni sur les règles, ni sur les conseils ni sur ... notre application à cette construction !

48. ♗xf4 exf4 49. ♖d1 ♔e7 50. ♖h1 ♖g7 51. ♖h4 c6

Consultation tardive certes, mais la réponse n'est pas aisée.

52. ♖xf4 h5 53. ♖h4 ♖h7 54. ♖h1! ♔d7 55. ♖g1 cxd5 56. cxd5 h4 57. ♖g8 h3 58. ♖a8 ♖h6 59. ♖a7+ ♔c8

Voilà, la tour a la « septième absolue » et le roi est bloqué.

60. ♔g1 h2+ 61. ♔h1 ♖h3

A présent, c'est une course.

62. ♖f7 ♖xf3 63. ♖xf6 ♔d7 64. ♖f7+ ♔e8 65. ♖b7 ♖xc3 66. ♖xb6 ♔e7 67. ♖b7!+

C'est encore le même motif, la septième rangée.

67 ... ♔f8 68. ♖a7 ♖c4 69. ♖xa5 ♖xe4 70. ♖a7 ♖f4 71. a5 ♖xf5 72. a6

L'occupante de la septième rangée qui coupe simultanément le roi sur la huitième claironne le triomphe de la « septième absolue ». Comparez avec la douzième partie.

72 ... ♖f1+

En effet, si 72 ... ♖xd5 73. ♖b7 ♖a5, la suite 74. a7 puis 75. ♖b8+ est décisive.

73. ♔xh2 ♖a1
74. ♖a8+ ♔g7

Si 74... ♔e7 75. a7 et les Blancs gagnent avec ♖h8 etc.

75. ♔g3 ♖a4 76. ♔f3 ♔f6 77. a7 ♔g7 78. ♔e3

Les Noirs abandonnent.

Partie n° 33
Blancs : Janovsky
Saint-Pétersbourg, 1914

1. d4 ♘f6 2. c4 e6 3. ♘c3 ♗b4 4. e3 b6 5. ♗d3 ♗b7 6. ♘f3 ♗xc3+ 7. bxc3 d6

7 ... c5! suivi de ♘c6 était possible.

8. ♕c2 ♘bd7 9. e4 e5

Les Noirs ont obtenu à la suite de l'ouverture une position bien consolidée. Cependant le rôle du fou b7 y est contestable car d'une part ses forces ne peuvent suffire à forcer la poussée d4-d5, d'autre part son absence sur la diagonale c8-g4 va bientôt se faire désagréablement remarquer. En fait, le passage en partie ouverte s'est produit trop rapidement. Voici la suite :

10. 0-0 0-0 11. ♗g5 h6 12. ♗d2 ♖e8 13. ♖ae1

38

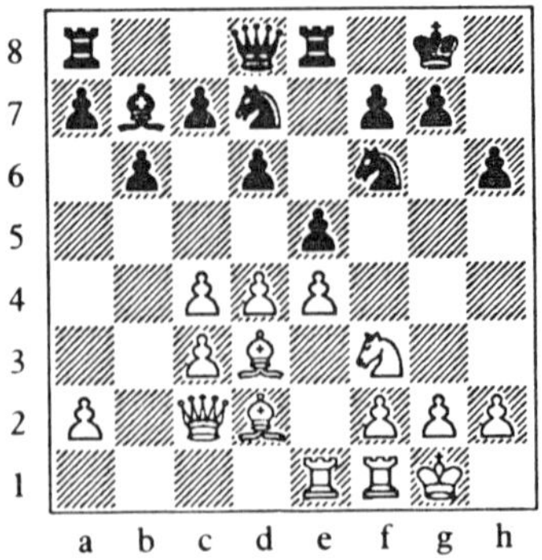

13 ... ♘h7

Les Noirs pouvaient briser l'« obstination » adverse (c'est-à-dire forcer d4-d5) par la manœuvre quelque peu étrange 13 ... ♖e6 et 14 ... ♕e8. Une suite possible était : 13 ... ♖e6 14. ♘h4 ! (pour profiter de la faiblesse de la case e5, *cf.* la note au neuvième coup) 14 ... g6 ! 15. f4 *(et non 15.♗xh6 à cause de ♘g4)* 15 ... exf4 16. ♗xf4 et les Noirs ont alors le choix entre 16 ... g5 ?, 16 ... ♘h5 et 16 ... ♕e8. C'est 16 ... ♕e8 qui met le plus en évidence l'objectif stratégique préalablement posé en principe par le joueur des pièces noires. Par exemple : 16 ... ♕e8 17. d5 ♖e7 18. ♗xh6 ♘g4 19. ♗g5 f6 20. ♗c1 ♘ge5 et les Blancs peuvent bien se réjouir du gain d'un pion, ils ne se promènent pas du reste sur des pétales de roses puisque entre autres leur complexe doublé est paralysé et les Noirs possèdent des cases centrales. Pourtant la variante 16 ... ♘e5 est encore plus claire avec les suites possibles : 17.♕f2 ? ♖f6 18. g3 g5 19. e5 ♘xf4 20. gxf4 ♖xf4 et les Noirs gagnent ou 17. ♗g3 ♘xg3 18. hxg3 ♕g5 suivi de ♖ae8 et les Noirs n'ont aucun souci. Il faut dire que la réponse probable à 13 ... ♖e6 est 14. ♖e2 !, avec par exemple : 14 ... ♕e8 15. ♖fe1 et les Blancs poursuivent avec opiniâtreté leur politique d'« *obstination* ». Cependant les Noirs enregistrent alors aussi un succès : le départ de la tour f éloigne l'éventualité de la poussée f2-f4.

Outre 13 ... ♖e6 est aussi envisageable 13 ... ♘f8 , avec par exemple : 14. h3 ♘g6 15. ♘h2 ♖e7 16. f4 ? exf4 17. ♗xf4 ♕e8 et d4-d5 est malgré tout nécessaire. Enfin il faut penser à 13 ... c5 immédiatement, mais alors les Blancs ferment la position avec d4-d5.

14. h3

Après 14. ♔h1 (le coup suggéré dans le livre du congrès) les Noirs pouvaient jouer entre autres 14 ... ♘df6 et si 15. ♘g1 ♘g5 et la poussée f2-f4 se révèle inexécutable.

14 ... ♘hf8

14 ... ♘df6 est aussi jouable.

15. ♘h2 ♘e6 16. ♗e3 c5 ! 17. d5 ♘f4

Les Noirs ont récupéré à l'aile roi les chances perdues à l'aile dame avec le coup 16 ... c5.

18. ♗e2 ♘f8
19. ♗g4 ♗c8

Le fou rejoint enfin la bonne diagonale.

20. ♕d2 ♗a6

20 ... ♘8g6 était plus simple, mais les Noirs ne font pas confiance à leur attaque à l'aile roi ; ils étaient déprimés de n'avoir pu forcer les Blancs à jouer d4-d5 sans faire eux-mêmes des concessions c7-c5 en est bien une en effet. Par la suite ils se contentent par conséquent de prendre d'assaut la « *position à ressort* » et ont ainsi failli gagner la partie.

21. g3 ♘4g6 22. ♗e2 ♘h7 23. h4 ♘f6 24. ♗d3 ♖b8 !

La tour se dirige vers e7 pour y occuper un poste de prévention.

25. ♕e2 ♖b7 26. ♗c1 ♖be7 27. ♔h1 ♗c8 28. ♖g1 ♔f8 29. h5 ♘h8 30. g4 ♘h7 31. ♗c2 ♖b7 32. f4 f6

Yanovsky a finalement pu pousser f2-f4, mais pour accomplir ce même plan, il a dû abandonner plus d'une case importante : en particulier la case g5 qui lui coûtera cher plus tard.

33. fxe5 dxe5

33. g5 ne menait à rien de bon, par exemple 33. g5 fxg5 34. fxg5 hxg5 35. ♖g3 ♘f7 36. ♘f3 ? g4 etc.

34. ♘f3 ♘f7 35. ♖ef1 ♔g8 36. ♘h4 ♘d6 37. ♘f5 ♗xf5 38. gxf5 ♘g5

Comparez avec la note du trente-deuxième coup.

39. ♗xg5 hxg5
40. ♗a4

Ne se préoccupant pas du pion h qui demandait protection, il veut déborder à l'aile dame adverse par ♗c6 puis a2-a4-a5 etc. Nous comprendrons au fil des discussions ultérieures de la partie que cette action de débordement était conçue en tant qu'expédition punitive (le coup 16 ... c5 ? mérite une punition). Nous devons clamer le mérite de Yanovsky pour avoir entrepris la courageuse tentative de découvrir sans ménagement les faiblesses de l'adversaire malgré celles existant dans son propre camp. Yanovsky possédait un sens échiquéen d'une merveilleuse finesse. Le livre du congrès donne un autre avis : il condamne la combinaison risquée de Yanovsky et décrète que la perte de pion en résultant est décisive. Cependant même s'il en était ainsi, ce dont nous doutons, la variante conserve certainement toute son importance. En effet la manœuvre — juste ou non — de Yanovsky permet de dévoiler le secret de la position ! Voici brièvement le reste de la partie.

40 ... ♖f8 41. ♗c6 ♖b8 42. a4 ♔f7 43. ♔g2 ♖h8 44. ♖h1 ♖h6

45. ♖a1 ♕c7 46. ♔f2 ♖bh8 47. ♔e3 ♔g8 48. ♔d3 ♕f7 49. a5 ♖xh5 50. ♖xh5 ♖xh5 51. axb6 ♖h3+ 52. ♔c2 axb6 53. ♖a8+ ♔h7 54. ♖d8 ♕a7 55. ♖a8 ♕f7

39

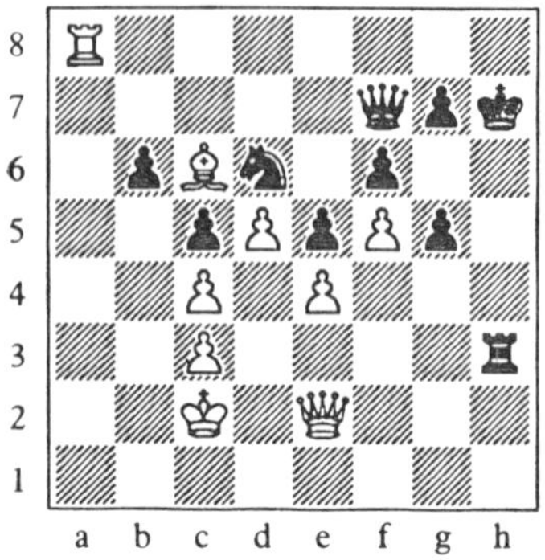

56. ♔b3

Les Blancs font un faux pas. Comment les Noirs auraient-ils pu gagner après 56. ♖d8? Voyons : 56. ♖d8 ♕a7 57. ♖a8 ♕c7 58. ♔b3 ♖h4 59. ♕a2 ♖xe4 60. ♖f8 ♘xf5 61. ♕a8 ♘d6 62. ♖d8 etc. *(ou bien 60 ... g6 à la place de ♘xf5 et 61. ♕a8 gxf5 62. ♖h8+ ♔g6 63. ♗e8+ ♔g7 64. ♗h5 suivi d'un mat en quelques coups).* Il semble donc bien que l'action de débordement constituait une répression efficace et que le livre du congrès en qualifiant de décisive la perte du pion est dans l'erreur.

A la suite du coup fautif du texte, les Noirs devaient sans doute facilement gagner.

56 ... ♕h5 ! 57. ♕xh5 ♖xh5 58. ♗e8 ♘xe8 ?

La longue résistance a épuisé les Noirs qui ratent une suite de gain immédiate. La clé était 58 ... ♖h6 ! Si alors 59. ♖d8, simplement 59 ... g4 etc. Si 59. ♗g6+, les Noirs gagnent avec 59 ... ♖xg6 60. fxg6+ ♔xg6 61. ♔c2 ! ♘xe4 62. ♔d3 ♔f5 ! (pendant leurs calculs les Noirs n'avaient pas vu ces derniers coups). Ils n'ont plus de chances de gain après le coup du texte. Voici la suite :

59. ♖xe8 ♖h2 60. ♖a8 g4 61. ♖a1 ♔h6 62. ♔a4 ♔g5 63. ♔b5 ♔f4 64. ♖g1

C'est le meilleur coup. La menace était 64 ... ♔xe4 suivi de 65 ... ♔f3 et d'une progression rapide du pion passé.

64 ... ♔xe4 65. ♖xg4+ ♔xf5 66. ♖xg7 ♖b2+ 67. ♔c6 e4 68. d6 ♖d2 69. d7 e3 70. ♔xb6

Les Blancs perdraient avec 70. ♔c7.

70 ... e2 71. ♖e7 ♖xd7 72. ♖xe2 ♖d3 73. ♖c2 ♖d8

La partie nulle fut conclue après encore douze coups.

Une partie difficile.

Partie n° 34
Blancs : Johner
Dresde, 1926

J'ai déjà inclus cette partie dans *Mon Système*. Il m'était impossible de ne pas la mettre en relation avec la partie n° 33, c'est pourquoi je réitère ici en la commentant différemment.

1. d4 ♘f6 2. c4 e6 3. ♘c3 ♗b4 4. e3 0-0

Dans la partie précédente contre Yanovsky j'ai joué 4 ... b6.

5. ♗d3 c5 6. ♘f3 ♘c6 7. 0-0 ♗xc3 8. bxc3 d6 9. ♘d2

Un coup raffiné. Si à présent 9 ... e5, alors 10. d5 ♘e7 *(pas 10 ... ♘a5 à cause de 11. ♘b3)* 11. e4 et nous sommes familiers de la structure de pions qui en résulte pour l'avoir vue dans la partie précédente (vingt-deuxième coup). La seule différence que l'on pourrait mentionner est la position du pion b encore en b7 et non en b6, la menace de débordement par a2-a4-a5 étant donc inexistante. Considérant cependant l'ouverture de la colonne b, le pion b pourra-t-il se maintenir en b7 ?

9 ... b6

L'idée de ce coup est de libérer la case b7 pour ... le cavalier, le plan des Noirs est 10 ... e5 11. d5 ♘a5 et maintenant si 12. ♘b3 ♘b7.

10. ♘b3

Il faut jouer 10. f4. Après 10 ... e5 11. fxe5 dxe5 12. d5 ♘a5 13. ♘b3 ♘b7 14. e4 ♘e8 puis ♘ed6, on obtient la structure de pions de la trente-troisième partie (après le trente-sixième coup), structure dans son ensemble relativement momifiée.

10 ... e5 !
11. f4 e4 !

Ceci pouvait aussi être la réponse à 11. d5, par exemple : 11. d5 e4 12. ♗e2 ♘e5 avec centralisation ou 11. d5 e4 12. dxc6 exd3 avec avantage aux Noirs. Le débat apparemment non violent qui a eu lieu entre les neuvième et onzième coups est particulièrement intéressant du fait justement qu'en réalité il a été sanglant et plein de tension. Les Blancs ont joué f2-f4 avec un tempo de retard permettant ainsi l'intrusion du pion e et sa dérobade à la juste colère du pion f. Si au onzième coup les Noirs avaient joué ♕e7 au lieu de e4 ! avec l'intention après 12. fxe5 dxe5 13. d5 de retirer le cavalier en d8 (13 ... e4 ! serait pourtant préférable), la réplique aurait à nouveau été 14. e4 ♘e8 avec une momification générale. Un nouveau et difficile problème se pose aux Noirs après le coup du texte 11 ... e4 : le handicap de l'aile roi des Blancs (les pions f, g et h).

12. ♗e2

40

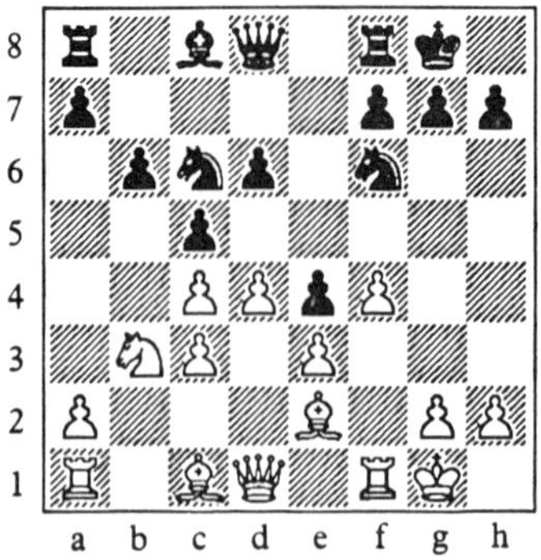

12 ... ♕d7 !!

C'est la préparation d'une manœuvre de handicap ardue et fort complexe. Une autre méthode de handicap est 12 ... ♘e8, elle conduit pourtant également à la pétrification après 13. g4 f5 14. d5 ♘e7 15. g5, et les cavaliers n'ont plus ni la case c5, ni f5. Mener une action de handicap, tout en évitant la momification de la position constitue un problème difficile à résoudre.

13. h3 ♘e7
14. ♕e1

La momification est-elle profitable ou non à l'attaque blanche ? Vérifions : 14. ♗d2 ♘f5 (la case f5 exerce un effet dynamique : la menace est ♘g3 pour échanger le fou e2 défenseur du pion c4) 15. ♕e1 g6 16. g4 ♘g7 17. ♕h4 ♘fe8 et maintenant 18. a4 (en partie pour empêcher ♕a4). Si 18 ... f5 19. g5 suivi de 20. d5. La position qui en résulte est difficile à juger, par exemple : 19. g5 ♘c7 20. d5 ♗a6 ! (coup préventif : à la menace a4-a5 peut maintenant être répliqué b6-b5) 21. ♔f2 ♕f7 ! 22. ♖fd1 *(22. ♕h6 échoue à cause de la combinaison 22 ... ♘xd5 23. cxd5 ♗xe2 24. ♔xe2 ♕xd5 25. ♘c1 ♘h5 ! la dame blanche est alors enfermée à long terme et les Noirs gagnent en faisant progresser une marée de pions)* 22 ... ♔h8 puis 23 ... ♘h5 et les Noirs vont tenter avec ♖g8, ♔h8-g7-f8-e7-d7 de préparer la percée h7-h6. Si l'on considère que les Noirs auraient pu jouer 20 ... a5 à la place de 20 ... ♗a6 (afin d'amputer le contre-jeu a4-a5), il devient clair qu'une momification impliquerait pour le camp blanc les plus grandes difficultés.

14 ... h5

Début de mise à l'étroit.

15. ♗d2

15. ♕h4 ♘f5 16. ♕g5 ♘h7 17. ♕xh5 ♘g3.

15 ... ♕f5 !

La dame se dirige vers h7, c'est la curieuse pointe de cette manœuvre de handicap.

16. ♔h2 ♕h7 !
17. a4 ♘f5

Menaçant 18 ... ♘g4+ 19. hxg4 hxg4+ 20. ♔g1 g3 etc.

18. g3 a5

Il est facile de protéger le pion b6.

19. ♖g1 ♘h6 20. ♗f1 ♗d7 21. ♗c1 ♖ac8

La situation a changé depuis le quatorzième coup. Les Noirs ont suffisamment de jeu sur l'aile roi pour ne plus craindre la fermeture par d4-d5.

22. d5 ♔h8 23. ♘d2 ♖g8 24. ♗g2 g5 25. ♘f1 ♖g7 26. ♖a2 ♘f5 27. ♗h1 ♖cg8 28. ♕d1 gxf4 ! 29. exf4 ♗c8 30. ♕b3 ♗a6 31. ♖e2

41

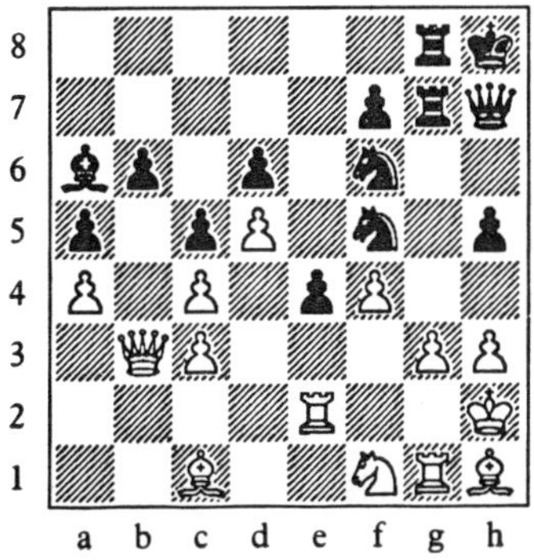

Les Blancs saisissent leur chance. Le pion e demande protection. Un coup purement défensif comme 31. ♗d2 aurait permis une belle combinaison : 31. ♗d2 ♖g6 ! 32. ♗e1 ♘g4+ 33. hxg4 hxg4+ 34. ♔g2 ♗xc4 ! 35. ♕xc4 avec le coup paisible 35 ... e3 ! ! Les Blancs peuvent parer le mat en h3 avec ♘xe3 mais cela leur coûte la dame.

31 ... ♘h4
32. ♖e3

Je m'attendais bien sûr à 32. ♘d2, car l'attaque du puissant pion e4 représente le seul contre-jeu des Blancs (*cf.* plus haut). La suite aurait alors permis un délicieux sacrifice de dame : 32. ♘d2 ♗c8 33. ♘xe4 ♕f5 ! 34. ♘f2 ♕h3+ 35. ♘xh3 ♘g4 mat. La pointe repose sur le fait que les coups ♗c8 et ♕f5 ne peuvent en aucun cas être intervertis, par exemple : 32. ♘d2 ♕f5 ? 33. ♕d1 ! ♗c8 34. ♕f1 et tout est protégé alors que sur 32 ... ♗c8 ! 33. ♕d1, le coup 33 ... ♗xh3 ! détruit la clef de voûte de l'édifice blanc (34. ♔xh3 ♕f5+ etc.).

32 ... ♗c8 33. ♕c2 ♗xh3 ! 34. ♗xe4

34. ♔xh3 ♕f5+ 35. ♔h2 et mat en trois coups.

34 ... ♗f5

Le meilleur car h5-h4 est irrésistible, après la chute du pion h3 toute défense est vaine.

35. ♗xf5 ♘xf5 36. ♖e2 h4 37. ♖gg2 hxg3++ 38. ♔g1 ♕h3 39. ♘e3 ♘h4 40. ♔f1 ♖e8 !

Les Blancs abandonnent.

En effet le coup final très précis des Noirs menace maintenant : 41 ... ♘xg2 42. ♖xg2 ♕h1+ 43. ♔e2 ♕xg2+ et les Blancs sont impuissants devant cette menace. Si 41. ♔e1, il y a même mat par 41 ... ♘f3+ 42. ♔f1 *(ou ♔d1)* ♕h1.

Une des plus belles parties de blocage qu'il m'ait été donné de jouer.

Partie nº 35
Noirs : Dr. Vidmar
Carlsbad, 1907

1. ♘f3 d5 2. d3 ♘c6 3. d4 ♘f6 4. a3

Afin d'amener les Noirs à se déclarer : s'ils jouent 4 ... e6 leur fou est enfermé, si 4 ... ♗f5 5. e3 puis c2-c4 et éventuellement ♕b3 et si 4 ... ♗g4 5. ♘e5.

4 ... ♗g4 5. ♘e5 ♗h5 6. c4

Ce coup s'appuie sur la surprenante combinaison : 6. c4 dxc4 7. ♕a4 ♕xd4 8. ♘xc6 ♕d7 9. g4! ♘xg4 10. ♗g2 ♘e5 11. ♕b5 et les Blancs conservent la pièce. Curieusement personne n'a vu la possibilité 9 ... ♗g6 (à la place de ♘xg4) qui donne après 10. ♘c3 ♕xc6 11. ♕xc6+ bxc6 12. ♗g2 ♔d7 13. g5 ♘e8 l'avantage au parti de la défense. Mais les Blancs ont mieux et plus simple : (6. c4 dxc4) 7. ♘xc6! bxc6 8. ♕a4 ♕d7 9. e3 et ils obtiennent une bonne partie. Le motif de zugzwang du quatrième coup semble donc bien fondé, cas rare à un stade si précoce de la partie !

6 ...	**e6?**
7. ♕a4	**♗d6**

Ce coup fait le jeu des Blancs puisque maintenant l'enfermement c4-c5 peut-être joué avec tempo. Mais si 7 ... ♗e7 8. ♘c3 et après 8 ... 0-0 9. ♘xc6 bxc6 10. ♕xc6, la perte du pion prend une signification décisive les Noirs ne pouvant mettre à profit leur temps d'avance.

8. ♘xc6 ♕d7 9. c5! ♗e7 10. ♗f4

Visant à empêcher 10 ... ♕xc6 car le joueur qui applique le blocage doit en règle générale éviter les échanges.

10 ...	**bxc6**
11. e3	**0-0**

11 ... a5 n'allait pas à cause de b2-b4xa5 etc. Cependant maintenant le pion a ne pourra plus bouger.

12. ♗a6

Ce blocage est très désagréable pour les Noirs, car il contrarie leur plan : tout au long de la partie, ils auraient trouvé fort à propos de pouvoir avancer le pion a et éventuellement de s'en débarrasser. Nous ne sommes pas surpris du fait que le fou bloqueur à partir de a6 fixe aussi la case b7, car nous le savons bien : « les cases de blocage rendent presque sans exception les mêmes services que les cases fortes ».

12 ...	**♖fb8**
13. b4	**♘e8**

Les Noirs préparent une percée au centre au moyen de f7-f6 et à l'occasion e6-e5. C'est leur seul espoir.

14. 0-0

Les Blancs étaient en mesure de gagner la qualité par la manœuvre ♘b1-d2-b3-a5, mais ils ambitionnent plus.

14 ... f6 15. ♘d2 g5 16. ♗g3 ♘g7 17. h3

Donnant une case de repli au fou.

17 ... ♗e8
18. ♗h2 ♗d8

42

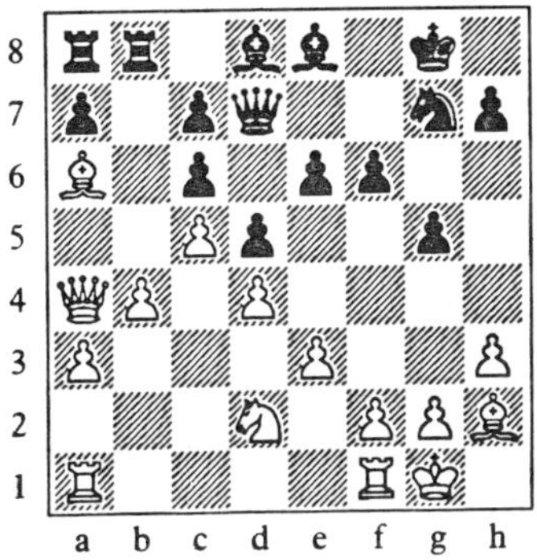

19. g4!

Restreignant le cavalier. La justification stratégique de ceci — car cette restriction du cavalier n'est en elle-même qu'une pointe tactique — appert de la considération suivante : les Noirs vont devoir fondre sur le contrariant pion g avec h7-h5, provoquant ainsi inévitablement l'ouverture de colonnes qui seront cependant en l'espèce utiles aux tours blanches et non aux noires. Un effet est donc exercé d'une aile à l'autre. Au vu de leur situation précaire à gauche, les Noirs se voient obligés à une contre-action à droite qui pour une raison bien déterminée est cependant *a priori* sans espoir. La raison est à découvrir dans les mauvaises conditions de communication avec la gauche, les lignes directes de communication entre les deux ailes manquent.

19 ... h5 20. ♕d1 ♗g6 21. ♘b3 hxg4 22. hxg4 f5 23. ♗e5 fxg4 24. ♕xg4 ♘f5 25. ♘a5 ♕h7 26. ♗e2!

Remarquons que les Blancs ont attendu l'arrivée de la relève (♘a5) pour retirer leur fou. Il est important de ne perdre à aucun moment de vue la possibilité libératrice a7-a5, *cf.* la note du douzième coup.

26 ... ♕d7
27. ♕h3

Aujourd'hui je rechigne à libérer un pion bloqué (ici g4) et je jouerais 27. f4. La suite après 27. f4 pouvait être : 27 ... ♔f7 *(27 ... ♘xe3? 28. ♕h3!)* 28. fxg5 ♗e7 29. e4 dxe4 30. ♗c4 ♔e8 (pour parer la menace ♖xf5) 31. ♖ad1! avec un gain facile car les Noirs sont paralysés, par exemple : 31 ... ♘e3

32. ♕h3 ♘xf1 33. ♗xe6 ♕d8 34. ♘xc6.

27 ... ♔f7
28. f4 g4!

Vidmar évite l'ouverture de la colonne f, 27. f4 lui aurait enlevé cette option. Sa partie est bien sûr toujours désespérée.

29. ♗xg4 ♗e7 30. ♖a2 ♖g8 31. ♖g2 ♘h4 32. ♖g3 ♖af8

C'est encore le mieux. 32 ... ♘f5 est insuffisant : 33. ♗xf5 ♗xf5 34. ♕h5+ ♗g6 35. ♕h6 et les Blancs peuvent rapidement forcer le gain avec ♔f2 suivi de ♖fg1.

33. ♔f2 ♖h8

Coup de désespoir. Atermoyer encore conduisait à une mort certaine, par exemple : 33 ... ♖a8 34. ♖fg1 ♖af8 35. ♗d1 etc.

34. ♗xh8 ♖xh8
35. ♖fg1 ♖h6

43

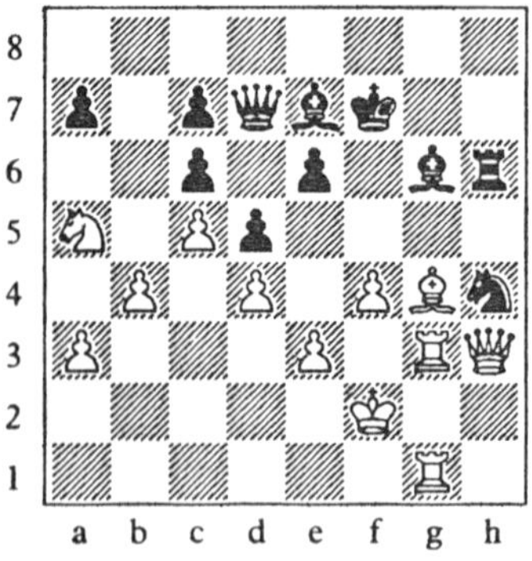

36. ♗h5

Marco déclare au sujet de ce coup : « une combinaison superbe et décisive ». Cependant, quatre coups plus tard je commets une bourde et laisse la décision à la porte.

36 ... ♗xh5 37. ♖g7+ ♔e8 38. ♖g8+ ♗f8 39. ♕xh4 ♕h7 40. ♖xf8+??

Hallucination lourde de suites. 40. ♖1g7 ♕xg7 *(si 40 ... ♕c2+ 41. ♔g3)* 41. ♖xg7 ♗xg7 42. ♕g5 ♗f8 43. ♘xc6 aurait vite gagné.

40 ... ♔xf8
41. f5

L'idée de 40. ♖xf8+ était de poursuivre par 41. ♕d8+ mais la réponse 41 ... ♗e8 avait complètement échappé aux Blancs.

41 ... exf5?

Le coup juste est 41 ... ♕xf5+.

42. ♖h1

Les Blancs ont à nouveau obtenu une position gagnante.

42 ... f4 43. ♕d8+ ♗e8 44. ♕f6+ ♖xf6 45. ♖xh7 ♗f7

Partie nulle.

A la place de la combinaison menant à la partie nulle, 43. ♕xf4+ ♔e8 44. e4! gagnait mais je n'étais pas encore remis de ma frayeur. Une partie instructive malgré la terrible erreur du quarantième coup. Je dois dire que Vidmar m'a échappé de manière très semblable à trois reprises.

Partie n° 36
Blancs : F. Marshall
New York, 1927

Le complexe de pions doublés apparut après les coups :

1. e4 e6 2. d4 d5 3. ♘c3 ♗b4 4. exd5 exd5 5. ♘f3 ♘e7 6. ♗d3 ♘bc6 7. h3 ♗e6 8. 0-0 ♕d7 9. ♗f4 ♗xc3 10. bxc3 f6

Pour protéger le fou e6 d'un éventuel ♘g5. La signification prophylactique du coup 7 ... ♗e6 apparaît ici. Les Blancs tentèrent d'attaquer par la suite sur la colonne b mais échouèrent, ceci ne doit pas nous surprendre si nous considérons la faiblesse dynamique de leur complexe doublé.

11. ♖b1	**g5**
12. ♗g3	**0-0-0**

Ceci semble osé mais fait partie du plan de bataille inauguré par le neuvième coup.

13. ♕e2	(13. ♘d2 !)
13 ...	**♖de8 !**

Evitant 13 ... ♖dg8 car pour amoindrir une attaque à l'aile mieux vaut accumuler ses pièces au centre que contre-attaquer à l'aile.

14. ♖fe1	**♘f5**
15. ♗xf5	

15. ♗a6 est insuffisant à cause de 15 ... bxa6.

15 ... ♗xf5 16. ♕b5 ♘d8 17. ♕c5 b6 18. ♕a3 ♔b7 19. ♕b3 ♘c6

Un bloqueur se trouve déjà en route pour la case c4 d'où il soulignera le malaise du complexe c2-c3.

20. ♘d2 ♘a5 21. ♕b2 ♖xe1 22. ♖xe1 ♖e8 23. ♖xe8 ♕xe8 24. ♕b1 ♔c8

24 ... ♕e2 serait également fort.

25. ♕d1 ♕e6 26. ♘b3 ♘c4 27. ♘d2 ♘a3 28. ♘f1 ♘xc2

Une finale incluant un pion de plus et des fous de couleurs opposées est apparue, de nombreux spectateurs l'ont décrétée nulle.

29. ♕h5	**♗d3**
30. ♕d1	**♕e4**

30 ... ♕e2 ne va pas immédiatement à cause de 31. ♕xe2 suivi de ♘e3.

31. ♘d2

Si 31. f3 ♕e2 !

31 ... ♕e2 32. ♕xe2 ♗xe2 33. f4 ♘a3 34. fxg5 fxg5 35. ♔f2 ♗h5 ! 36. ♗e5 g4 37. hxg4 ♗xg4 38. ♔e3 ♗f5 39. ♗g7 ♗e6 40. ♗f8 ♘b5 41. ♘b1

44

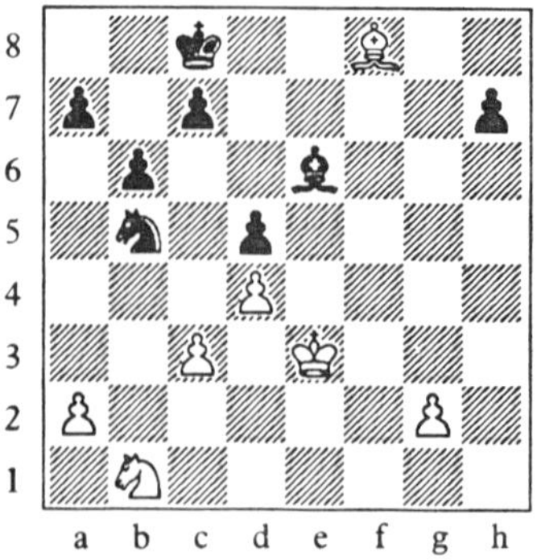

42... a5

41 ... ♗f5 convient aussi, par exemple : 42. a4 ♗xb1 43. axb5 ♗a2 44. ♔f4 ♗c4 45. ♔e5 ♔d7 46. ♗b4 c6 ! 47. bxc6+ ♔xc6 puis le roi ira vers b3.

42. ♔d2

42. ♔f4 (pour empêcher ♗f5) conduit à une suite de gain semblable à celle du dernier commentaire, par exemple : 42. ♔f4 ♗f7 43. a4 ♗g6 44. axb5 ♗xb1 45. ♔e5 ♗a2 46. ♔e6 ♗c4 suivi de ♔b7, c7-c6 etc.

42 ... ♗f5 43. ♘a3 ♘xa3 44. ♗xa3 ♗b1 45. ♗f8 ♗xa2 46. ♗g7 ♗b1 47. ♔e3 ♔b7 48. ♗f6 ♔a6 49. ♔d2

Si 49. ♗d8 l'invasion du roi vers b3 est gagnante, par exemple : 49. ♗d8 ♔b5 ! 50. ♗xc7 ♔c4 ! 51. ♗xb6 a4 puis ♔b3 gagne car le pion a ne peut être arrêté.

Cette variante nous donne une démonstration de la faiblesse du complexe doublé disparu. En effet le pion passé a reflète la faiblesse du défunt pion a blanc, et le souvenir du blocage verrouillant exercé sur les pions c3 et c4 se manifeste sur la grande diagonale (f6-a1). Marshall aurait pu s'épargner le reste de la partie.

49 ... ♗e4 50. g3 ♔b5 51. ♔c1 ♔c4 52. ♔b2 c5 53. ♗e5 cxd4 54. ♗xd4 b5 55. ♗b6 a4 56. ♗a5 d4 57. cxd4 b4 58. ♗b6 a3+ 59. ♔a2 ♔b5 60. ♗c5 ♔a4

Les Blancs abandonnent.

5. A l'atelier du blocage

A. Le filet du blocage est lancé.

B. Des mesures prophylactiques assurent son imperméabilité.

C. Le filet du blocage à l'action.

D. Le sacrifice « en vue du blocage ».

Deux armées de pions se tiennent l'une en face de l'autre, il n'y a pas de colonne ouverte : est-il possible de provoquer de manière forcée l'emboîtement des structures de pions ? Nous avons à maintes reprises reconnu l'excellence des colonnes ouvertes comme instrument de handicap. Car une colonne ouverte est à même de contrarier le plan d'avancée d'une masse de pions ennemis et du malheur de cet arrêt peuvent facilement résulter les malheurs ultérieurs du handicap et du blocage. Mais que faire en l'absence de colonnes ouvertes ?

En guise de réponse : une extrême circonspection est de rigueur car toute tentative brutale pour provoquer l'emboîtement des structures de pions est vouée à l'insuccès. Comparons les deux débuts de parties suivants :

I. Noirs : Morrison,
Londres, 1927.

1. b3 g6 2. ♗b2 ♘f6 3. g3 ♗g7 4. ♗g2 d6 5. d4 0-0 6. c4 ♘c6

Voici une tentative brutale, les Noirs offrent deux tempi dans le but seulement de provoquer d4-d5 et d'obtenir ainsi un raidissement du squelette de pions. 6 ... ♘bd7 était beaucoup plus solide.

7. d5	**♘b8**
8. ♘c3	**♘bd7**

Avec l'idée de jouer a7-a5 puis ♘c5, c'est le stratagème de Burn.

9. ♘f3	**a5**

En jouant ici 10. 0-0 ♘c5 11. ♘d4 e5 12. dxe6 e.p. fxe6 les Blancs obtiennent une bonne position centralisée et les deux tempi perdus par les Noirs vont peser lourd dans la balance. Au lieu de cela, voici la suite jouée :

10. ♘a4 e5 11. dxe6 e.p. fxe6 12. 0-0 ♕e7 13. ♘e1 e5

Encore un excellent jeu pour les Blancs qu'ils auraient dû poursuivre par 14. ♘c2 et 15. ♘e3.

II. Blancs : Fairhurst,
Londres 1927.

1. d4 e6 2. c4 ♘f6 3. ♘f3 ♗b4+ 4. ♗d2 ♕e7 5. g3 ♗xd2+ 6. ♘bxd2 d6 7. ♗g2 0-0 8. 0-0 h6 !

Coup d'attente sans craindre la disparition de la possibilité e6-e5, l'immédiat 8 ... e5 permet d'autre part l'ouverture de la position, peu attrayante pour les Noirs, par 9. dxe5 dxe5 10. ♕c2 suivi éventuellement de ♘f3-g5-e4.

9. ♕c2	**♖e8**
10. e4	**e5 !**

C'est le bon moment : dès lors que les Blancs se sont privés de la case e4 pour leurs pièces, ce coup possède une valeur de blocage.

11. d5

De toute façon 11. ♖fe1 ♘c6 12. ♕c3 serait préférable mais dans ce cas aussi la position des Noirs est assez bonne.

11 ...	**a5**

et la case c5 (♘b8-a6-c5) devient le quartier général du blocage.

D'une prudente stratégie de tâtonnement, on peut aussi s'attendre à bon droit à l'utilisation de mesures préventives. La prophylaxie s'avère effectivement judicieuse ici. Chaque fois que les Noirs parviennent comme dans les parties n° 38 et n° 39 à préserver leur construction de blocage de chocs sévères, ils en sont principalement redevables à l'utilisation du stratagème de la prophylaxie. De même seules les mesures préventives ont permis à la construction de blocage de tenir dans les parties n° 40 et n° 41, et ceci malgré son aspect achevé et solide. Disons-le ainsi : achevée ou non une construction de blocage se trouve toujours logiquement tributaire de la prophylaxie. L'étudiant pourra tout particulièrement méditer sur la quarante et unième partie (contre Colle) dans laquelle nous voyons combien il est difficile de préserver de la rupture un filet de blocage dilaté. Ce n'est pourtant pas impossible, les parties n° 42 à 45 (j'aurais pu y ajouter bien d'autres exemples) nous le démontrent pertinemment.

Partie n° 37
Noirs : Réti
Carlsbad, 1923

Nous avons ici un exemple négatif : maître Réti ne parvint pas à imposer l'emboîtement de la structure de pions. J'utilise ici le terme « négatif » en me référant à la valeur théorique et didactique de la conduite de la partie, et non pas en voulant signifier que la partie a été mal jouée.

1. ♘f3 ♘f6 2. c4 g6 3. b4

J'ai introduit cette nouveauté que Réti lui-même a trouvée opportun d'appliquer plus tard. *(Cf.* la partie Réti-Capablanca, *New York, 1924.)*

3 ... a5

Coup douteux.

4. b5 ♗g7 5. ♗b2 0-0 6. e3 d6 7. d4 ♘bd7 8. ♗e2 e5

Ce coup serait fort si seulement les Noirs pouvaient forcer d4-d5 ou au moins d4xe5, puisqu'ils possèderaient alors la parfaite case de blocage c5. Si par exemple 9. dxe5 ? ♘g4 etc.

9. 0-0 exd4

Reconnaissant par là l'échec de l'action de blocage tout juste commencée. 9 ... ♖e8 semble être le coup correct du point de vue théoriquement stratégique, si alors 10. ♘bd2 c6 puis il faut ensuite selon les circonstances protéger par ♕c7 ou bien établir une chaîne de pions par e5-e4 et d6-d5.

10. exd4 ♖e8
11. ♘bd2

Il n'est certainement pas facile pour les Blancs de mettre en valeur leur meilleure structure de pions. Pourtant 11. ♘c3 ! servirait mieux leurs desseins que le coup du texte peu vigilant face à la poussée adverse d6-d5.

11. ... ♘f8 12. ♖e1 ♘e6 13. g3 h6 14. ♗f1 ♘g5 15. ♘xg5 hxg5 16. ♗g2

Avec un cavalier en c3 la position obtenue par les Blancs aurait des chances de gagner. Cependant, avec la position fâcheuse du cavalier en d2, les Noirs peuvent à peu près égaliser.

16 ... d5!
17. ♖xe8+

La seule chance de conserver un avantage réduit consiste en 17. c5. Avec ce coup les Blancs peuvent au moins obtenir un clair avantage positionnel à l'aile dame ; qu'ils puissent le faire valoir après 17 ... ♗f5 18. ♕a4 b6 est cependant improbable. Il ne semble donc plus possible de réparer 11. ♘d2, coup de développement critiquable du point de vue de la centralisation.

17 ... ♕xe8 18. cxd5 ♕xb5 19. ♕b3 ♗d7 20. ♕xb5

Ou 20. ♖c1 ♘e8 21. ♕xb5 ♗xb5 22. ♘e4 g4 puis éventuellement ♖e8 etc.

20 ... ♗xb5
21. ♖c1 ♖e8

21 ... ♘e8 simplement convenait aussi, par exemple : 22. ♘e4 g4 23. h3 gxh3 24. ♗xh3 ♖d8 etc.

22. ♖xc7 ♖e1+ 23. ♘f1 ♗xf1 24. ♗xf1 ♘xd5 25. ♖xb7 ♖b1 26. ♖b8+ ♔h7 27. ♖b5 ♘c7 28. ♖b7 ♘e6 29. ♔g2 ♗xd4 30. ♖xf7+ ♔g8 31. ♖e7 ♖xb2 32. ♗c4 ♖xf2+ 33. ♔h3 ♖f6 34. ♗xe6+ ♔f8 35. ♖d7 ♖xe6 36. ♖xd4

L'intéressante escarmouche des quatorze derniers coups a conduit à une finale de tours dans laquelle les Blancs sont un peu mieux, mais qu'ils ne peuvent gagner. Voici la suite :

36 ... ♖e5 37. ♖d6 ♔f7 38. ♖a6 ♖c5 39. ♔g4 ♖d5

La partie s'achemine vers la nulle qui fut décrétée au quatre-vingt-dixième coup. Il suivit encore :

40. ♔h3 ♔g7 41. a4 g4+ ? 42. ♔xg4 ♖d4+ 43. ♔g5 ♖d5+ 44. ♔h4 ♖c5 45. ♔h3 ♔h6

L'erreur du quarante et unième coup a toutefois procuré au roi noir un peu d'espace ce qui compense la perte du pion.

46. ♖f6 ♖c4 47. ♖f4 ♖b4! 48. ♔g4 g5 49. ♖xb4 axb4 50. a5 b3

La finale de dames en résultant s'avéra impossible à gagner et aboutit à la partie nulle.

Partie n° 38
Blancs : Ahues
Berlin, 1927

Le camp bloqueur parvient ici à lancer son filet de blocage

selon toutes les règles de l'art, contrairement à ce qui s'est passé dans la partie précédente. Il se sert amplement du stratagème de la prophylaxie à cet effet.

1. d4 ♘f6 2. c4 e6 3. ♘c3 ♗b4 4. ♗d2 0-0 5. ♘f3 b6 6. e3

Après ces coups, les Noirs échangent en c3 car si 6 ... ♗b7 ? 7. ♗d3 et les Blancs pourraient repousser l'occupation de e4 de la façon suivante : 7 ... ♗xc3 8. ♗xc3 ♘e4 9. ♗xe4 ♗xe4 10. ♘d2 ♗xg2 ? 11. ♖g1 avec une attaque prometteuse. Donc :

6 ... ♗xc3 7. ♗xc3 ♘e4 8. ♕c2 ♗b7 9. 0-0-0 f5 10. ♘e5

Sur 10. ♗d3 j'aurais choisi 10 ... ♕f6 ! pour prévenir la possibilité de percée d4-d5. Si alors 11. d5 ♘xc3 12. ♕xc3 ♕xc3 13. bxc3 ♘a6 suivi de ♘c5 et les Noirs ont un jeu gagnant positionnellement.

10 ... ♕e7

Le coup d7-d6 ne va pas s'enfuir, avant cela il faut renforcer la case e6 contre l'éventuel ♘e5-d3-f4 (dans la variante débutant par d7-d6).

11. f3 ♘xc3 12. ♕xc3 d6 13. ♘d3 ♘d7 14. ♔b1 !

(Diagramme 45)

14 ... ♖ad8 !

Les Noirs prennent une mesure de précaution contre l'ingénieuse menace c4-c5. Après 14 ... ♖ae8, son application par 15. ♕a3 a5 16. c5 ! dxc5 17. dxc5 ♘xc5 18. ♘xc5 ♕xc5 19. ♕xc5 bxc5 20. ♖c1 serait embarrassante.

45

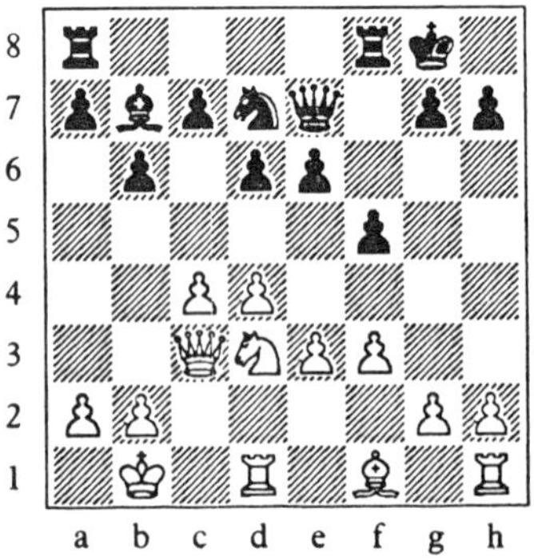

15. h4

Fondé car 15. ♕a3 suivi de 16. c5 ne suffisait plus à cause de 15. ♕a3 a5 16. c5 ? dxc5 17. dxc5 ♘e5 *(plus fort que 17 ... ♘xc5 18. ♖c1)* avec la double menace 18 ... ♘c4 et 18 ... ♘xf3 ! Par ailleurs le coup du texte est à double tranchant. On peut envisager 15. ♗e2 et si 15 ... e5, alors 16. ♘c1 *(non pas 16. d5 sinon 16 ... ♕g5)*.

15 ... ♕f6

Pour augmenter la valeur du prochain e6-e5.

16. ♕a3 a5 17. ♗e2 e5 18. d5

Le lent système de développement appuyé par la prophylaxie a fait ses preuves, les Blancs ont été forcés de jouer d4-d5 et le filet de blocage est déjà tendu sur l'aile dame et le centre. Dans les coups suivants l'aile roi blanche va à son tour en subir les conséquences.

18 ... f4!
19. e4

Forcé car 19. exf4 exf4 cédait aux Noirs la colonne e ainsi que des cases centrales importantes.

19 ... ♕g6

Le pion g2, la case g3 et plus loin le pion h4 montrent leur faiblesse.

20. ♖dg1 ♘f6

Projetant ♘f6-h5-g3, par exemple : 21. c5 (contre-attaque à ne pas négliger) 21 ... ♘h5! 22. g4 fxg3 e.p. 23. cxb6 cxb6 24. ♕b3 ♗a6 25. ♘xe5 dxe5 26. ♗xa6 g2 et les Noirs gagnent.

21. g3 fxg3
22. c5

Une tentative de salut ingénieuse qui va pourtant être réfutée par un contre sacrifice.

(Diagramme 46)

46

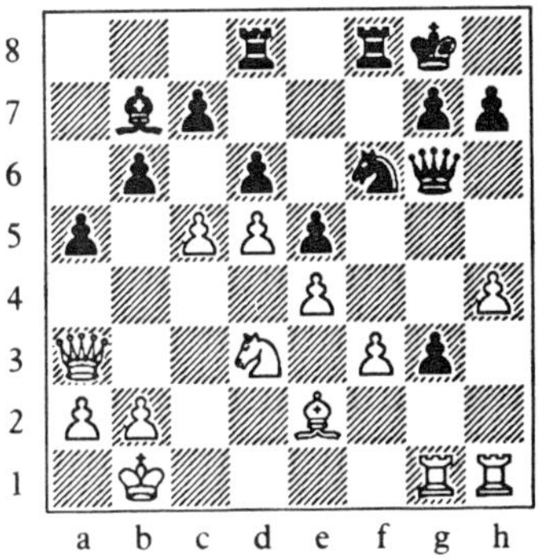

22 ... ♘xe4!

Quelle belle combinaison! Sa teneur consiste en 23.fxe4 ♕xe4 24. ♗d1 *(24. ♗f1? ♖xf1 et g3-g2)* 24 ... g2 25. ♖h2 ♗a6 26. ♗c2 ♖f1+ ou 24. ♖e1 g2 25. ♖hg1 dxc5 et gagne.

23. cxb6 ♘d2+
24. ♔a1

D'autres coups de roi permettent de coquettes évolutions du cavalier avec gain de temps tantôt sur le roi tantôt sur la dame, par exemple : 24. ♔c2 ♘c4 25. ♕c3 ♘e3+ suivi de ♘xd5 avec attaque simultanée de la dame ou 25. ♕b3 *(au lieu de ♕c3)* 25 ... ♘e3+ suivi de 26 ... ♗xd5 avec ici aussi gain de temps ou encore 24. ♔c1 ♕h6.

24 ... cxb6 25. ♖h3 g2 26. ♕c3

Si 26. ♖h2, j'avais l'intention de sacrifier la dame par 26 ... ♘xf3 27. ♖hxg2 ♘xg1 28. ♖xg6 hxg6.

26 ... ♕h6 27. ♖xg2 ♖c8 28. ♕a3 ♘xf3 29. ♖h1 ♗xd5

Coup plus rude que e5-e4 car toutes les pièces traînent maintenant.

Les Blancs abandonnent.

Partie n° 39
Blancs : Ahues
Kecskemet, 1927

Les caractéristiques de la phase du combat qui nous intéresse sont les suivantes : les Noirs ont forcé l'emboîtement des structures de pions mais ne peuvent en tirer avantage du fait que la manœuvre de blocage ♘d7-c5 permettrait une percée adverse. Ils prennent donc des précautions à l'égard de cette contre-chance et réalisent sans heurts leur action de blocage tout en l'accentuant d'une variante d'attaque. Voyons la partie :

1. ♘f3 b6
2. e3

Si 2. e4 ♗b7 3. ♘c3 e6 4. d4 ♗b4 puis d7-d6 et les Noirs ont une position resserrée mais pas mauvaise.

2 ... ♗b7 3. b3 f5 4. ♗b2 e6 !

4 ... ♘f6 ne serait pas bon à cause de 5. ♗xf6 exf6 6. ♘h4 g6 et maintenant peut-être 7. ♗c4 pour provoquer 7 ... d5, alors par exemple : 8. ♗e2 et nous serions enclins à préférer les Blancs.

5. ♘e5

Pour imiter la construction hollandaise de l'adversaire. 5. c4 suivi de ♘c3 est pourtant meilleur.

5 ... ♘f6 6. f4 g6 7. c4 ♗g7 8. ♘c3 0-0 9. ♕e2 d6

Les Noirs ont bien préparé cette avancée, ils sont en effet près à la poursuivre par e6-e5.

10. ♘f3 ♘bd7 11. d4 ♕e7 12. 0-0-0 e5

Voilà qui est accompli.

13. d5 a5
14. ♕d2

Les Blancs sont sur le point de rattraper leur retard de développement, leur position semble tout à fait sûre puisque à un éventuel 14 ... ♘c5 ils peuvent répliquer 15. fxe5 dxe5 16. d6 ! avec une percée plutôt favorable.

47

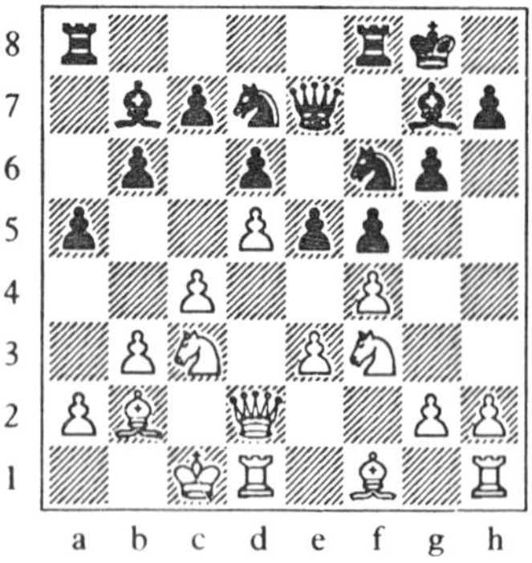

14 ... ♘h5 !!

Combinaison pour prévenir la percée planifiée ; elle devrait aussi provoquer la poussée g2-g3.

15. g3 ♘c5

Car est mauvais maintenant 16. fxe5 dxe5 17. d6 ♗xf3.

16. ♗e2 a4! 17. b4 a3! 18. ♗a1

Les Noirs ont marqué un point, le fou n'est pas protégé en a1.

18 ...	**♘e4**
19. ♘xe4	

Si 19. ♕e1 exf4 20. exf4 ♘xc3 21. ♗xc3 ♗xc3 22. ♕xc3 ♕xe2.

19 ...	**fxe4**
20. ♘g5	**exf4**

Après l'échange des fous en g7 va apparaître une menace de mat en deux coups.

21. ♗xg7	**♕xg7**
22. ♕d4	**f3**

Les Noirs engrangent ainsi les fruits de leur combinaison de longue haleine. Ils n'ont plus à présent qu'à conserver leur bien.

23. ♗f1	**♖fe8**
24. ♗h3	

Il va sans dire que 24. ♘xe4 serait suivi de 24 ... ♖xe4.

24 ...	**♗c8**

Le coup 24 ... ♖a4 est discutable à cause de 25. ♗e6+ ♔f8 26. ♕xg7+ suivi de 27. ♗d7, encore que dans ce cas les Noirs obtiendraient avec 27 ... ♖xb4 une compensation suffisante pour la qualité.

25. ♗xc8 ♖axc8 26. b5 ♖e5 27. ♘e6 ♕e7 28. ♔b1 ♘g7 29. ♘f4 ♕d7 30. h4

30 ... g5 menaçait.

30 ... ♘f5 31. ♕c3 ♘xg3 32. ♖hg1 ♘h5 33. ♘e6 ♘g7 34. ♘d4 ♖f8

Les Blancs abandonnent.

En effet après 35. ♕xa3 la suite 35 ... ♖h5 36. ♖h1 ♕g4 37. ♖dg1 ♖xh4! 38. ♖xg4 ♖xh1+ et 40 ... f2 gagne. La stratégie choisie par les Noirs au quatorzième coup prend toute sa valeur si l'on considère la variante suivante : les Blancs oublient 15. g3 et jouent plutôt 15. ♗e2. A cela on répond 15 ...♘c5! Si maintenant 16. fxe5 dxe5 17. d6, alors 17 ... cxd6 18. ♕xd6 ♕xd6 19. ♖xd6 ♗h6 puis par exemple : 20 ♘xe5 ♗xe3+ 21. ♔c2 ♗xg2 22. ♖hd1 ♘f4 et les Noirs devraient gagner.

Partie n° 40
Blancs : Schweinburg
Berlin, 1927

Nous avons ici une « variante d'échange dans la Française » avec un développement quelque peu inhabituel du fou.

1. e4 ♘c6 2. ♘f3 e6 3. d4 d5 4. exd5 exd5 5. ♗d3 ♗g4 6. ♗e3? ♗d6 7. c3 ♘ge7 8. ♘bd2 ♕d7 9. ♘b3 0-0-0 10. h3 ♗h5 11. ♕c2 f5 12. 0-0-0

Ici se produisit :

12 ... f4 13. ♗d2 ♗xf3 14. gxf3 ♕e6 !

C'est avec ce coup que l'échange devient significatif ; autrement (par exemple avec 14 ... g6) les Blancs pouvaient entreprendre un débordement (h3-h4-h5). Une réminiscence de la trente-troisième partie nous incite à concevoir ♕e6 tout simplement comme un coup préventif, et telle est bien sa fonction.

15. ♖dg1

Si 15. ♗xg7 ? g6.

15 ... ♕h6 ! 16. ♔b1 ♖df8 17. ♘c1 ♘g8 !

Encore un coup préventif : comme g7-g6 est incontournable, il faut être prêt à parer une plausible action de débordement des Blancs par la manœuvre ♘g8-f6-h5.

18. b4 g6 19. ♕a4 ♔b8 20. ♘b3 ♕h5 21. ♗e2 ♘f6 22. ♘c5 ♘d8 23. ♔b2 ♖e8 24. ♗d1 ♕h4

Les Noirs se disposent à utiliser tranquillement la faiblesse du complexe. Ceci n'aurait pas été possible sans la prophylaxie adroite des quatorzième et quinzième coups. Démonstration claire de la justesse de notre opinion qu'un jeu de blocage sans prévention est un non-sens.

25. ♖f1 ♖e7 26. ♕b5 ♖he8 27. a4 b6

Les Noirs ayant la meilleure position à tous égards, ils entreprennent de « liquider » le cavalier c5, sans se préoccuper des faiblesses qui en résultent. Les mesures violentes sont toutefois rarement heureuses, en outre si la position des Blancs souffre d'un manque de mobilité elle n'est pas franchement faible. Une lente stratégie est préférable, notamment : 27 ... c6 28. ♕d3 ♘d7 (menaçant ♘b6 et ♘c4) 29. a5 et maintenant 29 ... a6 ! L'avancée des pions blancs semble alors arrêtée et les Noirs peuvent tout à loisir longuement manœuvrer, par exemple avec 30 ... ♔a7 31 ... ♗c7 puis ♘d8-f7-d6-c4. Les Blancs ont alors peu de chances de résister à la pression grandissante.

28. ♘b3	**♔a8**
29. ♘c1	

29. ♕a6 est meilleur, la suite pourrait être 29 ... ♘b7 avec un jeu compliqué où les Noirs auraient un très petit avantage.

29 ...	**c6 !**
30. ♕d3	**c5**

29 ... c5 tout de suite aurait été contré par 30. a5.

(Diagramme 48)

31. dxc5

Les Blancs ont laissé passer au vingt-neuvième coup l'occasion de souligner la faiblesse de la case a6, à présent ce serait trop tard mais toujours difficile à réfuter. Par exemple : 31. ♕a6 cxd4 32. a5 !(proposé par le Dr. E. Lasker) 32 ... dxc3+ 33. ♗xc3 d4 ! 34. ♗xd4 ♘c6 35. axb6 ♘xd4 36. b7+ ♖xb7 37. ♕xd6 puis une simple liquidation par 37 ... ♖xb4+ 38. ♕xb4 ♖b8. Après 39. ♕xb8+ ♔xb8 40. ♘d3 ♘d5 nous ne pouvons douter qu'un pion de plus appuyé par la « centralisation » suffise pour gagner. Après le coup du texte l'attaque des Noirs devient par trop puissante.

48

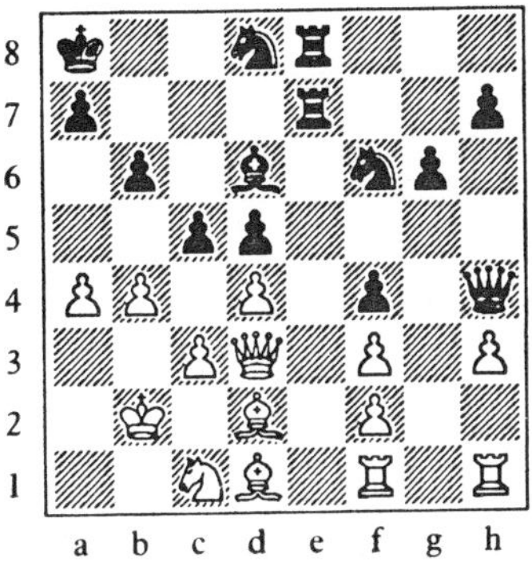

31 ...	**bxc5**
32. ♗b3	**♘b7 !**

Sacrifice de pion décisif. Au lieu de cela la suite 32 ... c4 33. ♗xc4 dxc4 34. ♕xd6 ♖d7 était insuffisante à cause de 35. ♕xf4 g5 36. ♕xg5.

33. ♗xd5 ♘xd5 34. ♕xd5 cxb4 35. a5

Une dernière tentative astucieuse. Si 35. cxb4 ♖d8 etc. gagne.

35 ...	**♖d8**

Les Noirs peuvent ignorer la menace a5-a6.

36. a6 bxc3+ 37. ♔c2 ♗b4 38. ♕c6

Si 36. axb7+ ♖xb7 la dame prend à partir de h4 la défense de la tour d8.

38 ...	**♖xd2+**
39. ♔b1	**♔b8**

39. ♔b3 aurait amené la même réponse.

Les Blancs abandonnent.

Partie n° 41
Blancs : Colle
Baden Baden, 1925

1. d4 f5 2. e3 ♘f6 3. ♗d3 d6 4. ♘e2 e5 5. c4 c5

Les Noirs pensent avoir emmagasiné assez de mobilité avec leurs pions c5 et f5, ils tentent donc d'imposer une momification à l'aile dame et au centre qui ne peut que leur être favorable.

6. 0-0	**♘c6**
7. ♘c3	**g5**

Ceci est osé car la momification désirée par les Noirs n'est pas encore réalisée, bien au contraire les Blancs peuvent ouvrir le centre. Les Noirs seront-ils dans ce cas de taille à empêcher l'invasion sur la colonne d ainsi que la perte des pions à l'aile roi ?

8. dxc5! dxc5 9. ♘g3 e4 10. ♗e2 ♗d6

Le coup de consolidation.

11. ♘b5 ♗e5 12. ♕xd8+ ♔xd8 13. ♖d1+ ♔e7 14. ♖b1 h5 15. ♗d2 h4

49

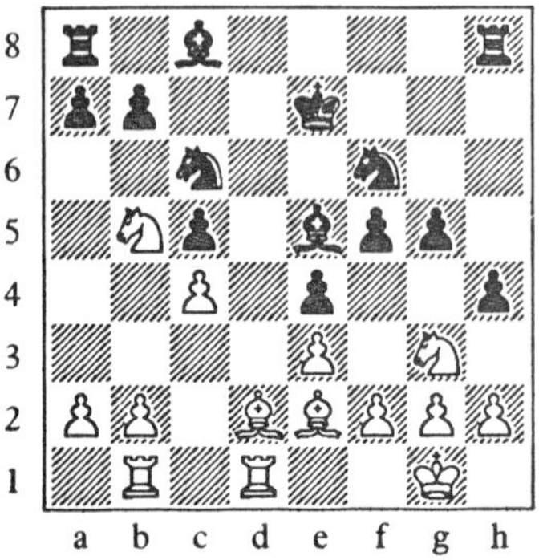

Une meilleure méthode consistait en : 15 ... f4 16. ♘f1 ♗g4 !, si alors 17. ♗xg4 hxg4 18. exf4 gxf4 19. ♖e1 ♔e6 et les Noirs ont une forte centralisation. Ou 15 ... f4 16. ♘f1 ♗g4 17. ♗xg4 hxg4 18. ♖e1 f3 ! 19. g3 a6 20. ♘a3 ♖hd8 21. b4 ♖d3 22. ♘c2 ♖ad8 et les Noirs gagnent.

16. ♘f1 ♗e6 17. ♗c3 ♗xc3 18. ♘xc3 ♘e5 19. b3 ♖hg8

Les Noirs manquent avec ce coup et par la suite l'importante mesure prophylactique b7-b6 (afin de rendre inefficace le coup b3-b4). Ils perdent par cette négligence tout leur avantage.

20. ♖b2 f4 21. ♘d2 ! ♗f5 22. b4

Détruisant le filet de blocage si laborieusement tendu.

22 ... ♘ed7
23. exf4

La variante introduite par la percée b4 est meilleure : 23. bxc5 ♘xc5 24. ♘b3 ♘xb3 25. ♖xb3 b6 26. ♖b5 etc.

23 ... gxf4
24. ♖e1 ♔f7

Il fallait jouer 24 ... ♔f8.

25. ♘dxe4 ! ♘xe4 26. ♗h5+ ♔g7 27. ♘xe4 ♔h6

Les Noirs aperçoivent dans cette situation critique une intéressante manœuvre de salut.

28. ♗f7

Si 28. ♗f3 ♘e5.

28 ... f3 ! ! 29. ♗xg8 ♖xg8 30. ♘d6

Si 30. g3 ♖e8.

30 ... ♖xg2+ 31. ♔h1 ♗h3 32. ♖g1

Les Blancs devraient se contenter de la variante de nulle : 32. ♘f7+ ♔g7 33. ♘e5 ♖g5 34. ♘xd7 ♗g2+ etc.

32 ... ♘e5 !

Un mat en deux coups sanctionnerait l'échange des tours.

Les Noirs menacent maintenant 33 ... ♘d3.

33. bxc5

Sur 33. ♖d2, il y avait l'intéressante suite de gain : 33 ... ♘g4 ! 34. ♖xg2 fxg2+ 35. ♔g1 ♘e5 ! ! utilisant le motif du « retour ».

33 ... ♘d3 34. ♖d2 ♖xg1+ 35. ♔xg1 ♘f4

Tragique péril de mat par un matériel si réduit !

36. ♘f7+ ♔g7 37. ♘e5 ♘e2+ 38. ♖xe2 fxe2 39. ♘d3 ♗e6

La finale est avantageuse pour les Noirs car leur roi est actif.

40. a3 ♗xc4 41. ♘e1 ♔f6 42. f3 ♔e5 43. ♔f2 ♔d4 44. ♘g2 ♔xc5 45. ♘xh4 b5 46. f4 a5 47. ♘f3 a4 48. f5 b4 49. axb4+ ♔xb4 50. f6 a3 51. ♘d4 a2 52. ♘c2+ ♔c3

Les Blancs abandonnent.

Partie n° 42
Blancs : Hage
Simultanée à Arnstadt, 1926

Cette partie complète la précédente en ce qu'elle nous indique la méthode et les possibilités du même blocage mais cette fois appliqué sans failles.

1. d4 f5 2. e3 d6 3. ♗d3 e5 4. dxe5 dxe5 5. ♗b5+ c6 6. ♕xd8+ ♔xd8 7. ♗c4 ♗d6 8. ♘f3 ♘f6 9. ♘c3

La continuation a2-a4, b2-b3 et ♗b2 ou ♗a3 semble bien meilleure.

9 ... ♔e7 10. a3 ♖d8 11. ♗d2 b5 12. ♗a2 a5 13. 0-0 b4 14. ♘b1 c5 15. ♗c4 e4 16. ♘g5 ♗a6 17. ♗xa6 ♖xa6 18. axb4 axb4 19. ♖xa6 ♘xa6

Le blocage des Noirs est composé des mêmes éléments que celui de la partie précédente : la colonne e, la case du centre e5 et la majorité qualitative à l'aile roi.

20. c3 h6 21. ♘h3 ♘g4 22. g3 ♘e5 23. ♔g2 g5 24. ♗c1 b3 25. ♘d2 c4

50

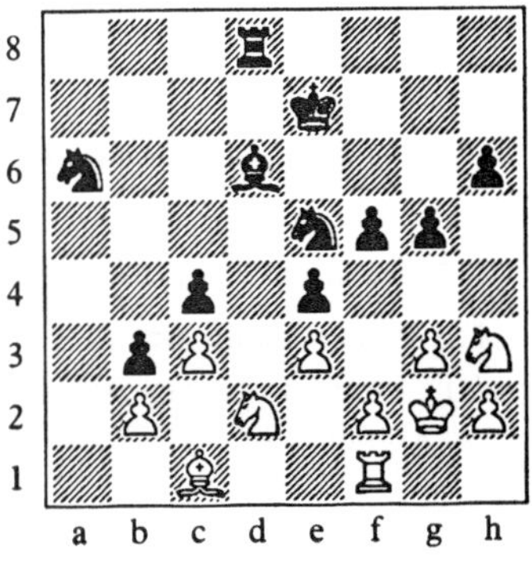

26. ♘g1 ♘c5 27. ♘e2 ♖g8 28. ♘d4 f4

Si maintenant 29. exf4 gxf4 30. ♖e1, alors 30 ... e3 ! 31. fxe3 fxg3.

29. ♘f5+ ♔e6 30. ♘xd6 f3+ 31. ♔g1 ♔xd6

La position blanche paraît désespérée.

32. ♖d1 ♔e6 33. ♘b1 ♘cd3 34. ♘a3 ♔d5 35. ♘b5 ♖b8 36. ♘a3 ♖a8 37. h3 ♔c5

50 a

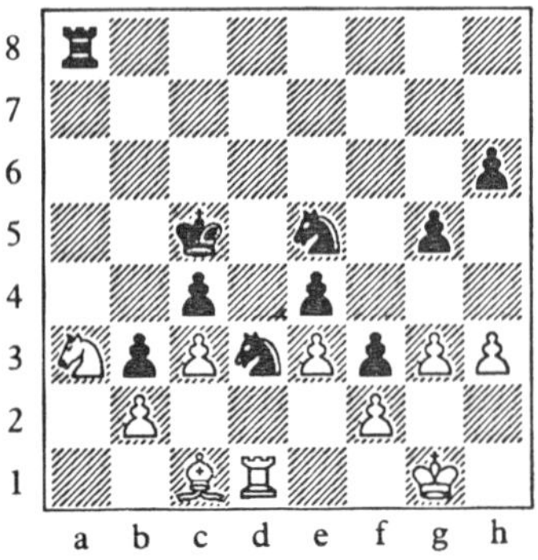

38. ♔f1 ♘xc1

Ceci gagne immédiatement.

39. ♖xc1 ♘d3 40. ♖b1 ♘xb2 41. ♖xb2 ♖xa3 42. ♖b1 b2

Les Blancs abandonnent.

Une partie de blocage authentique avec un filet étendu sur les deux ailes et le centre. Nous ne voudrions pas sous-estimer l'importance des opérations de rétrécissement des ailes, mais nous apprécions particulièrement et soulignons le caractère essentiel des manœuvres centrales tournantes sur les cases e5 et d3 : le blocage a agi essentiellement à partir du centre !

Partie n° 43
Blancs : Blümich
Breslau, 1926

Cette partie n'apparaît pas dans le livre du congrès, auquel nous attriburions un point d'interrogation pour cela. Son intérêt pour l'étudiant ne concerne pas seulement le blocage, elle est une partie modèle de A à Z ! Les développements sur les lignes ouvertes y sont tout particulièrement instructifs.

La partie prit d'abord une allure de position fermée :

1.♘f3 e6 2. g3 b6 3. ♗g2 ♗b7 4. 0-0 c5 5. d3 ♘f6 6. e4 ♗e7 7. ♘c3 0-0 8. ♗d2 ♘c6 9. e5

Promettant de l'action, par ailleurs la continuation du développement par 9. ♔h1 suivi de ♘g1 et f2-f4 était moins compromettante.

9 ... ♘e8
10. ♘e4 ♖c8

Joué en prévision de la suite probable c2-c3 et d3-d4.

11. ♗c3 b5

Pour provoquer b2-b3, l'utilité de ce coup va être bientôt évidente.

12. b3 f5 ! 13. exf6 e.p. ♘xf6 14. ♕e2 ♘d5 15. ♗b2 b4

Les Noirs ont un cavalier indélogeable au centre. Mais c'est aussi le cas des Blancs et il est difficile d'imaginer comment les choses vont évoluer.

16. ♖ae1 a5
17. a4

Faible, il faut jouer ici ♘fd2 suivi de f2-f4.

17 ... ♕e8

Les Noirs auraient dû simplement ouvrir la position avec : 17 ... bxa3 e.p. 18. ♗xa3 ♘d4 19. ♘xd4 *(les Blancs ne peuvent se laisser tenter par 19. ♕d1 sinon 19 ... ♘c3 ! 20. ♘xc3 ♗xf3 21. ♕c1 ♕e8 et 22 ... ♕h5)* 19 ... cxd4 et c'était l'heure de gloire de la colonne c et du coup préventif 10 ... ♖c8. Après le coup du texte il n'est plus simple de repousser la menace de la momification.

18. ♘ed2

C'était la place de l'autre cavalier, par exemple : 18. ♘fd2 ♘d4 19. ♕d1 suivi de 20. f4 et 21. ♘f3.

18 ... ♗f6
19. ♗xf6 gxf6

La position devient visiblement plus compacte et l'importance de la colonne e des Blancs diminue proportionnellement : comme auparavant e6 est un bloc de granit mais les cases e4 et e5 sont déjà sous le contrôle des Noirs.

20. ♘c4 ♕h5 21. ♘d4 ♕xe2 22. ♘xe2 ♖c7 ! 23. f4 ♗a6 24. ♗xd5 exd5 25. ♘d6 f5

Qu'il a du courage le cavalier d6 ! Allant s'exposer dans un cul-de-sac afin d'assurer la colonne e à son camp. La question est passionnante : la colonne e va-t-elle compenser le cul-de-sac ?

26. ♖f2 ! ♘d8 27. ♘c1 ♖c6 28. ♘b5 ♗xb5 29. axb5 ♖e6

Et voilà ! Par respect pour la colonne e, il faut abandonner le coup ♖b6.

30. ♖fe2 ♔f7

51

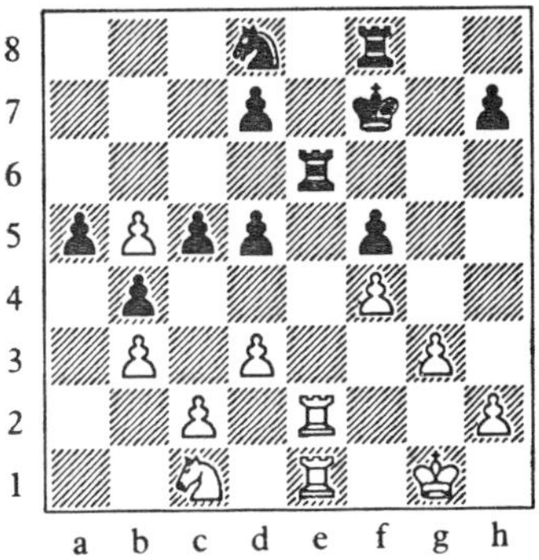

31. ♔f2

Il fallait tout de suite jouer sur la colonne e en occupant le poste avancé e5. Un problème crucial se posait alors aux Noirs : 31. ♖e5 ♔f6 32. ♔f2 d6 ! 33. ♖xe6+ *(pas 33. ♖xd5 ? à cause de l'échange des tours et ♔e6)* 33 ... ♘xe6 34. ♘e2 ♖b8 35. ♖a1 ! ♖xb5 36. c4 bxc3 e.p. 37. ♘xc3 ♖xb3 38. ♘xd5+ ♔f7 ! 39. ♖xa5 ♖xd3 40. ♖a7+ ♔e8 ! 41. ♘f6+ ♔d8 42. ♘xh7 c4

43. ♘g5 ! ♘c5 ! 44. ♔e2 et maintenant 44 … ♔e8 ! (position des Blancs : *♔e2 ♖a7 ♘g5 pions f4 g3 h2*, des Noirs : *♔e8 ♖d3 ♘c5 pions c4 d6 f5*). Le pion c menace d'avancer maintenant alors que cela aurait été une faute encore au quarante-quatrième coup. Puis : 45. ♖c7 ! c3 46. ♘f7 *[si 46 … c2 ? 47. ♘xd6+ etc. D'autre part si 46 … ♖d5 pour après 47. ♘xd6+ jouer 47 … ♔f8 (pas en d8, sinon ♖xc5) alors 48. ♘b7 ! c2 ? 49. ♘xc5 c1 :♕ 50. ♘e6+ et gagne]* 46 … ♖d2+ ! (le coup gagnant) 47. ♔e3 ♖d5 48. ♘xd6+ ♔f8 et le pion c s'avance avec échec à la case de promotion. Mentionnons incidemment qu'ici seul peut encore être joué 49. ♖f7+ ♔g8 50. ♖xf5 c2 51. ♖xd5 c1 :♕+.

D'autres coups non plus ne peuvent sauver les Blancs dans la position obtenue après le quarante-quatrième coup des Noirs. Par exemple : 45. h4 c3 46. h5 c2 47. ♖a1 ♖a3 48. ♖c1 ♘b3 49. ♖xc2 ♘d4+ et gagne.

Nous avons ici la résolution longue certes mais continuellement passionnante du problème posé au trente et unième coup. Il est possible que 44 … ♔c8 soit une autre clef (suivie éventuellement de ♔b8), mais elle n'altère que peu la beauté de la résolution de l'auteur.

En conclusion, le « cul-de-sac » a plus de poids que la colonne e.

31 … ♔f6
32. ♔f3 ?

Les Blancs pouvaient encore tirer de leur chapeau le problème exposé tout à l'heure, en jouant 32. ♖e5. De toute façon la technique de jeu sur les colonnes ne doit pas soudainement trahir ! L'utilisation d'une colonne et en particulier l'occupation d'un poste avancé doivent être comprises et se faire en un tour de main. *Cf.* l'introduction sur les colonnes ouvertes dans *Mon Système* (premier chapitre).

32 … ♘f7

Protégeant e5 d'une invasion.

33. ♘a2 d4 !
34. ♖a1 ♖b8

Il est temps de récupérer le pion capturé. Observez comme l'action du blocage se manifeste déjà. Les pièces blanches se gênent mutuellement, leurs mouvements et transferts se font de plus en plus difficilement alors que les officiers noirs aux pieds ailés gouvernent l'échiquier.

35. ♘c1 ♖xb5 36. ♖d2 ♘d8 37. ♘e2 ♘c6 38. ♘g1 d5

Le pion d a attendu le trente-huitième coup pour se mettre en mouvement !

39. ♘e2 ♖b8
40. ♖a4 ♖be8

Les Noirs se sont rendus maîtres de la colonne e.

41. ♖a1 h5 42. ♘g1 ♖e3+ 43. ♔f2

La position est enfin mûre pour l'assaut final.

43 ... c4

52

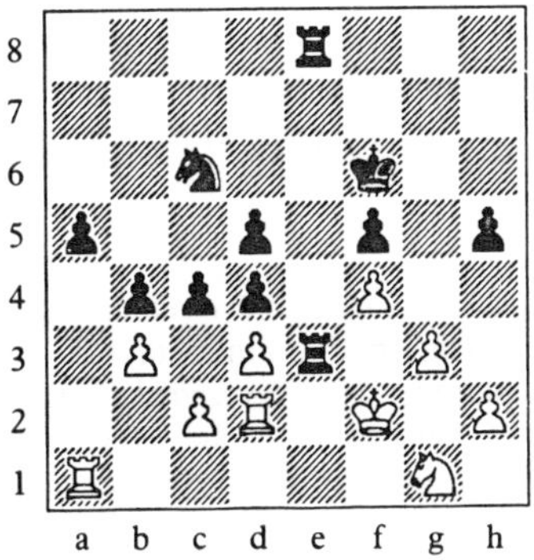

44. ♖ad1

Ou 44. dxc4 dxc4 45. bxc4 ♖c3.

44 ... c3

Un sacrifice combinatoire va couronner la construction de blocage.

45. ♖e2 a4! 46. bxa4 b3 47. cxb3 ♘b4

Les Noirs sont gagnants.

48. ♖xe3 ♖xe3 49. ♘e2 c2 50. ♖a1 ♘xd3+ 51. ♔f1 ♖xe2 52. ♔xe2 c1 :♕ 53. ♖xc1 ♘xc1+ 54. ♔f3 ♘xb3 55. h3 d3

Les Blancs abandonnent.

Partie n° 44
Blancs : v. Holzhausen
Dresde, 1926

1. e4 c5 2. ♘f3 ♘c6 3. d4 cxd4 4. ♘xd4 d5

Nouveauté que j'avais inaugurée lors de ma partie avec Rubinstein à Carlsbad en 1923.

5. ♗b5

Le meilleur ici semble être 5.♘xc6 bxc6 6. exd5 ♕xd5 7. ♘c3 ♕xd1+ 8.♘xd1, après quoi les Blancs ont une structure de pions plus compacte, la position semblant en général à peu près égale.

5 ... dxe4 6. ♘xc6 ♕xd1+ 7. ♔xd1 a6 8. ♘d4+ axb5 9. ♘xb5 ♗g4+ 10. ♔e1 ♖d8

Délaissant l'option du grand roque, qui eût paru quelque peu ravagé. Par exemple : 10 ... 0-0-0 11. ♘1c3 e5 12. h3! ♗h5 13. g4 ♗g6 14. a4 suivi de 15. a5 et 16. a6. Ou encore 12 ... ♗d7! (à la place de ♗h5) 13. ♗e3 ♗b4 14. ♔e2. Le roi noir est visiblement exposé dans les deux variantes.

11. ♘1c3 e5

Ce coup ne répond pas malgré son apparente correction aux exigences de la stratégie du blocage. L'opération de blocage a visiblement comme base l'effet de la diagonale g4-d1, qui mérite donc protection, ceci d'autant plus que l'adversaire prévoit de pulvériser cette base par 12. h3 ♗h5 13. g4. La façon juste d'opérer le blocage réside en 11 ... f5 (au lieu de 11 ... e5). Si alors 12. h3 ♗h5 13. g4 fxg4 14. ♘xe4 gxh3. Les Blancs peuvent éviter de perdre du matériel en jouant 15. ♗f4 ♗f3 16. ♘g5 ♗xh1 17. ♘c7+ ♔d7 18. ♘f7, mais après 18 ... ♗f3 ! 19. ♘xh8 e5 ! 20. ♗xe5 ♗d6 21. ♗xd6 ♔xd6 ils peuvent pratiquement abandonner. Les Blancs peuvent aussi renoncer à l'essai de pulvérisation brutale et choisir de poursuivre tranquillement leur développement, dans ce cas : 11 ... f5 ! 12. ♗f4 ♘f6 suivi de e7-e6 et ♔f7 et ils n'obtiennent aucune compensation pour la dislocation de leur tour en h1.

Le coup du texte complique l'affaire.

12. h3 ! **♗h5**

Je n'ai pu me résoudre à 12 ... ♗d7 13. ♘c7+ ♔e7 14. ♘3d5+ ♔d6 15. ♗e3.

13. g4 **♗g6**
14. ♘c7+

14. ♗e3 est nécessaire pour répondre à 14 ... f5 15. ♔e2 corrigeant ainsi la dislocation. La stratégie des Noirs consiste alors à jouer pour la reconquête de la fière diagonale h5-d1 avec : 15 ... fxg4 16. hxg4 ♘f6 17. g5 ♗h5+ 18. ♔f1 ♗f3 19. ♖h4 ♘g4 20. ♘xe4 ♗xe4 21. ♖xg4 ♗xc2 22. ♘c3 obtenant un jeu à peu près égal. La stricte logique de cette variante est impressionnante.

14 ... ♔d7 15. ♘7d5 ♔c6 16. ♘e3

16. ♗e3 est tentant mais après 16 ... ♖xd5 17. ♘xd5 ♔xd5 18. ♖d1+ ♔c6 19. ♖d8 les Noirs poursuivent par 19 ... ♘f6 20. ♔e2 ♖g8 puis 21 ... ♗e7 se déclouant sans peine.

16 ... **♗b4**

Le *logos* de l'événement de la partie appelle l'immédiat h7-h5, par exemple : 16 ... h5 ! 17. g5 f5 ou encore 17 ... h4 avec avantage noir. Au lieu de cela ils se développent en quelque sorte mécaniquement, payant leur tribut à la doctrine erronée de la vieille école selon laquelle aucune attaque ne doit être entreprise avant que d'avoir mis toutes ses « poupées » en jeu. Combien risible et périmé paraît tel postulat de nos jours !

17. ♗d2 **♘e7**
18. h4

18. a3 pour obtenir un peu de contre-jeu semble meilleur.

18 ... **h5 !**

Démarrant la reconquête de la diagonale disputée. Les huit prochains coups recèlent un combat acharné plein de tension. Mais à leur issue le combat est terminé, l'adversaire immobilisé et ligoté gît au sol, et doit se résoudre passivement à attendre la suite.

19. g5 ♘f5! 20. ♘xf5 ♗xf5 21. ♖g1 ♖d4

La menace est : 22 ... e3 23. ♗xe3 ♖xh4 et les Noirs ont un pion passé.

22. a3 ♖hd8! 23. axb4 ♖xd2 24. ♖d1 ♖xd1+ 25. ♘xd1 ♗g4 26. ♘e3 ♗f3 27. c4

Les Blancs ne peuvent plus se tirer d'affaire.

27 ... b5 28. b3 ♖d3 29. ♖g3 g6

53

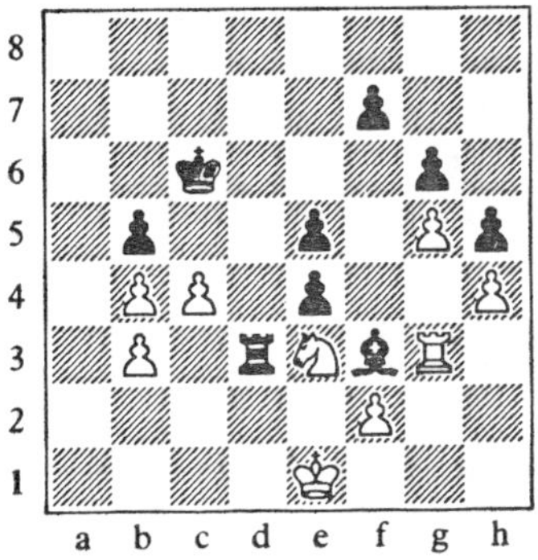

30. ♖g1

La tour blanche ne dispose que des cases g3 et g1. Si par exemple : 30. ♖h3? alors 30 ... ♖xb3 31. ♔d2 ♖d3+ 32. ♔c2 bxc4 et 33. ♘xc4 est interdit à cause de 33 ... ♗d1+ suivi de 34 ... ♖xh3.

30 ... ♔b7
31. cxb5

Simplifiant le gain. Si 31. ♖g3, le roi noir se dirige d'abord vers e6. Puis les Noirs attendent le moment précis où la tour blanche est à nouveau en g3 pour continuer avec : ♖xb3 ♔d2 bxc4 ♘xc4 ♖xb4 ♘e3 et la tour noire peut alors occuper la première rangée. La position obtenue est évidemment intenable pour les Blancs, au pire les Noirs provoquent l'échange des tours par ♖h1 dès que la tour blanche arrive en h3, puis gagnent sans peine avec f7-f6.

La fin de la partie est une « strangulation ».

31 ... ♔b6 32. ♖g3 ♔xb5 33. ♖h3 ♔xb4 34. ♔f1 ♖xb3 35. ♔g1 ♖b2 36. ♘d5+ ♔c4 37. ♘e3+ ♔d3 38. ♘g2 ♖b1+ 39. ♔h2 ♔e2

La progression du roi noir est amusante.

40. ♔g3 ♖g1 41. ♖h2 ♔f1! 42. ♔h3 ♗xg2+

Les Blancs abandonnent.

Partie n° 45
Noirs : Duhm
Hanovre, 1926

Voici une partie de blocage courte mais édifiante! En matière de structure de pions, elle ressemble aux parties n° 41 et n° 42 mais elle en appelle encore plus à la partie n° 44 en ce qui concerne son blocage étayé par une diagonale. Quoi qu'il en soit, le filet de blocage agit ici avec rapidité et efficacité.

1. c4	**e6**
2. e4	**c5**

2 ... d5 est meilleur, par exemple : 3. cxd5 exd5 4. exd5 ♘f6 !

3. ♘c3	**♘c6**
4. f4	**d6**

4 ... ♘f6 !

5. ♘f3 g6 6. d4 ♗g7 7. dxc5

Ce coup fait clairement apparaître l'avantage.

7 ...	**dxc5**

Si d'abord 7 ... ♗xc3+ 8. bxc3 dxc5, les Blancs échangent les dames : 9. ♕xd8+ ♔xd8 et obtiennent l'avantage avec 10. ♘e5 ! Mais si les Noirs reprennent du cavalier : 9 ... ♘xd8, alors 10. a4 suivi de 11. ♗e3 et si 11 ... b6 12. a5 et les Blancs peuvent aisément monter une attaque de débordement.

8. ♕xd8+	**♔xd8**
9. e5	**h5**

Ici s'impose 9 ... f6 pour se débarrasser du pion de blocage e5 qui attaque de surcroît la case d6. Au lieu de cela, les Noirs ont l'idée de créer une sorte de contre-blocage en postant sur la case f5 leur cavalier afin qu'il handicape la majorité qualitative des Blancs à l'aile roi. Ce plan s'avère pourtant impraticable car les Blancs vont lancer immédiatement une attaque qui ne laissera pas aux Noirs le temps pour de longues manœuvres.

10. ♗e3 b6 11. 0-0-0+ ♔e7 12. ♗f2 !

Le début d'une action décisive sur la diagonale, *cf.* la prochaine note.

12 ... ♘h6 13. ♗h4+ ♔f8 14. ♗d3 ♗b7 15. ♗e4

L'effet exercé par le fou sur la diagonale h4-d8 est décisif puisqu'il dérobe aux Noirs la possibilité de jouer ♖d8. Ils doivent donc céder la colonne d à leur adversaire et ont de plus une tour disloquée en h8. Leur position est sans espoir.

15 ... ♘a5 16. ♗xb7 ♘xb7 17. ♖d7 ♖b8 18. ♖hd1 ♔g8 19. ♗e7 !

Evitant que le fou soit enfermé en h4 après ♘f3-g5.

19 ... ♘f5 20. ♘g5 ♖e8 21. ♗f6 ♗xf6 22. exf6 ♘a5 23. ♖d8

L'attaque de mat est entamée.

23 ... ♔f8 24. ♖1d7 ♘h6 25. ♘3e4 ! ♘c6

(Diagramme 53 a)

26. ♖xf7+ ♘xf7 27. ♘xe6+ ♔g8 28. ♖xe8+ ♔h7 29. ♘4g5+

Annonçant un mat en deux coups.

Les Noirs abandonnent.

53 a

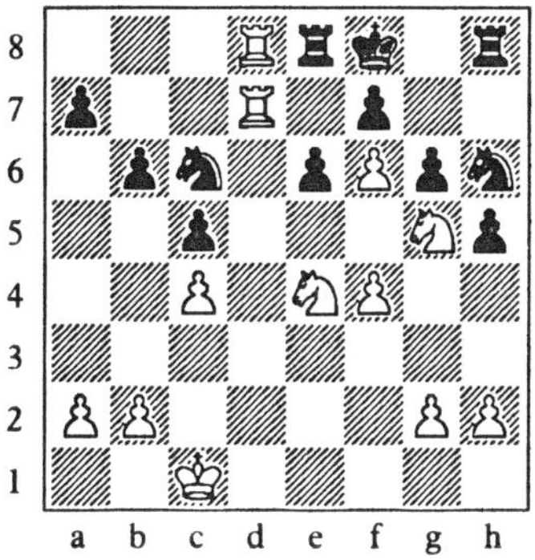

Partie n° 46

Blancs : Brinckmann

Match contre Kolding (Danemark), 1922

Cette partie illustre « le sacrifice en vue du blocage », stratagème pour lequel mes parties jouées à San Sebastian contre Spielmann et Leonhardt en 1912 tenaient jusqu'alors lieu de parties fondatrices. Nous avons depuis établi que dès 1910, lors de ma partie contre John à Hambourg j'avais offert un sacrifice de pion dans le même esprit. Nous pouvons donc la considérer comme la partie souche, la voici *in extenso* : **Blancs : John. 1. d4 d5 2. ♘f3 e6 3. e3 c5 4. b3 ♘f6 5. ♗b2 ♘c6 6. ♗d3 ♗d6 7. ♘bd2 0-0 8. 0-0 ♕e7 9. c4 b6 10. ♘e5 ♗b7 11. ♖c1 ♖fd8 12. ♘xc6** Le cavalier pouvait difficilement se maintenir en e5. Les Blancs choisissent de jouer contre des « pions pendants ». **12 ... ♗xc6 13. cxd5 exd5 14. ♕c2** Se réservant le coup dxc5 inhérent au plan pour un moment plus favorable. **14 ... h6 15. ♖fd1 ♖ac8 16. ♗f5 ♖c7 17. ♕c3** C'est alors que se produisit : **17 ... c4!! 18. bxc4 dxc4 19. ♘xc4 ♘e4** 19 ... ♗a4 est aussi possible, mais n'a rien à voir avec *la collaboration du « sacrifice et des tendances au blocage »*. **20. ♕e1** La variante 20. ♗xe4! ♗xe4 21. ♕d2 ♕g5 22. f4 ♕d5 aurait révélé l'idée du dernier coup noir : le pion de moins serait compensé par la position de blocage. Les Noirs gagnent grâce au faible coup du texte. **20 ... ♗b4 21. ♕e2 ♗b5 22. ♗xe4** Il vaut encore mieux jouer 22. ♕f3. **22 ... ♕xe4 23. ♘d6** Les Blancs n'ont pas mieux. **23 ... ♗xe2 24. ♘xe4 ♖e7 25. ♘g3 ♗xd1** et les Noirs gagnèrent après un dur combat.

Cette partie permettait d'éclaircir la nature du « sacrifice en vue du blocage », consacrons nous à présent à la partie n° 46, une de mes préférées car elle permet tout particulièrement de mettre en évidence notre stratagème d'un point de vue plastique.

1. d4 e6 2. c4 ♘f6 3. ♘c3 ♗b4 4. ♗d2 0-0

4 ... b6 est aussi possible immédiatement.

5. ♘f3 d6 6. e3 b6 7. ♗d3 ♗b7 8. ♕c2

Les Noirs vont maintenant se lancer dans une entreprise aventurée.

8 ... ♗xf3 9. gxf3 ♘bd7 10. a3 ♗xc3 11. ♗xc3 c6 !

Les Noirs veulent à la fois utiliser la faiblesse dynamique du complexe doublé et bloquer les fous, pour ceci ils évitent naturellement de provoquer une ouverture prématurée des lignes. S'ils jouaient par exemple 11 ... d5, une variante probable serait 12. cxd5 exd5 13. 0-0-0 suivi de ♔b1 et ♖c1.Les Blancs auraient alors du jeu aussi bien sur la colonne c que la colonne g tandis que le seul contre-jeu des Noirs, la poussée c7-c5 provoquerait l'échange d4xc5 libérant les fous.

12. 0-0-0 d5
13. e4

Cette avancée crée certes des chances d'attaque mais elle affaiblit aussi notablement le complexe doublé, comme nous le savons bien.

13 ... g6

Forcé. Et moins grave qu'il ne pourrait paraître à première vue car le cavalier s'oppose à partir de f6 à l'action de débordement h2-h4-h5.

14. cxd5

Il vaut mieux jouer 14. h4 ou 14. ♔b1, mais les Blancs veulent pousser e4-e5 qui ne serait pas bon tout de suite à cause de 14 ... dxc4 15. ♗xc4 ♘d5.

14 ... cxd5
15. e5 ♘h5

Les Noirs sont satisfaits de voir le complexe doublé adverse paralysé.

16. h4 a5

Restreignant encore le fou c3. Maintenant le regroupement ♕e7, ♖fc8 et ♘f8 est possible.

17. ♖dg1 ♕e7 18. ♕d2 ♖fc8 19. f4

54

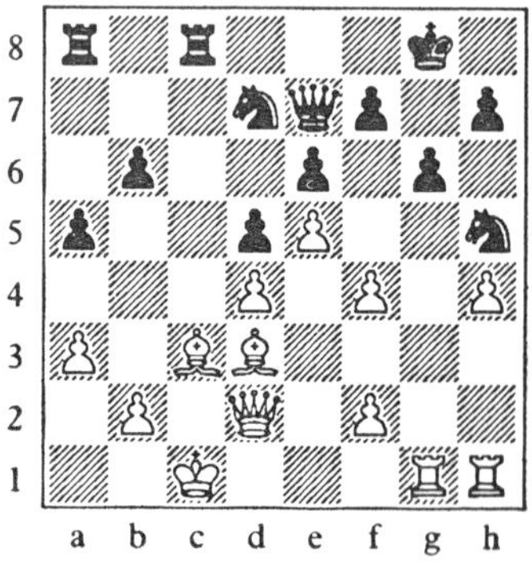

19 ... b5 !!

Le « sacrifice en vue du blocage » : sacrifice d'un pion pour provoquer l'échange du fou roi à la suite de quoi les Blancs sont affaiblis sur les cases blanches et doivent perdre.

20. ♗xb5 ♖ab8
21. ♗e2 ♘b6

Sacrifice correct, mais il est encore plus juste et plus conforme au style de jouer 21 ...

♘g7 22. h5 ♘f5 suivi de 23 ... ♘c4 avec un jeu supérieur.

22. ♔d1

La meilleure suite pour les Blancs consiste en l'acceptation du sacrifice avec 22. ♗xh5 ♘c4 23. ♕c2 ♘xa3 ! 24. ♕d2 ! ♘c4 avec partie nulle.

22 ... ♘c4 23. ♗xc4 ♖xc4 24. ♖g5 ♘g7 25. h5 ♘f5 26. hxg6 fxg6

Dans la position actuelle les Noirs semblent avoir résolu le problème énoncé dans le commentaire du onzième coup : les pions doublés f sont bloqués et les Blancs ont des faiblesses partout.

27. ♖xf5

Cet essai douteux va être énergiquement réfuté.

27 ... exf5 28. ♗xa5 ♖b3 ! 29. ♔e2 ♕b7 30. ♗b4 ♕a6

Les Blancs abandonnent. En effet 31. ♔e1 serait suivi de 31 ... ♖bxb4 32. axb4 ♕a1+ 33. ♕d1 ♖c1.

Partie n° 47
Noirs : Leonhardt
San Sebastian, 1912

Partie souche pour le stratagème du « sacrifice en vue du blocage ». (*Cf.* La note introduisant la quarante-sixième partie.)

1. e4 e6 2. d4 d5 3. e5 c5 4. ♘f3 ♕b6

Sur 4 ... cxd4 peuvent suivre aussi bien la variante avec gambit 5. ♗d3 que 5. ♕xd4 ♘c6 6. ♕f4 avec une sérieuse pression.

5. ♗d3 cxd4 6. 0-0 ♘c6 7. a3

La position obtenue est typique de notre stratagème : l'influent pion e semble amplement dédommager les Blancs pour leur petit sacrifice. Le pion e est influent car il met à l'étroit la position noire.

7 ... ♘ge7

Mon adversaire m'a demandé après la partie quelle aurait été ma réponse au coup 7 ... a5. Je lui donnais alors la variante 7 ... a5 8. ♗f4 ♕xb2. Leonhardt : « Vous n'auriez pas pris ce risque dans la partie. » Je l'aurais pourtant bien fait : ce deuxième « sacrifice en vue du blocage » découle logiquement du premier. Il n'est pas facile de décider si les Blancs ont assez de compensations après 7 ... a5 8. ♗f4 ♕xb2 9. ♘bd2 ♕b6 *(si 9 ... ♗xa3, les Blancs ont déjà la suite de nulle forcée par 10. ♘b3 suivi de ♗c1 et ♗d2)* 10. ♖fe1 ! Les pions supplémentaires seraient en tout cas immobilisés et les Noirs auraient des difficultés de développement.

Outre 8. ♗f4 coup fondé sur mon nouveau stratagème, 8. a4 était aussi à envisager, par exemple : 7 ... a5 8. a4 ♗c5 9. ♘a3 avec un jeu incertain.

Il faut enfin mentionner le coup de Lasker dans une position semblable : 7 ... f5. Nous recommendons ici 8. b4 a6 9. c4 ! dxc3 e.p. 10. ♘xc3 et les Blancs menacent d'occuper la case b6 après ♗e3 et ♘a4.

8. b4 ♘g6 9. ♖e1 ♗e7 10. ♗b2 a5

10 ... a6 est un peu meilleur.

11. b5 a4
12. ♘bd2

Menaçant 13. bxc6 ♕xb2 14. ♖b1 et cxb7.

12 ... ♘a7 13. ♗xd4 ♗c5 14. ♗xc5 !

14. c3 permet de gagner le pion a4.

14 ... ♕xc5 15. c4 dxc4 16. ♘e4 ♕d5 17. ♘d6+ ♔e7 18. ♘xc4 ♕c5

Pour empêcher ♘b6.

19. ♗xg6 ! hxg6

Ou 19 ... ♕xc4 20. ♕d6+ ♔e8 21. ♖d1 fxg6 22. ♕d8+ suivi de ♘g5+.

20. ♕d6+ ♕xd6
21. exd6+

Les Noirs abandonnent.

En effet après 21 ... ♔e8 22. ♘b6 ♖b8 23. ♘e5 les Noirs ne peuvent plus parer la menace d6-d7.

Partie nº 48
Noirs : Ahues
Niendorf, 1927

Dans cette partie le sacrifice employé au vingt-cinquième coup semble être un « sacrifice en vue du blocage ». En réalité le blocage existe avant le sacrifice qui est plutôt une attaque de diversion. Puisque tout mérite une désignation, voici une partie de blocage couronnée par un sacrifice.

1. c4 ♘f6 2. ♘c3 d6 3. d4 ♘bd7 4. e3 e5 5. ♗d3 ♗e7

Nous connaissons déjà tout ceci. La recommandation habituelle est de continuer avec 6. ♘ge2 puis 0-0 et f2-f4, ce qui sans doute relève d'une stratégie saine. Les Blancs expérimentent cependant une méthode de développement plus aiguë.

6. f4 0-0 7. ♘f3 exd4 ! 8. exd4 d5

Bonne parade des Noirs, ils ont obtenu un jeu à peu près égal.

9. c5 ! c6 !

Menaçant un débordement au moyen de b7-b6.

10. 0-0

Renonçant à 10. a3 car 10 ... b6 11. b4 bxc5 12. bxc5 ♘xc5 13. dxc5 ♗xc5 ! promet aux Noirs une attaque puissante.

10 ... a5

Rien ne motive cette résistance à jouer le coup libérateur b7-b6, par exemple : 10 ... b6 ! 11. ♘e5 ♕c7 12. cxb6 (le meilleur coup) 12 ... axb6 13. ♗d2 puis ♖c1 avec un jeu approximativement égal. Le coup du texte conduit les Noirs à une situation désavantageuse.

11. ♘e5 ♕c7
12. ♕a4

Pour contrarier ou rendre impossible la poussée b7-b5. A dire vrai j'avais l'impression durant la partie que 12 ... b5 était possible en l'appuyant de finesses combinatoires, par exemple : 12 ... b5 13. cxb6 e.p. ♕xb6 14. ♘xc6 ♗d6. Cette impression était si forte que même plus tard je ne pus m'en libérer. Il m'arriva ainsi de suggérer dans *Kagans Neueste Nachrichten*, la variante suivante : 12 ... b5 13. ♕c2 b4 14. ♘a4 ♗a6 15. ♗xa6 ♖xa6 (la menace est ♘e4) 16. ♕e2 ! qui gagne du fait de la menace indirecte sur le fou e7.

Aujourd'hui pourtant je pense que les Blancs peuvent accepter le sacrifice de pion car après 12 ... b5 13. cxb6 e.p. ♕xb6 14. ♘xc6 ♗d6 ils continuent simplement avec 15. ♔h1 suivi de 16. ♘e5 et les Noirs n'ont pas la moindre compensation.

12 ... ♖e8
13. ♔h1 ♘f8

Dans *Kagans Neueste Nachrichten* je mentionne à nouveau une méthode difficile pour contrer le coup 13 ... b5, négligeant la possibilité d'entrer avec 14. cxb6 e.p. dans la suite montrée plus haut. Par exemple : 13 ... b5 14. cxb6 e.p. ♕xb6 15. ♘xc6 *(dans Kagans Neueste Nachrichten je ne donnais que 15 ... ♕xc6)* 15 ... ♗b7 (15 ... ♗d6 16.♘e5) 16. ♘e5 ♘xe5 17. fxe5 ♘e4 18. ♘xe4 dxe4 19. ♗c4 ♖f8 20. ♕b3 etc.

La négligence commise par les Noirs au dixième coup semble bien irréparable.

14. ♕b3

Les Blancs ne peuvent plus tolérer b7-b6 ni b7-b5.

14 ... ♘e6 !

Excellent ! L'idée est de répondre à 15. ♗e3 ♗xc5 !

15. ♘e2 ♘d7

Les Noirs ont réussi à dévier le cavalier de la route a4, b6 mais au prix élevé de la mauvaise disposition du cavalier en e6 (nous allons bientôt nous en rendre compte). Le moment de la « mise à l'étroit » est arrivé.

16. ♘xd7 ♗xd7

J'aurais repris avec la dame pour pouvoir au moins jouer ♗f6. Ceci n'est plus réalisable après le coup du texte.

17. f5 ♘f8 18. ♗f4 ♕c8 19. ♗e5 ! f6

Cf. la remarque précédente.

20. ♗g3 a4
21. ♕b4!

Seul coup permettant de préserver l'anneau de blocage de l'éclatement. Par exemple : 21. ♕c3 b6! 22. cxb6 e.p. ♗d8 suivi éventuellement de ♕b7.

21 ... b5
22. ♕d2

Les Blancs ont les mains libres à l'aile roi et l'aile dame est verrouillée.

22 ... ♗d8

22 ... ♖d8 pour diriger au plus vite le fou vers f7 est à considérer avec attention.

23. ♖f3 ♗c7
24. ♖af1 ♖e7

Permettant aux Blancs une botte intéressante. 24 ... ♗xg3 est donc préférable suivi par exemple de : 25. ♘xg3 ♕c7 26. ♘h5 ♖e7 27. g4 h6 28. h4 ♘h7. Mais ici aussi les Blancs jouent 29. ♘f4 et 30. ♘h3 et sont prêts à déchaîner la tourmente.

55

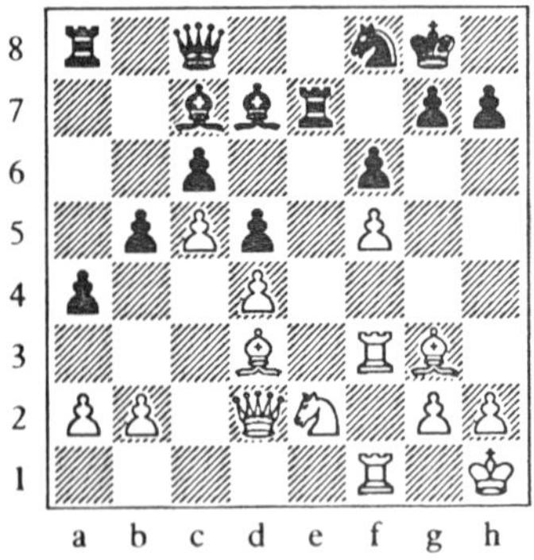

25. ♗d6!!

Ce sacrifice de pion est basé sur une longue analyse. Le pion est bien abandonné en d6, mais lorsque les Noirs s'apprêtent à le détruire ils voient leur roque pulvérisé par un sacrifice de cavalier en f6.

25 ... ♗xd6 26. cxd6 ♖e8 27. ♘g3 ♕d8 28. ♕c1!

Un autre petit coup tranquille pour empêcher ♗c8 : 28 ... ♗c8? 29. ♕xc6.

28 ... ♕b8 29. ♕f4 ♖d8 30. ♘h5 ♖a7

Après 30 ... ♗e8 survient avec fracas 31. ♘xf6+. Analysons : 30 ... ♗e8 31. ♘xf6+ gxf6 32. ♖g3+ ♔ *ad libitum* 33. ♕h6 gagne.

31. ♘xf6+

Les Noirs abandonnent.

Après 31 ... ♔h8! mon plan était de jouer 32. ♘xh7! pour achever la partie. Il pourrait suivre : 32 ... ♘xh7 33. ♕h4 ♔g8 34. f6 ♘xf6 35. ♖xf6 etc. ou 32 ... ♔xh7 33. f6+ g6 34. ♕h4+ ♔g8 35. f7+ ♔g7 36. ♕f6+ ♔h7 37. ♖f4 etc. Le coup 32. ♕h4 serait plus faible car il permet 32 ... h6 33. ♘g4 ♘h7 34. f6 ♗xg4, cela demande donc un nouvel effort : 35. ♕xg4! ♘xf6 36. ♕g6 et l'attaque blanche devrait percer.

6. Mon nouveau traitement du problème de chaînes. La variante de Dresde

Dans les parties n° 49 à 51, je renonce à un abordage précipité de la chaîne de pions. Je remplace cette attaque par un jeu positionnel sur les cases blanches, pour ceci je provoque l'échange du fou f1 puis je travaille sur les cases blanches affaiblies. Le succès de cette stratégie est logiquement conditionné par la sécurité préalable de sa propre aile roi, ceci en constitue la principale difficulté. Observons par exemple la chaîne de pions apparaissant après : 1. e4 e6 2. d4 d5 3. e5. On peut handicaper l'aile roi des Blancs prête à avancer en plaçant les pions en h5 et g6, mais alors les cases noires g5 et f6 sont affaiblies. Voir la partie n° 50.

Comparons avec l'ouverture suivante : **Blancs : Steiner,** Berlin 1928. 1. e4 e6 2. d4 d5 3. ♘c3 ♗b4 4. e5 c5 Nous verrons que l'idée de ce coup n'est pas une bousculade, le pion c va bientôt poursuivre son bonhomme de chemin. 5. ♗d2 ♘e7 6. a3 ♗xc3 7. bxc3 c4 ? 8. h4 h5 9. ♗e2 ! ♘f5 10. g3 ! g6 11. ♗g5 ♕a5 12. ♕d2. La diagonale du fou exerce une pression écrasante tandis que le contre-blocage du ♘f6 est fragile. 12 ... ♘c6 13. ♗f6 ♖g8 14. ♘h3 ♔d7 15. ♘g5 ♘h6 16. f3 ♔c7 17. g4 ♖e8 18. ♗g7 ♘g8. Les Noirs ont été entièrement refoulés. Après 19. gxh5 gxh5 20. f4 ma position est devenue intenable.

Quelle morale doit-on en tirer ? Eh bien, seul l'échange du fou c8 avec le fou du camp adverse est acceptable sinon le fou c1 devient trop puissant (partie n° 50). Il vaut mieux en outre protéger le pion h5 en évitant si possible de jouer g7-g6. Voir la partie n° 51 et comparer avec la partie n° 13. Nous donnons la partie n° 52 comme exemple de la variante de Dresde. L'idée y est d'obtenir une stabilisation durable du centre.

Partie n° 49
Noirs : Dr. Vajda
Kecskemet, 1927

1. e4 ♘c6 2. d4 d5 3. ♘c3 e6 4. e5 ♘ge7 !

Non pas 4 ... ♗b4 sinon 5. ♕g4.

5. ♘f3

5. ♕g4 immédiatement serait suivi de 5 ... h5.

5 ... b6
6. ♘e2

« S'imaginant dialoguer, ils monologuaient à tour de rôle » devisait jadis un auteur quelque peu mélancolique. Les pourparlers sont tout aussi impertinents ici. Les Noirs tentent de s'emparer des cases blanches tandis que les Blancs de leur côté veulent occuper les cases noires (ils projettent ♘e2-g3-h5 pour exercer une pression sur g7 et f6). Ils ne s'accordent que dans l'alternance de leurs coups.

6 ... ♗a6
7. c3

On peut considérer immédiatement 7. ♘g3, par exemple : 7 ... ♗xf1 8. ♔xf1 h5 *(sinon ♘h5)* 9. h4 suivi de ♘g5.

7 ... ♕d7 8. ♘g3 ♗xf1 9. ♘xf1 h5 10. ♗g5 ♘a5

Le « jeu » axé sur les cases blanches b5, c4 et f5 devient apparent.

11. ♕e2 a6 ! 12. ♘e3 ♕b5 13. b4 ♕xe2+ 14. ♔xe2 ♘c6

14 ... ♘c4 est incorrect à cause de 15. ♘xc4 dxc4 16. ♗xe7 suivi de 17. ♘d2 et si 17 ... b5 18. a4. Tout aussi faible est 14 ... ♘b7 car le coup c7-c5 ne serait profitable qu'aux Blancs : 14 ... ♘b7 15. ♘e1 c5 ? 16. bxc5 bxc5 17. ♖b1 etc.

15. ♘e1 ♘g6
16. ♘d3 ♗e7

Fin du monologue, le — sanglant — dialogue peut commencer !

17. ♗xe7 ♘cxe7
18. f4 ♘h4 !

S'emparant de la case f5. Si les Blancs l'avaient empêché au coup précédent au moyen de 18. g3, 18 ... ♘f8 ! aurait suivi puis ♘d7, 0-0, ♖fc8 et enfin c7-c5 avec un excellent jeu pour les Noirs.

19. g3 ♘hf5 20. ♘xf5 ♘xf5 21. ♔f3

Les Blancs complotent un attentat contre le cavalier f5 avec h2-h3, g3-g4 etc. Comment le faire avorter ?

21 ... a5

Au bon moment.

22. a3

Les Blancs refusent de s'engager dans la variante 22. b5 c6 23. bxc6 ♖c8. En effet la pression sur la colonne c deviendrait alors gênante, et la colonne b des Blancs ne pourrait absolument pas rivaliser.

22 ... ♔d7
23. h3

56

Il ne voit pas la combinaison de son adversaire. 23. ♖hb1 est à considérer avec ♘d3-e1-c2-e3. Mais dans ce cas aussi les Noirs sont un peu mieux.

23 ... axb4
24. ♘xb4

Dure nécessité ! Après 24. axb4 h4 25. g4 ♘g3 26. ♖hc1 ♘e4 les Noirs s'emparent soit de la colonne a, soit du pion c.

24 ... ♖a4

La manœuvre proposée au dernier coup est encore bonne ici. 24 ... ♖a4 devrait cependant suffire.

25. g4 ♘e7
26. ♔e3 ! c5

Les Noirs ne se satisfont pas de la variante 26 ... hxg4 27. hxg4 ♖xh1 28. ♖xh1 ♖xa3 qui céderait la colonne h aux Blancs.

27. ♘c2 ♘c6
28. ♖ab1 ♖c8

Les Noirs sont en zeitnot, ils peuvent gagner facilement avec 28 ... cxd4 29. cxd4 (*29. ♘xd4 ? ♖xa3*) 29 ... ♖c4 30. ♔d3 ♖c8 31. ♖xb6 ♘xe5+ 32. fxe5 ♖c3+ 33. ♔d2 ♖xc2+ 34. ♔e3 g5.

29. ♖xb6 cxd4+ 30. cxd4 ♘xe5 31. fxe5 ♖xc2 32. ♖b3

L'avantage des Noirs s'est considérablement évaporé.

32 ... hxg4
33. hxg4

Les Blancs disposent ici d'une piquante combinaison de nulle : 33. ♖f1 ♖h2 34. ♖xf7+ ♔e8 35. ♖bb7 ! (cela ressemble à une bourde) 35 ... ♖xa3+ 36. ♔f4 ♖f2+ 37. ♔xg4 ♖xf7, mais le trait est aux Blancs qui obtiennent la partie nulle avec 38. ♖b8+.

33 ... ♖g2
34. ♖b7+

34. ♔f3 permet d'obtenir la nulle, par exemple : 34 ... ♖a2 35. ♖h7 ou 34 ... ♖d2 35. ♖h7 etc.

34 ... ♔c6 35. ♖hb1 ♖xa3+ 36. ♔f4 ♖a6 37. ♔g5

Ou 37. ♔f3 ♖g1.

37 ... f6+

Pas 37 ... f5 sinon 38. ♖xg7 ♖xg4+ 39. ♔f6 etc.

38. exf6 gxf6+ 39. ♔xf6 ♖xg4 40. ♖e7

Les Blancs n'ont pas d'alternative utile, leur roi est trop mal placé pour la finale et il ne peut pas plus servir à une attaque de mat.

40 ... ♖f4+ 41. ♔xe6 ♖xd4 42. ♔f5 ♖6a4 43. ♖e6+ ♔c5 44. ♔f6 ♖f4+ 45. ♔e7 ♖a7+ 46. ♔e8 ♖e4

Les Blancs abandonnent.

Nous tenons cette partie pour une performance d'une grande signification stratégique malgré la négligence du vingt-huitième coup. Qui aurait osé différer la poussée c7-c5 jusqu'au vingt-sixième coup ? Cette unique, sanctifiante poussée de pion sans laquelle le Dr. Tarrasch entre autres ne peut imaginer ni combat ni opposition à une chaîne de pions adverses ! En vérité, cette partie a révélé un nouveau monde.

Partie n° 50
Blancs : Kmoch
Niendorf, 1927

1. e4 ♘c6 2. ♘c3 e6 3. d4 ♗b4

3 ... d5 est plus sûr.

4. ♘ge2 d5 5. e5

Les Noirs choisissent à présent notre formation préventive :

5 ... h5

Nous préférons tout de même 5 ... ♘ge7 avec par exemple : 6. ♘f4 ♘g6 7. ♘h5 ♖g8 puis 8 ... ♗e7 et les Noirs en viennent à la préparation du grand roque.

6. ♘f4 ! g6
7. ♗e3 ♗xc3+ ?

Coup extrêmement risqué. La faiblesse du complexe doublé adverse est plus que compensée par la possession de la diagonale g5-d8. Il faut jouer 7 ... ♘ge7 ou même 7 ... ♗f8 !

8. bxc3 ♘a5 9. ♗d3 ♘e7 10. ♘h3 ! c5 11. ♗g5 ! c4 12. ♗e2 ♘ac6 13. ♗f6

Les Blancs devraient maintenant pouvoir gagner sans trop de peine. Comparez avec la partie contre Steiner dans l'introduction de ce sous-chapitre.

13 ... ♖g8
14. 0-0

Faible. Correct est 14. ♘g5 suivi de f2-f3 et g2-g4 ou encore 14. ♘g5 suivi de 15. g4, si alors 15 ... hxg4 16. ♗xg4 et la suite h2-h4-h5 est décisive.

14 ... ♕a5

Seule et minime contre-chance.

15. ♕d2 ♘f5
16. ♖fd1

16. ♖ad1 emploie les tours de façon plus économe, le pion a étant naturellement tabou.

16 ... ♔d7 !

Décision difficile : le roi abandonne le pion f à son sort. Mais cette manière de jouer semble justifiée car elle relève du stratagème « la fuite du roi comme palliatif » déja ébauché dans les vingt-neuvième et trentième parties.

17. ♘g5 ♖f8

Reste à savoir si le nonchalant 17 ... ♔c7 ne soutiendrait pas mieux le stratagème. Le point important au fond n'est pas le pion f par lui-même, il faut surtout empêcher les Blancs après ♘xf7 d'utiliser la case f7 comme base pour une nouvelle attaque. Les Noirs peuvent contrecarrer les visées du camp adverse en continuant l'échappée du roi, par exemple : 17 ... ♔c7 18. ♘xf7 ♗d7 19. f3 ♖af8 20. ♘g5 et maintenant soit 20 ... ♘g7 suivi de ♘e8 soit 20 ... ♔b8 restant dans l'expectative et il est douteux que les Blancs puissent gagner.

18. h3 ?

Appliquant la méthode par le mauvais bout, il faut jouer 18. f3.

18 ... ♔c7 19. g4 hxg4 20. hxg4 ♘fe7 21. ♔g2 ♘g8 ?

Grave faute que l'adversaire ne va d'ailleurs pas exploiter. Les Noirs peuvent jouer 21 ... ♗d7 22. ♖h1 ♖ae8 23. ♖h7 ♘d8 pour maintenir une défense en hérisson.

22. ♗g7 ♖e8
23. ♖h1 ?

23. ♘xf7 ! gagne le pion mais aussi le poste d6. Si 23. ♘xf7 ♖e7 les Blancs poursuivent par 24. ♘d6 ♗d7 (*24 ... ♖xg7 ? 25. ♘e8+ ♔d8 26. ♘xg7 ♕c7 27. ♕g5+*) 25. ♗h6 et ont une bonne position.

23 ... ♗d7 24. ♖h3 ♘d8 25. ♖f3 ♖c8 ! 26. ♖h1 ?

Le sacrifice de pion n'est pas fondé, il devient vite évident que le plan d'alignement des tours frappe dans le vide. 26. ♘xf7 ou 26. ♕c2 suivi de ♕b2 sont à envisager. Si 26. ♘xf7 ♘xf7 puis 27. ♖xf7 ♖e7 28. ♖xe7 ♘xe7. Par ailleurs 26. ♕c1 serait suivi de 26 ... ♔b8, par exemple : 27. ♕b2 ♖c6 ! 28. ♕b4 ! ♕c7 29. ♗f8 ! ♖b6 ? 30. ♗d6. Cette discussion a permis deux observations concernant : — premièrement la justesse de la méthode prophylactique 26. ♕c1 suivi de 27. ♕b2 — deuxièmement les affinités électives entre les pièces mineures blanches et la case d6. Indifférentes aux plans bien souvent tortueux des humains, les pièces suivent leur propre logique, logique habituellement belle et impérieuse comme dans le cas présent.

26 ... ♕xa2

Voici de quoi réjouir les Noirs : obtenir un succès pareil au moyen d'une petite contre-attaque !

27. ♖h7 ♔b8 28. ♘xf7 ♘xf7 29. ♖xf7 ♗c6

Les tours alignées sont en fait simplement mal placées.

30. ♗f6 a5

30 ... ♕b2 est préférable afin de devancer la mesure prophylactique 31. ♕c1. Mais les Blancs ne pensent pas aux mesures préventives.

31. ♖h1 ♕b2 32. ♗g5 ♖f8 33. ♖fh7 ♖c7 34. ♖xc7

Ou 34. ♖7h3 ♖cf7.

34 ... ♔xc7
35. ♕c1 !

Les Blancs entreprennent à présent d'exploiter leur petite chance de nulle avec un jeu aussi parfait qu'il était peu convaincant lorsqu'ils jouaient pour le gain. Les tentatives de salut qui suivent sont jouées de main de maître et nous rappellent la manière de Schlechter.

35 ... ♕xc3 36. ♕a1! ♕xa1 37. ♖xa1 ♖a8 38. ♗d2 b6 39. ♔g3

Les Blancs menacent de faire venir le roi en g5.

39 ... ♘e7
40. ♗d1! ♗d7

Seul le coup 40 ... ♗b7 pouvait mener au gain, pour autant que le gain existe. En effet :

41. ♗b4! ♘c6 42. ♗d6+ ♔b7 43. c3 b5 44. ♖b1 b4 45. ♗a4!

Et non 45. cxb4 axb4 46. ♗xb4 ♘xd4 47. ♗c5+ ♘b5 etc.

45 ... b3

En dépit de sa belle apparence ce coup conduit néanmoins à la momification. La variante 45 ... ♘xd4 46. ♗xd7 ♘e2+ 47. ♔f3 ♘xc3 48. ♗xe6 ♔c6 etc. est à double tranchant.

46. ♗xc6+ ♔xc6
47. g5!

Fermant au fou la porte de sortie g6.

47 ... ♖a7 48. ♖b2 ♖b7 49. ♔f4

Les Blancs permettent ainsi une percée digne d'une étude, 49. ♗a3 mène à la nulle.

49 ... ♗c8

La menace est ♖h7.

50. ♔g3

57

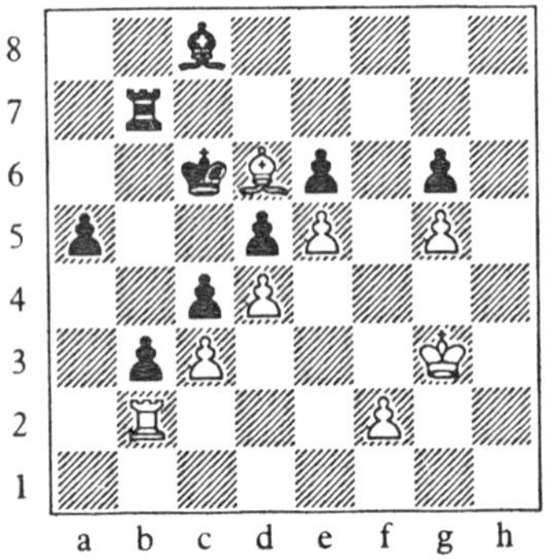

50 ... ♖b4!!

Le coup gagnant.

51. cxb4

Forcé sinon 51 ... ♖a4 etc.

51 ... a4 52. b5+ ♔xb5 53. ♗a3 c3 54. ♖b1 ♔c4

Avec le fou a3 et la tour b1 immobilisés (sinon b3-b2 et ♔b3 gagne immédiatement) le roi peut en toute tranquillité déguster le pion d4 puis revenir en c4. C'est la pointe qui fait la décision. Il y eut encore :

55. f4 ♔xd4 56. ♔f2 ♔c4 57. ♔e1 d4 58. ♔e2 ♔d5 59. ♔f3

59. ♔d3? ♗a6! mat.

59 ... ♗b7 60. ♖e1 ♔c4+ 61. ♔f2 b2 62. f5 exf5 63. e6 ♗c6

Les Blancs abandonnent.

Partie n° 51
Blancs : Brinckmann
Niendorf, 1927

1. e4 ♘c6 2. ♘c3 e6 3. d4 d5 4. e5 ♘ge7 5. ♘f3 b6 ! 6. ♘e2 ♗a6

Nous avons déjà examiné ces coups dans les commentaires de la partie n° 49.

7. ♘g3 ♗xf1 8. ♔xf1 h5 9. ♗g5

Les Blancs menacent de s'emparer des cases noires de la manière suivante : 10. ♘h4 g6 11. ♗f6 suivi de la manœuvre ♘h4-f3-g5 etc. Comment protéger maintenant le pion h5 sans avoir à jouer l'affaiblissante poussée g7-g6 ?

58

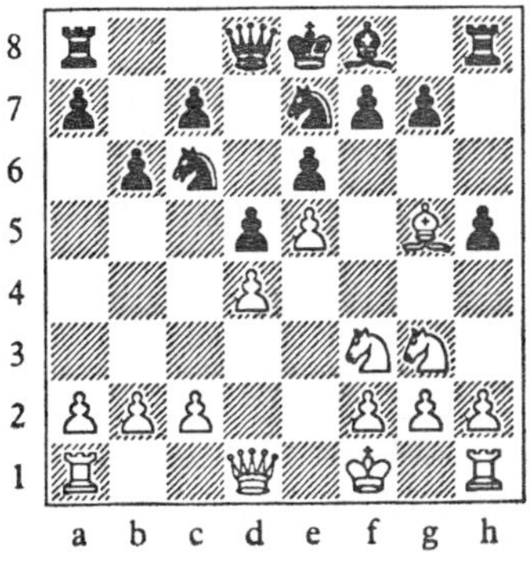

9 ... ♕c8 !

Si 10. ♘h4 alors 10 ... ♕a6+ 11. ♔g1 ♕a4 ! ! 12. c3 ♕xd1 et le pion h est suffisamment protégé sans pour cela mettre à contribution le pion g.

10. ♕d3 ♘g6
11. c3 h4

Les Noirs jouent ce coup de relâchement en soi — je veux dire auto-affaiblissant — pour prévenir la poussée h2-h4 prévue par l'adversaire. Si par exemple : 11 ... ♗e7 (au lieu de h5-h4) 12. h4. Toutefois 11 ... ♗e7 est un plan tout à fait jouable.

12. ♘e2 ♗e7

12 ... h3 tout de suite est intéressant, par exemple : 13. gxh3 ♗e7 ou 13. g3 a5 suivi de ♕a6.

13. h3 ♗xg5

Ou 13 ... ♖h5.

14. ♘xg5 ♘ce7

Ici aussi 14 ... ♖h5 est envisageable.

15. ♔g1

Donnant aux Noirs le temps pour une attaque centrale déterminante. Brinckmann pense que la contre-attaque 15. ♕f3 était indiquée mais dans ce cas également, après les coups 15 ... ♘f5 16. g4 hxg3 e.p. 17. fxg3 (*ou 17. ♘xg3 ♘gh4*) 17 ... ♕d7 18. h4 0-0-0 19. h5 ♘ge7 20. g4 ♘h6 nous préférons nettement la position des Noirs.

15 ... f6
16. ♘f3 ♕d7

Ce coup offre aux Blancs l'occasion d'une subtile opération de sauvetage dont ils n'ont pas vraiment profité. Il vaut donc mieux jouer immédiatement 16 ... c5 suivi éventuellement de ♕c7 pour conserver l'avantage.

17. ♔h2 c5
18. c4!

Joué avec hardiesse et ingéniosité. Quel dommage que les Blancs ne trouvent pas au vingt-quatrième coup la bonne suite (mais certes bien cachée)!

18 ... ♕c7
19. cxd5 c4

Si 19 ... fxe5? les Blancs jouent 20. ♕b5+ ♔f8 21. ♘g5 exd4+ 22. f4 ♘xf4 23. ♖hf1 ♘xd5? 24. ♘xe6+ et gagnent.

20. ♕c2 exd5
21. ♖he1 0-0

Je n'avais pas l'intention de m'aventurer dans la variante : 21 ... fxe5 22. dxe5 ♘xe5 23. ♘xe5 ♕xe5+ 24. f4 ♕d6 avec 25. ♖ad1 menaçant ♕xc4.

22. ♘c3 fxe5
23. ♘xe5

Non 23. dxe5 à cause de 23 ... ♖xf3 suivi de 24 ... ♘xe5 avec une attaque concluante.

23 ... ♘xe5

59

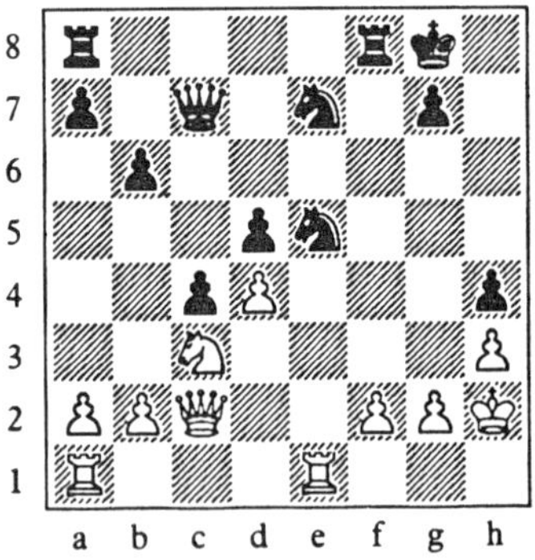

24. dxe5?

Le coup juste est 24. ♖xe5!!, par exemple : 24 ... ♘c6 25. ♘xd5 ♕d6 26. ♕xc4 ♘xe5 27. dxe5 ♕xe5+ 28. ♔h1 ♖f7 et maintenant 29. ♖d1 et les Noirs ne sont plus en mesure de fortifier leur position, on aboutit alors à la partie nulle.

24 ... d4! 25. ♘b5 ♕c5 26. ♘d6 d3

Pas 26 ... b5 sinon 27. ♕e4 avec une édification de centralisation.

27. ♕xc4+ ♕xc4
28. ♘xc4 ♖xf2

La suite est maintenant un modèle de jeu sur la septième et la huitième rangée (ici les première et seconde rangées).

29. ♖ad1 ♖c8 30. ♘e3 ♖d8 31. ♘c4 ♘f5

Pour empêcher ♘d6.

60

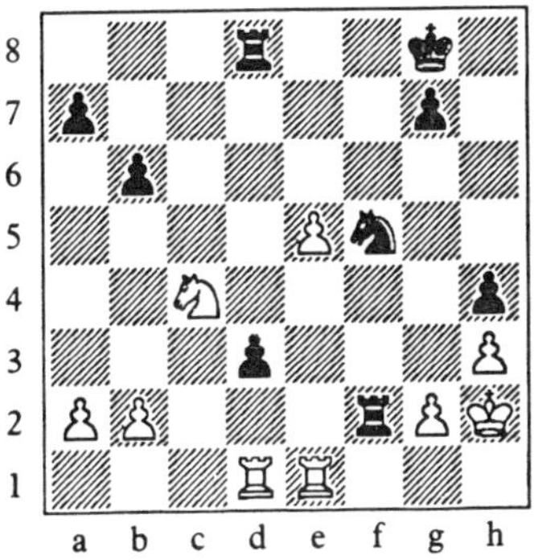

32. a4

Si 32. e6 ♖e2 ! avec par exemple : 33. ♖xd3 (*33. ♖xe2 ? dxe2 34. ♖xd8+ ♔h7 et les Noirs gagnent*) 33 ... ♖xe1 34. ♖xd8+ ♔h7 et la menace 35 ... ♘g3 est décisive. Si les Blancs essaient après 32. e6 ♖e2 ! de gagner un tempo pour la défense avec 33. e7 (*par exemple : 33. e7 ♘xe7 ? 34. ♖xd3 ! ♖xe1 35. ♖xd8+ ♔f7 36. ♘d6+ ♔e6 37. ♘c8 ! et partie nulle*) alors les Noirs répondent 33 ... ♖e8 et gagnent le pion.

32 ... ♔f7

Ce coup est tout à fait correct comme le montre l'analyse qui suit. 33. e6+ ♔e8 ! 34. ♘e5 d2 35. ♖e4 ♖d4 (*surtout pas l'astuce 35 ... ♖f1 car après 36. ♖xf1 ♘g3 les Noirs subissent avec déplaisir la contre-astuce 37. ♖f8+ ♔xf8 38. ♘g6+ suivi de 39. ♖xh4 et mat en h8*) 36. ♖xd4 ♘xd4 37. ♘c4 ♘b3 38. ♔g1 ♖f4 39. ♘e3 ♖xa4 et les Blancs sont perdus.

Les Noirs peuvent aussi tranquillement jouer 32 ... ♖e2 à la place du coup du texte, cependant il vaut toujours mieux jouer pour le blocage.

33. ♖e4	**♖e2**
34. ♖f4	**♔e6**

Les Noirs ont obtenu le maximum : la tour située en e2 et le blocage en e6. Il ne reste maintenant qu'à écarter le cavalier c4.

35. ♖g4 d2 36. ♖g6+ ♔f7 37. ♖g4 a6 ! 38. ♖f4 ♔e6 39. ♘d6 ♘e3

Les Blancs abandonnent.

Partie n° 52
Blancs : L. Steiner
Dresde, 1926

1. e4 c5 2. ♘f3 ♘c6 3. ♘c3 e5

Un tel coup exige audace et — foi dans la puissance du blocage. Le coup du texte fait cadeau d'un tempo (non développement de pièce) et crée un trou en d5, tout cela pour seulement empêcher d2-d4 et handicaper ainsi l'adversaire.

4. ♗c4 d6 5. h3 ♗e6 6. d3 ♗e7 7. 0-0 h6

Un coup d'attente. Les Blancs manquent de coups utiles.

8. ♘d5

Pour accentuer la force de la case d5. Il va pourtant bientôt apparaître que la réussite de ce plan nécessite un sacrifice matériel ou positionnel.

8 ... ♘f6

Faisant feu sur le cavalier d5.

9. ♘h4

Les Blancs tentent de rester maître de la case d5 au moyen d'une combinaison.

9 ... ♘xd5

9... ♘xe4 10. dxe4 ♗xh4 est faux à cause de 11. f4.

10. exd5 ♗xd5
11. ♘f5

Voici le sacrifice appuyant l'entreprise dont nous parlions dans le commentaire du huitième coup. Les Blancs récupèrent bien leur pion mais récoltent des pions doublés : le sacrifice s'avère donc positionnel. Au lieu de ceci les Blancs peuvent aussi sacrifier du matériel par 11. ♗xd5 ♗xh4 12. f4 pour obtenir une chance d'attaque. A notre avis les deux sacrifices (positionnel et matériel) devraient suffire pour la nulle.

11 ... ♗xc4
12. dxc4 g6 !

Si 12 ... 0-0 ? 13. ♕g4 ♗g5 14. h4 etc.

13. ♘xh6 ♕d7 14. ♕d5 ♘d8 15. ♗e3

Ou 15. ♘g4 f5 16. ♘e3 ♘e6 suivi de 0-0-0. La position résultant de cette variante pourrait être jugée ainsi : les Noirs ont du jeu sur la colonne h et leur masse de pions est assez compacte pour anémier toute tentative d'attaque des Blancs.

15 ... f5 16. ♘g8 ♗h4 17. g3 ♕e6

61

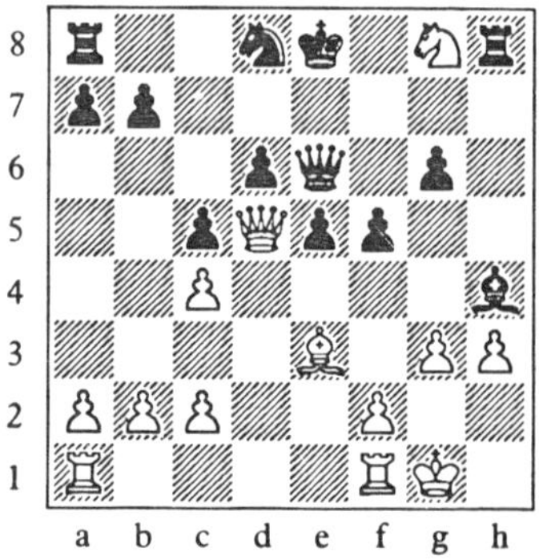

18. ♖ad1 ?

Le coup perdant. Je pense aujourd'hui que pour obtenir la partie nulle il faut jouer 18. gxh4 18... ♖xg8 (18 ... ♕xd5 ? 19. ♘f6+) 19. ♗g5 avec par exemple : 19 ... ♕xd5 20. cxd5 ♖h8 21. f4 e4 22. ♖ae1 et 23. ♖e3.

18 ... ♖xg8
19. gxh4 f4

Le fou ne pourra plus atteindre la case g5.

20. ♗xf4

Ou 20. ♗c1 ♕xd5 21. ♖xd5 ♘f7 suivi de 0-0-0 et ♖h8 avec gain facile pour les Noirs.

20 ... ♕xd5 21. ♖xd5 exf4 22. ♖xd6 ♔e7 23. ♖fd1 b6 24. ♖d7+ ♔f6

Après quelques coups sans conséquence, **les Blancs abandonnent.**

On reste sur l'impression que la stratégie des Noirs est correcte bien qu'elle implique l'affaiblissement de la case d5 (1 ... c5 en liaison avec 3 ... e5) car les Blancs n'ont pu rester maître de cette case qu'avec beaucoup de difficultés et pouvaient ainsi espérer tout au plus la partie nulle.

III

SURPROTECTION ET AUTRES FORMES DE LA PROPHYLAXIE

Selon un des principes que j'ai découverts, il faut protéger les points d'importance stratégique. « Si les officiers remplissent ce rôle, ils seront doublement récompensés : ils protègeront des points stratégiques importants et occuperont à tout point de vue une position optimum ; ainsi, la signification du point stratégique les fera resplendir de tout son éclat, pourrions-nous dire avec une certaine emphase ». Pour formuler plus simplement ce concept, disons que le contact établi entre un point fort et le surprotecteur devrait être profitable aux deux partis. Profitable au point fort car la prophylaxie ainsi appliquée assure la meilleure sécurité face à d'éventuelles attaques, profitable au surprotecteur car le point fort est pour lui une source d'énergie qui lui permettra durablement de puiser de nouvelles forces.

La surprotection a permis à l'auteur de ce livre de faire de parfaites expériences. De sardoniques critiques ont certes tenté ça et là de ridiculiser l'idée, mais un examen objectif leur donne tort. La surprotection serait soi-disant responsable des difficultés suivantes :

I. **Noirs : Capablanca,** *jouée à New York en 1927.*

1. e4 c6 2. d4 d5 3. e5

Mène à l'égalité.

3 ... ♗f5 4. ♗d3 ♗xd3 5. ♕xd3 e6 6. ♘c3 ♕b6 7. ♘ge2 c5 8. dxc5 ♗xc5 9. 0-0 ♘e7 10. ♘a4 ♕c6 11. ♘xc5 ♕xc5 12. ♗e3 ♕c7 13. f4

13. ♘d4 avait aussi du bon pour prévenir 13 ... ♘f5.

13 ... ♘f5
14. c3

Commençant la surprotection systématique du point d4, qui devient respectable du fait de cette attention soutenue. En effet la case d4 est une case convenable de blocage et — ne l'oublions pas — nous y avions auparavant un pion qui constituait la base d'une fière chaîne de pions. Le pion d4 a disparu depuis longtemps et la chaîne de pions doit à présent avoir pour base le pion f4, pourtant, la case d4 a conservé presque toute sa splendeur et son immense signification. Il en résulte que le regroupement de nos propres pièces autour du point d4 a forcément une extraordinaire valeur de consolidation.

Admettons qu'il existe aussi d'autres possibilités de jeu comme ♖ac1 suivi de c2-c4 (à la place de 14. c3). Quant bien même, que cela prouverait-il ? Seulement que la surprotection n'est pas le seul stratagème possible.

14 ... ♘c6 15. ♖ad1 g6 16. g4

Voici la faute. Après 16. ♗f2 h5 17. g3 les Noirs n'auraient pas de bonne continuation.

16 ... ♘xe3 17. ♕xe3 h5 18. g5 0-0 19. ♘d4 ♕b6

Et les Noirs obtinrent l'avantage en jouant sur la colonne c et grâce à la possession de la case f5. A la place de 19. ♘d4 aurait dû être joué 19. ♕c5, par exemple : 19 ... ♖fc8 20. ♘d4 ♘e7 21. ♕xc7 puis ♔g1-f2-e3-d3 avec un jeu solide ou 19. ♕c5 ♖fc8 20. ♘d4 ♕d8 21. ♕b5.

II. **Blancs : Spielmann,** *même tournoi.*

1. e4 ♘c6 2. ♘f3 e6 3. d4 d5 4. e5 b6 5. c3 ♘ce7 6. ♗d3 a5 7. ♕e2 ♘f5

Prototype de ma partie berlinoise contre Saemisch, cf. la partie n° 13.

8. h4	**h5**
9. ♘g5	**g6**

Mauvaise surprotection, ce qui malheureusement a complètement échappé aux critiques. La bonne façon de surprotéger consistait en un ♘ge7 immédiat et les Blancs ne pouvaient alors achever la manœuvre ♘b1-d2-f1 suivi de f2-f3 et g2-g4 jouée dans la partie, par exemple : 9 ... ♘ge7 10. ♘d2 c5 et la base d4 de la chaîne de pions tombe.

10. ♘d2 ♘ge7

10 ... ♗e7 aurait mieux valu ici, la surprotection est vaine puisque f2-f3 et g2-g4 est imparable.

11. ♘f1 c5 12. f3 c4 13. ♗c2 b5 14. g4 ♘g7

Les Blancs eurent une meilleure position même s'ils perdirent plus tard pour avoir mené une attaque précipitée. En conclusion la surprotection dans cette partie aussi aurait été utile si menée correctement.

Nous désirons encore remarquer que seuls les points forts et non les faibles doivent être surprotégés. Il est souhaitable en outre qu'il s'agisse de points quelque peu disputés. Nos parties n° 20 et n° 44 en donnent des exemples instructifs. Nous présentons les parties n° 53 et n° 56 pour le stratagème de la prophylaxie. Nous tenions particulièrement à démontrer la parenté entre coup d'attente et coup préventif. Dans ma partie contre Behring, la cinquante-troisième, le coup 8 ... a6 ne semblait rien accomplir au vu de la réponse 9. a4 ! et pourtant les chances de Blancs en finale étaient amoindries.

Un coup joué à l'origine dans le but de parer une menace aiguë de l'adversaire prend assez rapidement une signification prophylactique plus profonde, nous le verrons au sixième coup de la partie n° 55. Avons-nous paré l'amoindrissement de nos possibilités de jeu, bien souvent nous avons par là même mis en œuvre la prophylaxie, *cf.* n° 55. Il est rare que la prophylaxie soit appuyée d'une menace mais cela arrive et constitue d'ailleurs une forme remarquable de la prophylaxie, voir le vingt-quatrième coup de la partie n° 54.

Un point encore : quels sont les ennuis dignes de l'utilisation de protections systématiques ? Ce sont les menaces « positionnelles », celles que l'adversaire aimerait réaliser. La partie n° 53 est particulièrement instructive à ce sujet : la manœuvre difficile et particulièrement compliquée du vingt-et-unième coup des Noirs et des suivants permet de prévenir la menace de centralisation du camp adverse. Les manœuvres prophylactiques sont abondamment utilisées dans la pratique moderne des tournois, rappelons simplement nos parties n° 7, 13, 20, 21, 32, 33, 38, 39 et n° 43.

Partie n° 53
Blancs : K. Behting
Riga, 1920

1. e4 d6 2. ♘c3 ♘f6 3. f4 e5

Ce coup conduit à une position du gambit roi refusé avec d7-d6.

4. ♘f3 ♘bd7
5. d4

Sans hésitation car il sera aisé de tenir le pion, *cf.* la remarque au huitième coup.

5 ... exd4 6. ♘xd4 ♗e7 7. ♗c4 0-0 8. 0-0 a6

Voici un de ces coups mystérieux pour lesquels la pseudo-classique école de jadis ne trouvait que mots de dérision. Les poussées conjuguées c7-c5 et b7-b5 ne sont en effet que des objectifs secondaires. Le but principal est d'attendre le coup des Blancs ♕f3, après lequel l'on optera pour la construction ♖e8 et ♗f8. L'immédiat 8 ...

♖e8 échoue à cause de la réponse 9. ♘f3 ! avec la double menace 10. e5 et 10. ♘g5. Le coup 8 … a6 correspond donc à un sacrifice de tempo dans le but de permettre la prophylaxie ♖e8 etc. Ce concept a paru d'une prétention intellectuelle exagérée aux yeux des stratèges de jadis, qui n'avaient pour la prophylaxie qu'un dédaigneux haussement d'épaules. Vouloir d'abord préparer cette prophylaxie par un sacrifice de tempo était « bizarre », « absurde » etc. Bon, en réalité 8 … a6 peut être qualifié de coup très subtil : du fait que le pion e4 regorge de vitalité aussi bien statique que dynamique, les opérations de blocage exigent circonspection et patience, c'est-à-dire coups d'attente et de prévention. Si les Noirs tentaient une avancée directe par 8 … ♘b6 ils n'obtiendraient après 9. ♗e2 ! d5 10. e5 ♘e4 11. f5 qu'une position inférieure.

9. ♘f5

9. a4 est aussi possible pour rétablir le *statu quo ante*. J'aurais dans ce cas probablement choisi 9 … c6, avec par exemple : 9. a4 c6 10. ♗a2 ! (*la menace était 10 … d5 suivi de ♘b6*) et tout de même 10 … ♖e8. Si alors 11. ♘f3 h6 et la poussée 12. e5 ? est fausse à cause de 12 … dxe5 13. fxe5 ♘xe5 14. ♘xe5 ♕xd1 15. ♗xf7+ ♔f8 16. ♖xd1 ♗c5+ suivi de 17 … ♖xe5.

9 … ♘c5
10. ♘g3

Si 10. ♘xe7+ ♕xe7 11. ♖e1 b5 (*pas 11 … ♘xe4 sinon les Blancs échangent les cavaliers puis jouent ♗d5*) 12. ♗d5 ♘xd5 13. ♘xd5 ♕d8 ou ♕d7 et les Noirs obtiennent avec ♖e8 et ♗b7 une attaque sur le pion e4. Le coup joué dans la partie protège certes diligemment le pion mais aboutit à une décentralisation : ♘d4-f5-g3.

10 … b5 11. ♗d3 b4 12. ♘d5 ♘xd5 13. exd5

62

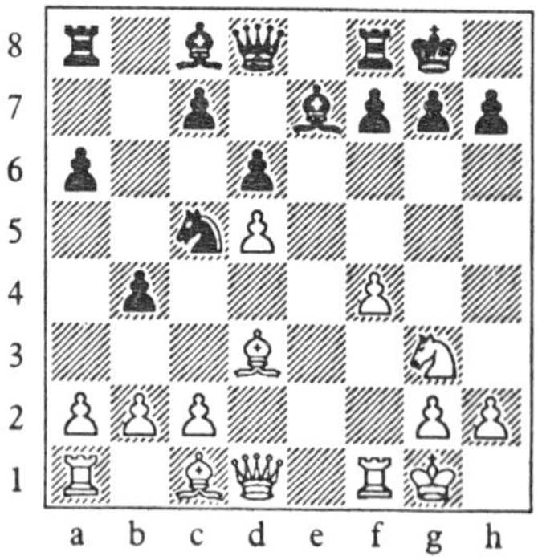

Les Noirs peuvent enregistrer comme succès la perte de dynamisme du centre blanc grâce à 13. exd5, mais d'autre part ils ont à présent la difficile tâche de jouer la prévention simultanément sur deux ailes. Les Blancs ont en effet à leur disposition aussi bien un plan de débordement par a2-a3 qu'un plan d'accroissement du terrain par f4-f5.

Le coup 13 ... a5! permet de parer les deux plans grâce à la menace 14 ... ♘xd3 15. ♕xd3 ♗a6.

13 ... f5

Ce coup tout en prévenant la poussée f4-f5 donne aussi du jeu sur la colonne e avec l'idée ♗h4, ♗xg3, ♖e8 puis installation du cavalier en e4.

14. a3! bxa3 15. ♖xa3 ♖b8 16. c3 ♗h4 17. ♕f3 ♗xg3 18. ♕xg3 ♖e8 19. ♗c2 ♕f6 20. b4 ♘e4 21. ♕d3

63

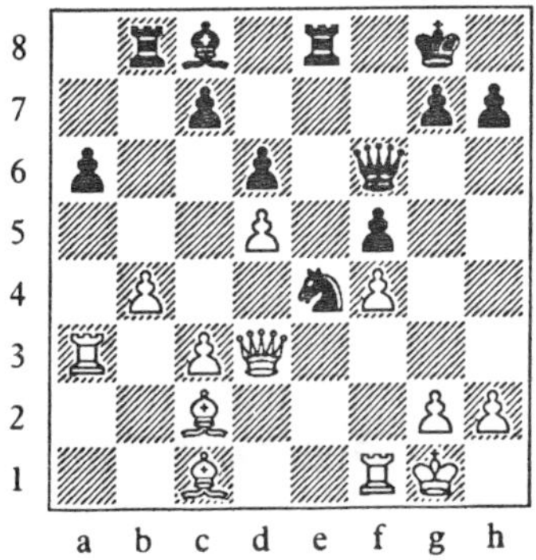

Tout s'est bien passé pour les Noirs même sans action préventive à l'aile dame puisque la faiblesse du pion a est compensée par la force de la colonne e. Mais à présent il n'y aura plus de progression sans jeu de prévention car les Blancs projettent la centralisation ♗c1-e3-d4 après quoi les Noirs auraient une position vraiment inférieure. Comment devancer ce plan de formation ?

21 ... ♕f7! 22. ♗e3 ♘f6! 23. ♗b3 ♗b7 24. ♖d1

Ce n'est pas un bon coup. Je m'attendais naturellement à 24. c4 et voulais alors avec 24 ... ♗c8 25. ♗d2 ♘e4 26. ♗e1 ♕f6 retrouver la position antérieure à la différence près que la grande diagonale serait absolument perdue pour les Blancs. Cette combinaison préventive qui comporte pendant les six derniers coups un changement radical de direction permettra au lecteur attentif de reconnaître l'abondance et la diversité du matériel de combinaisons préventives existant. Je la range parmi mes préférées.

24 ... ♗xd5! 25. ♗xd5 ♕xd5 26. ♕xd5 ♘xd5 27. ♗a7

Coup dangereux mais il n'avait pas échappé aux Noirs lorsqu'ils se décidèrent aux échanges. La suite 27. ♖xd5 ♖xe3 28. ♖xf5 ♖be8 est favorable aux Noirs.

27 ... ♘e3! 28. ♖d3 ♘g4 29. ♖d1 ♖a8 30. ♗d4

30. ♖xa6 donnait l'avantage aux Noirs après 30 ... ♖e4 31. g3 ♖e2 ou 31. ♖f1 et ♘g4-e3-d5.

30 ... ♖e4 31. h3 ♘e3 32. ♗xe3

Forcé sinon ♘c4 ou ♘d5.

32 ... ♖xe3 33. ♔f2 ♖e4 34. g3 ♔f7

Les Noirs abandonnent le pion a6 pour faire intervenir leur roi dans le jeu de façon décisive.

35. ♖da1 ♔e6 36. ♖xa6 ♖xa6 37. ♖xa6 ♔d5 38. ♖a5+

Les Noirs menaçaient ♖c4 et ♔d5-e4-d3.

38 ... ♔c4
39. ♖xf5 ♖e7 !

Le roi blanc est coupé et les Noirs menacent de créer deux pions passés liés. Les Blancs tentèrent encore :

40. b5 ♔xc3
41. b6 cxb6

41 ... c6 ne va pas à cause de 42. ♖a5 ♖b7 43. ♖a7 ♖xb6 44. ♖xg7 avec une issue incertaine.

42. ♖d5 ♖d7 43. ♖b5 ♖b7 44. ♖d5 b5 45. ♖xd6 b4 46. ♔e2 b3 47. ♖c6+ ♔b2 48. f5 ♔b1 49. g4 b2 50. g5 ♔a2

Les Blancs abandonnent après peu de coups.

Partie n° 54
Blancs : Schlechter
Carlsbad, 1907

1. e4 e5 2. ♘f3 ♘c6 3. ♗b5 a6 4. ♗a4 ♘f6 5. ♘c3 ♗b4 6. ♘d5 ♗e7 7. 0-0 0-0 8. ♖e1 d6 9. ♘xf6+ ♗xf6 10. c3 h6

Au sortir de cette ouverture les Noirs choisissent l'attente. En effet leur position, à ressort *par excellence**, ne peut plus subir grand changement et c'est bien ce que le coup d'attente veut souligner. Voici la suite :

11. h3 ♘e7 12. d4 ♘g6 13. ♗e3 ♔h7

Les Noirs « s'obstinent ».

14. ♕d2 ♗e6 15. ♗c2 ♕e7 16. d5

Les Blancs auraient mieux fait de « s'obstiner », eux aussi. Le coup d4-d5 serait fondé s'il permettait d'engager une attaque contre l'aile dame adverse au moyen de c3-c4 et b2-b4. Mais les Blancs veulent agir à l'aile roi et pour cela d4-d5 est une mauvaise préparation.

16 ... ♗d7
17. ♔h2 ♘h8 !

Un coup préventif à l'égard du plan de bataille ♘g1 suivi de f2-f4.

18. ♘g1 g5 19. g3 ♘g6 20. ♕d1 ♗g7 21. ♕f3 a5

Voici encore un coup joué pour la prévention dirigée cette fois contre la possibilité c3-c4 suivi de b2-b4.

22. ♘e2 ♗b5
23. a4 ♗d7

Le but est atteint : l'aile dame des Blancs a perdu sa puissance de percée, l'action par c3-c4 et

* En français dans le texte.

b2-b4 mentionnée auparavant n'est plus d'actualité.

24. ♖h1 !

Schlechter projette par ce coup une percée éventuelle par h3-h4, par exemple : 24 ... b6 25. h4 gxh4 26. gxh4 ♘xh4 27. ♕h5 f5 28. ♔g1 etc. Les Noirs trouvent cependant une excellente réponse préventive qui a de plus le mérite de pousser l'adversaire à agir rapidement.

64

24 ... ♕e8 ! !

Les Noirs menacent ainsi 25 ... ♕c8, par exemple : 26. h4 ? ♗g4 gagnant le cavalier. Les Blancs n'ont donc plus le temps nécessaire à la préparation et engagent la bataille de la percée.

25. h4 ♕c8 !

La menace est 26 ... ♗g4.

26. ♗d3 ♗g4 27. ♕g2 gxh4 28. f3 h3 29. ♕f1

On dirait que la percée va réussir car si 29 ... ♗d7, alors 30. g4 suivi de ♕xh3 avec une attaque décisive.

29 ... f5 !

Cette riposte préparée de longue main va permettre aux Noirs de remporter la bataille.

30. fxg4 fxe4

On perçoit à présent toute la portée du coup 28 ... h3 qui a acculé la dame de g2 à f1, dans la ligne de tir de la tour f8.

31. ♕xh3 exd3
32. ♗xh6 ♖h8 !

Les Blancs abandonnent.

Dans cette partie le stratagème de la prophylaxie a été amplement utilisé : les mesures de prévention ont empêché les poussées c3-c4, b2-b4, puis f2-f4 et enfin h3-h4. Il est inutile de commenter plus avant les coups préventifs employés ici : la mesure attentiste 10 ... h6 est thématique car toute prophylaxie a pour base des coups d'attente.

Le fait que le coup préventif 24 ... ♕e8 ! comporte simultanément une menace ne le rend en rien indigne du but recherché, il s'agit en fait d'une forme particulière de la prophylaxie comprenant aussi le plan de pousser l'adversaire à précipiter son action.

Partie n° 55
Blancs : Wendel
Stockholm, 1921

1. e4 ♘c6 2. d4 d5 3. ♘c3 dxe4 4. d5 ♘e5 5. ♗f4 ♘g6 6. ♗g3 a6

Il faut bien comprendre ce coup. Il semble plus simple pour parer la menace ♘b5 de pousser 6 ... f5, d'autant plus que ce coup va être joué plus tard. Mais les Noirs ne veulent pas découvrir leurs cartes trop tôt, voilà qui est bien dans la nature de la prophylaxie. Après 6 ... f5 se produirait 7. h4 et les Noirs seraient dans l'embarras, par exemple : 7 ... f4 8. h5 fxg3 9. hxg6 gxf2+ 10. ♔xf2 et l'accessibilité de la case b5 serait tôt ou tard un facteur important.

7. f3 ! f5 !
8. fxe4

Si 8. h4 alors 8 ... e5 9. h5 ♕g5 avec avantage noir.

8 ... f4 9. ♗f2 e5 10. ♘f3 ♗d6

Coup obéissant à la loi du blocage : il faut bloquer les pions passés et semi-passés. La position est maintenant sensiblement égale, le plan des Blancs consistant à tenter de réaliser leur majorité au moyen de c2-c4-c5 s'avèrera très difficile.

11. h4

Je jouerais ici 11. ♗d3 0-0 12. ♘e2 puis c2-c4.

11 ... b5 !

Cette diversion est une excroissance organique du coup de prévention 6 ... a6.

12. h5 ♘f8
13. ♗h4 ♕d7 !

Menaçant ♕g4.

14. ♗e2 b4 !
15. ♘b1 ♘f6 !

Voici la pointe. ♗xf6 est forcé car les pions e4 et h5 sont tous deux attaqués, les pièces noires obtiennent soudain de l'espace (♕g7).

16. ♗xf6 gxf6 17. ♘bd2 ♕g7 18. ♔f1 ♘d7 19. h6 ♕g3

Provoquant 20. ♖h3 ce qui va faire perdre un tempo aux Blancs au vingt-deuxième coup.

20. ♖h3 ♕g8 21. ♘h4 ♘c5 22. ♖h1 ♖b8 23. c3

La colonne b va donner l'avantage aux Noirs, mais ils sont mieux dans tous les cas.

23 ... bxc3 24. bxc3 ♕g3 25. ♕c2 ♖g8 26. ♘c4 ! ♗d7 27. ♘xd6+ cxd6 28. ♗f3

(Diagramme 65)

Les Blancs ont quelque peu consolidé leur position et leur adversaire doit maintenant tenir compte de la tentative de libération 29. ♕f2 ou même de l'amusante menace de nulle par 29. ♖h3 ♕g5 30. ♖h5 etc. Une

65

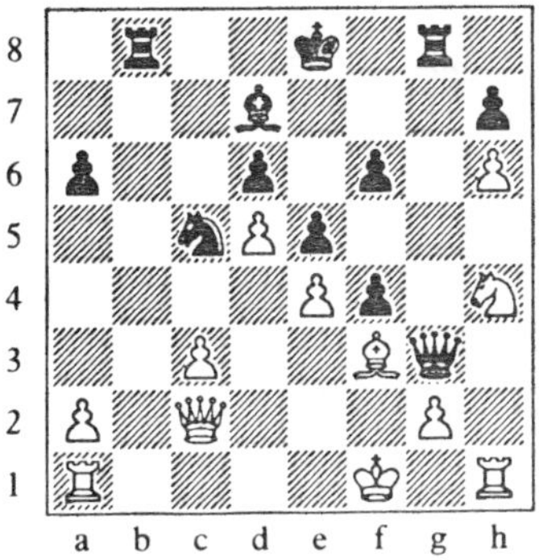

excursion prophylactique du roi avec 28 ... ♔d8 et 29 ... ♔c7 serait très pertinente. La menace serait alors de doubler les tours sur la colonne b. Si les Blancs répliquent à 28 ... ♔d8 par la poursuite de leur plan 29. ♕f2, alors vient 29 ... ♕xf2+30. ♔xf2 ♖b2+ 31. ♔g1 f5 32. ♖e1 ♖xa2 33. exf5 ♔e7. Si par contre les Blancs jouent après 28 ... ♔d8 la diversion 29. ♘f5, alors 29 ... ♗xf5 30. exf5 et la tour noire va occuper tout de suite la bonne colonne : 30 ... ♖ge8 et si 31. ♖h3 la dame s'enfuit en g8 les Noirs obtenant un jeu nettement supérieur. 28 ... ♔d8 est donc un excellent coup préventif à même d'épointer tout essai d'assaut sur le roi ou la dame.

Il existe cependant en plus de 28 ... ♔d8 une combinaison latente qui atteint plus rapidement l'objectif. Je l'ai adoptée.

28 ... ♗b5+ 29. c4 ♗xc4+ 30. ♕xc4 ♖b2 31. ♗e2 ♖g4 ! 32. ♕c1

J'avais prévu cette parade. Si au lieu de cela 32. ♖h3 alors 32 ... ♖xh4 33. ♖xg3 ♖h1+ 34. ♔f2 fxg3+ 35. ♔xg3 ♖xa1 et les Noirs récoltent le pion a et achèvent le gain par une attaque directe des tours avec en arrière-plan un pion passé.

32 ... ♖xh4 33. ♖xh4 ♖xe2 34. ♔xe2 ♕xg2+ !

C'est la pointe. La tour h4 ne peut fausser compagnie et l'avantage quantitatif de pions est décisif.

35. ♔d1 ♕f1+
36. ♔d2

36. ♔c2 serait le meilleur coup s'il ne permettait la combinaison 36 ... ♕d3+ suivi de ♘a4 mat.

36 ... ♕d3+ 37. ♔e1 ♕g3+ 38. ♔f1 ♕xh4

Les Blancs sont condamnés.

39. ♔g1 ♕g3+ 40. ♔h1 ♕h3+ 41. ♔g1 ♘xe4 42. ♕c6+

Au moyen de quelques échecs, la dame va se mettre en position de défense en g2.

42 ... ♔f7 43. ♕c7+ ♔g6 44. ♕g7+ ♔h5 45. ♕g2 ♕e3+ 46. ♔h2 ♘f2 ! 47. ♖f1

Si 47. ♖g1, simplement 47 ... ♕e2 puisque les Blancs ne disposent d'aucun échec.

47 ... ♘g4+ 48. ♔h1 e4 49. ♖g1 f5 50. a4 ♔xh6 51. a5 ♔g5 52. ♖b1 f3 53. ♕b2 f2

Les Blancs abandonnent.

Partie nº 56
Blancs : Yates
Londres (tournoi double ronde), 1927

1. e4 c5 2. ♘f3 ♘f6 3. e5 ♘d5 4. ♘c3 ♘xc3 5. bxc3 ♕a5

Une transgression consciente du principe de la prophylaxie aux fins de laquelle il vaut mieux employer les pièces légères plutôt que la dame. Cependant je voulais poser problème à tout prix.

6. ♗c4 e6 7. ♕e2 ♗e7 8. 0-0 ♘c6

Il semble plus conséquent de jouer 8 ... b6 qui écarte complètement la dame. Les Noirs auraient alors le choix de jouer ♗a6 ou ♗b7.

9. ♖d1 0-0 10. ♖b1 a6 11. d4

Yates a fort joliment résolu le problème posé au cinquième coup : si 11 ... ♕xc3 son plan est 12. ♗b2 ♕a5 13. d5 ♘b8 *(ou 13 ... ♘a7)* 14. d6 ♗d8 et les Noirs sont en danger.

11 ... b5 12. ♗d3 c4 13. ♗e4 f5

Sinon, vient 14. d5.

14. exf6 e.p. ♗xf6
15. ♘e5 ♗xe5

Forcé.

16. dxe5 ♖f7
17. ♕h5

Terrible apostrophe !

17 ... g6 18. ♗xg6 hxg6 19. ♕xg6+ ♖g7 20. ♕e8+ ♔h7 21. ♕h5+ ♔g8 22. ♗h6 ♕xa2

66

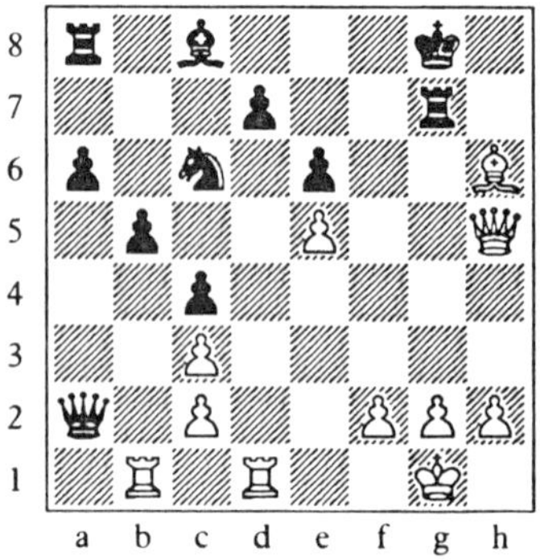

Les Noirs dans cette fâcheuse situation trouvent encore le seul coup pouvant les sauver. Ils perdraient par contre immédiatement avec 22 ... ♕xc3, par exemple : 23. ♕e8+ ♔h7 24. ♗xg7 ♔xg7 25. ♖xd7+ ♗xd7 26. ♕xd7+ ♔h8 27. ♕xc6 et les Blancs gagnent.

23. ♗xg7

Il était important de conserver le fou, par exemple : 23. ♖bc1 (au lieu de ♗xg7) ♕a3 24. ♖d6.

23 ... ♔xg7 24. ♕g5+ ♔f7 25. ♖bc1 ♕a3 ! 26. ♖e1 ♔e8

Le roi s'éloigne de la contrée mitraillée. Il était temps pour les Blancs de se souvenir de leur pion passé h, mais non, Yates joue encore pour le mat !

27. ♖e4 ♕e7 28. ♕h6 ♔d8 29. ♖d1 ♔c7 30. ♖g4 ♕c5

67

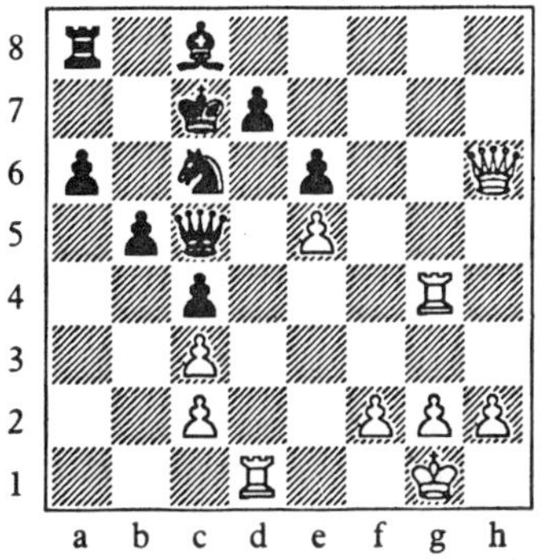

31. ♖e4

Il y a ici une magnifique combinaison. Voyons : 31. h4 a5 32. ♕g7 a4 33. h5 a3 34. h6 a2 35. h7 a1 :♕ 36. ♖xa1 ♖xa1+ 37. ♔h2 et les Noirs gagnent par 37 ... ♕xf2 38. h8♕ ♕g1+ 39. ♔g3 ♕e3+ 40. ♔h2 ♖f1 !! *(menaçant 41 ... ♕e1 suivi du mat)* 41. ♕h4 ♕c1 ! 42. ♕hf6 ! ♕e1 !! *(et non 42 ... ♖xf6 car 43. exf6 gagne)* 43. ♕xf1 ♕xf1 et les Noirs doivent gagner. Malgré tout 31. h4 est bon mais les Blancs ne doivent pas continuer après 31 ... a5 par 32. ♕g7. Bien plus juste est 32. h5 a4 33. ♕d2 ! Finalement la meilleure façon de jouer consiste en : 31. h4 a5 32. h5 ♕xe5 ! 33. ♕f4 ♕xf4 34. ♖xf4 ♗b7 35. ♖f7 ♘e5 36. ♖g7 ♗d5 ! 37. f4 ♖h8 38. fxe5 ♖xh5 39. ♖e1 ♖f5 ! et les Noirs l'emportent.

31 ... ♘e7 !
32. ♕d2

32. ♕e3 est le coup à jouer. Les pions passés blancs ne peuvent devenir dangereux qu'après l'échange des dames. Après 32. ♕e3 la suite serait : 32 ... ♕xe3 33. ♖xe3 ♗b7 34. g4 ♘g6 35. h3 ♖f8 36. ♖f1 ♘f4 avec la menace 37 ... ♗g2 ou encore 36 ... a5 (à la place de ♘f4) 37. ♔h2 a4 38. ♔g3 puis 38 ... ♘f4 *(menaçant 39 ... ♘g2 40. ♖e2 ♖f3+)* et les Noirs devraient l'emporter.

32 ... ♘d5 33. h4 ♗b7 34. ♖d4 ♖h8 35. ♕e1 ♗c6 36. g3 ♕f8 37. f4 ♕f5

La pression exercée par la dame est décisive.

38. ♕f2 ♕h3 39. ♕h2 ♕g4 40. ♕f2 ♖xh4 !

68

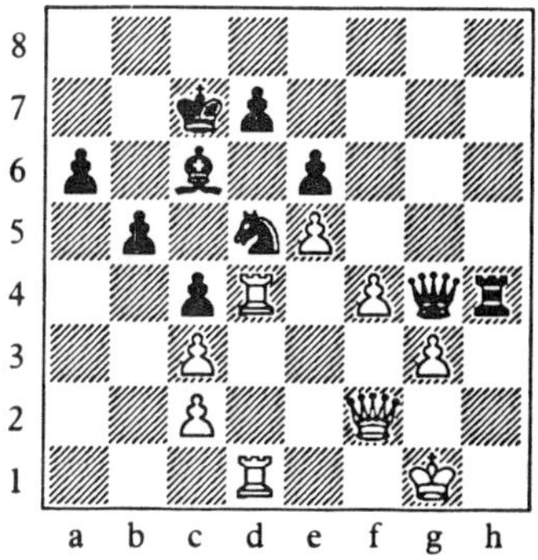

41. f5 ♘f6 !

Si 41 ... ♘f4 42. ♖xd7+ etc.

42. ♕e3 ♕xd1+

Le dénouement est élégant.

43. ♖xd1 ♖h1+ 44. ♔f2 ♘g4+ 45. ♔e2 ♖h2+ 46. ♔e1 ♘xe3

Les Blancs abandonnent.

Partie n° 57
Blancs : Morrison
Londres (tournoi double ronde), 1927

Cette partie ainsi que les suivantes sont dédiées à la surprotection.

1. e4 e6
2. g3

L'intéressante impulsion de Tartacover.

2 ... d5
3. ♘c3

3. ♗g2 suivi de 4. d3 est plus évident. Le cavalier en c3 est exposé aux attaques.

3 ... ♘c6
4. exd5

4. d3 suivi de 5. ♗g2 vaut mieux.

4 ... exd5 5. d4 ♗f5 6. a3 ♕d7 7. ♗g2 0-0-0 !

Le grand roque est possible car le pion d5 est indirectement protégé, par exemple : 8. ♘xd5 ♕e6+ 9. ♘e3 ♘xd4 ou 8. ♗xd5 ♘f6 9. ♗xc6 ♕xc6 avec un jeu d'attaque souverain.

8. ♘ge2

69

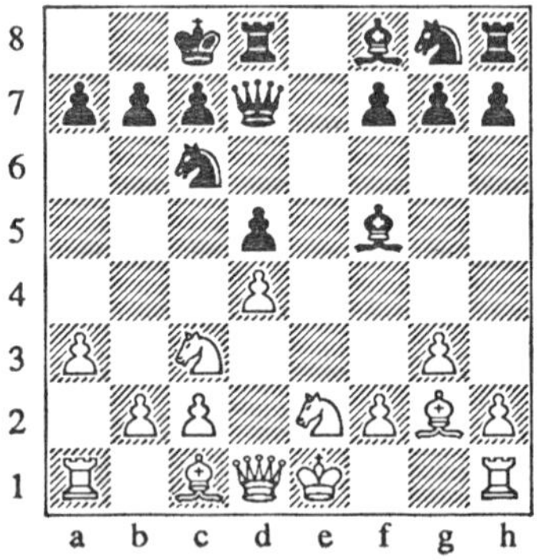

8 ... ♘ce7 !

Voyons dans le détail de quoi est composée cette méthode de jeu peu habituelle : 1. il faut visiblement considérer la case e4 comme un point d'une haute importance stratégique (un poste avancé sur la colonne e) 2. le pion d5 qui soutient cette case est par conséquent précieux. La surprotection de pions de valeur correspond bien à notre stratagème de la surprotection. Dans ce cas se pose la question : 3. le cavalier occupant la case e4 pourra-t-il s'y maintenir ? On devrait déjà se rendre compte que c'est bien le cas, *cf.* le douzième coup des Noirs.

Dans cette position le coup naturel de défense 8 ... ♘f6 est d'ailleurs bien plus faible en raison de 9. ♗g5.

9. ♘f4 ♘f6

Puisque ♗g5 n'est plus possible.

10. h3 h5 11. ♘d3 ♘e4! 12. ♗e3

Menaçant d'échanger puis de jouer ♘c5. Les perspectives du cavalier e4 au poste avancé semblent considérablement se ratatiner, oui, toute la variante 8 ... ♘ce7 semble réfutée. Et pourtant non, il n'en est pas ainsi !

12 ... ♘xc3 !

Le cavalier e4 inflige à l'adversaire une grave blessure : les pions doublés c2 et c3. La colonne b a relativement peu d'importance et les Blancs vont être lentement étouffés. Le cavalier a donc bien pu s'affirmer en e4 même s'il ne s'y est pas maintenu au sens littéral. *Cf.* la note du huitième coup.

13. bxc3 ♘c6 14. ♘b4 ♗e6 15. ♕e2 ♘a5 ! 16. h4 c6 17. 0-0 ♗d6 18. ♘d3 ♗g4

Dotés de la case géante c4 et d'un superbe développement les Noirs déclenchent l'attaque sur l'aile roi affaiblie de l'adversaire.

19. ♗f3

Il n'a pas vraiment mieux.

19 ... ♖de8 20. ♗xg4 hxg4 21. ♕d1 ! ♘c4

Evitant le piège 21 ... ♗xg3 ? 22. ♘c5 ! gagne.

22. ♗f4 ♗xf4 23. ♘xf4 g5 24. hxg5 ♕f5 25. ♘g2 ♕xg5 26. f4

Si 26. ♘h4, alors 26 ... ♖xh4 27. gxh4 ♕xh4 28. ♖e1 ♖h8 29. ♔f1 ♕h1+ 30. ♔e2 ♕f3+ etc. Remarquons la participation du cavalier à partir de c4.

26 ... ♕h5
27. ♔f2

Dommage, je m'attendais à 27. ♖e1 et j'avais préparé en réponse le joli coup 27 ... ♖e3 avec par exemple : 28. ♘xe3 ♕h1+ suivi de 29 ... ♖h2+.

27 ... ♘d6

Le cavalier quitte la case c4, mais la case e4 est devenue encore plus forte.

28. ♘h4 ♘e4+

Si 29. ♔g2 la décision est immédiate avec 29 ... ♘xg3.

Les Blancs abandonnent.

Partie nº 58
Noirs : A. Hakansson
Kristianstad (Suède), partie de match, 1922

1. e4 e6 2. d4 d5 3. e5

Je pense depuis 1911 que ce coup est bon, mais il a fallu dix-sept longues années pour persuader le monde des échecs de la justesse de sa conception.

3 ... c5
4. ♕g4

C'est la première fois que j'applique dans une partie cette nouveauté de ma façon.

4 ... cxd4 5. ♘f3 ♘c6 6. ♗d3 f5

Les Blancs avec un pion de moins jouent pour bloquer l'adversaire, se servant ainsi du stratagème « le sacrifice en vue du blocage » que nous connaissons grâce aux parties n° 46 et n° 47. Pour que le procédé fonctionne cependant, il leur faut surprotéger le point e5, soutien de l'idée du blocage. D'après le stratagème de la surprotection, les surprotecteurs devraient alors parvenir aux honneurs sans avoir rien à faire pour cela.

7. ♕g3 ♘ge7 8. 0-0 ♘g6 9. h4

Pauvre cavalier !

9 ... ♕c7
10. ♖e1 ♗d7

Il faut certainement jouer 10 ... ♗c5 11. h5 ♘f8 ici.

11. a3 0-0-0
12. b4

Les Blancs peuvent gagner la qualité par 12. h5 ♘ge7 13. ♘g5 ♖e8 14. ♘f7 ♖g8 15. ♘d6+, mais quelques difficultés les attendraient par la suite car le pion h5 n'est pas protégé et ils sont sous-développés. Le coup du texte est la continuation logique de la construction blanche.

12 ... a6

12 ... ♔b8 est un peu mieux, par exemple : 13. c3 ! dxc3 14. ♘xc3 ♘xb4 15. axb4 ♕xc3 16. ♗e3 ♕xd3 17. ♗xa7+ ♔c8 18. ♖ec1+ ♗c6 19. b5 ! ♕xb5 20. ♘d4 avec des complications. Il va sans dire d'ailleurs que les Blancs peuvent répondre à 12 ... ♔b8 13. ♗b2.

13. h5 ♘ge7 14. ♗d2 h6 15. a4 g5 16. b5 f4 17. ♕g4

La dame a ici une excellente position.

17 ... ♘b8
18. c3

Sans avoir agi d'aucune façon, la tour e1 obtient la colonne c et avec elle un grand champ d'action : un petit spectateur obtient un rôle d'importance dans la maison. Comment cela se fait-il ? La réponse relève du stratagème de la surprotection !

18 ... ♖e8

C'est encore le seul coup. Les Noirs doivent maintenant entreprendre un curieux regroupement de pièces pour sauver le matériel.

19. cxd4 ♔d8 20. ♖c1 ♕b6 21. a5 ♕a7 22. b6 ♕a8

Ce n'est habituellement que dans les problèmes que l'on voit une dame placée de la sorte.

(Diagramme 70)

23. ♖c7 ♘f5 24. ♘c3 ! ♗e7 25. ♘xd5 ♘xd4

Ou 25 ... exd5 26. ♗xf5 etc.

26. ♘xd4 exd5
27. ♕xd7+

70

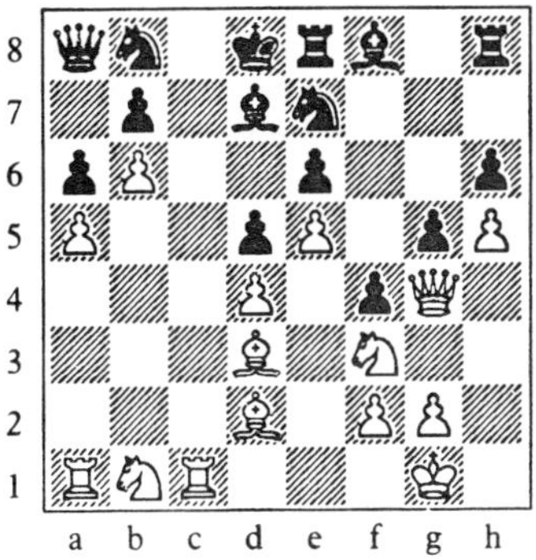

Avec mat au prochain coup par ♘e6.

Les Noirs abandonnent.

Partie n° 59
Noirs : Székely
Kecskemet, 1927

1. e4 e6 2. d4 d5 3. e5 c5 4. ♕g4

De mon invention, cette manière de jouer ne convient qu'à peu de joueurs : donner un pion pour ensuite ne pas lancer d'attaque, voici qui n'est pas l'affaire de tous !

4 ... cxd4 5. ♘f3 ♘c6 6. ♗d3 ♘ge7 7. 0-0 ♘g6 8. ♖e1 ♕c7 9. ♕g3

Qu'ont donc réalisé les Blancs par leur sacrifice de pion, se demandera-t-on ? La réponse est facile, ils ont parfaitement protégé le point e5, clé de toutes les futures opérations de blocage, et ont ainsi muni leur jeu d'un fer de lance. L'idée des Blancs avec ce choix de construction apparaît clairement : la formation obtenue permet de se consoler de la perte du pion d4 dans la mesure où leur fonction (celle de la formation mais aussi celle du pion) est remplie par un autre pion. Il s'agit du pion e5, soutien de toute la stratégie de mise à l'étroit, dont la protection n'est plus assurée par le pion d4 mais très efficacement par une tour, un cavalier et une dame. Au prix de leur pion, les Blancs ont donc obtenu énormément de jeu et le pion e5 est l'âme des opérations futures. Comparez avec la note du sixième coup de la partie précédente.

Nous tenons au demeurant le huitième coup des Noirs pour faible, le coup juste est 8 ... ♗e7 qui entrave aussi la poussée h2-h4-h5.

9 ... ♗c5
10. h4

Ce coup se veut moins un coup d'attaque qu'une tentative d'alléger le pion e5.

10 ... ♔f8

10 ... ♗d7 est certainement meilleur avec par exemple : 11. h5 ♘ge7 12. ♕xg7 0-0-0 même si après cela 13. ♗g5 est plutôt déplaisant.

11. h5 ♘ge7 12. h6 g6 13. a3 !

Pour provoquer une nouvelle faiblesse (a7-a5).

13 ... a5

Ce coup donne aux Blancs l'accès de la case b5, mais il eût été encore plus dangereux de tolérer la poussée b2-b4.

14. ♗g5 ♘g8

Forcé sinon vient ♗f6 suivi de ♘g5 etc.

15. ♘bd2 f6

On peut se demander s'il ne valait pas mieux faire le choix d'une résistance tranquille plutôt que se lancer dans cette violente tentative de libération, mais il est naturel après tout pour un assiégé de subir des pertes. L'essai de défense active est compréhensible, dans le cas d'un comportement passif les Blancs avaient examiné la manœuvre ♘d2-f1-h2-g4-h6.

71

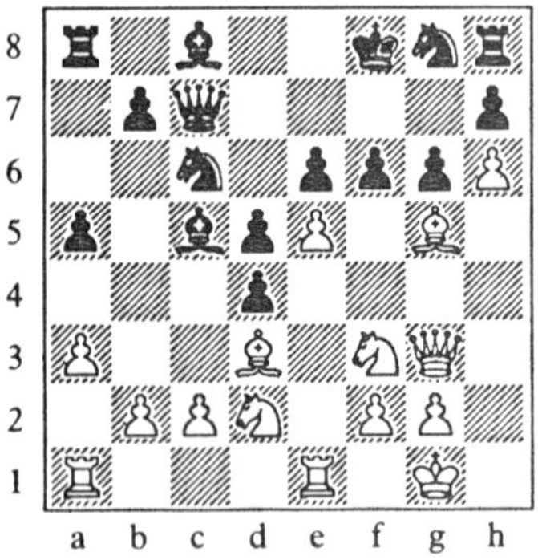

16. ♘b3!!

Je dois avouer que je suis assez fier de ce coup intermédiaire dont l'effet va être de provoquer b7-b6 et conséquemment de saper la situation du ♘c6. Je craignais si 16. exf6 la réponse 16 ... ♗d6 *(mais pas l'échange de dames 16 ... ♕xg3 ? 17. fxg3 ♗d6 18. ♖e2 ! ♗xg3 19. ♖f1 après quoi la situation des Noirs est assez misérable avec leur cavalier mort en g8 et la menace d'ouverture de la colonne par f6-f7)* 17. ♕h4 e5 18. ♗b5 ♗d7 et je n'arrivais pas à trouver comment sacrifier. J'étais en effet bien persuadé que n'importe quel sacrifice devait réussir, mon adversaire ayant un cavalier et une tour mortellement placés, mais où et comment sacrifier ? Je me dis alors qu'il fallait d'abord déraciner le cavalier c6 pour créer la base du sacrifice de percée.

16 ... b6!
17. exf6 ♕xg3

Si au lieu de ceci 17 ... ♗d6, alors 18. ♕h4 e5 19. ♗b5 ! *(combien plus efficace avec le pion en b6 !)* 19 ... ♗d7 20. ♗xc6 ♗xc6 21. ♗f4 ! exf4 22. ♘bxd4 ♗d7 23. ♘g5 gagne.

18. fxg3 ♗d6

Si 18 ... a4 j'avais choisi la combinaison suivante : 19. ♘xc5 bxc5 20. f7 ! ♔xf7 21. ♗b5 ♘ge7 22. ♘e5+ ♘xe5 23. ♖xe5 et gagne.

19. ♗b5 ♘a7

20. ♘fxd4 ! ♔f7

Ou 20 … e5 21. ♗c6 ♖b8 22. ♘b5 etc.

21. c4 ! e5 22. cxd5 exd4 23. ♗e8+ ♔f8 24. f7

Si 24 … ♘e7 25. ♗f6. Gardons le silence à présent.

24 … ♗f5 25. ♘xd4 ♗c5 26. ♖ad1 ♘b5 27. fxg8 : ♕+ ♖xg8 28. ♗xb5 ♔f7 29. d6

Les Noirs abandonnent.

Dans cette partie aussi les surprotecteurs sont parvenus aux honneurs.

Partie n° 60
Blancs : Bogolioubov
Championnat de Russie,
1913

1. e4 e6 2. d4 d5 3. ♘c3 ♘f6 4. e5 ♘fd7 5. ♕g4

Les Blancs choisissent la variante Gledhill.

5 … c5
6. ♘f3 a6

J'évite sagement la variante 6 … cxd4 7. ♘xd4 ♘xe5 8. ♕g3 qui ne m'est pas familière.

7. dxc5 ♕c7 8. ♕g3 ♘xc5 9. ♗d3 g6 10. ♗f4

Il applique mon stratagème de la surprotection, sans le savoir d'ailleurs car ce principe n'était pas encore découvert à l'époque.

10 … ♘c6
11. 0-0 ♘e7

Louvoyant. Après 11 … ♗g7 suivi du petit roque les surprotecteurs obtiendraient un jeu d'attaque, par exemple par ♖e1, ♕h4, ♗h6 etc.

12. ♖ac1 !

Mesure de prévention astucieuse à l'égard de la manœuvre projetée par les Noirs ♘xd3, suivi de ♘f5.

12 … ♗g7
13. b4 !

Ceci pour garantir le fou une fois pour toutes. Il est clair que ce coup affaiblit l'aile dame.

13 … ♘d7 14. ♘e2 0-0 15. ♘ed4 ♘c6 16. ♘xc6 bxc6 17. c4

72

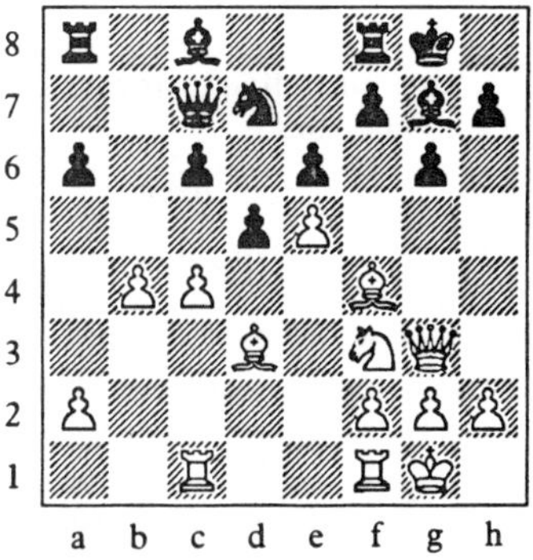

Si les Noirs jouent maintenant le coup évident 17 … ♕b8, alors 18. cxd5 cxd5 19. a3 et les Blancs ont le champ libre à l'aile roi, par exemple : 19 ... ♗b7 20. h4 h5 21. ♖ce1 (surprotection). Les Blancs ont alors deux menaces : 22. ♘d4 suivi de ♘xe6 et 22. ♕h3 suivi de g2-g4. Observez avec quelle élégance naturelle les surprotecteurs deviennent soudain actifs.

Une question se pose maintenant : l'action de garantie et de soulagement — car 17. c4 ♕b8 18. cxd5 etc. a bien soulagé l'aile dame — introduite par 17. c4 était-elle réellement indispensable ? Etait-il inconcevable de brûler ses vaisseaux, notamment par 17. ♖fe1 ? La suite pourrait être 17 ... a5 18. c3 axb4 19. cxb4 ♕b6 *(19 ... ♖xa2 ? 20. ♘d4 !)* 20. h4 ♕xb4 21. h5. Si maintenant 21 ... ♖xa2 22. hxg6 fxg6, alors 23. ♗e3. Mais les Noirs devraient tout de même encore gagner en sacrifiant la qualité : 23 ... ♖xf3 ! 24. gxf3 ♘xe5 25. ♗c5 ♕h4 ! Bogolioubov a donc bien fait de renoncer à entreprendre une attaque inconsidérée à l'aile roi.

17 ... dxc4 ! !

Procédé héroïque dont la pointe sera un sacrifice de pion. La suite est un duel gigantesque entre ... les deux joueurs ? Non, entre la centralisation et la surprotection. Madame Surprotection aura le dessous cette fois.

18. ♗xc4 ♕b8 19. ♖b1 ♘b6 20. ♘d2

Voici un coup d'anti-surprotection !

20 ... ♖d8
21. ♖fc1 ♘d5 !

La centralisation ! Si 22. ♗xd5 il faut reprendre avec la tour, par exemple : 22 ... ♖xd5 23. ♖xc6 ♗b7 24. ♖d6 puis 24 ... ♕c7 menaçant ♕c2. Le jeu est alors approximativement égal. La suite 23 ... ♗xe5 (à la place de ♗b7) est aussi jouable, par exemple : 24. ♗xe5 (si 24. ♖xc8+, les Noirs auront plus tard ♕c2) 24 ... ♕xe5 25. ♕xe5 ♖xe5 26. ♘c4 ♖e2 27. ♘b6 ♗b7 28. ♖c7 ♖b8 29. ♘d7 ♖d8 30. ♖xb7 ♖d2 avec égalité.

22. ♖e1 ?

Correct est 22. ♗xd5 comme nous l'avons montré dans la note précédente. Les affaires vont mal aller après le coup du texte.

22 ... ♘xf4 23. ♕xf4 ♗xe5 ! 24. ♖xe5 ♖xd2 25. ♕g5 ?

Les Blancs pouvaient encore résister en jouant 25. ♕xd2 ♕xe5 26. ♕d8+.

25 ... ♕d6
26. ♖be1 ♕d4

Centralisation persistante.

27. ♗f1 ♕xf2+ 28. ♔h1 f6 29. ♕e3 fxe5

Les Blancs abandonnent.

IV

LE PION DAME ISOLÉ, LES DEUX PIONS PENDANTS, LA PAIRE DE FOUS

Observons la structure de pions suivante : **Blancs : pions b2, d4, f2, g2, h2 ; Noirs : pions a7, b7, e6, f7, g7, h7.** Malgré sa faiblesse statique, le pion d4 a une certaine force dynamique. Il est indispensable pour comprendre de tracer très précisément la frontière entre le « statique » et le « dynamique ».

La faiblesse statique se manifeste en finale, de deux façons : le pion d4 a d'abord besoin d'être protégé, dans un deuxième temps apparaissent des « faiblesses sur les cases voisines » (le roi noir tente par exemple de pénétrer par d5 vers c4 ou e4). La force dynamique est créditée outre sa force d'expansion (d4-d5 !) du plan suivant : les Blancs gardent leur isolani immobile mais occupent la case e5 ou la case c5 dotées d'une grande valeur dynamique grâce au pion d4.

Certaines armes provoquaient encore il y a vingt ans la terreur parmi tous les dirigeants de guerre, pourtant aujourd'hui déjà elles font figure d'inoffensifs jouets. La technique de la défense a tout autant progressé. La « force dynamique du pion dame isolé » est devenue pour nous un jouet du même ordre et nous avons peine à croire que l'on puisse se laisse pulvériser par une telle arme. Les deux débuts de parties suivants vont démontrer l'innocuité de la dynamique dont nous traitons.

I. **Blancs : Erich Cohn,**
Carlsbad, 1911

1. d4 d5 2. ♘f3 e6 3. c4 c5 4. e3 ♘f6 5. ♗d3 ♗d6 6. 0-0 0-0 7. a3 cxd4 ! 8. exd4 dxc4 9. ♗xc4 ♘c6 10. ♘c3 b6 11. ♗g5 ♗b7 12. ♕e2 h6 ! 13. ♗e3 ♘e7 14. ♘e5

Cette tentative pour mettre en valeur la force dynamique de l'isolani va être réfutée.

14 ... ♘ed5 15. ♘xd5 ♘xd5 16. ♕h5 ♗xe5 17. ♕xe5 ♘f6 18. ♖fe1 ♗d5 19. ♗d3 ♖c8 20. ♖ac1 ♘g4 21. ♕g3 ♘xe3 22. fxe3 ♕d7

La paire de pions d4, e3 est peu imposante.

23. ♗a6 ♖xc1 24. ♖xc1 ♕a4 25. ♗f1 ♕b3 26. ♕f2 f5 27. ♕d2 ♖f7 28. ♕c3 ♕a4 29. g3 ♔h7 30. ♗g2 ♕b5 31. ♗xd5 exd5

Les Noirs exercèrent ensuite pendant soixante-dix coups (!) un « massage » sur le pion e puis le pion g (car les Blancs durent pousser h2-h4) et **gagnèrent la partie.** Nous montrerons la phase finale de la partie dans « Technique de louvoiement ».

II. **Noirs : Gemsoë,**
Copenhague, 1922.

1. e3 d5 2. c4 e6 3. ♘f3 ♘f6 4. d4 c5 5. ♘c3 ♘c6 6. ♗e2 ♗e7 7. 0-0 0-0 8. dxc5 ♗xc5 9. cxd5 exd5 10. b3 ♗e6 11. ♗b2 ♖c8 12. ♖c1 ♕e7 13. ♘b5 ♖fd8 14. ♘fd4 a6 15. ♘xc6 ♖xc6 16. ♘d4 ♖c7 17. ♕d3 ♖dc8 18. ♘f5 ♕d8 19. ♖fd1 ♗f8 20. ♖xc7 ♖xc7 21. ♘g3 !

On remarquera que les atouts de la « dynamique » ont une valeur limitée, c'est en particulier le cas de la colonne c des Noirs tandis qu'au premier plan de l'action se trouve la faiblesse statique de l'isolani. Les lentes manœuvres du cavalier vont encore accentuer cet état de chose.

21 ... ♗e7 22. ♗f3 ♖d7 23. ♘e2 ♘e4

Ce moment de joie dynamique va se révéler de courte durée.

24. ♘f4 ♗f6

Quoi d'autre ?

25. ♘xe6 fxe6 26. ♗xe4 ♗xb2 27. ♗xh7+

Les Blancs gagnèrent la partie après une longue finale.

Passons à l'arme suivante à l'ordre du jour : la paire de pions pendants **(Blancs : pions a2, b2, e3, f2, g2, h2 ; Noirs : pions a7, c5, d5, f7, g7, h7).** Contrairement à l'isolani, cette arme n'est nullement périmée. Gardons-nous bien cependant de lui attribuer une valeur dynamique trop éblouissante, plus d'une partie de tournoi a échoué lorsque des procédés trop violents (d5-d4 convoitant une percée) étaient mis en œuvre. Il serait cependant tout aussi faux de renoncer à toute initiative pour tendre à une position sécuritaire ; nous pensons à la poussée c5-c4 après laquelle les pions pendants d5 et c4 sont effectivement protégés mais ont perdu presque toute leur force de pénétration. J'appelle ceci : « se confiner en position de sûreté bloquée ». La vérité réside dans un amalgame de dynamisme et de statisme : la sûreté bloquée mais avec un élan d'initiative (exercer par exemple une pression sur le pion b2, *cf.* la partie n° 65), voici la bonne stratégie à mon avis ! Pour sa réalisation, voyez « Mon Système ». La grande « mortalité du nourrisson » des pions pendants ne doit pas nous pousser à un jugement sceptique. Le haut pourcentage de mortalité indiqué se réduit notablement si l'on y regarde de plus près : voyons par exemple mon revers essuyé à Göteborg :

Blancs : Rubinstein

1. d4 e6 2. c4 b6 3. ♘f3 ♗b7 4. g3 ♗b4+ 5. ♗d2 ♗xd2+ 6. ♕xd2 ♘e7 7. ♘c3 d5 8. cxd5 exd5 9. ♗g2 c5 10. dxc5 bxc5 11. 0-0 ♘d7 12. ♖fd1 0-0 13. ♘e1 ♘b6 14. ♘d3 ♕d6 15. ♘f4 ♕f6 ?

Le faux-pas. Il faut jouer 15 ... ♕e5, la raison en est expliquée dans la prochaine note.

16. b3

Maintenant 16 ... ♖fd8 ne va pas à cause de 17. e4 suivi si 17 ... d4 par 18. e5 ! gagnant le fou b7. Donc :

16 ... c4 17. bxc4 ♘xc4 18. ♕d4 ♕xd4 19. ♖xd4 ♘b6 20. ♘cxd5

Après l'échange des pièces légères, **Rubinstein gagna** la finale de tours de façon classique.

La force de l'union des fous est illustrée par deux parties, dont celle remarquable contre Goldstein. La soixante-troisième partie traite aussi de la paire de fous.

Partie n° 61
Noirs : Eigil Jacobsen
Copenhague, 1923

1. d4 d5 2. ♘f3 ♘f6 3. c4 e6 4. ♘c3 ♗e7 5. ♗g5 0-0 6. ♕c2 ♘bd7 7. 0-0-0

Pris à part, les coup ♕c2 et 0-0-0 sont bien connus ; pourtant si l'on considère dans son ensemble le plan des Blancs, on y voit une nuance originale. *Cf.* la note au neuvième coup.

7 ... c5 8. dxc5 ♘xc5 9. e3

Accepter l'offre du pion serait mauvais. On s'attend maintenant à 9 ... ♕a5, les Noirs ayant un peu plus de facilité pour développer leur attaque sur le grand roque qui paraît un peu fragile. De fréquentes victoires ont déjà couronné cette attaque, cela a été le cas dans la partie classique Rotlevi-Teichmann de 1911 : 1. d4 d5 2. ♘f3 ♘f6 3. c4 e6 4. ♘c3 ♗e7 5. ♗g5 ♘bd7 6. e3 0-0 7. ♕c2 c5 8. 0-0-0 ♕a5 9. cxd5 exd5 10. dxc5 ♘xc5 11. ♘d4 ♗e6 12. ♔b1 ♖ac8 13. ♗d3 h6 14. ♗xf6 ♗xf6 15. ♗f5 ♖fd8 où les Noirs obtinrent le jeu le plus facile. L'ordre de coups que j'ai choisi me permet toutefois de reporter à plus tard le coup cxd5 qui serait agréable aux Noirs; cette nuance augmente considérablement les chances des Blancs.

9 ... ♗d7

Si 9 ... ♕a5 10. ♔b1.

10. ♔b1 ♘fe4
11. ♘xe4 ♘xe4?

11 ... dxe4 est le bon coup.

12. ♗xe7 ♕xe7 13. ♗d3 ♘f6 14. cxd5 exd5 15. ♘d4

Et voici arrivé le pion isolé!

15 ... ♖fc8 16. ♕b3 b5 17. f3

Pour jouer g2-g4. La construction centralisée des Blancs tolère l'infime faiblesse en e3.

17 ... g6
18. ♖he1 b4

Ce coup permet une attaque par laquelle le camp adverse va temporairement conquérir la colonne c, 18 ... ♖ab8 est donc certainement préférable.

19. ♗a6! ♖cb8 20. g4 ♖b6 21. ♗f1 ♗e6

Comme il rompt la ligne d'attaque e7-e3, ce coup convient certes aux Blancs, mais il était déjà nécessaire de protéger directement le pion d5.

22. ♖c1 a5 23. a4! ♘d7 24. ♗b5 ♘c5 25. ♕c2 ♖c8 26. h4 ♖bb8 27. ♕h2

Ou 27. ♘c6 pour gagner immédiatement la qualité.

27 ... ♕c7

73

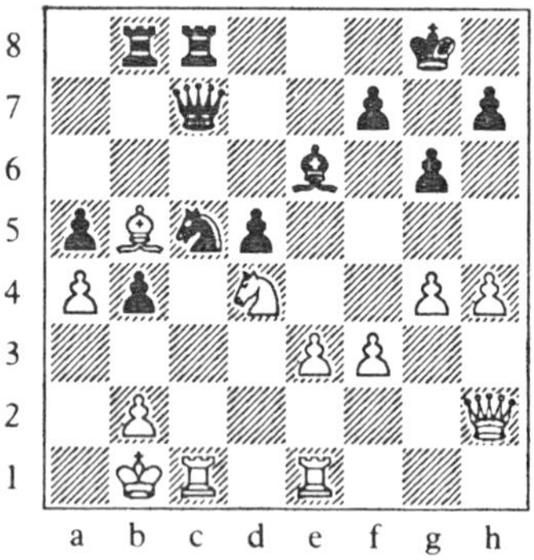

28. ♕xc7?

Contrôlant mieux les diagonales, les Blancs peuvent gagner facilement en occupant l'avant-poste f4, par exemple : 28. ♕f4 ♕xf4 29. exf4 et f4-f5 est imparable.

28 ... ♖xc7
29. ♘c6 ♖xb5?

C'est une faute grave, il faut jouer 29 ... ♖xc6. Après 30. ♗xc6 ♘d3 31. ♗b5 ♘xe1 32. ♖xe1 f5 33. g5 ♖c8 34. ♖c1 ♔f7 35. ♖xc8 ♗xc8 36. ♔c2 ♔e6 37. ♔d3 ♔e5! 38. f4+ ♔d6 39. ♔d4 les Blancs ne peuvent plus progresser. Avec leur pion en f4 plutôt qu'en f3 les Blancs pourraient encore faire quelques tentatives. Celles-ci échoueraient aussi en fin de compte à cause de la faiblesse du pion a4. Nous nous proposons de prouver que la position du roi en d6 ne neutralise pas obligatoirement le roi adverse en d4, par l'examen d'une finale de fous qui ressemble fort à celle de notre partie :

Blancs : ♔d4 ♗e8 pions b4, e3, f3, g5, h4 ;

Noirs : ♚d6 ♝e6 pions b6, d5, f5, g6, h7.

Voici ce qui se produit : 1. h5 gxh5 2. ♗xh5 ♝g8 3. ♗e8 ♝e6 4. ♗b5 ♝f7 5. ♗d3 ♝e6 6. e4 fxe4 7. fxe4 dxe4 8. ♗xe4 ♝g8 9. ♗d3 et le roi noir doit libérer le passage. C'était une démonstration de la faiblesse du complexe de cases voisines (ici c5 et e5) d'un isolani que nous avons signalée dans l'introduction. Revenons à la partie.

30. axb5 ♘d3 31. ♘xa5 ! ♖a7 32. ♘c6 ♖b7 33. ♘d4 ♘xe1

33 ... ♗d7 34. ♖ed1 revient à la partie.

34. ♖xe1 ♗d7 35. ♖c1 ♗xb5 36. ♖c5 ♗d7

Les Noirs perdent de toute façon un pion.

37. ♖xd5 ♔f8 38. ♔c2 b3+ 39. ♔c3 ♔e7 40. h5 ♗e6 41. ♖c5 ♔d6 42. ♖c6+ ♔d7 43. hxg6 hxg6 44. ♘xe6 ! fxe6 45. ♖c5 ♔d6 46. ♖g5 ♖g7 47. f4

Les Blancs sont gagnants.

47 ... ♖g8 48. ♔xb3 ♔e7 49. ♔c4 ♖c8+ 50. ♖c5 ♖h8 51. ♖c7+ ♔f6 52. e4 g5 53. e5+ ♔g6 54. f5+ exf5 55. ♖c6+ ♔g7 56. gxf5 ♖h2 57. b4 ♖c2+ 58. ♔d5 ♖xc6 59. ♔xc6 g4 60. e6 g3 61. e7 g2 62. e8 :♕ g1 :♕ 63. ♕g6+

Les Noirs abandonnent.

Partie n° 62
Noirs : Pr Kudrjawzew et Dr Landau
Dorpat, 1910, dans une simultanée de quatre parties contre consultants

1. d4 d5 2. ♘f3 ♘f6 3. c4 e6 4. ♘c3 c5 5. cxd5 exd5 ?

5 ... ♘xd5 est nettement meilleur.

6. ♗g5 cxd4 7. ♘xd4 ♗e7 8. e3 0-0 9. ♗e2 ♘c6 10. ♘xc6

La « paire de pions isolée » va bientôt s'avérer une faiblesse.

10 ...	**bxc6**
11. 0-0	**♗e6**

Le seul mérite que nous puissions reconnaître à ce coup est de préparer éventuellement la poussée c6-c5, autrement il fallait sans aucun doute préférer l'immédiat ♗d7.

12. ♖c1	**♖b8**
13. ♕c2	**♗d7**

La poussée c6-c5 était-elle réellement désespérée ? Voyons : 13 ... c5 14. ♖fd1 ♕a5 15. ♗f3 ♖fd8 16. b3 c4 ou 16. ♗xf6 *(au lieu de b3)* 16 ... ♗xf6 17. ♗xd5 ♗xc3 18. ♗xe6 ♗xb2 avec égalité. Les Noirs commettent une erreur décisive en négligeant l'opportunité d'avoir les pions pendants (c5, d5) pour s'étrangler misérablement avec la paire de pions c6, d5.

14. ♖fd1 ♘e8 15. ♗xe7 ♕xe7 16. ♘a4 ♘f6

16 ... ♘c7 assurait une meilleure défense, par exemple : 17. ♘c5 ♗e8 puis 18 ... ♘e6.

17. ♘c5 ♖b6
18. ♖d4

Le blocage progresse. Le pion a7 est d'ailleurs lui aussi difficile à protéger.

18 ... ♖fb8 19. b3 ♗e8 20. ♗d3 h6 21. ♕c3

Surprotection de la case d4.

21 ... ♗d7 22. ♖a4 ♖a8 23. ♕d4 ♘e8 24. ♖a5 ♘c7 25. ♕a4 ♘b5 26. ♗xb5 cxb5 27. ♕d4

Le pion d est à nouveau isolé.

27 ... ♗c6 28. b4 ♖ab8 29. ♘b3 f6 30. ♕c5 ! ♕xc5 31. ♘xc5 ♖a8 32. ♖c3

Le pion a7 est perdu. Voici la suite :

32 ... ♖e8 !

C'est encore le mieux, les Noirs tentent ainsi d'obtenir la liberté de jeu qui leur a si douloureusement manqué jusqu'à présent.

33. ♖xa7 d4 ! 34. ♖d3 dxe3 35. ♖xe3 ♖xe3 36. fxe3 ♗d5 37. a3 ♗c4 38. ♔f2 ♖d6 39. ♖d7

Sur l'échiquier dégagé, les pièces blanches exercent toujours leur pression paralysante, rescapée de la période du blocage.

39 ... ♖xd7
40. ♘xd7 ♔f7

Il n'y a plus que les cases du centre qui comptent maintenant : il semble que les Blancs ne puissent plus empêcher le roi noir de prendre une position centrale (en d5 ou e5). Ceci signifierait la victoire du plan de la libération sur le concept du blocage.

41. ♘b6 !

S'exposant au danger de perdre le cavalier ! Mais les Blancs ont bien calculé leur coup.

41 ... ♗b3 42. ♔f3 ♔e6 43. ♔e4 ♔d6 44. ♔d4

Si maintenant 44 ... ♔c6, les Blancs poursuivent simplement par 45. ♘c8 et le cavalier pourvu des deux cases de fuite a7 et e7 ne risque rien.

44 ... ♗e6 45. a4 ♔c6 46. a5 h5 47. e4 f5 48. exf5

Tout gagne ici, aussi bien 48. ♔e5. Par exemple : 48. ♔e5 fxe4 49. ♔xe6 e3 50. ♘d7 e2 51. ♘e5+ etc.

48 ... ♗xf5 49. ♘d5 ♔b7 50. ♔c5

Les Blancs gagnèrent en peu de coups.

La paire de pions isolée s'est mal défendue. Le blocage des Blancs a tenu jusqu'au bout et a même surmonté la réussite de la libération du camp adverse. Le rôle de l'isolani a été par contre un peu humiliant.

Partie n° 63
Blancs : Dr. O. H. Krause
partie par correspondance, 1924-1925

L'isolani des Blancs apparaît après les coups suivants :

1. e4 c6 2. d4 d5 3. exd5 cxd5 4. c4 ♘f6 5. ♘c3 ♘c6 6. ♘f3 ♗g4

6 ... g6 est à envisager.

7. cxd5 ♘xd5

Les Blancs poursuivent par :

8. ♗b5 !

Supérieur à la tentative d'attaque par 8 ♕b3, par exemple : 8 ... ♗xf3 9. gxf3 e6 ! (recommandé par le Dr. Krause) 10. ♕xb7 ♘xd4 11. ♗b5+ ♘xb5 12. ♕c6+ ♔e7 13. ♕xb5 ♘xc3 14. bxc3 ♕d5 et les Noirs sont bien. Après 8. ♕b3 ♗xf3 9. gxf3, la simple réponse 9 ... ♘b6 n'était pas non plus mauvaise, par exemple : 10. d5 ♘d4 11. ♕d1 e5.

8 ... ♖c8 9. h3 ♗xf3 10. ♕xf3 e6 11. 0-0 ♗e7 12. ♘xd5 !

Voici qui est très fort. Les Noirs doivent déployer le contre-jeu le plus subtil pour tenter de conserver au moins l'équilibre de la position. Et pourtant le coup du texte, vu sous l'angle du plan théorique, est simplement une reconnaissance implicite du fait que le discours à propos de la force dynamique de l'isolani est vain. La morne réalité nous révèle un tableau différent : le possesseur de l'isolani peut se réjouir d'avoir eu la possibilité de dissimuler la faiblesse de son pion isolé.

12 ... ♕xd5 13. ♕xd5 exd5 14. ♗e3 a6 15. ♗a4 ♗d6

Les difficultés des Noirs deviennent énormes après ce coup. Ils auraient certainement obtenu un jeu plus facile en roquant, mais quel maître penserait à roquer en finale ? Par exemple : 15 ... 0-0 16. ♗b3 ♖cd8 ! 17. ♖ac1 ♘a5 18. ♖c2 ♘xb3 19. axb3 ♗d6 20. ♖fc1 et les Noirs peuvent supporter la colonne c des Blancs.

16. ♗b3 ♘e7
17. ♗d2 !

(Diagramme 74)

Les Blancs menacent de doubler les tours sur la colonne e. La nécessité de protéger le pion d5 a un effet paralysant pour les Noirs tandis que les Blancs ont un beau jeu dégagé grâce à leur paire de fous.

74

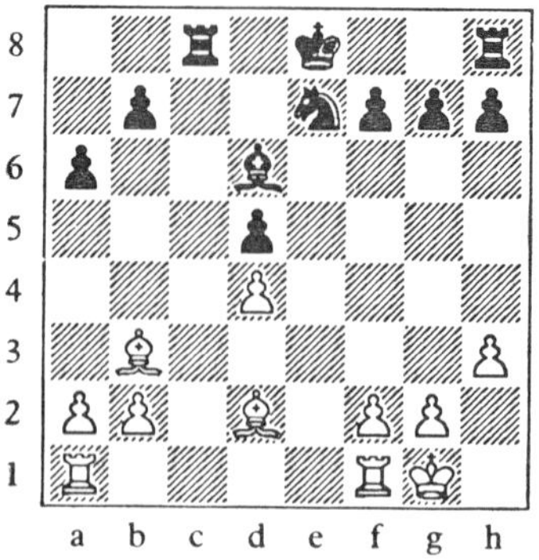

17 ... b6!!

Ce coup introduit une manœuvre défensive cachée.

18. ♖ae1 ♔d7 19. ♖e2 h6! 20. ♖fe1 ♖hd8 21. a3

Menaçant déjà 22. ♗b4.

21 ... ♖c7!

Le plan de défense des Noirs devient compréhensible : ayant prévu de placer leurs tours sur les cases c7 et d8, ils ont dû jouer 17 ... b6 pour parer ♗a5. De même 19 ... h6! était nécessaire car sans cela les Blancs pouvaient forcer le relâchement f7-f6 en jouant ♗g5 : le « trou » en e6 aurait été fatal.

22. g4

Si 22. ♗b4? ♗xb4 suivi de 23 ... ♔d6.

22 ... ♔c8

Laissant présager la défense 23 ... ♘c6 24. ♗e3 ♗f8! après quoi le jeu des Noirs est libéré.

23. ♗e3! ♘g6!

Les Noirs ne doivent plus hésiter à se libérer, il leur faut appliquer des mesures prophylactiques pour éviter que les Blancs renforcent leur position par la poussée f2-f4-f5.

24. ♗xd5 ♘f4

Ce coup force l'égalité. La partie continue encore :

25. ♗xf4 ♗xf4 26. ♖e8 ♖c1 27. ♖xd8+ ♔xd8 28. ♔f1 ♖xe1+ 29. ♔xe1 ♗c1 30. b3 ♗xa3 31. ♗xf7 ♗b2 32. d5 ♔e7 33. ♗e6 ♔d6

La partie est nulle.

Le pion isolé d4 a passablement soutenu l'épreuve, mais seulement au niveau de la pratique courante. Si l'on considère l'évolution de cette partie du point de vue théorique, elle équivaut plutôt à une constatation de banqueroute de l'isolani : au lieu du jeu dynamique prévu, protection pusillanime de la faiblesse statique !

Le docteur Krause a au demeurant parfaitement compris et joué la partie, la faute de n'avoir rien pu tirer de l'isolani ne lui incombe visiblement pas.

Partie n° 64
Noirs : Janovski
Carlsbad, 1907

1. e4 e5 2. ♘f3 ♘c6 3. d4 exd4 4. ♘xd4 ♘f6 5. ♘c3 ♗b4 6. ♘xc6 bxc6 7. ♗d3 d5 8. exd5 cxd5 9. 0-0 0-0 10. ♗g5 c6 11. ♘e2 ♗c5 12. ♘g3 h6 13. ♗f4 ♖e8 14. h3 ♗e6 15. ♕f3

Voici un début facile à comprendre, les jeux sont à peu près égaux, les Blancs influent un peu plus vers le centre que leur adversaire, ce dernier possède en contrepartie un fort centre de pions.

15 ... ♗d6
16. ♖ad1

16. ♖fd1 est préférable.

16 ... ♗xf4 17. ♕xf4 ♕b8 18. ♕a4

L'ardeur de la jeunesse ! Il est difficile de croire que ce gambit puisse être entièrement correct.

18 ... ♕c7

Il vaut mieux jouer 18 ... ♕xb2 19. ♕xc6 ♕xa2.

19. c4 ♖ab8 20. b3 a5 21. cxd5 ♗xd5

Le pion dame isolé fait encore quelques manières avant de paraître à l'écran.

22. ♖fe1 ♖ed8 23. ♕a3 ♖b4 24. ♕b2 a4 25. ♘f5 !

La menace est ♘xh6+.

25 ... ♕f4 26. ♘e7+ ♔h8 27. ♘xd5 cxd5

Le voici. « Vous arrivez bien tard, comte Isolan, mais mieux vaut tard que jamais ! * »

28. ♕c3 axb3 29. axb3 ♕b8 30. ♗c2 ♖c8 31. ♕d2

75

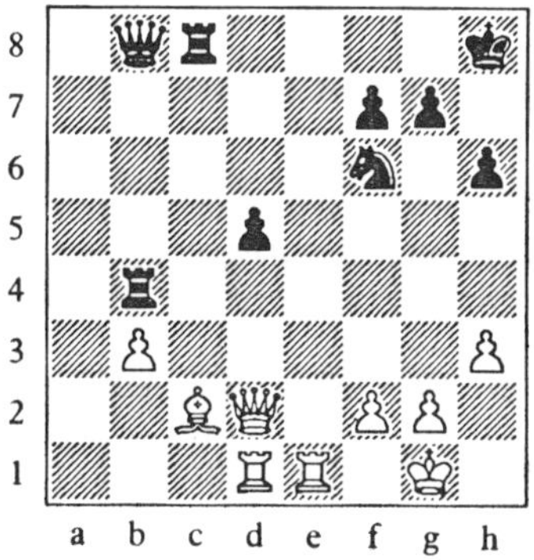

Le pion isolé b semble encombrant dans la mesure où il impose au fou c2 un désagréable devoir de protection. Mais ceci est simple à corriger.

31 ... ♕d6 32. ♖a1 ! ♖b7 33. ♖a4 ♖bc7 34. ♗f5 ♖b8 35. ♖d4 ♖e7

Si 35 ... ♖xb3 ? 36. ♖xd5 !

36. ♖xe7 ♕xe7
36. b4

Les Blancs sont au moins aussi bien que leur adversaire.

37 ... ♕e5
38. ♗g4 ♖a8

* *« Spät kommt Ihr, doch ich komme »*, citation provenant de Wallenstein.

Faisant fi de la nulle réalisable avec ♘xg4.

39. f4 ♖a1+
40. ♔h2 ♕c7

40 ... ♕b8 est meilleur, par exemple : 41. ♗f3 ♖b1.

41. ♗f3

Blocage, puis démolition, tel est le destin du pion dame isolé dans la partie présente.

41 ... ♕d6
42. ♗xd5

L'intérêt pédagogique de la lutte ne tarit pas ici. Bien au contraire, observons comme les manœuvres des Blancs se déroulent bien au-delà de la case d4 (le point crucial de blocage à l'époque du pion isolé).

42 ... ♕e7 43. ♗f3 g6 44. ♕c3 ♖b1 45. ♖c4 ♔g7 46. ♕e5 ♖e1 47. ♕xe7 ♖xe7 48. b5 ♖e6 49. ♖c6 ♘d7 50. ♗d5 ♖f6 51. ♔g3 ♘b6 52. ♗b3 ♘d7 53. ♖xf6 ♔xf6

Le résultat du jeu des Blancs est clair : les Noirs n'ont pas pu éviter les échanges simplificateurs.

54. ♔f3 ♔e7 55. ♔e3 f6 56. ♔d4 ♔d6

Comme c'est étrange ! Imaginons-nous que le pion isolé d5 existe encore : les positions atteintes par les deux rois seraient alors un regroupement typique des positions avec pion isolé, c'est-à-dire un regroupement tendant à capturer et respectivement à défendre le complexe de cases voisines de l'isolani (ce sont ici les cases e5 et c5). Le pion d5 a quitté la scène, qu'importe ! Il exerce encore son influence sur les événements, son ombre gouverne toute la partie et les officiers des deux bords se déploient, se regroupent autour de lui et continuent les uns à assurer sa garde, les autres à l'attaquer comme si réellement il vivait encore. Nous avons eu la possibilité d'examiner un scénario tout à fait semblable dans la finale de la trente-sixième partie, dans laquelle une unité de combat continuait après sa disparition à se manifester clairement.

57. ♗d1 ♘b6 58. ♗f3 ♘c8 59. h4 ♘e7 60. ♗e4 g5

Les Blancs s'emparent de la case voisine e5, exactement comme s'il s'agissait d'une vraie position avec pion isolé.

Quelle morale tirer de ce cas « transcendantal » ? Eh bien, l'isolani représente une faiblesse non seulement de pion mais aussi de case. La chute du pion d5 ne clôt pas l'attaque dirigée vers la case d5 et les cases avoisinantes, elle se poursuit bien au contraire en toute tranquillité.

La fin de la partie ne nécessite pas de commentaires pour sa compréhension :

61. fxg5 fxg5 62. hxg5 hxg5 63. b6 g4 64. b7 ♔c7 65. ♔e5 g3

66. ♔f4 ♘g8 67. ♔xg3 ♘f6 68. ♗f3 ♘d7 69. ♔f4 ♔d6 70. ♔f5 ♔e7 71. ♗c6 ♘b8 72. ♗b5

Les Noirs abandonnent la partie.

Partie n° 65
Blancs : Rubinstein
Carlsbad, 1907

1. d4 d5 2. ♘f3 e6 3. c4 c5 ? 4. cxd5 exd5 5. ♘c3 ♘c6 6. ♗f4

La réfutation 6. g3 n'était pas connue à l'époque.

6 ... cxd4 7. ♘xd4 ♗b4 8. e3 ♘f6 9. ♘xc6 bxc6 10. ♗d3 0-0 11. 0-0 ♗d6 !

Les Noirs ne tiennent évidemment pas à permettre une étreinte du genre de celle de la soixante-deuxième partie, leur idée est plutôt de préparer la poussée c6-c5.

12. ♗g3

12. ♗g5 serait désamorcé par l'énergique action de centralisation 12 ... ♖b8 13. b3 *(13. ♕c2 ? ♗xh2+)* 13 ... ♗e5 ! 14. ♖c1 ♕d6.

12 ... ♗xg3 13. hxg3 c5 14. ♖c1 ♗e6 15. ♕a4

La tentative de démolition 15. e4 ne conduit qu'à l'égalité après 15 ... dxe4 16. ♘xe4 c4 ! 17. ♘xf6+ ♕xf6 18. ♗xc4 ♕xb2.

15 ... ♕b6

J'avais à l'époque déjà compris que le plan juste devait être c5-c4 et non d5-d4, car l'idée de percée par d5-d4 signifierait un critiquable « dynamisme » poussé à l'extrême. Le coup c5-c4 aurait un « dynamisme » plus modéré : ce plan d'action assure une certaine sécurité (notre « sécurité bloquée ») et rend d'autre part possible le déploiement d'une initiative limitée mais raisonnable. Comparez avec l'introduction.

16. ♕a3

Les Blancs forcent la poussée c5-c4 car on la considérait alors compromettante.

16 ... c4 ! 17. ♗e2 a5 18. ♖fd1 ♕b4

Voici la petite initiative !

76

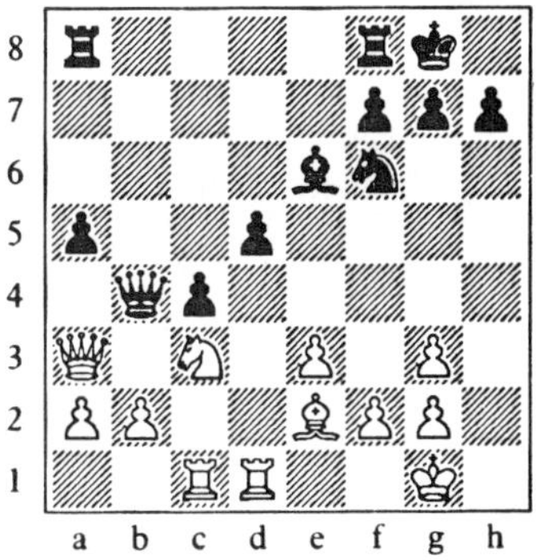

19. ♖d4

Les Blancs n'ont pas à craindre le doublement du pion a.

19 ... ♖fd8

Si 19 ... ♕xa3 20. bxa3 ♖ab8 *(sinon 21. ♖b1)* 21. ♗f3 ♖fd8 22. ♖cd1 etc.

20. ♖cd1 ♖d7
21. ♗f3 ♖ad8

77

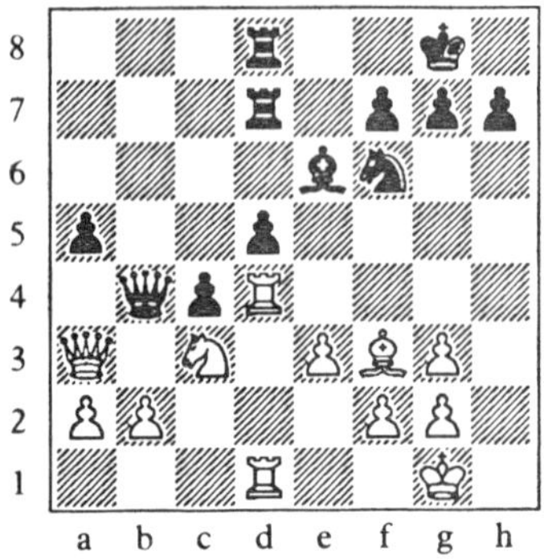

La position obtenue a une apparence d'œuvre d'art grecque par sa cohérence et sa merveilleuse économie. Il ne faut plus altérer cette position éclatante de perfection. La suite adéquate devrait être 22. ♔f1 ♔f8 23. ♔g1 ♔g8 etc. avec la nulle comme résultat logique.

22. ♘b1

Les Blancs rompent l'équilibre par ce coup qui va leur valoir un choc.

22 ... ♖b8
23. ♖1d2 ♕xa3 !

Plus fort que 23 ... ♖db7, avec par exemple : 24. ♕c3 ! ♕xc3 25. ♘xc3 ♖xb2 26. ♖xb2 ♖xb2 27. ♗xd5 ♘xd5 28. ♘xd5 ♖xa2 29. ♖xc4 conduisant à l'égalité.

24. ♘xa3 ♔f8

Il ne faut pas jouer 24 ... ♖db7 sinon 25. ♘xc4.

25. e4 dxe4 26. ♖xd7 ♘xd7 27. ♗xe4 ♘c5 28. ♖d4

La faiblesse du pion b2 serait devenue évidente même avec la meilleure suite : 28. ♗c6 ♖b4 29. ♗d5 ♘a4. Mais le gain est facile après le coup du texte. La partie continue ainsi :

28 ... ♘xe4 29. ♖xe4 ♖xb2 30. ♘xc4 ♖b4 31. ♘d6 ♖xe4 32. ♘xe4 ♗xa2 33. ♘c3

Si 33. ♔f1 les Noirs répondent 33 ... ♗c4+ suivi de 34 ... ♗d5 ! Et si 33. ♘c5, alors 33 ... ♔e7 34. ♔f1 ♔d6 ! 35. ♘b7+ ? ♔c6 36. ♘xa5+ ♔b6 et gagnent.

33 ... ♗c4 34. f4 ♔e7 35. ♔f2 ♔d6 36. ♔e3 ♔c5 37. g4 ♔b4 38. ♔d4 ♗b3 39. g5 a4 40. ♘b1 ♗e6 41. g3 ♔b3 42. ♘c3 a3 43. ♔d3 g6 44. ♔d4 ♔c2

Les Blancs abandonnent.

Dans la partie suivante, les pions pendants se maintiendront longtemps en c4 et d4. Cette sécurité statique permettra de développer une « petite » initiative à l'extrême aile dame ainsi que sur la diagonale f3-b7.

Partie n° 66
Noirs : Dr. Vidmar
New York, 1927

1. e4 c5 2. ♘f3 e6 3. c3

La partie nulle me suffisait alors que Vidmar devait gagner.

3 ... ♘f6 ! 4. e5 ♘d5 5. d4 cxd4 6. cxd4 ♗e7

6 ... b6 nous semble meilleur.

7. ♘c3 ♘xc3
8. bxc3 d5

Nous aurions à nouveau joué 8 ... b6.

9. exd6 e. p.

Il est aussi possible de jouer 9. ♗d3 0-0 10. ♕c2 g6 11. h4 etc.

9 ... ♕xd6
10. ♗e2

Dans le cas d'une position avec les pions pendants c4 et d4, la place correcte du fou est en e2 et non en d3.

10 ... 0-0 11. 0-0 ♘bd7 12. a4 !

Voici la « petite » initiative dirigée contre le futur pion b6.

12 ... ♕c7 13. ♕b3 b6 14. c4 ♗b7 15. a5 ! ♗f6

Si 15 ... bxa5, les Blancs jouent 16. ♗f4 ! ♕b6 17. ♕a4 avec une attaque double contre le pion a5 et le cavalier d7.

16. axb6 axb6 17. ♗e3 h6 18. h3 ♖fc8

78

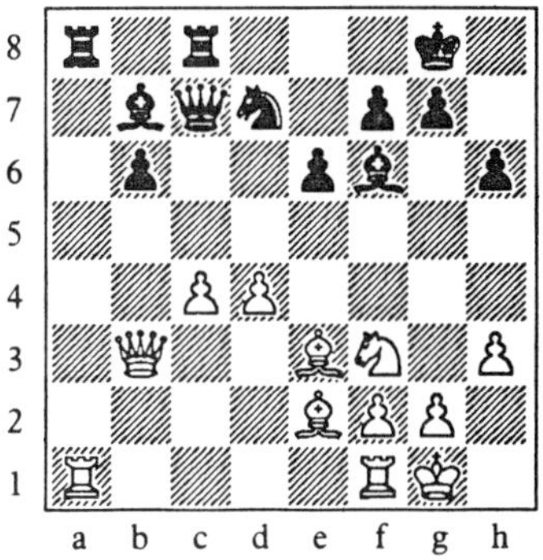

19. ♖fc1 !

Ce coup permet de gagner tout un tempo. Si les Noirs acceptent le sacrifice de pion que ce coup implique, ils gâchent leurs chances, par exemple : 19 ... ♖xa1 20. ♖xa1 ♗xf3 21. ♗xf3 ♕xc4 22. ♕xc4 ♖xc4 23. ♖a8+ ♘f8 24. d5 et les Blancs sont les maîtres de la partie.

19 ... ♖cb8
20. ♖xa8 ♖xa8

Les deux coups ♖f8-c8-b8 ont fait gagner un tempo aux Blancs, voir le commentaire précédent.

21. ♘d2 ♗e7 22. ♗f3 ♖a3 23. ♕b2 ♗xf3 24. ♘xf3 ♖a5 25. ♕d2 ♗a3 26. ♖c2 ♗d6 27. ♖c1 ♗a3 28. ♖c2 ♗d6 29. ♖c1 ♕a7 30. ♕d3 ♖a3 31. ♕e4

L'hégémonie blanche au centre correspond tout à fait au logos de la partie. Le lecteur attentif s'étonne sans doute que le seul résultat de l'attaque (a2-

a4-axb6) entreprise par les Blancs à l'aile ait été que leur adversaire y obtienne à son tour une attaque. Ce passage de l'attaque aux mains de l'adversaire ne pourrait cependant s'expliquer que par des erreurs des Blancs ou par le fait que l'attaque des Blancs ait manqué de justification réelle. Aucune de ces raisons ne correspond à la réalité, les Blancs ont correctement joué leur attaque et elle semble justifiée car c'était l'unique façon d'assurer la stabilité des pions pendants. Les Noirs ont donc sûrement usurpé — *sit venia verbo* — l'attaque à l'extrême aile dame, elle a d'ailleurs été obtenue au prix d'un autre terrain important, le centre. L'hégémonie blanche au centre est après tout compréhensible.

La fin de la partie possède une logique impérieuse.

31 ... ♘f6 32. ♕c6 ♖xe3 ! 33. ♕xd6 !

La partie est nulle.

L'opération des Noirs à l'aile s'est transformée en un effort extrême que les Blancs ont paré avec sang-froid en jouant au centre : l'opération à l'aile et l'action centrale se sont équilibrées. La variante suivante nous informe de la valeur de l'acceptation du sacrifice : 33. fxe3 ♕a3 34. ♖e1 ♗g3 35. ♖f1 ♕xe3+ 36. ♔h1 ♘e4 menaçant principalement 37 ... ♗f4.

La partie a été très correctement jouée de part et d'autre.

Partie n° 67
Blancs : Dr. Tarrasch
Hambourg, 1910

1. d4 d5 2. ♘f3 e6 3. c4 c5 4. e3 ♘f6 5. ♘c3 ♘c6 6. ♗d3 ♗d6 7. 0-0 0-0 8. b3 b6 9. ♗b2 ♗b7 10. ♕e2 dxc4 11. bxc4 cxd4 12. exd4

Les avantages et les inconvénients des pions pendants se valent à peu près ici.

12 ... ♖c8

79

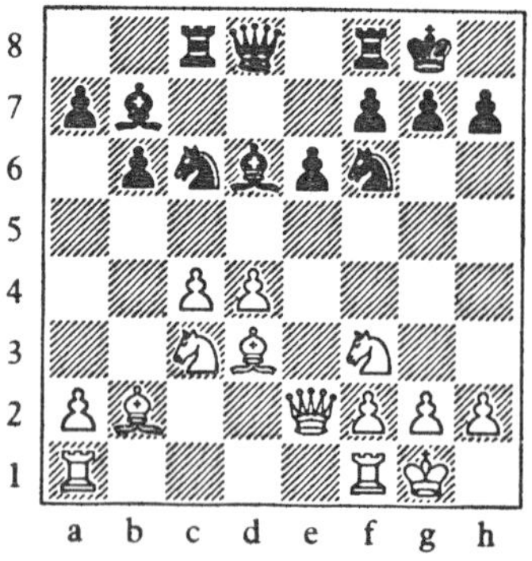

13. ♖ad1

Faible. Il est indispensable de jouer 13. a3 pour affermir le fou d3 le meilleur soutien des pions pendants. Une suite pourrait être : 13. a3 ♘a5 14. ♘e5 ♗a6 *(pas 14 ... ♘b3 15. ♖ad1 ♘xd4 à cause de 16. ♗xh7+ etc.)* 15. ♖ad1 ♗xe5 *(15 ... ♕e7? perd une pièce à cause de 16. c5 ! etc. Il faut cependant considérer 15 ... ♕c7, avec par exemple : 16. ♘b5 ♗xb5 etc.)* 16. dxe5 ♘d7. Les Blancs ont deux possibilités dans cette situation : 17. ♘b5 ou 17. c5. La variante 17. c5 ♗xd3 18. ♖xd3 ♕e7 19. ♘e4 ! *(menaçant 20. ♘f6+ etc.)* 19 ... ♖fd8 ! 20. cxb6 ♘xb6 21. ♘d6 est tout aussi acceptable pour les Blancs que le traitement plus positionnel par 17. ♘b5 ♗xb5 18. cxb5 ♖c7 19. ♕e4 g6 20. ♕b4 ! grâce auquel ils obtiennent un jeu solide (la faiblesse des cases blanches est bien protégée) avec néanmoins de l'initiative, par exemple : 20 ... ♕c8 21. ♖fe1 ♘c5 22. ♗f1 ♖fd8 23. ♗c1 ! menaçant 24. ♗g5. Le lecteur concerné étudiera ces variantes qui donnent un éclairage lumineux du pour et du contre des pions pendants.

13 ... ♘b4 14. ♗b1 ♗xf3 15. gxf3 ♗b8 !

15 ... ♘h5 aussi était fort.

16. a3 ♕c7 17. f4 ♕xf4 18. f3 ♘c6

Les Blancs ont perdu un pion, mais la paire de fous, la colonne g et, *last but not least*, les pions pendants leur donnent des chances d'attaque.

19. ♘e4 ♖fd8 20. ♔h1 ♘e7 ! 21. ♗c1 ♕c7 22. ♘xf6+ gxf6 23. ♕g2+ ♘g6 24. ♗a2 ♔h8 25. f4 ♘h4 26. ♕h3 ♘f5 27. d5

Afin d'exploiter la diagonale b2-f6 en attaque. Nous pouvons classer sous la rubrique « dynamisme » cette poussée de pions faite afin d'ouvrir les lignes aux pièces. Quant à nous, nous aurions opté pour le « statisme » en construisant par exemple par 27. ♗b2, puis ♕f3 et en postant finalement les tours sur les colonnes c et d. Observez à présent la réponse « statique » des Noirs à la « dynamique », ils handicapent et bloquent les pions c4 et d5 selon leurs possibilités.

27 ... ♖g8 28. ♗b2 ♖g6 29. ♖g1 ♖cg8 30. ♖xg6 ♖xg6 31. ♖f1 ♕c5 32. ♕f3 ♗d6

Voici le blocage.

33. ♕f2 ♕xf2

Les cases de blocage d6 et particulièrement c5 forment un tremplin pour des intrusions de toutes sortes, les Noirs menaçaient par exemple de jouer ♕c5-e3.

34. ♖xf2 ♗c5 35. ♖g2 ♔g7 36. ♖xg6+ hxg6

La suite est aisée :

37. ♔g2 ♗d4 !
38. ♗c1 ♗e3

L'échange est forcé par la mignonne manœuvre de fou.

39. ♗xe3 ♘xe3+ 40. ♔f3 ♘f5 41. ♗b1 ♘d6 42. ♗d3 e5 43. ♔g4 f5+ 44. ♔g3 f6 45. h4 ♔f7 46. ♗e2 ♘e8 47. ♔f3 ♔e7 48. ♔e3 ♘g7 49. ♗f3 ♔d6

Le cavalier se dirige vers la case h5 pour résoudre le problème des pions doublés après que le roi l'ait relayé pour le blocage.

50. ♗d1 ♘h5
51. fxe5+

Si 51. ♗xh5, la finale de pions est désespérée pour les Blancs en raison de la possibilité de percée par b6-b5.

51 ... fxe5

La position est gagnante.

52. ♔d3 ♔c5 53. a4 ♘f6 54. ♗e2 ♘e8 55. ♔c3 ♘d6 56. ♗f1 e4 57. ♔d2 f4 58. ♔c3 f3

Les Blancs abandonnent.

Partie n° 68
Blancs : Brekke
Oslo, 1921

Dans cette intéressante partie de longue haleine (la finale est particulièrement piquante), les pions pendants se manifestent seulement comme une menace latente, tels des spectres.

1. d4 d5 2. ♘f3 ♘f6 3. e3 g6 4. ♗e2 ♗g7 5. 0-0 0-0 6. b3 c5 7. ♗b2 cxd4 8. exd4

Les Noirs projettent dans le cas de la poussée c2-c4 de provoquer des pions pendants avec l'échange d5xc4.

8 ... ♗g4 9. ♘e5 ♗xe2 10. ♕xe2 ♘bd7 11. f4 ♖c8 12. ♘a3

Ce coup original n'est pas mauvais.

12 ... ♘b6 13. ♖ac1 a6 14. f5

14. c4 dxc4 15. bxc4 puis au plus vite c4-c5 suivi de ♘ac4 conduit à la situation que nous avons qualifiée d'avantageuse, à savoir : la sécurité bloquée combinée avec une petite initiative. Nous pouvons donc considérer 14. f5 comme une transgression pardonnable de la méthode directe.

14 ... gxf5 15. ♖xf5 ♘e4 16. ♖cf1 f6 17. ♘g4 e6 18. ♖h5

L'éloignement de la tour est une faute qui sera bientôt évidente. 18. ♖5f3 semble mieux.

18 ... f5 19. ♘e5 ♖c7 20. ♕e3 ♘d7 21. c4

Brekke, dont le niveau de maître est incontestable se décide finalement à pousser le pion. Il n'est cependant désormais plus question de pions doublés, ce sont d'autres configurations de pions qui apparaissent.

21 ... ♘xe5
22. dxe5 ♖d7

Observez la qualité d'élasticité de la tour sur la septième rangée.

23. cxd5 ♖xd5

La colonne d exerce à présent un effet immense, *cf.* la note au dix-huitième coup.

24. ♘c4 b5
25. ♘d6!

C'est encore le mieux.

25 ... ♖xd6 26. exd6 ♗xb2 27. ♕h6 ♗d4+ 28. ♔h1 ♖f7 29. ♕xe6 ♕xd6 30. ♖g5+ ♗g7 31. ♕xd6 ♘xd6 32. ♖d1

La finale est visiblement difficile à gagner.

32 ... ♖f6 33. ♔g1 ♔f7 34. a4 b4 35. ♖d5! ♖e6 36. ♖a5 ♖e3 37. ♖xa6 ♗d4! 38. ♔f1 ♗e5 39. a5 ♖xb3 40. ♖h5 ♖b1+ 41. ♔e2 b3

41 ... ♔g6 était tout à fait jouable.

42. ♖xh7+ ♔e6 43. ♖h3 b2 44. ♖b3 ♖a1 45. ♖ab6 ♖xa5 46. ♖xb2

Ceci n'était pas pressé.

46 ... ♗xb2 47. ♖xb2 ♘c4 48. ♖c2 ♔d5 49. ♔f3 ♖a4 50. ♖e2 ♘e5+ 51. ♔f2 f4 52. h3 ♖a3 53. ♖d2+ ♔e4 54. ♖c2 ♖e3 55. ♖a2 ♘d3+ 56. ♔g1 ♖e1+ 57. ♔h2 ♔e3 58. ♖a3 ♖e2 59. ♔g1 ♖b2 60. ♖a1 ♖c2 61. ♖a3 ♔e2 62. ♖a4 ♖c1+ 63. ♔h2 ♔e3 64. ♖a3 ♖b1 65. ♖c3 ♖b2 66. ♔g1

(Diagramme 80)

80

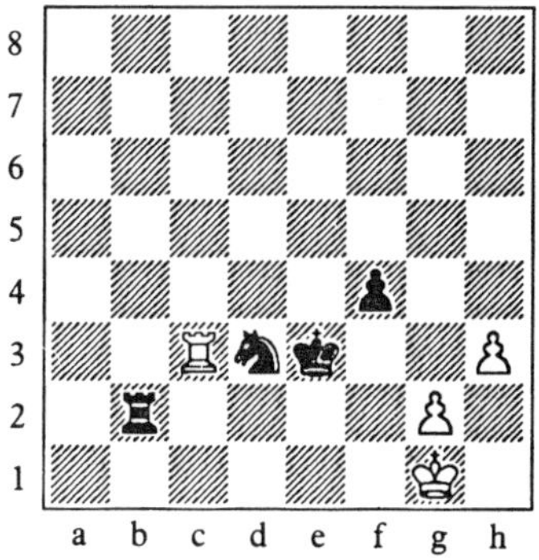

66 ... ♔d4 67. ♖a3 ♘e1 68. ♖a4+

Suit à présent un duel intéressant entre tour et roi.

68 ... ♔e5 69. ♖a5+ ♔f6 70. ♖a6+ ♔g5

Un dégagement par g7, h6 et h5, vers h4 était plus simple, mais les Noirs ont aperçu une variante piquante qu'ils ne veulent pas laisser échapper.

71. ♖a8 ♔h6 72. ♖g8 ♔h7! 73. ♖g4 f3! 74. ♔f1

Si 74. gxf3, la suite est bien sûr 74 ... ♘xf3+ avec mat ou gain de la tour.

74 ... fxg2+!

Gagnant de façon plus rapide et élégante que 74 ... ♘xg2 75. ♖e4 etc.

75. ♔xe1 ♔h6

Les Noirs gagnèrent par zugzwang :

76. h4 ♔h5
77. ♖g5+ ♔xh4

Etc.

Les Noirs gagnent la partie.

Partie n° 69
Noirs : Leonhardt
Ostende, 1907

1. e4 e5 2. ♘f3 ♘c6 3. ♘c3 ♘f6 4. d4 ♗b4 5. ♘xe5 !

Nouveauté jouée dans cette partie pour la première fois.

5 ... ♕e7

C'est le meilleur coup. 5 ... ♘xe5 6. dxe5 ♘xe4 est désavantageux a cause de 7. ♕g4

6. ♘xc6 !

Si l'on veut éviter de donner un pion, il est aussi possible de se tirer d'affaire avec 6. ♕d3 ♘xe5 7. dxe5 ♕xe5 8. ♗d2, c'est la recommandation du Dr. Krause.

6 ... ♕xe4+ 7. ♗e2 ♕xc6 8. 0-0 ♗xc3 9. bxc3 ♕xc3 10. ♖b1 0-0 11.d5 !

La paire de fous entre ainsi en fonction.

11 ... ♕e5
12. c4

Au lieu de ceci, 12. d6 est aussi jouable, par exemple : 12 ... ♕xd6 13. ♕xd6 cxd6 14. ♗a3 etc.

12 ... ♖e8 13. ♗d3 d6 14. ♗b2 ♕h5 15. ♕d2 ♘e4 ?

Les Noirs sous-estiment clairement les fous adverses ! Pourquoi pas 15 ... ♘g4 ! ? Si 16. h3, alors 16 ... ♘e5 et les Noirs ont des menaces matérielles (♘xd3) et positionnelles (rendre les fous inopérants par f7-f6 en fermant la diagonale b2-g7). Mais peu de joueurs réalisent l'importance de la prophylaxie.

16. ♖be1 ♗f5 17. ♕f4 ♕g6 18. ♖e3

Le coup de force 18. g4 échoue a cause de ♘xf2 !

18 ... ♔f8

Pour mieux protéger la tour.

19. h3 !

Si 19. ♖fe1, 19 ... ♘g3 ! Le coup du texte prépare l'attaque décisive ♖f3, cette attaque ne fonctionne pas immédiatement à cause de la réponse ♗g4.

19 ... h5 20. ♖f3 ♗d7 21. ♖e1

Les Noirs abandonnent la partie.

Partie n° 70
Blancs : M.E. Goldstein
Londres
(tournoi double ronde),
1927

1. d4 d5 2. ♘f3 e6 3. c4 ♘d7 4. ♘c3 ♘gf6 5. ♗g5 ♗b4

L'ingénieuse variante spéciale de Spielmann.

6. cxd5 exd5
7. e3

Si 7. ♕a4, les Noirs peuvent jouer tout de suite 7 ... c5, par exemple : 8. dxc5 ♗xc3+ 9. bxc3 0-0 10. c6 ♕c7 !

7 ... **h6**

7 ... c5 est jouable aussi, si par exemple. 8. dxc5 ? ♕a5 etc.

8. ♗xf6 **♕xf6**

Il existe à la place de ce coup la très solide façon de jouer 8 ... ♗xc3+ et 9 ... ♘xf6, si alors 10. c4 la contre-poussée c7-c5 est possible.

9. ♕b3 **♕b6**

Pour compliquer le jeu. Autrement la variante 9 ... ♕d6 10. ♗e2 c5 11. dxc5 ♘xc5 12. ♕c2 ♘e4 13. 0-0 ♗xc3 peut aussi se jouer.

10. ♗d3

L'acceptation du gambit par 10. ♕xd5 conduit après 10 ... ♗xc3+ 11. bxc3 ♕b2 12. ♕e4+ ♔d8 13. ♖d1 ♕xc3+ 14. ♘d2 ♖e8 15. ♕b1 ! ♘b6 ! *(15 ... ♕xd4 est risqué)* 16. ♗e2 ♗d7 à un jeu incertain.

10 ... **♘f6**
11. 0-0 **0-0 !!**

Sacrifice de pion étayé essentiellement par la supériorité de la paire de fous.

12. ♘xd5 ♘xd5 13. ♕xd5 ♗e6 14. ♕b5

Pas 14. ♕e4 sinon 14 ... f5 15. ♕e5 ♖ae8 etc.

14 ... ♗e7 ! 15. ♖fc1 c6 16. ♕xb6 axb6 17. a3 b5

81

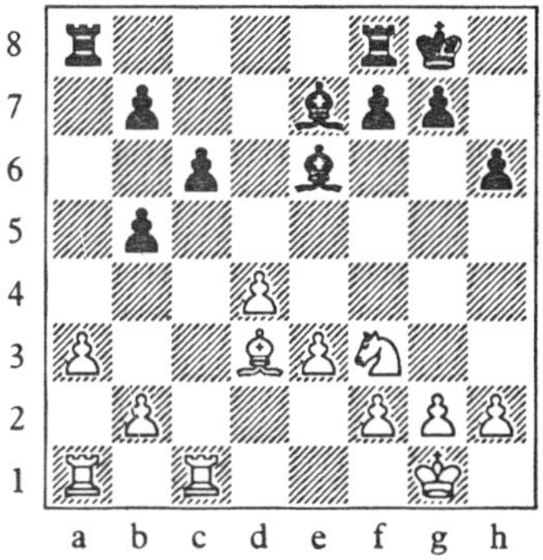

18. ♘e5 **♗d6**
19. f4

Les Blancs avancent trop vite leur majorité centrale. Observez maintenant la manière dont les fous appâtent et handicapent.

19 ... f6 20. ♘f3 ♗d5 ! 21. e4 ♗f7 22. e5 ♗b8

Le pion d4 parait bien faible.

23. ♖e1 **fxe5 !**

Si 23 ... ♗a7, peut se produire entre autres 24. exf6 suivi de 25. ♖e7.

24. fxe5

Si 24. dxe5, alors 24 ... ♗e6 25. g3 g5 etc.

24 ... **♗e6**

Voici le blocage, *cf.* la note du dix-neuvième coup.

25. ♔f2 ♗a7
26. ♔g3

26. ♔e3 ne vaut pas mieux.

26 ... ♖ad8 27. ♖ad1 ♖d7 28. ♖d2 ♖fd8

Il fallait considérer sérieusement 28 ... g5, par exemple : 29. h3 ♖g7 avec de graves menaces.

29. ♗c2 g5
30. h3 ♔f7

Les Noirs ne se pressent pas pour récupérer le pion, en effet : 30 ... ♗xd4 31. ♘xd4 ♖xd4 32. ♖xd4 ♖d1 avec égalité. Le coup de roi est conçu entre autres comme une mesure préventive à l'encontre du pion passé e et le roi parvenu en e7 peut agir comme bloqueur de réserve.

31. ♖ed1 ♔e7 32. ♗e4 h5 33. d5 !

Le maître Goldstein défend avec talent cette difficile position.

33 ... cxd5 34. ♗d3 ♖g8 35. ♗xb5 g4 36. hxg4 ♖xg4+ 37. ♔h2 ♖c7 38. ♗d3 ?

38. ♘d4 permet de tenir la position.

38 ... ♗e3 39. ♖c2 ♖xc2 40. ♗xc2 d4 41. b4 h4 ! 42. ♗d3 h3 ! 43. ♗f1

Si 43. gxh3, alors 43 ... ♗f4+ 44. ♔h1 ♗d5 ! Ou encore 43. ♔xh3, alors 43 ... ♖g8+ 44. ♔h2 ♗f2 45. ♘g1 ♗d5 46. ♗f1 ♗g3+ 47. ♔h1 ♖h8+ 48. ♘h3 ♖xh3+ gagne.

43 ... hxg2
44. ♗xg2

La poussée du pion h a provoqué d'une part la dégradation du fou blanc (à la valeur d'un pion), d'autre part le déblocage du pion passé noir. Nous avons ici la raison de la manœuvre des Noirs.

44 ... ♗b3 45. ♖e1 ♗f4+ 46. ♔h1

Si 46. ♔g1, alors 46 ... ♗d5 47. ♖f1 d3.

46 ... ♗d5 47. ♖d1 ♖g8 48. ♖xd4 ♖h8+

Les Noirs ont une position gagnante.

49. ♔g1 ♗e3+ 50. ♔f1 ♗xd4 51. ♘xd4 ♖f8+ 52. ♔g1 ♖g8 53. ♘f5+ ♔e6 54. ♘e3 ♗xg2 55. ♘xg2 ♖g3 56. ♔f2 ♖xa3 57. ♘e3 ♖b3

Les Blancs abandonnent.

La paire de fous a accompli un travail fort complexe dans cette partie. Ils ont « appâté » et handicapé jusqu'à ce que la majorité adverse soit dévalorisée. Ce fut ensuite au tour du roi d'être attaqué par toutes les diagonales. Enfin, ils firent don de leur très haute protection à l'obscur petit pion d4 qui devint ainsi un géant.

V

AVEC UN AVANTAGE D'ESPACE, LE LOUVOIEMENT CONTRE DES FAIBLESSES ENNEMIES

L'avantage d'espace constitue le principe dominant de la combinaison stratégique assez facile à traiter : « avantage d'espace » plus « faiblesses chez l'adversaire ». Il arrive souvent que les faiblesses apparaissent comme une conséquence de la pression du terrain adverse, comparez avec les parties n° 71 et n° 73. Voici un schéma de procédure d'un louvoiement dirigé vers des faiblesses ennemies : en profitant de la supériorité de ses propres lignes de communication, l'attaquant vise alternativement deux points faibles qui nécessitent d'être défendus ; lorsque le parti de la défense ne peut plus regrouper ses pièces aussi rapidement que son adversaire, il perd la partie.

La pointe du stratagème qui nous préoccupe réside donc visiblement dans une réelle mise en valeur des lignes de communication. En quoi cela consiste-t-il ?

Presque toutes les lignes de communication convergent vers une case qui forme ainsi l'axe des opérations de louvoiement. Le rapport des pièces cherchant à atteindre le camp adverse par cette case avec la case elle-même correspond à celui entre un « point fort » et le contact de ses « surprotecteurs » avec lui. La case d5 représente l'axe dans la partie n° 71 contre Schlage (Blancs : ♔g1, ♘b2, ♘d2, pions b4, c3, f3, g2, h3 ; Noirs : ♚c6, ♝d5, ♞e5, pions b5, e6, f5, g5, h5). Les Noirs réussirent à détourner les gardiens blancs (les cavaliers) en exerçant des menaces à l'aile roi puis ils envahirent par ♝c4, suivi de ♞d3 et ♞b2. Remarquez les cases faibles des Blancs en d5, c4 et même d3. Dans la finale de dames contre Antze (partie n° 75), la case d4 prend le relais des cases e5 et f6 comme axe. La dame y parcourt la trajectoire d4-f6-f7-e8-f7-f6-d4. Le zugzwang se présente comme « deus ex machina » de la partie n° 72 contre Gottschall, le défenseur doit détruire de ses propres mains sa construction de défense si laborieusement édifiée. Dans la partie n° 74 les manœuvres de louvoiement sont effectuées sur les lignes intérieures. La partie n° 76 a ceci de remarquable que l'axe comprenant deux cases (d'abord e6 puis e5) est blanc-noir alors que d'habitude le complexe de cases est plutôt d'une seule couleur comme par exemple dans les parties n° 71 et n° 75.

Il est aussi possible de louvoyer contre une seule faiblesse, dans ce cas la variété des méthodes d'attaque (frontalement, latéralement, par contournement) doit suppléer à la diversité des objectifs d'attaque. L'aimable lecteur trouvera tout le reste dans les parties n° 71 à 77 traitées avec le plus grand soin.

Partie n° 71
Blancs : Schlage
Berlin, 1928

1. e4 c5 2. ♘f3 ♘f6 3. ♘c3 d5 4. exd5 ♘xd5 5. ♗b5+

5. ♘e5 peut s'envisager.

5 ... ♗d7 6. ♗c4 ♘b6 7. ♗e2 ♘c6 8. 0-0

Les Blancs renoncent avec raison à 8. d4, par exemple : 8. d4 cxd4 9. ♘xd4 ♘xd4 10. ♕xd4 ♗c6.

8 ... ♗f5

Pour fixer au mieux les cases centrales, ici d4 et e4. La réponse classique 8 ... e5 est tout aussi appropriée.

9. ♖e1 a6

Protégeant indirectement la case centrale e5.

10. d3 e6 11. ♘e4 ♕c7 12. c3 ♖d8 13. ♕c2 ♘d5

Les deux antagonistes ont chacun un cavalier au centre et la partie est à peu près équilibrée.

14. ♗g5 ! ♗e7 15. ♗xe7 ♕xe7 16. h3 0-0 17. ♖ad1 ♖d7 18. ♗f1 ♖fd8 19. ♕c1 h6 20. ♔h2 g5

Ce relâchement de la structure semble autorisé si l'on considère la très grande compacité du centre noir. Toutefois 20 ... ♗h7 était plus solide, par exemple : 21. d4 ? ♗xe4 suivi de 22 ... ♘f6 etc.

21. ♘g3

Les complications au moyen de 21. h4 g4 22. ♕xh6 gxf3 23. c4 ! tournent au profit des Noirs après 23 ... ♘e5 24. gxf3 ♘xf3+ suivi de ♘xe1. Avec le coup du texte, les Blancs obtiennent une position dégagée et égale.

21 ... ♗g6
22. d4 ♘b6

Avec l'idée d'une éventuelle diversion par la case a4.

23. dxc5 ♕xc5 24. ♖xd7 ♖xd7 25. ♔g1 ♕e7

Ce retrait de la dame est bien fondé car elle n'avait pas grande utilité en c5 et s'y trouvait en outre exposée à une attaque éventuelle par b2-b4, suivi de a2-a3 et c3-c4.

26. ♖d1 ♖xd1 27. ♕xd1 ♕d8 28. ♕c1 ♔g7 29. ♕e3 ♘d5 30. ♕d2 ♘f4 31. ♕xd8

La partie tend vers une finale à laquelle les Noirs sont mieux préparés grâce à la plus grande mobilité de leur roi.

31 ... ♘xd8 32. ♘e5 ! ♗b1 33. a3 f6 34. ♘d7 ! ♔f7 35. ♘c5

Le cavalier est parfaitement bien placé.

35 ... ♔e7 36. ♗c4 f5 37. ♘e2

Donnant aux Noirs la possibilité d'éliminer le beau fou des Blancs. 37. ♘f1 avec la suite 37 ... ♔d6 38. b4 b5 39. ♗b3 ♘e2+ 40. ♔h2, puis 40 ... a5 ! était encore moins favorable aux Blancs.

37 ... ♔d6 38. b4 ♗a2 ! 39. ♘xf4 ♗xc4 40. ♘h5 b6 41. ♘a4 ♗b3 ! 42. ♘b2

Si 42. ♘xb6 ? ♔c7 ! 43. ♘a8 ♔b7.

42 ... ♘f7 43. ♘g3 ♘e5 44. ♘f1 b5

Les Noirs sont visiblement mieux, mais il leur est difficile de progresser car les deux cavaliers sont de bons gardiens.

45. ♘d2 ♗d5 46. a4 h5 47. axb5 axb5 48. f3 ♔c6

C'est le début d'un jeu de louvoiement compliqué. Les deux faiblesses requises dans le camp adverse sont bien là : la première se trouve à l'aile roi (les menaces sont g5-g4 ou e6-e5-e4), la seconde à l'aile dame (la menace est l'intrusion du roi noir par la case c4). L'axe de louvoiement est formé avant tout par la case d5, mais aussi par l'ensemble de l'espace avoisinant la case d5, à savoir entre autres la case c4 et les cases de diversion obtenues par l'occupation de cette dernière.

Le coup du roi en c6 permet de retirer le cavalier e5. En effet si les Blancs poussent c3-c4 (après ♘e5-f7), les Noirs gagnent un pion avec b5xc4, ♘xc4 ♗xc4, ♘xc4 ♔b5.

49. ♔f1

Une très grande circonspection est d'ores et déjà indispensable, si notamment 40. ♔f2 (au lieu de ♔f1) alors 40 ... g4 41. hxg4 hxg4 42. fxg4 ♘xg4+ 43. ♔g1 ♘e3 avec certains désagréments pour les Blancs.

49 ...	**h4**
50. ♘d1	**♗c4+**

Voir le commentaire du quarante-huitième coup.

51. ♔g1

Si 51. ♘xc4, alors 51 ... ♘xc4 52. ♔e2 ♔d5 53. ♔d3 e5 et les Blancs sont en désavantage.

51 ... ♘d3
52. ♘e3

52. ♘xc4 serait ici aussi très contestable, par exemple : 52. ♘xc4 bxc4 53. ♘e3 ♔b5 54. ♘c2 ♔a4 55. ♘d4 e5 56. ♘xf5 ♔b3 57. b5 ♔xc3 etc.

52 ... ♗d5 53. ♘c2 ♘b2 ! 54. ♘d4+ ♔b6 55. ♔h2 ♘d1 56. ♘e2 e5

Le cavalier s'est servi de la case c4 comme d'un tremplin, les Blancs ont perdu du terrain au cours des derniers coups.

57. ♔g1

A 57. g3, les Noirs répondent simplement 57 ... f4.

57 ... ♔c6 58. ♔f1 ♗a2 59. ♔g1 ♘e3 60. ♔f2 ♘d5 61. g4

Les Noirs menaçaient déjà de jouer 61 ... ♘f4, si par exemple 61. ♔f1 ♘f4 62. ♘xf4 gxf4 63. ♔e2 ♔d5 suivi de e5-e4-e3 et les Noirs gagnent. Les Noirs ont utilisé intensivement l'axe de louvoiement d5 (il a servi au fou et au cavalier).

61 ... hxg3 e.p. 62. ♔xg3 ♘f6 63. ♔f2

La poussée 63. h4 que les Blancs projetaient échoue après 63 ... f4+ 64. ♔h3 ♗e6+. La faiblesse de l'aile roi est maintenant perceptible, le petit pion h3 va causer bien des soucis.

Le joueur qui louvoie a un jeu plus facile lorsque les faiblesses sont bien dessinées.

63 ... ♔d6 64. ♘g3 ♔e6 65. ♘e2 ♘d5 66. ♔g3 ♘f6 67. ♘c1 ♗d5 68. ♘d3 ♘h5+ 69. ♔h2 e4

La majorité se met enfin en branle. Elle va exercer un effet catastrophique pour les Blancs dont le roi rivé au point faible h3 ne peut prendre part à la localisation de la percée ennemie.

70. fxe4 fxe4 71. ♘e1 ♘f4 72. ♘c2 ♘e2 !

Le cavalier fait sa deuxième incursion dans le jeu blanc.

73. ♘b1

73. ♘d4+ ? ♘xd4 74. cxd4 e3 perd immédiatement.

73 ... ♗c4 74. ♔g2 ♗d3 75. ♘ca3 ♘f4+ 76. ♔f2 !

Les Blancs font déjà des concessions, mais...

76 ... ♘d5 !

L'adversaire n'en veut pas. Il préfère immobiliser les deux cavaliers blancs !

77. ♔g3

Ou 77. ♘d2 e3+ etc.

77 ... e3
78. ♔f3 ♔e5

(Diagramme 82)

79. c4

82

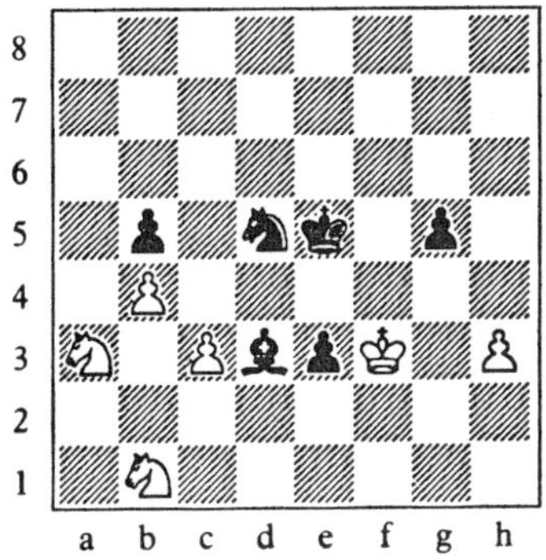

Ce coup est forcé car tout est fini après 79. ♔g3 ♘f4 80. ♔f3 e2 81. ♔f2 ♘g2.

79 ... bxc4 80. b5 ♔d6 81. b6 ♔c6 82. b7 ♔xb7 83. ♘b5

Zugzwang ! Les Blancs manquent désespérément de coups.

83 ... ♗xb1 84. ♘d6+ ♔c7 85. ♘xc4 ♗f5

Les Blancs abandonnent la partie.

La partie a duré douze heures. Ce fut une de mes meilleures prestations en finale. Schlage s'est du reste très bien défendu.

Partie n° 72
Blancs : v. Gottschall
Hanovre, 1926

1. e4 e6 2. d4 d5 3. ♗d3 c5 4. c3 dxe4 5. ♗xe4 ♘f6 6. ♗f3

Le fou dérobe la case naturelle de développement du cavalier g1, permettant ainsi l'ultérieure poussée libératrice e6-e5.

6 ... ♘bd7 7. ♘e2 ♗e7 8. 0-0 0-0

Les Noirs abandonnent sans raison évidente le plan 7 ... e5 qu'ils avaient projeté et s'engagent dans une passe difficile.

9. ♗e3 cxd4 10. cxd4 ♘b6 11. ♘c3 ♕d7 ! !

Dans le but de consolider au mieux la position avec ♖fd8 et ♘d5.

12. ♖c1 ?

Les Blancs devaient choisir 12. ♕b3 avec l'idée ♘e2-f4-d3 afin d'être en mesure d'exploiter l'isolani.

12 ... ♖d8 13. ♕b3 ♘fd5 14. ♘xd5

Ils jouent pour la nulle.

14 ... ♘xd5 15. ♗xd5 ♕xd5 16. ♕xd5 ♖xd5 17. ♘c3 ♖a5 18. ♖fd1 ♗b4

Pour contrecarrer la poussée d4-d5.

19. a3 ♗xc3
20. ♖xc3 ♗d7

La position est-elle mortellement nulle ? La pièce terminée ? En aucune façon car la partie recèle encore une multitude d'éléments et la pièce ne fait que commencer. C'est à présent seulement, au troisième acte, que débute la grande explication entre côté lumière et côté ombre de l'isolani !

21. ♖c5 ♖xc5
22. dxc5 ♗c6

Un isolani implique pion faible mais aussi cases faibles : les cases voisines d5, c4 et e4 sont difficiles à protéger et sur ce point la disparition de la scène du pion isolé sera de peu d'utilité. Comparez avec l'introduction au quatrième chapitre.

23. f3 f6 24. ♔f2 ♔f7 25. ♖d4 a5 26. g3

26. b3 semble meilleur avec si 26 ... ♗d5 27. ♖d3. Après 28. h3, la position des Blancs serait difficile a ébranler.

26 ... a4 27. f4 h5 28. h3 ♖h8 !

Mesure de prévention à l'encontre de g3-g4 que les Blancs projetaient.

29. ♖d1 ♔g6 30. ♖d4 ♔f5 31. ♗d2 ♖f8 ! 32. ♗e1 e5 33. fxe5 fxe5 34. ♖h4 g5 ! 35. ♖b4

Si 35. ♖xh5 ?? ♔g6+ gagne.

35 ... ♔e6+ 36. ♔e2 e4 37. ♗f2 ♖f3

(Diagramme 83)

83

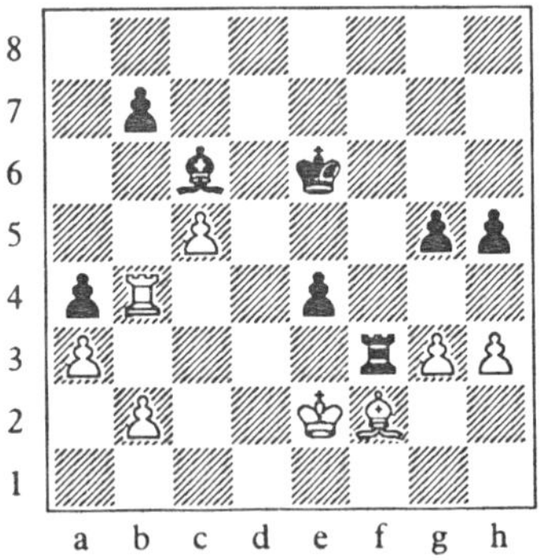

Tous les éléments nécessaires à un louvoiement systématique sont en place puisque les pions c5 et h3 tendent déjà à être faibles : nous voyons notamment que dans la variante h5-h4, gxh4 gxh4, ♗xh4 le fou devra abandonner la surveillance du pion c5. Il s'agit de découvrir l'art et la manière d'exploiter cette furtive circonstance.

38. ♖b6 ♔e5 !
39. ♖b4 ♔d5 !

La position de zugzwang obtenue est pleine de sel. Les Blancs ne disposent d'aucun coup utile. Si 40. ♖b6, suit 40 ... h4 41. gxh4 gxh4 42. ♗xh4 puis 42 ... ♔xc5 avec attaque simultanée de la tour. C'est d'ailleurs la raison pour laquelle les Noirs ont enfermé la tour en b6. D'autre part si 40. ♖d4+, alors 40 ... ♔xc5 et 41. ♖xe4+ est interdit à cause de la réponse 41 ... ♖xf2+.

40. h4

Les Blancs se refusent à placer la tour en b6. Mais le roi noir dispose maintenant d'espace à l'aile roi.

40 ... gxh4 41. gxh4 ♖h3 42. ♖d4+ ♔e5 43. ♖d8 ♗d5

Plus rien ne s'oppose à la victoire : toute l'armée noire bien soudée s'ébranle en se rapprochant des Blancs en dépit d'interruptions dues à quelques échecs. L'objectif du jeu de louvoiement, qui se déroule sur un terrain dégagé avec entre la case g4 comme axe, est maintenant en vue. Peu d'explications sont nécessaires pour le reste de la partie.

44. ♖e8+ ♗e6
45. ♖d8

La menace était 45 ... ♖b3.

45 ... ♔f4 46. ♖f8+ ♗f5 47. ♖f7 ♖h2

Si 47 ... e3 ? 48. ♗g1 !

48. ♖e7 ♗g4+
49. ♔e1

49. ♔f1 ? ♖h1+ 50. ♗g1 ♔g3 etc.

49 ... ♔f3 50. ♖f7+ ♔g2 51. ♔d2 ♔f1 ! 52. ♔e3 ♗f3

Et les Noirs sont gagnants.

53. ♗g3 ♖xb2 54. ♗d6 ♖b3+ 55. ♔d4 ♔f2 56. ♖g7 e3 57. ♗g3+ ♔f1 58. ♖f7 e2 59. ♖e7 ♗c6

Les Blancs abandonnent la partie.

Cette partie, une de mes meilleures, est significative pour le pion isolé et pour les faiblesses en finale.

Partie n° 73
Blancs : v. Holzhausen
Hanovre, 1926

1. e4 ♘c6 2. ♘f3 e6 3. d4 d5 4. exd5 exd5 5. ♗g5 ♗e7 6. ♗xe7 ♕xe7+ 7. ♕e2

Il joue pour la nulle, sinon 7. ♗e2 est jouable, avec par exemple : 7 ... ♕b4+ 8. ♘c3 !

7 ... ♗f5
8. c3 ♗e4

Les Noirs se préparent à jouer sur la colonne e en s'appuyant sur l'avant-poste qu'ils viennent d'occuper.

9. ♘bd2 0-0-0
10. 0-0-0 ♘h6 !

Prévenant le coup de libération ♘f3-e5 ! qui pouvait être joué après 10 ... ♘f6.

11. ♘e5

Nous préférons ici 11. h3, par exemple : 11 ... a6 (sinon 12. ♕b5) 12. ♕e3.

11 ... ♘xe5
12. dxe5 ♗g6

Un jeu de louvoiement se prépare. Le pion e5 et la diagonale g6-b1 insuffisamment protégée font fonction de faiblesses ennemies, l'axe de louvoiement se trouve sur le point consolidé e4 de la diagonale.

13. ♘f3 ♖he8 14. ♕e3 ! ♔b8 15. ♕f4 ♗e4 !

Voir le commentaire précédent.

16. ♖e1

16. ♗b5 perdrait en effet un pion à cause de 16 ... ♗xf3 17. gxf3 ♕xe5.

16 ... ♕c5 17. ♘d2 ♗g6 18. ♘b3 ♕b6 19. ♕d4 f6 20. f4 fxe5 21. fxe5

Ou 21. ♖xe5 ♖xe5 22. ♕xe5 ♖e8.

21 ... ♗e4 22. ♘d2 c5 23. ♕e3 !

Si 23. ♕a4, alors 23 ... ♖xe5 24. ♘xe4 dxe4 25. ♖xe4 ♕e6 26. ♖xe5 ♕xe5 et les Noirs gagnent.

23 ... ♖xe5 24. ♕g3 ♕c7 25. ♗d3 ♖de8 26. ♗xe4 dxe4 27. ♘c4 ♖5e6 28. ♕xc7+ ♔xc7 29. ♘e3 !

Les Blancs construisent ainsi une position de blocage parfaite, nous sommes encore très loin du gain pour les Noirs.

29 ... ♘f7

Pour centraliser le mauvais cavalier en d6. L'alternative consiste à jouer 29 ... ♖f8 *(pour reprendre le combat sur la colonne e)*, avec par exemple : 30. ♖hf1 ♖ee8 31. c4 ♔c6 32. ♔c2 et maintenant 32 ... g6 ! avec l'idée 33. ... ♘f5 et si 33. g4 les Noirs peuvent continuer par 33 ... ♖f3. Il est difficile de dire quelle façon de jouer est la meilleure.

30. ♔c2 ♘d6 31. c4 ♔c6 32. ♖hf1

84

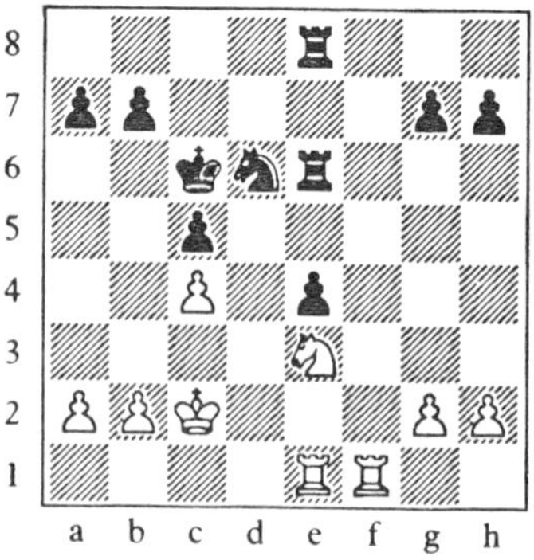

32 ... ♖h6 !

Ce coup découle directement de la vraie science de la loi du louvoiement. Si les Noirs arrivent à jouer a7-a6 et b7-b5, ils auront une chance d'envahir la position par les colonnes a et b pendant que les Blancs seront occupés à veiller leur pion e4. Ils obtiendraient ainsi l'axe nécessaire au succès de l'opération de louvoiement. Il manquerait pourtant encore les « deux faiblesses ennemies » indispensables car la tâche des Blancs consistant à veiller le pion e4 n'en forme évidemment qu'une seule. La manœuvre débutant par 32 ... ♖h6 a pour but de créer la « deuxième faiblesse » dont l'existence sera un facteur décisif dans la finale de tours ultérieure.

33. h3 ♖g6 34. ♖e2 a6 35. ♖f4 b5 36. b3 ♖g5 37. g4 ♖ge5 38. ♔c3 a5 !

L'idée est de pousser a5-a4 puis d'échanger deux fois les pions, enfin de faire pénétrer les tours par ♖e5-e7-a7-a3 ou a1, et il n'y aura alors plus d'obstacle.

39. ♖ef2	**a4**
40. bxa4	**bxc4 !!**

En jouant ce coup, les Noirs ont dû considérer la finale de tours à apparaître après le quarante-quatrième coup.

41. ♖f8	**♖5e7**

Et non 41 ... ♖xf8 qui permettrait la pénétration de la tour blanche.

42. ♖xe8 ♖xe8 43. ♘xc4 ♘xc4 44. ♔xc4 ♖a8 ! 45. ♖f7

Ou 45. ♔b3 ♔d5 etc.

45 ... ♖xa4+ 46. ♔b3 ♖b4+ 47. ♔c3 ♖b7

Le relâchement des pions g4 et h3 à l'aile roi constitue une faiblesse déterminante dans cette finale, nous allons bientôt nous en rendre compte.

48. ♖f5 ♖a7 49. ♔c4 ♖a4+ 50. ♔b3 ♖d4 51. ♖e5 ♔d6 52. ♖e8 ♖d3+ 53. ♔c4 ♖xh3

Voir les commentaires des quarante-septième et trente-deuxième coups.

54. ♖xe4	**♖a3**
55. ♖e2	**♖a4+**

Et les Noirs gagnèrent :

56. ♔b5 ♖xg4 57. a4 ♖b4+ 58. ♔a5 h5 59. ♖h2 ♔c6

Avec la menace 60 ... ♖b8.

60. ♖e2 ♖g4 61. ♖e6+ ♔d5 62. ♖e8 h4 63. ♖d8+ ♔c4 64. ♔b6 h3 65. ♖d1 ♔b4 66. ♖b1+ ♔xa4 67. ♔xc5 g5 68. ♖h1 ♖g3 69. ♔d4 g4 70. ♔e4 ♖g2 71. ♔f4 h2

Les Blancs abandonnent la partie.

Cette partie met particulièrement en relief la cohésion logique des deux conditions : l'« axe de louvoiement » et les « deux faiblesses chez l'adversaire ».

Partie n° 74
Noirs : Buerger
Londres, 1927

La partie suivante est remarquable du fait que le louvoiement s'y déroule presque uniquement dans les lignes intérieures du camp de l'attaquant.

L'ouverture semble conduire à l'avantage des Blancs.

1. c4 ♘f6 2. ♘c3 d5 3. cxd5 ♘xd5 4. g3 ♘xc3 5. bxc3 g6 6. ♗g2 ♗g7 7. ♕b3

Au sixième coup, les Noirs pouvaient aussi jouer c7-c5, ce qui leur aurait permis maintenant de se défendre aisément par 7 ... ♕c7.

7 ... c6 8. d4 0-0 9. ♗a3 ♘d7

Les Blancs se trouvent subitement très embarrassés car les Noirs menacent de jouer 10 ... ♘b6, puis 11 ... ♗e6 et d'occuper la case centrale c4. Comment parer ce danger ? Voici la suite :

10. ♗h3 !

Une énergique mesure préventive. Les Blancs veulent à tout prix éliminer le désagréable fou.

10 ... ♖e8 11. f4 ♕c7 12. ♘f3 ♘f6 13. ♗xc8

Ou encore 13. ♘g5.

13 ... ♖axc8 14. 0-0 e6 15. ♖ad1

Le doublement * de tours commencé sur la colonne d est une mesure prophylactique contre la poussée c6-c5, voir la note suivante.

15 ... b6 16. c4 ♖ed8 17. ♖d3 !

Si les Noirs jouent 17 ... c5, les Blancs peuvent maintenant répondre 18. dxc5 bxc5 19. ♖fd1.

17 ... ♗f8 18. ♗b2 ♗g7 19. ♗a3 ♗f8 20. ♗xf8 ♖xf8 21. ♕b2 ♕e7 22. ♘e5 ♖fd8 23. ♖fd1 ♘e4

La poussée libératrice c6-c5 ayant perdu toute sa séduction, le talentueux maître anglais tente une action de handicap au centre.

24. ♕c2 f6 25. ♘f3 b5 26. c5

26. ♘d2 peut s'envisager.

26 ... f5

Les Noirs ont réussi à consolider le centre.

27. ♖e3

L'empoignade immédiate par 27. ♘d2 serait repoussée de la façon suivante : 27 ... ♘xd2 ! 28. ♖3xd2 ♖d5 29. e4 fxe4 30. ♖e2 (*pour obtenir la meilleure disposition de pièces : tours à l'avant, dame en arrière !*) 30 ... ♕f6 31. ♖xe4 puis 31 ... h5 ! (*pour parer g3-g4*) et les Noirs auraient une position satisfaisante.

27 ... a5 28. ♘e5 ♖c7 29. a3 ♔g7 30. ♔g2

Projetant les poussées g3-g4-g5 puis h2-h4-h5.

30 ... h5

85

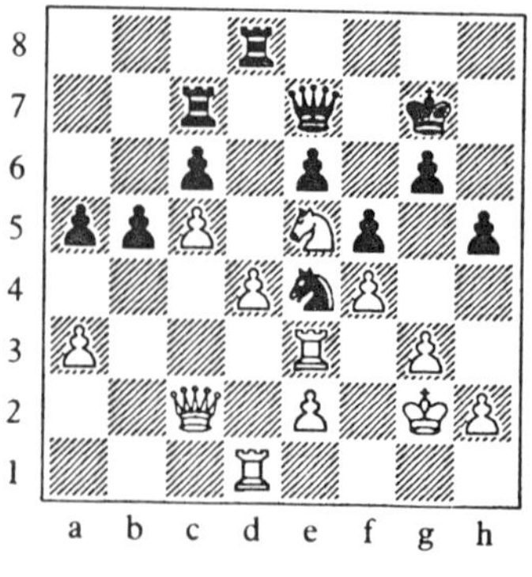

* Dans le texte « Auftürmung » signifiant amoncellement, jeu de mots avec « Turm » = tour.

31. ♖xe4

Ce sacrifice de qualité est-il justifié ? Il est vrai, les Blancs doivent trouver un plan de défense pour répondre à l'attaque adverse de majorité à l'aile dame, et ceci n'est pas facile. Il me fallait aussi m'assurer que dans le cas où je réussissais à handicaper ladite majorité, j'obtiendrais effectivement un jeu gagnant, puisque les conditions (que je connais bien) permettant le succès d'un jeu de louvoiement sont réunies. Nous verrons plus tard comment comprendre tout ceci.

31 ... fxe4 32. ♕xe4 ♕f6 33. ♘xc6 ♖d5

Retourner le cadeau par 33 ... ♖xc6 34. ♕xc6 ♖xd4 n'est pas suffisant à cause du coup intermédiaire 35. ♕c7+ ! ; si le roi noir va en h6, on poursuit par l'échange de tour suivi de ♕d6 ! ; si par contre le roi va en g8, alors 36. ♖b1, par exemple : 36 ... b4 37. ♕xa5 et les Blancs gagnent.

34. ♘e5

34. ♘xa5 ♖cxc5

34 ...	**♕f5**
35. ♕d3 !	**♕xd3**

Pour parer la menace de la fourchette, par exemple : 35 ... Tcxc5 ? 36. e4.

36. ♖xd3 ♖d8 37. ♔f3 ♖b8 38. ♖b3

La dague du blocage à la ceinture.

38 ... b4 39. a4 ♖d8 40. ♔e4 ♖cc8

86

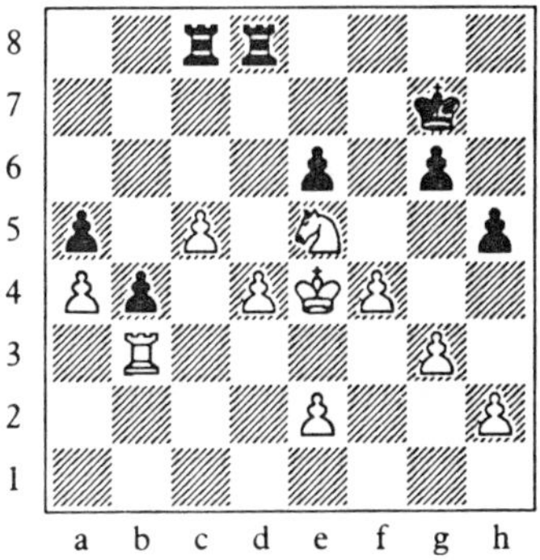

La principale et décisive menace des Blancs consiste clairement à créer deux pions passés liés, pour ce faire ils doivent poster le roi en c4, puis pousser e2-e4 et d4-d5. Mais de considérables difficultés s'opposent à la partie du plan concernant le roi, 41. ♔d3 ? par exemple serait une bourde grossière à cause de 41 ... ♖xc5. La méthode pour que le roi atteigne la position voulue consiste à opérer un lent jeu de louvoiement.

41. ♘c4 ♖a8 42. ♖e3 ♔f6 43. ♘d2 ♔e7 44. ♘b3

Dévoilant le plan du louvoiement : changement du bloqueur (cavalier et tour) occupant la case b3 et la pièce restant mobile se charge de l'attaque. La position du dénouement va apparaître au cinquante-cinquième coup, elle ne diffère de celle atteinte au quarantième coup des Noirs que par le changement de place décisif du roi blanc parvenu à la case c4 tant désirée.

44 ... ♖a6 45. ♔d3 ♖d5 46. h4 ♖a8 47. ♔c4 ♔d7 48. ♖d3 ♔c7 49. ♖d1 ♖d7 50. ♖g1 ♖f7 51. ♖b1 !

Le coup mis sous enveloppe : relève de la garde.

51 ... ♔b7

La tentative de percée par 51 ... g5 serait insuffisante. Observez seulement le subtil 52. ♖g1 ! choisi parmi une multitude de parades possibles.

52. ♘d2 ♔c6 53. ♘f3 ♔c7 54. ♘e5 ♖g7 55. ♖b3 ! ♖b8 56. e4

La bataille est engagée !

56 ... ♖7g8 57. d5 exd5+ 58. exd5 ♖bc8 59. d6+ ♔d8 60. ♔d5 ♖g7 61. c6

Les Noirs abandonnent la partie.

Partie n° 75
Noirs : Dr. Antze
Hanovre, 1926

Voici une nouvelle partie de louvoiement placée sous le signe de faiblesses à l'aspect original. Les Blancs, qui louvoient, menacent d'anihiler par des manœuvres défensives tout le contre-jeu des Noirs. Dans leur désir d'empêcher ces manœuvres, les Noirs périssent de la deuxième faiblesse.

1. d4 ♘f6 2. c4 g6 3. g3 ♗g7 4. ♗g2 0-0 5. f4 d6 6. ♘f3 c6 !

Pour poursuivre par d6-d5 !

7. 0-0 d5 8. cxd5 cxd5 9. ♘e5 ♕b6 10. ♘c3 ♖d8 ! 11. b3 ! ♘a6

11 ... ♘c6 permet la combinaison : 12. ♗a3 ! ♘xd4 13. ♘a4 ♘xe2++ 14. ♔h1 ♕a6 15. ♗f3.

12. ♗a3 ♗f8 13. ♘a4 ♕b5 14. ♕d3 ♕a5

Il est plus simple d'accepter l'échange.

15. ♖fc1 ♗f5 16. ♕c3 ♕b5 17. ♗f1 ♘e4 18. ♕e1 ♕e8 19. e3 b5 ?

Les Blancs ont réussi à dégoûter la dame adverse du triangle composé des cases b6, b5 et a5. Les Noirs auraient cependant encore pu jouer 19 ... f6 20. ♘f3 ♗g4 pour arriver à pousser e7-e5. Négligeant cette possibilité, ils commettent une erreur qui auraient dû rapidement leur coûter la partie.

20. ♘c6 ♖dc8 21. ♗xb5 ♗d7 22. ♗xa6 ♖xc6 23. ♗b7 ♖xc1 24. ♖xc1 ♖d8

Si 24 ... ♖b8, alors 25. ♗xd5 ♘f6 26. ♗f3 ♗xa4 27. bxa4

♕xa4 28. ♕c3 suivi éventuellement de ♗c6 avec un gain facile.

25. ♘c5

Ici aussi 25. ♗xd5 est fort, par exemple : 25 ... ♘xg3 26. hxg3 ♗xa4 27. ♗xf7+ ♕xf7 28. bxa4 ♕xa2 29. ♕c3 avec la possibilité d'échanger les dames pour entrer dans une finale aisément gagnante.

25 ... ♗c8
26. ♗xc8

On peut envisager 26. ♗xd5.

26 ... ♖xc8 27. ♕a5 e6 28. ♘xe4 dxe4 29. ♖xc8 ♕xc8 30. ♗c5 ♗xc5 31. ♕xc5 ?

Les Blancs font presque cadeau de la partie avec cette grossière erreur de fatigue. 31. dxc5 menait en peu de coups à la capitulation des Noirs : une réponse désagréable au coup 31 ... ♕d7 semble être 32. ♕c3 ! avec 32 ... ♕d1+ 33. ♔f2 ♕f3+ 34. ♔e1 suivi du gain car le roi s'enfuit facilement jusqu'en a3. Les Blancs doivent après cette faute gagner une deuxième fois la partie.

31 ... ♕a6 !
32. ♕c2 ♕a5

(Diagramme 87)

33. ♔f2 ♕h5 34. ♕xe4 ♕xh2+ 35. ♕g2 ♕h5 36. g4 ♕a5 37. ♔g3 h6

37 ... ♕c3 semble meilleur.

87

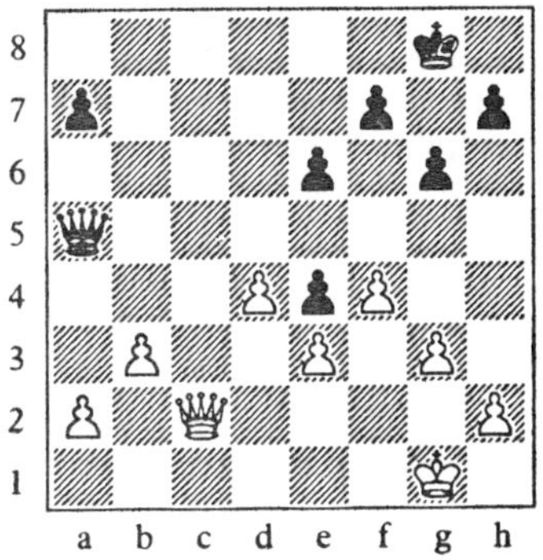

38. ♕f2 ♕c7 39. ♔h3 f5 40. gxf5 gxf5 41. d5 ! exd5 42. ♕g2+ ♔f7 43. ♕xd5+ ♔f6

88

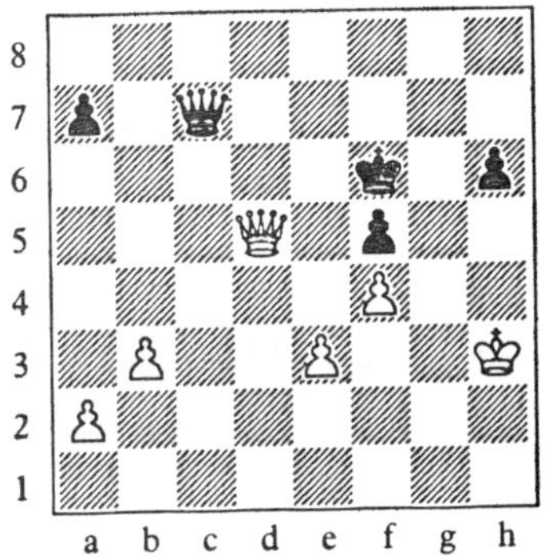

Débute maintenant un interminable jeu de louvoiement. Font fonction de faiblesses noires : a) l'aile dame : les Blancs menacent d'y créer un pion passé ; b) l'aile roi : le roi blanc menace de pénétrer en h5, la dame blanche peut en outre y faire des échecs arrières gênants dans la mesure où les pions isolés f et h forcent à des coups incommodes pour les protéger ; c) la dame blanche menace de se centraliser en d4 après la fuite du roi blanc, comparez avec la note au soixante-cinquième coup.

Les contre-chances des Noirs consistent avant tout en des attaques par des échecs répétés du roi adverse peu protégé, ensuite en leur pion passé h.

44. ♕d4+ ♔g6 45. ♕d2 ♔f6 46. ♕b2+ ♔g6 47. b4 ♕c4 48. ♕d2 ♔h5 49. a4 a6 50. ♔g3 ♕g8+

Un petit coup presque imperceptible de roi (♔h3-g3) et déjà les Noirs se voient forcés d'appliquer à l'aile dame aussi des mesures de défense. Cette obligation de réagir au moindre indice de menace est caractéristique de ce type de combat.

51. ♔h2 ♕c4 52. ♕b2 ♕d3 53. ♕g2 ♕c4

53 ... ♕xe3 ? ? 54. ♕h3+

54. ♔g3 ♕g8+

54 ... ♕d3 nous semble préférable.

55. ♔h3 ♕c4 56. ♕f3+ ♔g6 57. ♔h4 ♔g7

Si 57 ... ♕xb4 58. ♕c6+ suivi de 58. ♔h5.

58. ♕b7+ ♔g6 59. ♕b6+ ♔h7 60. ♕f6 !

Les Blancs ont progressé d'une bonne étape en prenant possession de cette case importante.

60... ♕d5 61. ♔g3 ♕g8+ 62. ♔h2 ♕a2+ 63. ♔h3 ♕d5 64. ♕e7+ ♔g6 65. ♕e8+

La case e5 est encore plus importante que la case f6.

65 ... ♔h7

Ce coup permet aux Blancs de jouer sans risque a4-a5 qui gagne la partie. Cependant la variante 65 ... ♔f6 66. ♔g3 ♕d3 ! (*c'est encore le mieux*) 67. a5 ! ne présentait pas non plus grand danger, par exemple : 67 ... ♕f1 (*67 ... ♕b1 68. ♕c6+ puis 69. ♕b7+ et 70. ♕xa6 comme dans la partie*) 68. ♕e5+ ♔g6 69. ♕e6+ ♔g7 70. ♕xf5 ♕g1+ 71. ♔f3 ♕f1+ 72. ♔e4 ♕c4+ 73. ♔e5 ♕b5+ 74. ♔e6 et les Blancs gagnent. Ceci se veut une illustration des manœuvres défensives des Noirs maintes fois mentionnées.

66. ♔g3 ♕b3
67. a5 !

Le plus simple puisque maintenant la menace b4-b5 exerce un effet violent. Une autre variante possible consiste en 67. ♕d7+ ♔g6 68. ♕c6+ ♔h7 69. ♕b7+ ♔g8 70. ♕b8+ ♔h7 71. ♕a7+ ♔g8 puis à nouveau 72. ♔h4.

67 ... ♕b1

67 ... ♕d3 vaut mieux car la suite pour le gain serait quelque

peu complexe, notamment : 68. ♕f7+ ♔h8 69. ♕f6+ ♔h7 70. ♕d4 ! et maintenant se présentent deux variantes suivant que la dame aille en b1 ou d1. De toute façon les Blancs répondent d'abord 71. ♕d7+, mais ensuite selon le cas, ils gagnent le pion qui se trouve à découvert : a ou f. Voyons : 70 ... ♕b1 71. ♕d7+ ♔g6 72. ♕c6+ ♔g7 73. ♕b7+ ♔f8 74. ♕xa6 ressemble à la partie ou 70 ... ♕f1 71. ♕d7+ ♔g6 72. ♕e6+ ♔g7 73. ♕xf5 et le roi s'enfuit comme la note du soixante-cinquième coup des Noirs le montre. Avec un jeu de louvoiement suffisamment lent, nous assistons à l'écroulement de l'une ou l'autre des faiblesses de pion, c'est la victoire de la logique du louvoiement !

68. ♕d7+ ♔g6 69. ♕c6+ ♔g7 70. ♕b7+ ♔f8 71. ♕xa6

Les Blancs gagnèrent après :

71 ... ♕e1+ 72. ♔f3 ♕d1+ 73. ♕e2 ♕d5+ 74. ♔f2 ♕d8 75. a6 ♕h4+ 76. ♔g2 ♕e7 77. ♕f3 ♕c7 78. b5 ♕g7+ 79. ♔f2 ♕b2+ 80. ♕e2 ♕a1 81. b6

Les Noirs abandonnent la partie.

La menace défensive des Blancs (*la fuite du roi après la consolidation centrale préalable*) a exercé son effet tout au long des événements. La position caractéristique serait la suivante : Blancs : ♔g3, ♕d4, pions a5, e3, f4 ; Noirs : ♔g6, ♕h1, pions f5 et h6. Les Blancs jouent ♔f2 ! et le roi parvient à l'aile dame.

Il est inutile de fixer l'axe de louvoiement lui-même car la diagonale d4-f6 en fait fonction ; les divers aller et retour de dame de e8 vers f6 et d4 dans la variante principale (*si les Noirs avaient choisi 67 ... ♕d3 ! au lieu du coup plus faible 67 ... ♕b1*) sont assez convaincants. Cette finale est hautement instructive au niveau de la stratégie du louvoiement.

Nous concluons cette section par l'étude de deux finales.

Partie n° 76
Noirs : Strange Petersen
Fin de partie,
Copenhague, 1928

Cette partie, dans laquelle mon jeune adversaire s'est défendu avec une extrême ténacité, a évolué dans une finale d'apparence parfaitement équilibrée.

1. b3 d5 2. ♗b2 ♗f5 3. e3 e6 4. f4 ♘f6 5. ♘f3 ♘bd7 6. g3 ♗d6 7. ♗g2 ♕e7 8. 0-0 e5 !

Joué avec une exquise ingénuité !

9. fxe5 ♘xe5 10. ♘xe5 ♗xe5 11. d4 ♗g4 12. ♕d3 ♗d6 13. c4 c6 14. cxd5 cxd5 15. ♘c3 ♗e6 16. ♕b5+ ♕d7 17. e4

Il vaut mieux jouer 17. ♕xd7+ ♔xd7 avant 18. e4.

17 ... dxe4
18. ♕xd7+ ♗xd7

Les Noirs n'ont plus besoin de déranger leur roi.

19. ♘xe4 ♘xe4 20. ♗xe4 ♖b8 21. ♗d5 0-0 22. ♔g2 !

Ce coup prévient une « mise à l'étroit » par 22 ... ♗h3.

22 ... b6
23. ♖ac1 ♖bc8

Il semble plus à propos de jouer sur la colonne e, par exemple : 23 ... ♖be8 suivi de 23 ... ♗e6 et 24 ... ♖e7.

24. ♖xc8 ! ♗xc8
25. ♗c6 !

Avec l'idée de pousser d4-d5, le pion d5 et le fou c6 formeront alors une jolie feuille de trèfle.

25 ... ♖d8 26. ♖c1 ♔f8 27. d5 ♗a6 28. ♖e1 f6 29. ♖e4 ♗c8 30. ♖a4 a6 31. ♗c3 ♔f7 32. ♗e1 h6 33. b4 ♗c7 34. b5 a5

A présent, le fou se trouve certes solidement campé en c6, mais quelque peu prisonnier.

35. ♗f2 ♔f8 36. ♖e4 ♔f7 37. ♖c4 ♗f5 38. g4 ♗b1 39. a3 ♗a2 40. ♖d4 ♗b3 41. ♖d2 a4 42. ♔f3 g6 43. ♔e4

(Diagramme 89)

89

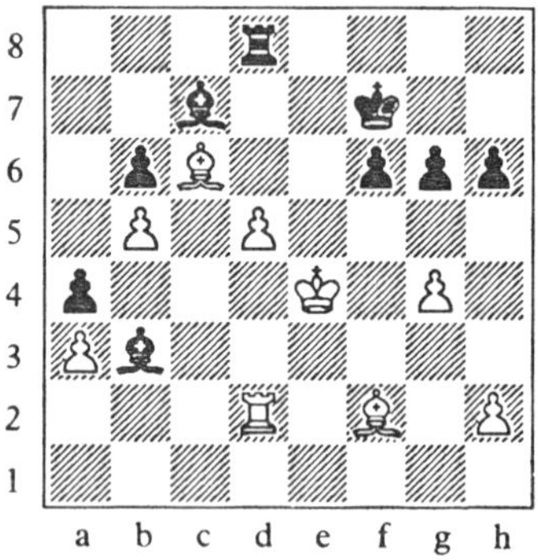

Les faiblesses des Noirs concernent bien plus les cases que les pions dans cette position. Ces cases faibles se trouvent presque toutes sur la colonne e et les Blancs peuvent tenter de dérober e6 ou e5, avec par exemple : ♗f2-g3, échange des fous, puis ♔d4 et enfin ♖d2-e2-e6. Ou encore h2-h4, g4-g5 h6xg5, h4xg5 f6-f5+, ♔f3 suivi de ♗f2-e3-f4, échange de fous et ♔e5.

Voici la suite de la partie :

43 ... h5

Ils ne trouvent pas le plan juste. Il faut jouer 43 ... g5 ce qui permet d'étouffer dans l'œuf l'attentat contre e5, quant à l'attaque contre e6, elle est alors contrée de la façon suivante : 43 ... g5 ! 44. ♗g3 ♗d6 45. ♗xd6 ♖xd6 46. ♔d4 ♔f8 47. ♖e2 ♔f7 et les Blancs ne progressent plus (*48. ♖e8 ? ♖xc6 !*). Si les Blancs tentent après 43 ... g5 ! 44. ♗d4, alors tout simplement 44 ... ♗c4 45. ♖f2 ♖d6 (46. ♗e5 ? ♖xc6).

Le gain relève en fait de l'impossible après 43 ... g5 : les Blancs ont un fou de moins en jeu et doivent assurer la protection du pion d5 ; leur incontestable avantage sur la colonne e n'est néanmoins pas suffisant pour gagner !

44. gxh5 f5+

La méthode indiquée plus haut fonctionnerait encore mieux après 44 ... gxh5, car h5 représenterait alors notre « deuxième faiblesse », par exemple : 44 ... gxh5 45. ♗g3 ♗d6 46. ♗xd6 ♖xd6 47. ♔d4 ♔f8 48. ♖e2 ♔f7 et maintenant 49. ♖e3 ! avec comme variante possible : 49 ... ♗d1 50. ♗e8+ ♔f8 51. ♗g6 ♗b3 52. ♖e8+ suivi de 53. ♗e4 avec un jeu gagnant.

45. ♔f3 g5

Ou 45 ... gxh5 46. ♗h4 ♖d6 47. ♗g3 f4 48. ♗xf4 ♖f6 49. d6.

46. ♗g3 ♗d6

Si 46 ... f4, les Blancs jouent naturellement 47. ♗f2 suivi de 48. h4 etc.

47. ♗xd6 ♖xd6 48. ♔g3 ♔g7 49. h4 ♔h6 50. hxg5+ ♔xg5 51. ♔f3 ♔xh5 52. ♔f4

Les Blancs gagnent la partie.

52 ... ♔g6 53. ♔e5 ♖d8 54. d6 ♔f7 55. ♖f2 ♗e6 56. ♖f4 etc.

Partie n° 77
Blancs : E. Cohn
Fin de partie,
Carlsbad, 1911

90

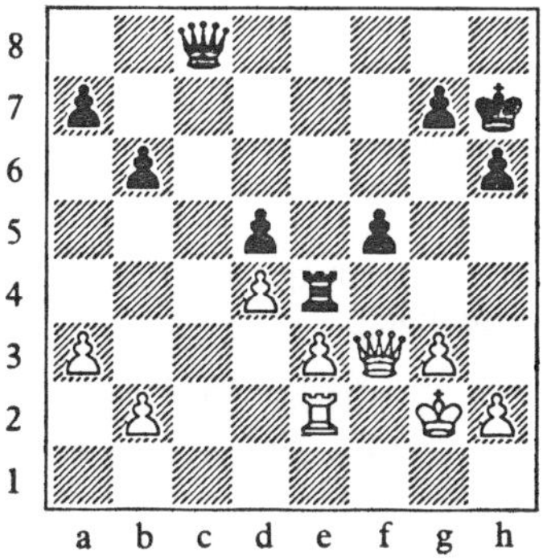

63 ... a5

Préparant au roi un petit coin plus tranquille en a7 !

64. h4 ♔g6 65. ♔h2 h5 66. ♔g2 ♔h6 67. ♖f2 g6 68. ♖f1 ♔g7

Le roi entreprend son voyage vers a7.

69. ♖f2 ♔f7 70. ♔h2 ♔e7 71. ♖e2 ♕c1 72. ♕f2 ♔d7 73. ♖e1 ♕c6 74. ♔g2 ♖g4

Ce massage alterné exercé sur les faiblesses adverses est une des plus anciennes méthodes de la stratégie du louvoiement. 74 ... ♔c7 était une autre possibilité de jeu.

75. ♖f1

Si 75. ♖e2 *(pour gêner le coup ♔c7)*, alors 75... ♖e4 76. ♔h2 ♕c1 77. ♔g2 ♕d1 78. ♔h2 ♕d3 et le roi parvient malgré tout en a7, après quoi les Noirs continuent leur progression.

75 ... ♕c7 76. ♕f3 ♔c8 77. ♕f2 ♔b8 78. ♔h3 ♔a7 79. ♖g1

Les Blancs doivent prévoir la possibilité des Noirs g6-g5, ils doivent en fait tenir compte d'un bon nombre de menaces. Il n'est pas étonnant que leur partie finisse mal.

79 ... ♕d7 80. ♔h2 ♕d6 81. ♔h3 ♕c6 82. ♖e1 ♕e6 83. ♔h2 ♕e4 84. ♔h3 ♕e6

Ces coups de va-et-vient ont certes un impact psychologique, mais ils correspondent surtout à un balayage du terrain dans le but de trouver les lignes de flexible communication. L'adversaire va-t-il pouvoir garder le rythme dans ses manœuvres de regroupement de pièces ?

85. ♔h2 ♕e7 86. ♔h3 ♕e4 87. ♖g1 ♕e6 88. ♔h2 ♖e4 89. ♖c1

Sur 89. ♖e1, E. Cohn craignait la percée 89 ... g5 90. hxg5 h4, et par exemple : 91. gxh4 f4 92. g6 f3 avec des complications redoutables. Au lecteur de juger : les craintes de Cohn étaient-elles justifiées ?

89 ... ♖xe3 90. ♕f4 ♖e2+ 91. ♔h3 ♔a6 92. b4 axb4 93. axb4 ♔b5 94. ♖c7 ♕e4 95. ♕xe4 ♖xe4 96. ♖g7 ♖e6 97. ♖d7 ♔c4 98. ♔g2 ♔xd4 99. ♔f3 ♔c4 100. b5 d4

Les Blancs abandonnent la partie.

S'il est vrai que le logos de la partie a manqué de clarté, un point est cependant clair : le parti de la défense a eu tellement de difficultés à surmonter que les jugements d'égalité prononcés dans le livre de congrès ne nous sont jamais venus à l'esprit. Nous concluons ainsi la cinquième section.

VI

INCURSIONS DANS LES ANCIEN ET NOUVEAU MONDES HYPERMODERNES

Nous tenons premièrement à contester l'hypothèse erronée selon laquelle seule cette section serait hypermoderne et non les cinq premières. Ce n'est pas le cas, les autres sections méritent tout autant ce qualificatif. Le « handicap » et la « surprotection » formaient presque une avant-troupe de l'« hypermoderne », car mon œuvre (que pourrait-on trouver dans *Mon système* qui ne soit pas mon œuvre ?) attend encore d'être reconnue et n'est même pas encore sanctionnée. Il en fut de même de ma philosophie centrale et de maints autres systèmes de règles, il fallut toujours une période de temps préalable assez longue avant que l'hypermoderne ne l'incorpore.

Il n'est donc aucunement question de placer une section en opposition aux autres. Les six sections sont conçues pour offrir d'une part de petites animations, et d'autre part la possibilité d'expérimenter à souhait la valeur des premières conquêtes révolutionnaires.

De l'école pseudo-classique (la période de Tarrasch) nous entendons qu'elle fut le courant le plus formaliste ayant existé, alors que nous tendons à considérer l'école hypermoderne comme une école aspirant à une vérité plus profonde. Elle n'est souvent qu'une petite lueur, mais elle est suffisante pour nous montrer les événements sous une lumière nouvelle, chaude et authentique (bien différente de l'éclairage froid et artificiel de la période formaliste). Un seul exemple sera suffisant. Le postulat que je présente dans la troisième division de cette section énonce qu'une position centrale bien solide permet des attaques à l'aile avec des buts encore mystérieux. S'il fallait comprendre « position centrale solide » dans le sens de l'école formaliste, c'est-à-dire une position avec au minimum une égalité de pions au centre et avancés au moins aussi loin que ceux de l'adversaire, tout mon postulat serait faux. Ceci même en écartant la mention « avec des buts mystérieux ». Là est justement la pointe puisque nous défendons avec le plus grand sérieux la cause d'une attaque en l'air dans le cas mentionné.

Passons à l'analyse des éléments constituant cette section.

1. Vers la thèse d'une relative innocuité du rouleau de pions (masse compacte de pions avançant au centre)

Ce stratagème inauguré par l'auteur de ce livre en 1911 s'est très tôt révélé fructueux. La partie-souche, Spielmann-Nimzovitsch, fut jouée à San Sebastian en 1911, avec les coups d'ouverture 1. e4 c5 2. ♘f3 ♘f6 ! ! et elle a engendré parmi d'autres les variantes 1. d4 ♘c6 (Bogolioubov) et 1. e4 ♘f6 (Alekhine). De nos jours, le défi du rouleau de pions est une des armes préférées et est devenu presque aussi familier au joueur de tournoi de seconde force qu'à l'inventeur.

En 1911, l'idée était un nouveau monde, aujourd'hui déjà elle appartient à l'ancien monde de l'« hypermoderne ».

Partie n° 78
Blancs : Michell
Marienbad, 1925*

1. e4 c5 2. ♘f3 ♘f6 3. e5 ♘d5 4. ♘c3 ! ♘xc3

4 ... e6 est plus sûr. 4 ... ♘b6 est aussi possible.

5. dxc3 b6

Concept d'une audace « hypermoderne » : les Noirs veulent artificiellement ralentir leur propre développement afin que l'adversaire fournisse prématurément la couleur, l'ouverture est extrêmement aventureuse. 5 ... d5 semble plus correct, par exemple : 6. exd6 e.p. exd6 et le pion d peut se maintenir.

6. ♗d3

6. ♗c4 e6 7. ♗f4 suivi de 8. ♕d2, 9. ♖d1 ou bien 9. 0-0-0 est plus énergique.

6 ... ♗b7
7. ♗f4 ♕c7

Les Noirs continuent de louvoyer (cf. la note du cinquième coup) gardant le choix du roque ainsi que celui de la structure de pions. Ils espèrent du reste que l'adversaire commette des péchés de négligence.

8. ♗g3

Nous aimons mieux 8. ♕e2.

* Mariánske Lázně aujourd'hui.

8 ... e6 9. 0-0 ♗e7 10. ♘d2!

Un excellent plan de centralisation : la menace est maintenant ♘d2-c4-d6 pour gêner le développement adverse.

10 ... h5

Cette parade est manifestement douteuse car il est rare qu'une attaque à l'aile soit assez forte pour neutraliser une attaque au centre de l'adversaire, il fallait plutôt considérer 10 ... ♘c6 ou 10 ... d5.

11. h3 g5
12. ♗e4?

Pourquoi diable ne joue-t-il pas 12. ♘c4 puis 13. ♘d6+? Vérifions : 12. ♘c4 b5 13. ♘d6+ ♗xd6 14. exd6 ♕c6 15. f3 f5? 16. ♗e5 ♖g8 17. ♕e2! et les Blancs gagnent (17 ... c4 18. ♗xf5 exf5 19. ♗f6+ ♔f7 20. ♕e7+ ♔g6 21. ♗xg5 et l'attaque est victorieuse). Ou 12. ♘c4 ♘c6 13. ♘d6+ ♗xd6 14. exd6 ♕d8 15. ♕e2 ♕f6 16. ♗e4 avec une position centrale supérieure. Ou enfin 12. ♘c4 ♘a6 13. ♕e2 0-0-0 14. ♘a5 et les Blancs éliminent le fou d'attaque en b7 et possèdent la meilleure structure de pions. -12. ♘c4 était fort.

12 ... ♘c6 13. ♖e1 0-0-0 14. ♘c4

Maintenant, cette attaque se perd en fumée.

14 ... b5!

Procurant à la dame la case b6.

15. ♘d6+ ♗xd6 16. exd6 ♕b6 17. ♗f3

Les Blancs cèdent ainsi ce qui restait de leur avantage au centre. Le coup juste est 17. ♗e5. Les Noirs auraient alors pu pêcher en eau trouble avec 17 ... f5 18. ♗xh8 ♖xh8 19. ♗d3 g4 *(par exemple : 20. h4 g3 et 21. fxg3 perdrait une pièce à cause de 21 ... c4+)*. Nous donnons cependant la préférence aux Blancs s'ils jouent 19. ♗xc6 *(au lieu de 19. ♗d3)* 19 ... ♕xc6 20. f3 g4 21. ♖e5 ou 21. ♖e3.

L'attaque à l'aile devient maîtresse du jeu à la suite du faible coup joué.

17 ... g4! 18. hxg4 hxg4 19. ♗xg4 f5 20. ♗f3 ♖h7 21. ♔f1 e5! 22. ♗xc6

Il n'y a pas d'autre façon de parer la double menace e5-e4 et f5-f4.

22 ... ♕xc6 23. f3 e4 24. fxe4 ♖g8 25. ♗f2 fxe4 26. ♕d2

Menaçant de bloquer le pion par ♕e3.

26 ... e3! 27. ♕xe3 ♕xg2+ 28. ♔e2 ♖f7

Avec la jolie menace : 29 ... ♖xf2+ 30. ♕xf2 ♖e8+ 31. ♔d1 ♗f3+ *(pas 31 ... ♕xf2 sinon 32. ♖xe8 mat)* et les Noirs gagnent.

29. ♔d1

Menaçant de mater en e8.

29 ... ♔b8
30. ♖g1

91

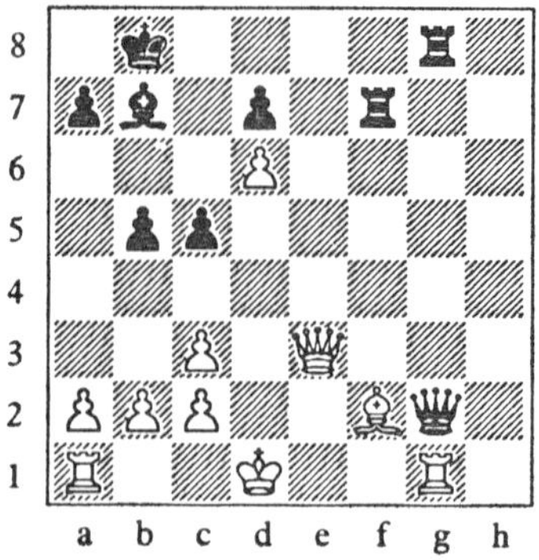

30 ... ♖xf2 !

Un sacrifice de dame décisif !

31. ♖xg2 ♖fxg2

Encore plus fort que 31 ... ♖gxg2.

32. b3 ♖g1+

A la suite de quoi les Noirs gagnèrent facilement :

33. ♔d2 ♖8g2+ 34. ♔d3 ♖xa1 35. ♕xc5 ♖d1+ 36. ♔e3 ♖e1+ 37. ♔d3

Si 37. ♔f4, alors 37 ... ♖f1+ 38. ♔e3 ♖f3+ 39. ♔d4 ♖g4+ 40. ♔e5 ♖e4 mat.

37 ... ♗e4+ 38. ♔d4 ♖d2+ 39. ♔e5 ♖d5+ 40. ♕xd5 ♗h1+ !

Les Blancs abandonnent.

Partie n° 79
Blancs : Werner Nielsen
Copenhague, 1928

1. e4 c5 2. ♘f3 ♘f6 3. e5 ♘d5 4. d4 cxd4 5. ♕xd4 e6 6. ♗d3

En 1912 à San Sebastian, Schlechter me joua 6. ♗c4, la suite fut : 6 ... ♘c6 7. ♕e4 d6 ! 8. exd6 ♘f6 9. ♕h4 ♗xd6 10. ♘c3 ♘e5 ! *(mettant l'accent sur l'infériorité au centre des Blancs, provoquée par la décentralisation peu pertinente de la dame)* 11. ♘xe5 ♗xe5 12. 0-0 0-0 13. ♗d3 ♕d4 ! *(avec l'idée correcte si 14. ♕h3 de sacrifier un pion par 14 ... ♕g4 15. ♗xh7+ ♔h8 16. ♗f5+ ♕xh3 17. ♗xh3 ♗xc3 18. bxc3 e5 avec avantage noir)* 14. ♕xd4 ♗xd4. Le Docteur Tarrasch juge la position équilibrée, nous ne pouvons partager ce point de vue car les Noirs ont une bien meilleure centralisation. La suite fut : 15. ♘b5 ♗c5 16. ♗f4 ♗d7 17. ♖ad1 a6 18. ♗d6 (18. ♘c3 est meilleur) 18 ... ♖fc8 19. ♗xc5 ♗xb5 20. ♗d4 ♗xd3 21. ♖xd3 ! ! Schlechter fait preuve ici d'un sens échiquéen extraordinairement fin, il préfère perdre un pion plutôt que tolérer le coup centralisateur 22 ... ♘d5. 21 ... ♖xc2 22. ♖b3 b5 23. ♗xf6 gxf6 24. ♖d1 ♖ac8 25. ♔f1 f5. *(Le docteur Tarrasch recommande 25 ... ♖8c5. Schlechter y aurait sereinement répondu 26. ♔g1 et si*

26 ... ♖f5 27. ♖f1, le gain serait tout aussi difficile à obtenir qu'auparavant pour les Noirs.) 26. ♔e1 ♖8c4 27. ♖d2 et au soixante-dix-neuvième coup, Schlechter obtint une nulle fort honorable compte tenu du pion manquant.

6 ... ♘c6
7. ♕e4 f5

A la recherche d'une configuration de pions hypermoderne. Les coups 7 ... d6 et 7 ... ♘db4 sont également jouables.

8. ♕e2

Une position avec pions pendants aurait pu résulter de 8. exf6 e. p. ♘xf6 9. ♕e2.

8 ... ♗c5

Les Noirs prospectent déjà la position pour la centralisation (la case d4), le coup plus prudent 8 ... ♗e7 nous plaisait moins.

9. 0-0 ♕c7
10. a3 0-0

10 ... a5 affaiblirait inutilement la case b5.

11. c4 ♘de7
12. b4 ♘d4

Cf. le commentaire du huitième coup noir.

13. ♘xd4 ♗xd4 14. ♗b2 ♗xb2 15. ♕xb2 ♘g6 16. ♖e1 b6 17. ♘c3 a6 18. ♘d1 ♗b7 19. ♕d4

19. f3 suivi de 20. ♗f1 et 21. ♘f2 auraient certainement assuré de meilleures possibilités de consolidation.

19 ... ♖ad8
20. ♕d6

Les Blancs ne prévoient pas le vingt-quatrième coup des Noirs. Il faut jouer 20. c5 pour conserver l'égalité.

20 ... ♕xd6 21. exd6 ♗xg2 22. ♔xg2 ♘f4+ 23. ♔f3 ♘xd3 24. ♖e3 e5

Les Noirs ont évidemment une finale gagnante, la suite est pourtant très intéressante :

25. ♔g2 ♘f4+ 26. ♔f1 e4 27. f3 exf3 28. ♖xf3 ♘g6 29. ♖c1 ♘e5

L'intérêt réside dans la collaboration du pion passé avec le cavalier : deux positions se succèdent avec d'abord le pion en f5 et le cavalier en g4, puis avec le pion en f4 et le cavalier en e3 : le cavalier arrive toujours à souligner énergiquement le terrain conquis grâce à l'avance du pion.

30. ♖e3 ♘g4 31. ♖e2 f4 32. ♖g2 ♘h6! 33. ♖c3 ♖c8 34. ♘b2 ♘f5 35. ♖f2 ♘xd6 36. ♖ff3 g5 37. ♖cd3 ♘f5 38. ♖xd7 ♘e3+ 39. ♔e1 g4 40. ♖f2 g3 41. ♖f3 ♖ce8

Les Blancs abandonnent.

2. La « flexibilité » dans le traitement de l'ouverture (passage d'une ouverture vers une autre)

Ce stratagème introduit par l'auteur de ce livre fut qualifié à l'époque de produit décadent par les Messieurs Je-sais-tout de l'école de Tarrasch. Therkatz, un ami joueur d'échecs qui jouait suffisamment mal pour que lui soit attribuée une plus grande rubrique, affirmait par exemple que vouloir masquer les plans d'ouverture prouvait un manque de courage !

En fait, il s'agit évidemment d'une simple transposition du principe du louvoiement au domaine de l'ouverture. Bien qu'il ait déjà maintes fois été utilisé en 1907, 1910 et 1911 (voir les parties n° 4, 53 et 19 de ce livre), notre stratagème relève encore du nouveau monde. Voici entre autres deux variantes moins connues que j'ai expérimentées :

I. **Blancs : Gruenfeld,**
Breslau, 1925.

1. d4 ♘f6 2. c4 e6 3. ♘f3 b6 4. g3

Et maintenant :

4 ... a6 !

L'idée était la suivante : 3 ... b6 représentait une menace de centralisation par ♗b7 ; pour affaiblir cette menace les Blancs ont joué 4. g3 voulant poursuivre par ♗g2, mais ce faisant ils ne conservaient pas de protection suffisante au pion c4. Ils ont ainsi donné le signal aux Noirs de préparer une attaque du pion c4. Voici la suite :

5. ♕a4 c6 6. ♗g2 b5 7. cxb5 cxb5 8. ♕d1 ♗b7

Les Noirs, ayant réussi à éliminer le pion c4, obtinrent un jeu au moins égal.

9. 0-0 ♗e7 10. ♘bd2 0-0 11. ♘b3 ♗c6

Ce dernier coup pour empêcher 12. a4.

II. **Blancs : Gruenfeld,**
Semmering, 1926.

1. d4 ♘f6 2. c4 e6 3. ♘f3 b6 4. g3 ♗e7 5. ♗g2 0-0 6. 0-0 ♗a6 ! 7. ♘bd2 c6 8. b3 d5 9. ♗b2 ♘bd7 10. ♖c1 ♖c8 11. ♕c2 c5

Le développement est achevé.

Une étude approfondie du contenu stratégique des deux exemples nous permet de découvrir la présence des éléments nécessaires à un jeu de louvoiement, c'est-à-dire les « deux faiblesses » et l'« axe ». La menace au centre correspond à une faiblesse, le jeu éventuel contre c4 à l'autre. L'axe de louvoiement est formé par le complexe de cases blanches c4, d5, a6 et b7.

Nous présentons les parties

n° 80 à 83 pour illustrer le stratagème qui nous intéresse en ce moment. Elles présentent toutes une fusion entre l'indienne et la hollandaise. Il faut remarquer que cette fusion ne se limite pas à la phase de l'ouverture, elle comprend aussi tous les motifs du milieu de partie. L'alliance indo-hollandaise (la partie-souche est Bernstein-Nimzovitsch jouée à Saint Petersbourg en 1914) a été la première du genre ouvrant en quelque sorte la grande porte à la nouvelle méthodologie du jeu.

Partie n° 80
Blancs : Vidmar
New York, 1927

1. d4 ♘f6 2. ♘f3 e6 3. c4 ♗b4+ 4. ♗d2 ♕e7

Cette nouveauté de mon invention ne correspond pas à une volonté d'engagement dans un plan défini d'ouverture : la case e7 est de toute façon une excellente place pour la dame, que ce soit une indienne ou une hollandaise.

5. ♘c3

5. g3 vaut probablement un peu mieux.

5 ... 0-0
6. e3 d6

Les Noirs se trouvent encore au carrefour entre la hollandaise *(s'ils jouent b7-b6 suivi de ♗b7)* et l'indienne *(avec c7-c5 puis ♘c6 ou e7-e5 suivi de ♘c6)*. Ils vont faire leur choix au prochain coup.

7. ♗e2

Les Blancs renoncent à jouer 7. ♗d3, ce qui est un succès imputable au jeu de louvoiement des Noirs. Si 7. ♗d3, les Noirs peuvent jouer 7 ... e5.

7 ... b6 8. 0-0 ♗b7 9. ♕c2 ♘bd7 10. ♖ad1 ♗xc3 11. ♗xc3 ♘e4

Et voici décidée la « naturalisation en hollandaise ».

12. ♗e1 f5
13. ♕b3

Le but de ce mystérieux coup de dame est d'assurer la protection du pion e3 : dans la variante éventuelle 14. ♘d2 ♘xd2 15. ♖xd2 ♕g5, le coup 16. f3 est jouable car le pion e est protégé.

13 ... c5

Ce coup complète la finition de la formation hollandaise : les Noirs possèdent la case e4 et la case c5 dont la fonction est offensive et défensive (prévenant la poussée c4-c5).

14. ♘d2 ♘xd2 15. ♖xd2 e5 16. dxe5 dxe5 17. f3 g5

Le travail des Noirs consiste à présent à monter une attaque à l'aile de telle façon que leur adversaire n'ait pas le temps de pénétrer sur la colonne d.

18. ♗f2 ♘f6 19. ♖fd1 ♖ae8 20. ♕a4 ♗a8 21. ♖d6

Le sacrifice de qualité 21. ♖d7 ♘xd7 22. ♖xd7 ne suffit pas à cause de 22 ... ♕f6 23. ♕xa7 et simplement 23 ... h6.

21 ... ♕g7
22. ♗f1

22. ♗e1 assurait une bien meilleure défense : si alors 22 ... e4 23. ♗c3, si par contre 22 ... g4 23. fxg4 ♘xg4 24. ♖d7 ♕g5 25. ♗xg4 ♕xg4 26. ♕c2.

92

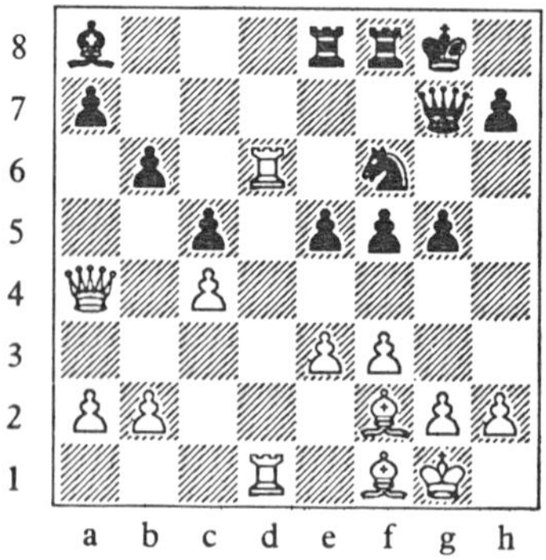

23 ... e4! 24. ♗e1 exf3 24. ♗c3

La diversion arrive trop tard, comme va le montrer la jolie réponse qui suit.

24 ... ♕e7 !
25. ♖6d3

25. ♗xf6 conduit au mat par 25 ... ♕xe3+ 26. ♔h1 fxg2+ suivi de ♕e1+.

25 ... fxg2 26. ♗xg2 ♗xg2 27. ♗xf6

Si 27. ♔xg2, alors 27 ... ♕e4+ avec une attaque tout de suite gagnante.

27 ... ♕e4 28. ♖1d2 ♗h3 29. ♗c3 ♕g4+

Les Noirs matent en deux coups.

Partie n° 81
Blancs : Przepiorka
Kecskemet, 1927

1. d4 ♘f6 2. ♘f3 e6 3. c4 b6 4. ♘c3 ♗b7 5. ♕c2 ♗b4 6. a3

Ce coup ressemble fort à une perte de temps, pourquoi ne pas jouer 6. g3 ?

6 ... ♗xc3+
7. ♕xc3 d6 !

Meilleur que l'immédiat 7 ... ♘e4, si par exemple : 8. ♕c2 d6 9. g3 ♘d7 10. ♗g2 la menace ♘g5 forcerait les Noirs à jouer le peu invitant coup 10 ... ♖b8. Il n'est pas bon de précipiter le passage dans la deuxième ouverture !

8. g3 ♘bd7 9. ♗g2 ♕e7 10. 0-0 0-0 11. b4 ♘e4

C'est le bon moment !

12. ♕c2 f5 13. ♘g5 ♘df6 14. ♘xe4

Préférable est 14. f3 ♘xg5 15. ♗xg5 e5 ! 16. e3 avec des chances de nulle.

14 ... ♗xe4 15. ♗xe4 ♘xe4 16. f3 ♘f6 17. ♗b2 ♖f7 !

Et non 17 ... a5, par exemple : 18. ♗c3 et les Noirs se seraient inutilement compromis.

18. ♖ac1

Le coup correct est 18. ♖f2.

18 ... ♖af8 19. ♕d3 h5 20. e4 ?

Si ce coup fonctionne, la mesure préventive des Noirs consistant à placer leurs tours en f7 et f8 était vaine. Mais ce n'est pas le cas et la colonne f, dont les Blancs ont si joyeusement provoqué l'ouverture, va les engloutir goulûment. 20. e3 semble quelque peu préférable mais dans ce cas aussi les Blancs gardent une position inférieure, par exemple : 20 ... h4 21. ♔g2 ♘h5.

20 ...	**fxe4**
21. fxe4	**♘g4**

L'exécution si aimablement proposée débute :

22. h3 ♘f2 23. ♕e2 ♘xh3+ 24. ♔h1 ♕g5 25. ♖xf7 ♖xf7 26. ♕g2 ♘f2+ 27. ♔g1 ♕e3

Les Blancs abandonnent.

Pour saisir la partie dans son ensemble, il faut comprendre la corrélation entre les stratégies d'attente et d'attaque des Noirs : les coups d'attente (les septième, dix-septième et dix-huitième coups) n'ont eu pour seul but qu'une plus grande efficacité du coup de force 19 ... h5. On comprend ainsi pourquoi le dix-neuvième coup des Noirs a produit un si formidable effet. Ce fut une victoire de la stratégie du louvoiement transposée à l'ouverture.

Partie n° 82
Noirs : Spielmann
New York, 1927

1. ♘f3 d5 2. b3 c5 3. ♗b2 ♘c6 4. e3 ♘f6 5. ♗b5 ♗d7 6. 0-0 e6 7. d3 ♗e7 8. ♘bd2 0-0 9. ♗xc6 ♗xc6 10. ♘e5

Les Blancs ont obtenu une formation « hollandaise ».

10 ... ♖c8

A Carlsbad en 1923, dans la même position, H. Wolf joua 10 ... ♘d7. La suite fut : 11. ♘df3 ♖c8 12. ♕e2 ♘xe5 13. ♘xe5 ♗e8 14. ♕g4 f5 15. ♕e2 ♗f6 16. c4 ♕e7 17. f4, les Blancs montèrent une forte attaque avec h2-h3, ♔h2, ♖f2, ♖g1 et g2-g4 et gagnèrent.

11. f4	**♘d7**
12. ♕g4	**♘xe5**

Si 12 ... f5, les Blancs répondent 13. ♕xg7+ ! ♔xg7 14. ♘xc6+ ♗f6 15. ♘xd8 ♗xb2 16. ♘xe6+ et gagnent.

13. ♗xe5

13. fxe5 était aussi à considérer, par exemple : 13 ... ♗d7 14. ♖f3 f5 15. exf6 e. p. ♗xf6

16. ♗xf6 ♖xf6 17. ♖xf6 ♕xf6 18. ♖f1 ♕e5 19. ♕f4 ♕xf4 20. exf4 avec un petit avantage au centre (♘d2-f3-e5). Ou encore 13. fxe5 ♕a5 ! 14. ♖f2 après quoi les Blancs ont le choix entre un jeu nivelant par e3-e4 et exd5 (les Noirs sont alors forcés de reprendre avec le fou) et la manœuvre ♘f1-g3-h5. La prochaine partie (diagramme 94) nous permettra de faire la comparaison entre les développements.

13 ... ♗f6 14. ♖f3 ♗xe5 15. fxe5 ♕c7

15 ... ♕a5 ne servirait à rien maintenant à cause de 16. ♖g3 suivi de 17. ♘f3.

16. ♕h5 h6

Le coup de libération f7-f5 ne convient pas encore *(par exemple : 16 ... f5 ? 17. exf6 e. p. ♖xf6 18. ♖xf6 gxf6 19. ♕xg4)* mais les Noirs auraient dû le préparer en jouant 16 ... ♗e8 !, par exemple : 17. ♖h3 h6 18. ♘f3 f5 et les Blancs n'auraient pas eu une attaque facile à mener.

17. ♖af1 g6

Si 17 ... ♗e8, les Blancs peuvent obtenir un clair avantage au centre, par exemple : 18. ♖g3 f5 19. ♕xh6 ♕xe5 (menaçant ♕xg3) 20. ♕f4 ♕f6 21. ♘f3. Par contre la suite de sacrifice 17 ... ♗e8 18. ♖f6 paraît moins évidente, par exemple : 18 ... ♕a5 ! (toujours la même botte !) 19. ♖xh6 gxh6 etc.

18. ♕xh6 ♕xe5
19. ♖f6 ♕h5

Les Blancs menaçaient de devenir désagréables au moyen de g2-g4 et ♖f1-f3-h3. Le dernier coup perd un pion, les Noirs se donnent énormément de peine, mais sont distraits.

20. ♕xh5 gxh5 21. ♘f3 ♖c7 22. ♖h6 f6 23. ♘h4 ♗e8 24. ♖hxf6 ♖xf6 25. ♖xf6 ♖e7 26. ♔f2

Le logos de la partie demande que les Blancs manœuvrent sur les cases noires. Les Blancs en croquant le pion f plutôt que le pion h semblent montrer qu'ils ont bien reconnu le contexte stratégique. Cependant quelques coups plus tard, un coup faible de leur part permet sans nécessité une plus longue résistance de l'adversaire.

26 ... ♔g7 27. ♖f4 ♗d7 28. ♔e2

Voici l'erreur. Il fallait jouer 28. ♔e1. La force intrinsèque des cases noires est impressionnante. Les Blancs auraient pu diriger le jeu sur les cases noires en se basant sur e5 ou g5.

28 ... e5 29. ♖f5 ♖e8 30. ♖f2

La position du roi blanc interdit 30. ♖xh5.

30 ... e4
31. ♖f4

Les Blancs recréent lentement mais sûrement une nouvelle base sur case noire.

31 ... ♖e5 32. ♔d2 b5 33. g3 ♗h3 !

Emprisonnant provisoirement le cavalier.

34. d4 cxd4 35. exd4 ♖g5 36. c3 a5 37. ♖f2 a4 38. ♔e3 a3

93

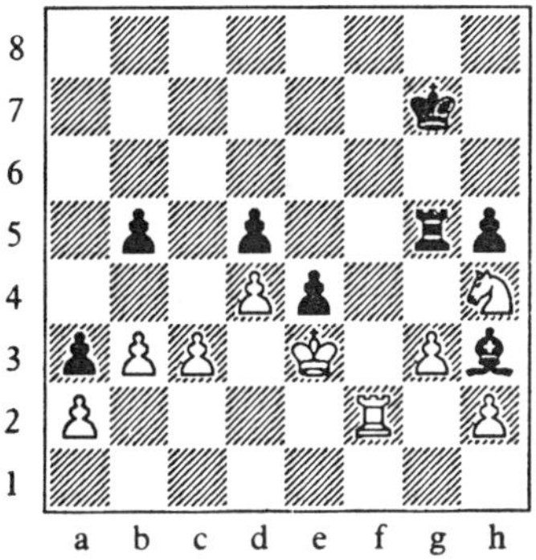

39. ♖c2 ♗f1 40. ♖c1 ♗d3 41. ♘g2

Les rôles sont inversés, le fou est enfermé tandis que le cavalier danse et brandit la massue autour de lui.

41 ... ♖f5 42. ♘f4 ♔f7 43. ♖d1

Les Blancs menacent maintenant de jouer 44. ♘xd3, ce n'était pas le cas avant à cause de ♖f3+.

43 ... ♔e7 44. ♘xd3 exd3 45. b4

Les Blancs ménagent ainsi la case b3 à leur roi. Le pion d3 ne peut bien sûr pas s'enfuir. La partie se poursuivit encore :

45 ... ♔d6 46. ♔xd3 ♖f2 47. ♖d2 ♖f3+ 48. ♔c2 ♔e6 49. ♖e2+ ♔d6 50. ♔b3 ♖d3 51. ♖e5 h4 52. gxh4 ♖h3 53. ♖h5 ♔c6 54. ♖h6+ ♔c7 55. h5

Spielmann abandonne la partie.

Partie n° 83
Noirs : Rubinstein
Semmering, 1926

Les neufs premiers coups sont les mêmes que ceux de la partie précédente.

10. ♘e5	**♗e8**
11. f4	**♘d7**

94

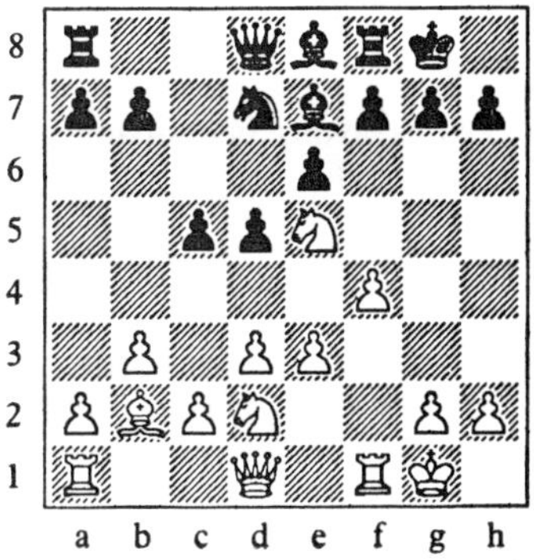

La variante suivante vaut la peine de s'attarder : 12. ♕g4 ♘xe5 13. fxe5 ♕a5 ! *(plus agres-*

sif que 13 ... ♗d7 suivi de f7-f5) car 14. ♖f2 *(projetant la manœuvre de cavalier ♘d2-f1-g3 etc.)* 14 ... ♕b4 *(arrêtant encore son bras !)* 15. e4 ♗c6 *(le mieux, seule la centralisation peut y arriver !)* 16. a3 ♕a5 17. exd5 ♗xd5 *(17 ... exd5 semble faux à cause de 18. e6 f6 19. ♘f3 menaçant ♘h4 et ♘f5)* 18. ♘f1 *(18. a4, coup de prévention à l'encontre de b5, serait réfuté par 18 ... ♕b4)* 18 ... ♕c7 ! *(et non 18 ... b5 sinon 19. a4 et l'aile dame est paralysée)* 19. ♘e3 b5 *(contre-jeu caractéristique : il faut à tout prix pouvoir jouer c5-c4, même si cela coûte un pion !)* 20. ♘xd5 exd5 21. e6 f6 22. ♖af1 et les Blancs sont les premiers servis : 22 ... ♔h8 23. ♖f3 suivi de 24. ♖h3.

Il semble découler de cette analyse que 12. ♕g4 donnait de bonnes chances.

12. ♘xd7 ♕xd7 13. e4 f6 14. ♕f3

Nous avons obtenu une formation indienne.

14 ... ♗f7
15. a4

Il n'existe pas dans cette position de coup correct pouvant prévenir à long terme la poussée c5-c4.

15 ... b6

Il ne faut pas jouer immédiatement 15 ... a6 ? à cause de 16. a5 dont l'effet est paralysant.

16. ♖ae1

A la place de ce coup, les Blancs peuvent aussi pousser à l'unisson leurs pions : g2-g4, h2-h4 et g4-g5. Les Blancs peuvent-ils envisager de jouer 16. ♖a2 suivi de ♖fa1 pour parer la menace a7-a6 et b6-b5 ? Comment les Noirs auraient-ils alors progressé ?

16 ... a6
17. f5 dxe4

17 ... exf5 est faux à cause de 18. exd5 ♗xd5 ? 19. ♖xe7 !

18. ♕xe4 e5
19. ♖e3

Pour viser l'aile roi adverse mise à l'étroit. L'attaque n'est pourtant pas facile à mener, surtout si l'on considère la relative mauvaise position de la dame (la case e4 conviendrait mieux au cavalier). Nous proposerions donc à la place de 19. ♖e3 le regroupement suivant : 19. ♕h4 b5 20. ♘e4 c4 21. bxc4 bxc4 22. ♖e3 après quoi les Blancs menacent de continuer par 23. ♖h3, par exemple : 23 ... h6 24. ♖g3 etc. Ce regroupement combinerait attaque et défense (plutôt précaire, certes) de l'aile dame.

19 ... b5
20. ♖g3

Menaçant de gagner une pièce par : 21. ♕g4 g6 22. fxg6 ♕xg4 23. gxf7+ suivi de 24. ♖xg4.

20 ... ♔h8
21. ♘f3

21. ♕g4 g6 et 22. ♘e4 était encore approprié.

21 ... bxa4

C'est une faute, il fallait jouer 21 ... ♗d6.

95

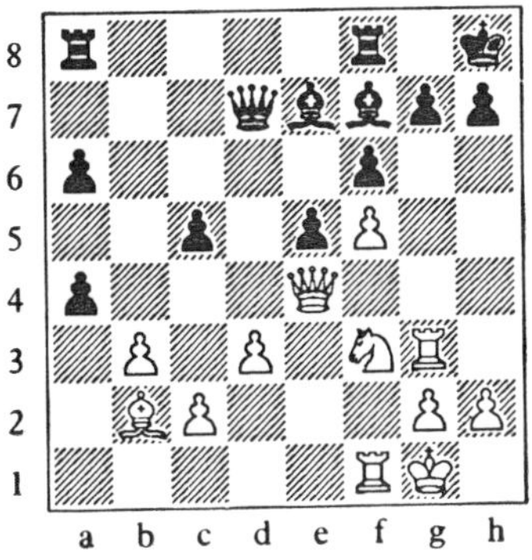

22. ♘xe5 ♕e8 !

Car 22 ... fxe5 23. ♕xe5 ♗f6 24. ♕xf6 ! gxf6 25. ♗xf6 mat.

23. ♕g4 ♖g8 24. ♘xf7+ ♕xf7 25. ♕xa4

Les Blancs ont à présent un pion de plus et le confortable choix entre une attaque de mat gagnante et une finale victorieuse (les pions a6 et c5 sont de méchantes faiblesses en finale), bref la partie est pratiquement gagnée.

25 ... ♕d5 26. ♕g4 ♗d8 27. ♕g6 ! h6 28. ♖e1 ♕d7 29. ♖e6

29. ♖e4 est plus simple pour obtenir le contrôle absolu de l'échiquier. Le coup du texte joué avec l'idée de ♖xf6 devrait pourtant gagner plus vite encore.

29 ... c4 !
30. bxc4 ?

Furieux d'avoir laissé passer la percée alors qu'ils disposaient du coup prophylactique 29. ♖e4, et pénétrés de la puissance « thématique » de c5-c4, les Blancs n'eurent pas le *courage** de continuer par le coup gagnant qu'ils avaient pourtant projeté. Ils se trouvaient d'ailleurs en zeitnot. La variante gagnante était : 30. ♖xf6 ! ♗xf6 31. ♗xf6 gxf6 32. ♕xh6+ ♕h7 33. ♕xf6+ ♖g7 34. ♖g6 cxb3 35. cxb3 ♔g8 ! 36. ♖h6 ♖f7 37. ♕g5+ ♖g7 38. ♕f4 et gagne.

30 ... ♖ab8 31. ♗c3 ♖b1+ 32. ♖e1 ♗b6+

Singulièrement, ce plausible échec se dessaisit de la chance de nulle réalisable avec l'immédiat 32 ... ♖xe1+ 33. ♗xe1 ♕a4 !

33. ♔f1 ♖xe1+
34. ♗xe1 !

Le fou débrouillard se dirige vers f2 ou b4.

34 ... ♕a4

Si 34 ... ♖e8, alors 35. ♗b4 pour interdire ♕e7.

* En français dans le texte.

96

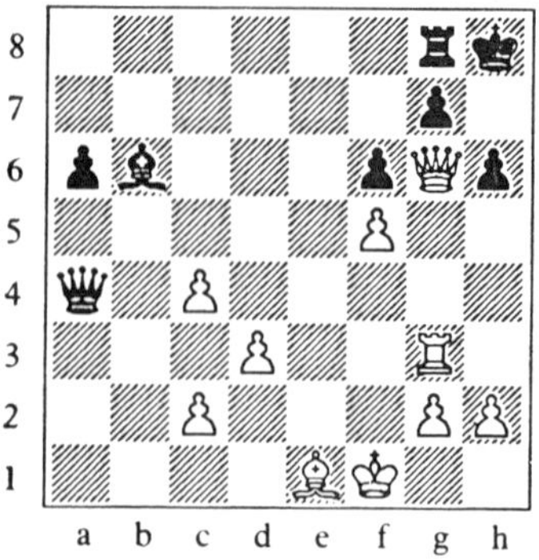

35. ♖h3! ♖f8

Avec un autre coup de tour, le sacrifice en h6 serait décisif, par exemple : 35 ... ♖e8 36. ♖xh6+ gxh6 37. ♕xh6+ ♔g8 38. ♕g6+ ♔h8 39. ♕xf6+ suivi de ♕xb6.

36. ♗c3 ♗d8

La faute fatale. Les Noirs conservaient une petite chance de nulle avec 36 ... ♕xc2 37. ♖xh6+ gxh6 38. ♕xh6+ ♔g8 39. ♕g6+ ♔h8 40. ♗xf6+ ♖xf6 41. ♕xf6+ ♔g8 42. ♕xb6 car les Noirs ont maintenant 42 ... ♕xd3+ et la finale de dames présente encore de sérieuses difficultés aux Blancs.

37. ♗d2 ♕xc2

La fin de partie réserve la plus agréable des surprises, alors qu'elle présageait une simple évolution de départ.

38. ♗xh6 ♕b1+ 39. ♔e2 ♕c2+ 40. ♔e3!!

Moins bon serait 40. ♗d2+ à cause de 40 ... ♔g8 41. ♖h7 ♖f7 avec la menace ♖e7+.

40 ... ♗b6+

Ou 40 ... ♕c1+ 41. ♔e4! ♕e1+ 42. ♖e3! ♕h4+ 43. ♔d5! gxh6 44. ♖h3 et gagne.

41. ♔e4! ♕e2+
42. ♖e3!!

Les Noirs abandonnent la partie.

3. Jeu au centre et à l'aile

Quel est le meilleur choix (« meilleur » pris au sens américain c'est-à-dire : plus efficace pour obtenir le succès voulu) une attaque au centre, ou une diversion à l'aile ? La question est très difficile. Il est clair dans un premier temps qu'une attaque à l'aile ne devrait être entreprise que si la position au centre est assez consolidée, mais que faut-il entendre par position au centre assez consolidée ? D'après la conception « tarraschienne », dans la position caractéristique Blancs : pions c4, d4, e3, Noirs : pions d5, c6, e6, le coup c4-c5 est réfuté par la contre-poussée au centre e6-e5. L'auteur a déjà prouvé en 1913 que cette manière de voir ne résistait pas tout à fait à l'examen (voir la postface de *Mon*

Système). Le coup e6-e5 (ou f7-f5 dans la position Blancs : pions e4, d5, f2, Noirs : pions d6, e5, f7) est à notre avis une réaction normale, nous ne pouvons pas sérieusement le qualifier de « réfutation ». Les perspectives adverses dans la zone des chaînes (la fermeture provoquée par c4-c5 ou d4-d5 a conduit à la création de chaînes de pions dans les deux exemples) s'équivalent à peu près. Ma manière de voir s'est imposée depuis longtemps. Je l'ai en tout cas professée dès 1907. Voyons le début de ma partie jouée contre Tchigorine à Carlsbad en 1907 :

1. d4 d5 2. ♘f3 ♗g4 3. ♘e5 ♗f5 4. c4 e6 5. ♘c3

5. ♕b3 ♘c6 !

5 ... c6 6. ♕b3 ♕b6 7. ♗f4 ! ♘f6 8. c5 ♕xb3 9. axb3 ♘bd7 10. b4 ♘h5 11. ♘xd7 ♔xd7 12. ♗d2

Les Blancs ne tiennent pas à empêcher e6-e5.

12 ... ♗e7 13. b5 ♘f6 14. e3 e5

Et alors ?

15. ♗e2 ♘e8

Les Noirs perdent même un pion. Il fallait de toute manière continuer l'attaque commencée par e6-e5 avec e5-e4 (au lieu de 15 ... ♘e8) ou e5xd4, mais cette suite n'était évidemment pas en mesure de bouleverser la position centrale de l'adversaire. Après 15 ... ♘e8 ?, les Blancs continuèrent par :

16. bxc6+ bxc6 17. dxe5 !

Et 17 ... ♗xc5 ne peut être joué à cause de 18. ♘a4 qui gagne la qualité (♘b6+).

La conception moderne a ouvertement tendance à reconnaître toute position centrale saine, même si un peu refermée comme capable de se défendre (= solide). Dans la partie n° 85, je le démontre lumineusement : j'applique ma règle « une position centrale bien solide permet des attaques à l'aile avec des buts encore mystérieux » et entreprends une attaque à l'aile extrêmement singulière (les critiques diraient bizarre).

Le lecteur trouvera un autre postulat du nouveau monde dans la partie n° 88. Il décrète : « Viser les ailes, mais avoir le centre à l'esprit, voici la pensée la plus profonde du jeu positionnel. » Pour le reste nous renvoyons aux parties suivantes. Le lecteur orienté vers la modernité fera bien de les rejouer avec la plus grande attention.

Partie nº 84
Noirs : Allan Nilsson
Copenhague, 1924

1. ♘f3 ♘f6 2. c4 c6 3. e3 d5 4. ♗e2 ♗f5 5. ♘c3 e6 6. d4

Nous avons atteint une position très connue par des moyens détournés.

6 ... ♗d6

Il vaut mieux jouer d'abord 6 ... ♘bd7.

7. ♕b3 ♕b6

7 ... ♕c8 est préférable.

8. c5 ♕xb3 9. axb3 ♗c7 10. b4

« Forts de notre bon centre » nous allons ignorer la contre-attaque e6-e5. Les Noirs n'auront en effet rien accompli lorsqu'ils ont auront réussi cette poussée. La poussée ultérieure e5-e4 (la prise exd4 est sans aucun doute inoffensive) conduirait simplement à la momification. Ils ne pourraient y remédier qu'à l'aide du pion f (f7-f5-f4) mais l'entreprise prendrait trop de temps. L'innocuité de la poussée e6-e5 étant dévoilée, les Blancs peuvent sans crainte poursuivre leur attaque à l'aile.

10 ... ♘bd7 11. b5 ♔e7 12. b4 a5 !

Voici un ingénieux essai d'ouverture du centre. Sans cela, le jeu des Blancs serait clairement supérieur.

13. bxa6 e.p. bxa6

97

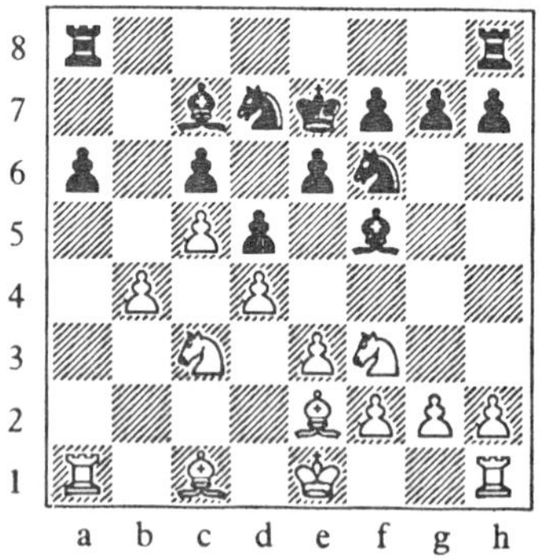

14. ♘h4 !

La prise du pion n'est pas recommandable, par exemple : 14. ♖xa6 ♖xa6 15. ♗xa6 ♖b8 16. b5 ♘e4 17. ♗d2 ♘xc3 18. ♗xc3 ♗d3. Il est par ailleurs douteux de vouloir protéger le pion b par ♖a4 car dans certaines variantes les Blancs doivent être en mesure de répondre b4-b5 à la poussée a6-a5. Il s'agit donc d'accepter de laisser la colonne a pour s'assurer la position b1.

14 ... ♖hb8 15. ♘xf5+ exf5 16. ♖b1 ♘e4 17. ♘xe4 fxe4

On dirait que la poussée e6-e5-e4 s'est réellement produite.

18. ♔d2 !

Le roi se dirige vers c2 pour contribuer à la défense de la tour b1.

18 ... ♖b7

Si 18 ... a5, alors 19. b5 cxb5 ! 20. ♖xb5 ♖xb5 21. ♗xb5 ♖b8 22. ♗a4 ♖b4 23. ♗c2 avec la menace 23 ... ♗a3 et les Blancs ont l'avantage.

19. ♔c2 ♘f6

Pour conduire le cavalier via e8 et c7 en b5. L'initiative 19 ... ♖ab8 20. ♗d2 a5 ? ne réussirait naturellement pas à cause de 21. bxa5. Ceci nous montre le bien-fondé de la surprotection de la tour b1.

20. ♗d2 ♘e8
21. ♖a1

La consolidation dans un premier temps, puis l'attaque !

21 ... ♖ba7
22. f3

Ce coup permet l'ouverture non seulement de la colonne f, mais aussi de la diagonale e1-h4 pour le fou d2.

22 ... f5 23. fxe4 fxe4 24. ♖a2 ♗d8 25. ♖ha1 ♘c7 26. ♗e1 !

Voici l'écueil où s'échoue le joli jeu défensif des Noirs.

26 ... ♘b5 27. ♗h4+ ! ♔e8 28. ♗xd8 ♔xd8 29. ♗xb5 cxb5 30. ♔d2 !

C'est la pointe de la manœuvre d'échange. Le roi se presse vers l'aile roi, afin de soutenir de son mieux la tour qui doit accomplir la percée sur la colonne f. Plus tard, le pion h va à son tour participer à cette action de soutien (voir la note au trente-septième coup des Blancs), alors que les pièces noires seront au contraire incapables d'organiser un jeu coordonné.

30 ... ♔e7 31. ♔e2 ♔e6 32. ♔f2 ♔d7 33. ♖a5 !

Blocage accompagné de la menace éventuelle ♖xb5.

33 ... ♔c6 34. ♔g3 ♔b7 35. ♖f1 ♔c6 36. ♖f5 ! ♖e7 37. h4

La menace est h4-h5-h6 puis ♖f6+.

37 ... ♖aa7

Les Noirs abandonnent la huitième rangée, mais 37 ... ♖d7 aurait comme réponse 38. ♖e5.

38. h5 ♖e6

Si 38 ... h6, les Blancs ont le choix pour gagner de jouer 39. ♔h4 suivi de g2-g4-g5 ou 39. ♖f8 ♔b7 40. ♖d8. Les Noirs ont beaucoup trop de faiblesses.

39. ♖f8

Le reste est une affaire de technique.

39 ... g6 40. h6 g5 41. ♖b8 ♔c7 42. ♖bxb5 ♖xh6 43. ♖a4 ♖f6

Ou 43 ... ♖b7 44. ♖ba5.

44. ♖ba5 ♔c8
45. ♔g4

Attirant le pion h en h6.

45 ... h6
46. ♖a2 ♖af7

Si 46 ... ♖b7, alors 47. ♖xa6 ♖xa6 48. ♖xa6 ♖xb4 49. ♖xh6 (*cf.* la note du quarante-cinquième coup) 49 ... ♖b3 50. ♖h3 et les Blancs gagnent.

47. ♖xa6 ♖xa6 48. ♖xa6 ♖f2 49. g3 ♖b2 50. ♖xh6 ♖b3

Ou 50 ... ♖xb4 51. ♔xg5 ♖b3 52. ♔f4.

51. ♖d6 ♖xe3 52. ♖xd5 ♖d3 53. b5 e3 54. ♔f3

Les Noirs abandonnent.

Partie n° 85
Blancs : Yates
Carlsbad, 1923

1. ♘f3 e6 2. g3 d5 3. ♗g2 c6

Les Noirs veulent empêcher le coup c2-c4.

4. d3

Si 4. d4, la suite peut être 4 ... ♗d6 5. ♗f4 ♗xf4 6. gxf4 ♘h6 suivi de ♘f5 et les Noirs ont une position solide.

4 ... ♗d6 5. ♘c3 ♘e7 ! 6. 0-0 0-0 7. e4

(Diagramme 98)

98

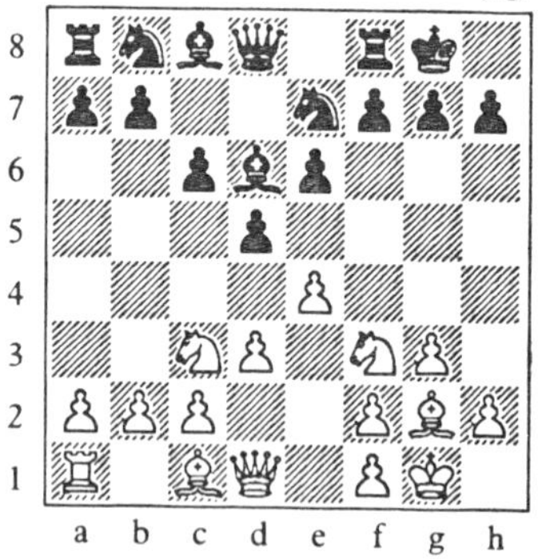

7 ... b5 !

Jugeant leur position centrale solidement construite, les Noirs se sentent stratégiquement habilités à entreprendre une attaque à l'aile. Leur plan est d'abord d'inquiéter accessoirement le cavalier par la poussée b5-b4.

8. ♘e1 f5

Les Noirs pouvaient aussi se permettre a7-a5, car les opérations au centre des Blancs n'ont visiblement pas d'importance.

9. exd5

9. f4 serait une faute grossière à cause de 9 ... dxe4 10. dxe4 b4 suivi de 11 ... ♗c5+. La menace b5-b4 montre déjà son efficacité.

9 ... exd5

Les Noirs sont très bien maintenant.

10. ♘e2

Pour empêcher f5-f4.

10 ... ♘d7
11. ♗f4

Ce jeu dirigé vers les cases noires va bientôt s'avérer erroné. Juste était 11. c4 ♘b6 avec des chances approximativement égales.

11 ... ♘b6 !

Les Noirs poursuivent l'attaque à l'aile qu'ils avaient démarré avec 7 ... b5. Leur coup prévient aussi la poussée c2-c4.

12. ♕d2 ♘g6 13. h4 ♘xf4 14. ♘xf4 ♕f6

L'attaque contre l'aile dame blanche commence finalement à prendre figure : le relâchement c2-c3 est forcé.

15. c3

Ou 15. ♖b1 ♗d7 suivi de ♖ae8 et les Noirs sont bien.

15 ... ♗xf4 ?

Au lieu de cet échange erroné dont le seul résultat sera l'affaiblissement de la case e5, il fallait choisir 15 ... ♗d7 suivi de ♖ae8. Les Noirs pouvaient alors ensuite envisager les poussées a7-a5 et b5-b4.

16. ♕xf4 ♘a4
17. ♖b1

Les Blancs menacent à présent d'établir leur cavalier en e5 par d3-d4 et ♘e1-f3-e5.

99

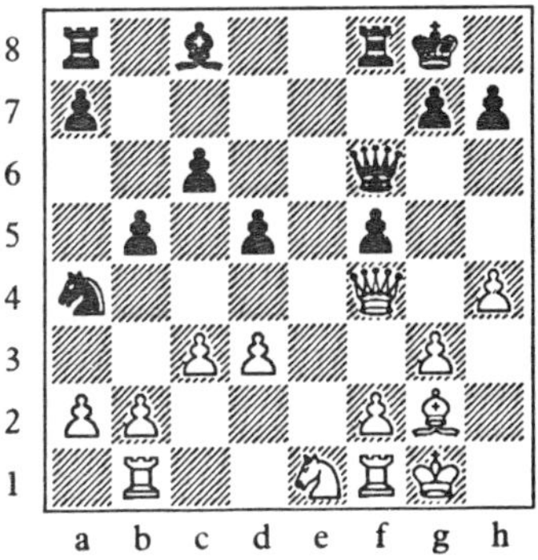

17 ... ♘c5

Ceci aurait été redoutable lorsque la position centrale des Noirs était encore solide. Mais la faute commise a grandement modifié la position et cette attaque de diversion n'est plus désormais qu'un coup porté à l'aveugle par une partie isolée des troupes en désarroi.

Il faut préférer 17 ... ♗a6 au coup du texte, par exemple : 17 ... ♗a6 18. ♘f3 ♖ae8 19. ♖fe1 *(19. d4 ? b4 ! 20. ♖fc1 ♗d3 suivi de ♘xb2)* 19 ... ♖xe1 20. ♘xe1 ♖e8 21. ♘f3 ♘c5 22. ♖d1 ♗b7. Les chances sont à peu près égales dans cette position, encore que les faiblesses des cases noires e5, d6, c7 et d4 pèsent toujours fort lourd dans la balance. Par exemple : 23. ♕c7 ♕d8 *(ou 23 ... ♕e7 24. ♕a5 et les tracasseries continuent)* 24. ♕xd8 ♖xd8 25. ♘d4 *(25. ♘e5 ? ♘d7 !)* 25 ... g6 26. b4 ♘a4 27. ♖c1 ♔f7 28. ♘b3 !, et les Noirs souffrent car le dernier coup blanc menace doublement c3-c4 et ♘a5.

Nous pensons néanmoins que 17 ... ♗a6 est relativement la meilleure défense.

18. ♕e3 ?

Méconnaissant entièrement l'importance de la diagonale de cases noires f4-c7. Les Blancs doivent absolument jouer 18. ♖bd1 et si 18 ... ♘e6, 19. ♕d6.

18 ... ♕d6

Très bon coup. La variante 18 ... ♘e6 conduit d'ailleurs aussi à l'égalité. Par exemple : 19. f4 d4 20. cxd4 ♕xd4 21. ♕xd4 ♘xd4 22. ♘f3 ♘xf3+ 23. ♗xf3 ♗b7 (quoique les Blancs possèdent probablement encore un iota d'avantage). Le résultat du dernier coup des Noirs devrait aboutir à un assainissement complet des cases noires menacées.

19. f4 ♗a6 !?

Le coup est intéressant, mais ce n'est quand même pas le bon ! 19 ... ♘d7 était le coup adéquat ! Par exemple : 20. ♘f3 ♘f6 21. ♘e5 ♘g4 ! 22. ♕e2 ♗d7 23. d4 *(pour parer d5-d4)* 23 ... a5 ! 24. ♖be1 ♖fe8 25. ♕d3 a4 ! *(protège l'aile dame du plan éventuel b2-b3 et c3-c4)*, et les Noirs semblent entièrement consolidés.

20. ♘f3 b4 21. ♖fd1 bxc3 22. bxc3 ♘a4 23. ♕d4 ♕a3

L'attaque des Noirs ne semble pas si vilaine, et pourtant elle manque de base saine : le centre noir notamment est beaucoup trop faible. En guise de morale : après leur faute qui a affaiblit le centre (15 ... ♗xf4), les Noirs ne devaient plus attaquer à l'aile mais se consacrer exclusivement à la consolidation au moyen d'un repli stratégique (*cf.* le commentaire du dix-huitième coup). Leur façon erronée de jouer s'est logiquement soldée à l'avantage des Blancs.

24. ♘e5

Le coup juste est 24. ♖d2 ! Par exemple : 24 ... ♘xc3 25. ♖b3 ♕c1+ 26. ♔h2 ♘b5 24. ♕b4 avec la menace a2-a4 suivi de ♖b1. Les Blancs peuvent ainsi prendre l'avantage. L'inventif 24. ♘e5 prépare un coup de force qui va permettre au cavalier d'atteindre en e5 la « position de Siegfried » tant convoitée.

24 ... ♘xc3 25. ♖e1 ♘xb1 26. ♖xb1

La variante séduisante 26. ♗xd5+ cxd5 27. ♕xd5+ ♔h8 28. ♘f7+ ♖xf7 29. ♕xa8+ ♖f8 30. ♖e8 échoue après 30 ... ♕c5+ suivi de ♔g8.

26 ... ♔h8 27. h5 ♕d6 28. ♔f2

C'est le début d'une tentative d'attaque, mais il valait beaucoup mieux choisir le système de blocage ♖c1 suivi de ♖c5.

100

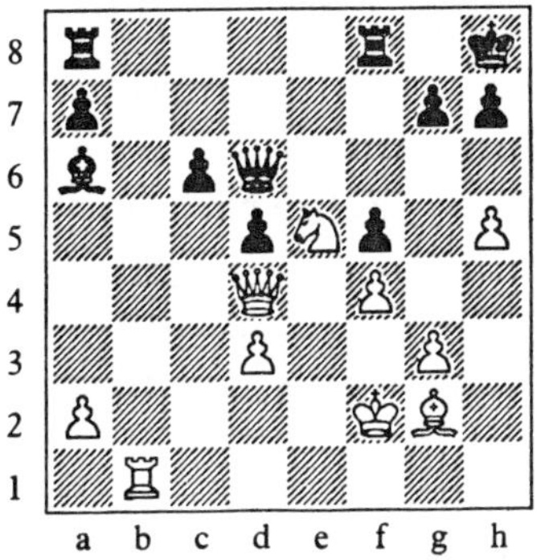

28 ... ♖ae8 ! !

Une combinaison cachée avec sacrifice.

29. h6 ♕xh6 30. ♖h1 ♕f6 31. ♕xa7 ♖xe5 ! ! 32. fxe5 ♕xe5 33. ♕xa6 ♕d4+ !

Si immédiatement 33 ... f4, les Blancs se défendent plus facilement avec 34. gxf4 ♖xf4+ 35. ♗f3 ou 34. gxf4 ♕xf4+ 35. ♔g1.

34. ♔f1 f4

Si maintenant 35. gxf4, alors 35 ... ♖xf4+ 36. ♔e2 ♖f8 !

35. ♕a3 ! ♔g8
36. ♖h4

Astucieux. Si 36 ... fxg3+ 37. ♕xf8+ gagne.

36 ... g5 37. ♖g4 ♕a1+ 38. ♔f2 fxg3++ 39. ♔xg3 ♕e5+ 40. ♔h3 h5 41. ♖a4 g4+ 42. ♔h4 ♖f5 !

Le roi noir est en effet capable d'assurer sa propre défense.

43. ♖a8+ ♔g7 44. ♕a7+ ♔h6 45. ♕g1 ♕f6+

Et le mat suit :

46. ♔g3 ♖f3+ 47. ♗xf3 ♕xf3+ 48. ♔h2 ♕h3 mat.

La partie a remporté le premier prix de beauté.

Partie n° 86
Blancs : Gemsöe
Copenhague, 1928

1. e3 g6 2. c3 ♘f6 3. d4 ♗g7 4. ♗c4

L'idée de ce coup est de provoquer d7-d5. La poussée d7-d6 que les Blancs semblent redouter, est pourtant tout à fait supportable, par exemple : 4. ♗d3 ! d6 5. ♘e2 avec une construction semblable à celle de la partie précédente.

4 ... d5
5. ♗e2 ♘bd7

5 ... ♘c6 est à considérer.

6. ♘f3 0-0 7. 0-0 ♖e8 8. b4 !

Le même stratagème que dans la quatre-vingt-cinquième partie. Les Blancs pensent être équipés contre la poussée e7-e5 (si e7-e5, ils conservent la position telle quelle) et contre ♘e4 et sonnent donc l'attaque à l'aile dame.

8 ... ♘e4 9. a4 ! f5 10. a5

Les Blancs dérobent bien à l'adversaire la case b6, mais ce

faisant ils créent un point mort en b5 comme nous le verrons bientôt. 10. c4 est donc préférable.

10 ... a6 11. ♗b2 c6 12. ♘e1 ♘d6

Si 12 ... e5, les Blancs jouent 13. ♘d3, puis 14. f4 et 15. ♘e5 avec consolidation.

13. c4! ♘xc4 14. ♗xc4 dxc4 15. ♕c2 ♘f6

Ce coup n'est pas bon, voyez le prochain commentaire. Correct est 15 ... e5 pour donner de l'espace aux deux fous. 15 ... b5 semble d'ailleurs aussi jouable, par exemple : 16. axb6 e. p. ♘xb6 17. ♘a3 ♗e6 18. ♘f3 ♔h8 19. ♘d2 ♖b8 car la transaction 20. ♘axc4 ♘xc4 21. ♘xc4 ♖xb4 22. ♘e5 semble tout à fait acceptable pour les Noirs après 22 ... ♗xe5, suivi de 23 ... ♖c4.

16. ♘d2 ♗e6
17. ♘xc4

Nous préférons 17. ♘ef3.

17 ... ♕c7

La tentative de contrôler les cases blanches par 17 ... ♗xc4 18. ♕xc4+ ♘d5 doit échouer après 19. ♘d3 suivi de 20. ♖ae1 et 21. e4. La variante 15 ... ♘f6 etc. est ainsi réfutée.

18. ♘d3 ♖ad8 19. ♘f4 ♗d5 20. ♘e5

La menace des Blancs consiste en la suite de coups ♖ae1, f2-f3 et e3-e4. Il est difficile de la contrer.

20 ... ♗h6
21. ♖ae1

21. ♘fd3 est plus prudent.

21 ... ♖f8

21 ... ♗xf4 suivi de 22 ... e6 permettait une forte résistance.

22. f3

22. ♘fd3 d'abord est préférable.

22 ... ♔g7

22 ... ♗xf4 vaut toujours mieux.

23. ♘fd3 ♗g8
24. e4

Les Blancs ont à présent une position supérieure.

24 ... ♕c8
25. ♘c5

Pour rafraîchir les souvenirs à propos de l'attaque à l'aile écoulée, la manœuvre 25. ♕e2 et 26. g4 aurait aussi été très forte. Par exemple, 25. ♕e2 ♔h8 26. g4 ♗g7 27. exf5 gxf5 28. g5 ♘d5 29. f4 et les Blancs ont une attaque de mat.

25 ... ♔h8 26. ♕f2 ♔g7 27. exf5

Les Noirs ayant perdu tout appui sur les cases blanches, les Blancs ne devraient plus avoir de grandes difficultés pour gagner, à la condition du moins qu'ils dominent vraiment les cases noires. 27. d5 par exemple est décisif, voyons : 27 ... cxd5 28. exf5 gxf5 29. ♗d4 ! et les Noirs ne peuvent rien contre la menace de déploiement f3-f4, puis ♖e1-e3-h3. Ou encore 28 ... ♕xf5 (à la place de gxf5) 29. g4 ♕c8 (29 ... ♕f4 ? 30. ♘ed3 ou 30. ♗c1) 30. f4. Le coup du texte devrait pourtant gagner encore plus vite.

27 ... gxf5
30. f4

Il y avait un gain facile par 28. ♕g3+ ♔h8 29. ♕h4 ♔g7 30. g4 ♗f4 31. g5 ♘d5 32. ♕h6+ ♔h8 33. ♘g6 mat. Après le coup étourdi joué les Noirs se sauvent en coordonnant de façon extraordinaire le jeu de toutes leurs troupes de défense.

28 ... ♘d5 ! 29. ♕h4 ♖d6 30. ♖f3 ♔h8 31. ♖ef1 ♗g7 32. ♖g3 ♖ff6 33. ♖ff3 ♖h6 34. ♕g5 ♖dg6 ! 35. ♘xg6+ ♖xg6

La partie est nulle ! !

La dame ne peut s'échapper de la « poursuite perpétuelle ».

La prochaine partie illustre notre stratagème dans un cas particulièrement typique de la pratique moderne des tournois. La sécurité au centre sur laquelle s'appuient les Noirs pour monter leur diversion à l'aile n'est pas évidente de prime abord. Le courant pseudo-classique la taxerait simplement de fictive. Mais le conducteur des pièces noires, à l'orientation hypermoderne sait l'utiliser comme la base d'une attaque à l'aile de longue haleine. La partie va être assez éloquente.

Partie n° 87
Blancs : P. Johner
Berlin, 1928

1. d4 ♘f6 2. c4 e6 3. ♘f3 b6 4. g3 ♗b7 5. ♗g2 ♗b4+ 6. ♗d2 ♗xd2+ 7. ♘xd2 c5 !

Les noirs considèrent leur position centrale après 8. dxc5 bxc5 tout à fait défendable.

8. 0-0

Lors de notre partie de 1927 à Berlin, Bogolioubov opta ici pour 8. dxc5. Mais après 8 ... bxc5 9. 0-0 ♕c7 10. ♕c2 0-0 11. ♖ad1 h6 ! (*pour retarder le regroupement ♘f3-g5 puis plus tard ♘g5-e4*) 12. a3 ♘c6 13. ♖fe1 ♖b8 14. ♖b1 a5, il fut forcé de se préoccuper avec 15. b3 de la défense des faiblesses visibles de l'aile dame.

8 ... 0-0 9. ♕b3 ♕c7 10. ♖fd1 h6

Ne se pressant pas.

11. ♕e3 d6
12. dxc5 bxc5

Tout arriéré qu'il est, le pion d6 témoigne de la santé des habitants des prairies !

13. ♘e1 ♗xg2 14. ♘xg2 ♕c6 ! 15. ♕f3

Les Blancs ne veulent évidemment pas céder la belle diagonale, mais après l'échange de dames, le roi noir peut participer à la défense.

15 ... ♕xf3 16. ♘xf3 ♖d8 17. ♖d3 ♘c6 18. ♖ad1 ♘e8

Le roi va bientôt prendre la relève du cavalier.

19. ♖a3

Le coup paraît agressif, mais ce n'est qu'un faux-semblant... En réalité les Noirs menaçaient déjà 19 ... ♖db8 et si 20. b3 a5 etc. Le coup du texte est en fait une subtile manœuvre préventive.

19 ... a6 !

Afin de désamorcer pour toujours le coup ♖a6.

20. ♘f4 ♖db8 21. ♖d2 ♖b4 22. ♖c2 ♔f8 23. e3 ♔e7 24. h4 ♘c7 25. ♘d3 ♖b7 26. ♘d2 a5 27. f3 ♘b4 28. ♘xb4 ♖xb4

L'attaque est difficile à mener à terme, les Blancs continuent à se refuser à pousser l'affaiblissant b2-b3, mais en contrepartie ils ont quand même dû, au fil du temps, accepter certaines faiblesses à l'autre aile.

29. ♔f2 a4 30. ♔e2 ♔d7 31. ♔d1 ♔c6 32. ♘e4 f5 33. ♘f2 e5 34. ♖d3 ♖ab8 35. ♔c1

Les Blancs se sont défendus de manière habile.

35 ... ♘e6 36. a3 ! ♖b3 37. ♖cd2 ♖xd3 38. ♖xd3 ♘c7 39. ♔c2 ♘a8

Menaçant 40 ... ♘b6 et éventuellement d6-d5.

40. e4 ♘b6 41. b3 axb3+ 42. ♖xb3 ♖f8 43. ♖c3 ♘a4 44. ♖d3 ♘b6 45. ♖c3 ♘a4 46. ♖d3 ♘b6 47. ♖c3

La partie est nulle.

Cette nulle n'entrait pas dans les plans des Noirs, ils n'ont simplement pas vu la triple répétition de position. Les Noirs doivent jouer 45 ... g6 pour menacer g6-g5 et f5-f4. Si les Blancs répondent 46. ♔b3 ! ♖b8 47. ♖d3, ils peuvent poursuivre par 47 ... fxe4 48. ♘xe4 d5 49. cxd5+ ♘xd5+ 50. ♔c4 (ou 50. ♔c2 c4) 50 ... ♘b6+ 51. ♔c3 ♘a4+. Mais il n'y avait vraisemblablement pas moyen d'obtenir plus que la nulle.

Les Noirs ont joué toute la partie en attaquant, avec une structure de pions plus compacte : notre stratagème a bien passé l'épreuve.

Partie n° 88
Blancs : Carl Nilsson
Simultanée de trente-quatre parties à Eskilstuna, 1921

Epigraphe : « Viser les ailes, mais avoir le centre à l'esprit, voici la pensée la plus profonde du jeu positionnel. »

1. e4 ♘c6 2. d4 d5 3. e5 ♗f5 4. a3

Pour pouvoir jouer ♘c3.

4 ... e6
5. ♘c3 h5

Jeu de prévention hâtif contre l'avancée des Blancs f2-f4, g2-g4 etc.

6. ♗e3 g6 7. f4 ♘h6 8. ♘f3 ♘g4 !

Voulant provoquer l'affaiblissement h2-h3.

9. ♗g1 h4 ! 10. h3 ♘h6 11. ♗e3 ♗e7 12. ♕d2 a6 !

Les Noirs font mine de préparer b7-b5 pour attaquer le grand roque blanc prévisible.

13. 0-0-0 ! ♖b8 !

Le seul résultat de 13 ... b5 serait une momification car après 14. ♘a2 (pas 14. ♘xb5 sinon 14 ... 0-0 et 15 ... ♖b8) 14 ... ♖b8 15. b4 la case c5 est faible. La menace discrète contenue dans le coup du texte est au contraire immédiatement efficace.

14. ♘a2 ♗e4 !

Viser les ailes, mais avoir le centre à l'esprit, voici la pensée la plus profonde du jeu positionnel !

15. ♘e1 ♘f5 16. ♔b1 ♘g3 17. ♖g1 ♘xf1 ! 18. ♖xf1 ♖g8

Avec l'idée d'ouvrir la colonne g pour exercer une pression sur le pion arriéré g2.

19. ♔a1 ♔d7

Le but de ce coup est de relier les pièces lourdes.

20. ♖g1 ♔c8

Le roi se dirige vers b7.

21. ♘c1 b6

Une nouvelle menace apparaît : ♘c6-a5-c4, la protection des cases blanches s'annonce manifestement difficile.

22. b4 a5 23. c3 axb4 24. cxb4 ♖a8 25. ♔b2 ♔b7

25 ... ♖xa3 est aussi jouable, mais les Noirs veulent laisser mûrir toutes les possibilités de la position (g6-g5 !) avant de frapper. La menace ♖xa3 est à présent très forte.

26. ♘a2 g5 27. fxg5 ♗xg5 28. g4 ! hxg3 e. p. 29. ♖xg3 ♗xe3 30. ♖xe3 ♕h4

Les Noirs se sont emparés de la colonne g, les pions d4 et h3 sont des faiblesses.

31. ♕c3 ♘a7
32. ♖c1

32. a4 vaut mieux mais les Noirs ont de toute façon l'avantage.

32 ... ♕f2+ 33. ♔b3 ♘b5 ! 34. ♕c6+ ♔b8 35. ♕xb5 ♕xe3+

Les Blancs abandonnent la partie.

Les coups 12 ... a6, 13 ... ♖b8 et après 14. ♘a2, 14 ... ♗e4 déterminent le logos de la partie n° 88. Les coups 12 ... a6, 13 ... ♖b8 attribuèrent à l'aile dame des Noirs son caractère menaçant, les Blancs se trouvèrent alors dans l'obligation de prendre des mesures défensives (14. ♘a2) qui malheureusement eurent une action décentralisatrice. Les Noirs prirent convenablement acte de cette décentralisation blanche en jouant 14 ... ♗e4 et le destin suivit son cours.

Il doit sembler étonnant qu'une attaque à l'aile obtienne un tel effet en menaçant pourtant de manière si discrète. A notre avis, cela s'explique du fait que l'équilibre était déjà rompu au bénéfice des Noirs auparavant, c'est-à-dire avant le coup 12 ... a6 car ils avaient déjà visiblement l'avantage sur les cases blanches. La variante 12 ... a6 etc. n'a fait qu'actualiser un état des choses latent.

La conduite de cette partie jouée en simultanée suit la logique de A à Z.

Nous renvoyons le lecteur au coup g7-g5 de la soixante-onzième partie ainsi qu'à la remarquable partie Saemisch-Alekhine de Dresde en 1926.

4. Le centre petit mais solide

Nous savons déjà que la possession d'un centre solide même resserré autorise à entreprendre une attaque à l'aile, car cette dernière s'appuie alors en quelque sorte sur la solidité du centre. Dans les parties n° 85 et n° 86 l'éloignement géographique entre les opérations au centre et à l'aile était considérable, et les deux actions étaient logiquement indépendantes. Il en va différemment dans la position de Paulsen, fort appréciée de nos jours et à bon droit. Elle apparaît par exemple souvent dans les parties de Saemisch : l'attaque à l'aile y est entreprise dans le seul but de libérer le centre qui est un peu coincé, elle est donc conçue comme une action de soutien. L'écart géographique entre les actions au centre et à l'aile y est en outre moins prononcé. L'examen de la stratégie indiquée dans ce cas sera très révélatrice pour l'étudiant. Les deux principales exigences d'une bonne Paulsen sont : a) la prophylaxie, b) l'art des manœuvres sur les lignes intérieures.

Les ouvertures de parties qui suivent témoignent des deux.

I. Blancs : Dr. Vidmar,
Semmering, 1926.

1. d4 ♘f6 2. c4 e6 3. ♘f3 ♗b4+ 4. ♗d2 ♕e7 5. e3 ♗xd2+ 6. ♘bxd2 d6 7. ♕c2 c5 8. g3 b6 9. ♗g2 ♗b7 10. 0-0 ♘c6 !

Le coup 11. e4 n'est pas à craindre en lui-même car la suite 11 ... cxd4 12. ♘xd4 permet encore d'obtenir la position de Paulsen mais les Noirs préfèrent tout de même agir avec prudence.

11. a3 0-0 12. ♖ad1 ♖fd8 13. ♖fe1 ♖ac8 14. ♘b3 cxd4 15. exd4 ♘b8 !

Les manœuvres sur les lignes intérieures débutent maintenant.

16. ♘fd2 ♗xg2 17. ♔xg2 ♕b7+ 18. ♔g1 ♖c7

Incorrects seraient 18 ... d5 ou 18 ... b5 à cause de la réponse 19. c5.

19. ♕d3 ♘bd7 20. f4 g6 21. ♖c1 ♖dc8 22. h3 h5

Coup de prévention contre la poussée g3-g4.

23. ♖c3 d5 !

Ce sont les Noirs qui obtiennent une position légèrement meilleure.

24. cxd5 ♖xc3 25. bxc3 ♕xd5 26. c4 ♕d6

Les pions pendants c4 et d4 n'inspirent pas tellement confiance.

II. Blancs : Rubinstein, Noirs : Saemisch, ***Berlin, 1926.***

1. d4 ♘f6 2. c4 e6 3. ♘c3 ♗b4 4. ♕c2 c5 5. dxc5 ♗xc5 6. ♘f3 ♘c6 7. ♗g5 b6 8. e3 ♗e7

Les Noirs veulent établir la structure de pions d6, e6, la place correcte du fou est donc la case e7.

9. ♖d1 a6 ! 10. ♗e2 ♗b7 11. 0-0 d6 12. ♖d2 0-0 13. ♖fd1 ♖c8

Le « petit centre » d6, e6 semble résistant dans la variante éventuelle 14. ♗xf6 gxf6 ! 15. ♘e4 ? ♘b4. Le coup 13 ... ♖c8 joué dans la partie est donc approprié.

14. ♗f4 ♘e8
15. ♕b1 ♘a5 !

Le combat concerne aussi la ceinture ennemie du petit centre, c'est-à-dire le pion c4.

16. b3 b5 ! 17. ♘e4 ♗xe4 18. ♕xe4 bxc4 19. bxc4 ♕c7 20. ♕b1 ♖b8 21. ♕c2 ♘b7

Les Noirs surprotègent le pion d6 : nous allons sous peu nous rendre compte que cette surprotection est adéquate mais que prouve-t-elle ? Eh bien, la force du pion d, car seul les points forts sont dignes de surprotection *(voir le chapitre surprotection).*

22. e4 ♗f6 23. ♗e3 ♘c5 24. ♘d4 ♗e7 25. ♘b3 ♘f6 26. f3 ♖fc8 27. g4

Cette tentative d'attaque n'est pas assez motivée.

27 ... h6
28. ♔g2 ♘fd7

Les manœuvres ont abondamment transité par la case f6.

29. ♘d4 ♖b6

et les Noirs obtinrent l'avantage sur la colonne b.

Il est en conclusion évident que le « petit centre » appartient à l'arsenal hypermoderne. Les pseudo-classiques avaient besoin d'un grand terrain pour leurs manœuvres (elles n'agissaient pas vraiment de façon originale d'ailleurs). Ils auraient probablement été étouffés avec un petit centre et n'auraient jamais pu empêcher à long terme une percée adverse, car la technique de prévention prescrite à l'époque n'aurait pas été efficace.

Durant les vingt années de notre action pédagogique dans le domaine du jeu d'échecs nous avons observé que l'étude de parties analogues (avec un petit centre) finit par engendrer une salutaire aversion pour la « structure relâchée » malheureusement si appréciée dans les plus grands cercles d'échecs. Nous avons incidemment fait l'expérience personnelle de cet effet salutaire, entre autres à la fin de tournées de simultanées, qui ne sont pas vraiment profitables au style en tournoi, comme chacun le sait. Nous présentons maintenant deux parties avec « petit centre » et une avec « structure relâchée ».

Partie n° 89
Blancs : Capablanca
New York, 1927

1. d4 ♘f6 2. ♘f3 e6 3. ♗g5 h6

Douteux : le moment de danger que ce relâchement provoque semble plus important que les ressources qu'il procure. Gardons-nous bien en général d'avoir un « petit centre » surchargé ! Un centre étendu et actif a les moyens d'éliminer ses faiblesses à l'aile alors qu'un « petit centre » est trop passif pour cela.

4. ♗h4 b6 5. ♘bd2 ♗b7 6. e3 ♗e7 7. ♗d3 d6 8. c3 0-0 9. h3

Pour éventuellement jouer ♗g3 et pouvoir éviter l'échange avec le cavalier h5. Pourtant 9. ♕e2 suivi de 10. 0-0-0 et d'une attaque à l'aile-roi semble bien plus naturel. Le début suivant est instructif à ce sujet :

Noirs : Vidmar : 1. e3 d5 2. ♘f3 ♘f6 3. b3 ♗g4 4. ♗b2 ♘bd7 5. h3 ? *(la position obtenue est la même que celle de notre partie mais avec des couleurs inversées)* 5 ... ♗h5 6. ♗e2 e6 7. ♘e5 ♗xe2 8. ♕xe2 ♗d6 9. ♘xd7 ♕xd7 10. c4 c6 11. 0-0 0-0-0 12. ♘c3 ♗c7 13. d4 h5 14. c5 g5 15. b4 h4 16. b5 ♖dg8 ! et Vidmar gagna en montant une attaque directe sur le roi.

9 ... c5 10. 0-0 ♘c6 11. ♕e2 ♘h5 ! 12. ♗xe7 ♕xe7 13. ♗a6 ♘f6 14. ♖fd1 ♖fd8 15. e4

101

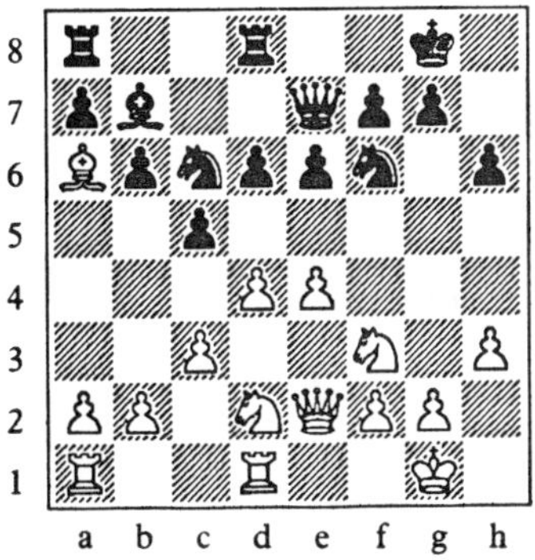

15 ... ♗xa6 !

Les Noirs disposent en effet d'une manœuvre qui va prouver l'illusion de la faiblesse des cases blanches. 15 ... e5 à la place de ce coup est beaucoup plus faible à cause de 16. d5 et les Blancs ont du potentiel aux deux ailes.

16. ♕xa6 ♕c7 ! 17. ♖ac1 ♖d7 18. b4 ♖ad8 19. ♕e2

La dame se retire de son plein gré.

19 ... ♘e7 20. ♖e1 ♘g6 21. g3 ♖c8 22. bxc5 dxc5 23. ♘b3 cxd4 24. cxd4 ♕b7

Les Blancs n'ont rien obtenu.

25. ♖xc8+ ♕xc8 26. ♖c1 ♖c7 27. ♖xc7 ♕xc7 28. ♘fd2 ♕c3 29. ♕a6 ♕c7 30. ♕e2

La partie est nulle.

Les lents déplacements des pièces lourdes sur les lignes intérieures sont caractéristiques du « petit centre » (voir les onzième, dix-septième, dix-huitième, vingt et unième et vingt-sixième coups des Noirs).

Partie n° 90
Blancs : Egil Jacobsen
Copenhague, 1923

1. d4 ♘f6 2. ♘f3 b6 3. c4 ♗b7 4. ♘c3 e6 5. ♗g5 h6

Ce coup semble plus approprié ici.

6. ♗h4 ♗e7 7. e3 d6 8. ♖c1 ♘bd7 9. ♗g3 0-0 10. ♗d3 a6

Remarquez que les Noirs paraissent se sentir bien à l'aise dans leur demeure étroite (ils ne sont maîtres que de trois rangées), puisque pour l'instant ils ne projettent visiblement ni c7-c5 ni e7-e5. Au contraire, ils élaborent une manœuvre étonnante sur les lignes intérieures, grâce à laquelle la poussée c7-c5 aura vraiment une fonction d'attaque.

Du côté de la construction des Blancs, le coup 8. ♖c1 n'est pas vraiment compréhensible, car le plan de leur adversaire n'inclut certainement pas la poussée d6-d5 (le but de 8. ♖c1 est bien d'empêcher cette poussée ?).

11. 0-0 ♘h5 12. ♗b1 g6 13. ♘e2 ♘df6 14. ♘d2 c5

Les Noirs s'assurent avec ce coup d'obtenir au minimum une position Paulsen (par cxd4 suivi de ♖ac8). Mais leur ambition ne s'arrête pas là.

102

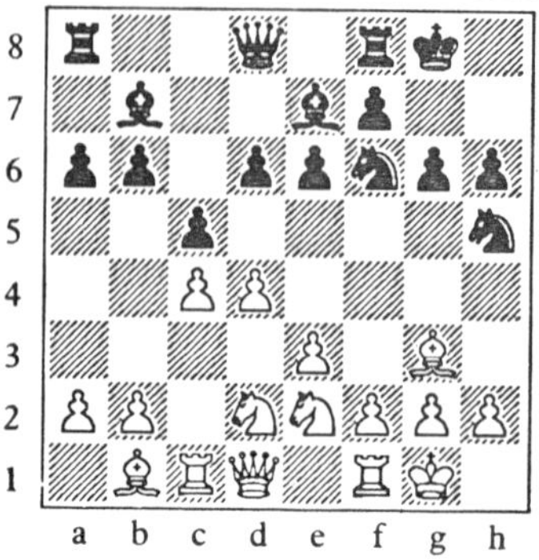

15. ♘f4 ♘g7 !

Si l'on compare cette position avec celle atteinte après le onzième coup blanc, on dirait que le cavalier g7 est celui qui se trouvait auparavant en d7 alors qu'il s'agit en fait de l'autre. Nous avons ici une authentique manœuvre sur les lignes intérieures avec échange de positions et fonctions !

16. ♕e2 ♘f5
17. ♗xf5

Ou encore 17. dxc5 bxc5 18. ♗xf5 exf5 suivi de 19 ... ♖e8 et 20 ... ♗f8 et les Noirs avec une attaque à l'aile-dame ont de considérables possibilités de jeu.

17 ... exf5 18. d5 b5 19. b3 ♖e8 20. ♕d3 ♘g4

Les Noirs tentent à présent de gagner des cases sur la colonne e tout en contrecarrant préventivement le coup e3-e4.

21. ♕c2 ♗h4

Voici la mesure préventive dont nous parlions dans la note précédente ! 21 ... ♗c8 peut rendre le même service mais avec un effet légèrement moindre à notre avis, par exemple : 22. ♘e2 ! ♗f6 23. e4 fxe4 24. ♘xe4 ♗f5 25. ♘xf6+ etc.

22. e4

Les Noirs obtiennent incontestablement le meilleur jeu à la suite de ce coup. La variante 22. ♗xh4 ♕xh4 23. h3 ♘e5 24. ♘d3 semble meilleure.

22 ... ♗xg3 23. hxg3 fxe4 24. ♘xe4 ♗c8 25. f3 ! ♘f6

Pas 25 ... ♘e3 sinon 26. ♕c3 ! avec la possibilité ♘f6+.

26. ♘xf6+

Meilleur est 26. ♘c3.

26 ... ♕xf6 27. ♕d2 ♖a7 28. ♖ce1 ♖ae7 29. ♖xe7 ♕xe7 30. ♔f2 bxc4

Les Blancs ont bien réussi à sécuriser avec peine la colonne e, mais la nouvelle faiblesse de leur pion c va être un préjudice trop lourd à surmonter dans cette situation.

31. bxc4 a5
32. ♘d3 ♕f6

Jeu de louvoiement : les faiblesses des Blancs sont représentées par le pion c, la colonne e et la diagonale f6-b2.

33. ♕b2 ♕xb2
34. ♘xb2 ♗f5

L'échange des dames n'a pas amélioré la situation des Blancs. Il est un peu moins facile de protéger le pion c4 qu'avant, par contre la diagonale f6-b2 semble bien sécurisée.

35. ♖c1 h5

Et non 35 ... ♖b8 36. ♘d1 etc. Il faut en effet garder le roi blanc à l'écart le plus longtemps possible. Le dernier coup de pion prépare une future marée de pions.

36. ♖c3 a4
37. ♘d1

Si 37. ♘xa4 ♖a8 38. ♘b2! *(38. ♘b6? ♖xa2+ suivi de 39 ... ♖a6 et le roi noir se rapproche du cavalier enfermé)* 38 ... ♖xa2 39. ♖b3 g5 et les Noirs ont une finale supérieure. Si par contre 37. ♖a3 ♖b8 38. ♘xa4? ♖a8 et les Noirs gagnent.

37 ... g5 38. ♘e3 ♗d7 39. ♔e2 f5

(Diagramme 103)

40. ♔d2

C'est maintenant l'aile-roi qui devient faible, mais le meilleur 40. f4 ne suffit pas non plus, par exemple : 40 ... gxf4 41. gxf4 h4

103

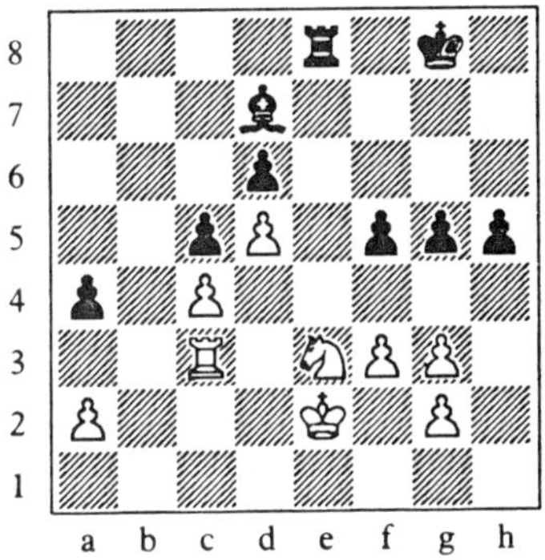

ou encore 40 ... ♔f7 41. fxg5 ♔g6 et les Blancs ont des difficultés dans les deux cas.

40 ... f4! 41. gxf4 gxf4 42. ♘d1?

Le coup juste évident est 42. ♘c2 suivi de ♘e1. Pourtant les Noirs conservent alors aussi une forte attaque en finale, par exemple : 42. ♘c2 ♔f7 43. ♘e1 ♔f6 44. ♖c2 ♖b8 45. ♔c3 ♖b1 46. ♖e2 ♖c1+! 47. ♘c2 ♗f5 puis échange généralisé et leur finale de pions est gagnante puisque le roi pénètre jusqu'en g3.

42 ... ♔f7

Les Noirs ont un gain facile.

43. ♘f2 ♖g8 44. ♔e2 ♖xg2 45. ♖c1 ♗f5 46. a3 h4 47. ♖f1 ♔f6 48. ♔d1 h3 49. ♔e2 h2 50. ♖a1 ♗d3+ 51. ♔xd3 ♖xf2 52. ♔e4 ♔g5 53. ♖b1 ♖e2+ 54. ♔d3 ♖e3+

Les Blancs abandonnent.

Remarquable dans cette partie a été la faiblesse réflexe de l'aile-roi des Blancs : la faiblesse de l'aile-dame s'est transposée à l'autre aile et les pions noirs f, g et h devenus une majorité qualitative se sont sentis en droit d'avancer ; cette avancée produisit de bons résultats. La partie elle-même est significative pour l'application hypermoderne : pouvoir accomplir des manœuvres difficiles sur un terrain peu favorable. La façon dont les Noirs purent à partir d'une position terriblement resserrée gagner lentement mais sûrement du terrain, et finalement obtenir une forte attaque en finale rend la partie aussi instructive que délicieuse. Le petit centre a parfaitement fait ses preuves cette fois.

Partie n° 91
Blancs : Eigil Hansen
Copenhague, 1928

1. c4 c5
2. f4

Ce coup produit un effet plutôt déconcertant, mais nous allons bientôt voir que ce n'est pas le coup mais l'effet qui est faux ! Qu'il est donc pitoyable aujourd'hui de vouloir encore juger un coup par son apparence, procédé courant à mon regret du temps des pseudo-classiques !

2 ... ♘f6
3. d3 d5

Sans ce coup, les Blancs peuvent jouer 4. e4 et obtenir une formation solide.

4. cxd5 ♘xd5 5. e4

Faites une comparaison avec l'ouverture suivante : 1. c4 c5 2. ♘c3 ♘f6 3. ♘f3 d5 4. cxd5 ♘xd5 5. e4. Ce stratagème a été introduit par l'auteur sous le nom de stratagème de Dresde. La position obtenue par Hansen s'assimile à celle-ci en principe (le pion d3 est placé sur une colonne ouverte aux Noirs), mais elle apporte une amélioration en ce que la variante ♘d5xc3 suivi de g7-g6 est désamorcée. Monsieur Hansen mérite notre reconnaissance !

5 ... ♘f6 6. ♗e3! e6 7. ♘c3 ♘c6 8. ♘f3 ♗d7

Afin de ... faciliter la poussée d3-d4 !

9. d4 ?

9. h3 suivi de 10. ♗e2 est beaucoup plus solide, par exemple : 9. h3 ♘h5 ? 10. ♔f2 et 11. g4. Le conducteur des pièces blanches témoigne avec le coup 9. d4 de son manque de sens pour les constructions solides, un tel coup ne serait certainement jamais venu à l'esprit de Saemisch !

9 ... cxd4
10. ♘xd4 ♗b4

Tout traîne déjà.

11. ♘xc6 ♗xc6 12. ♕xd8+ ♖xd8 13. e5

Les Blancs sont forcés de faire des « concessions centrales » à leur adversaire, ils vont à présent souffrir de faiblesses sur les cases blanches.

13 ... ♘e4
14. a3

Voici un questionnement habile, les Blancs comptent sur des fous de couleurs opposées.

14 ... ♗xc3+ 15. bxc3 ♘xc3 16. ♗c4

16. ♗xa7 ne va pas à cause de 16 ... ♘d5 et le pion f ne peut pas être protégé (17. g3 ? ♘xf4 18. gxf4 ♗xh1).

16 ... ♖c8

Stratégie qui semble toute indiquée en face d'une construction relâchée adverse ! Augmenter les menaces et créer de nouvelles tensions !

17. ♖c1 ♗xg2 18. ♖g1 ♖xc4 19. ♖xg2 b5 20. ♖gc2

Si 20. ♖xg7 ♔e7 puis ♖hc8 et les Noirs possèdent des menaces souveraines.

20 ... ♘d5

Un cavalier bien sérieux !

21. ♖xc4 bxc4 22. ♖xc4 ♔d7 23. ♗xa7

104

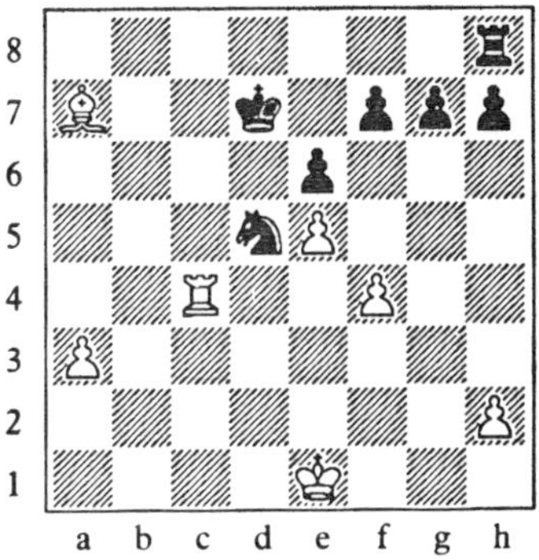

23 ... ♖c8

C'est le triomphe de la formation solide ! L'inventif conducteur des pièces blanches a réussi à récupérer tout ce qui était possible, c'est-à-dire l'ensemble du matériel perdu. Mais, le voyez-vous à présent ? Affublé d'un serin relâché en f4, d'un lévrier en a7 et de deux brebis galeuses en a3 et h2, tandis que le roi trône dignement, exilé en e1...

La fin va être épouvantable !

24. ♖e4

Si 24. ♖xc8 ♔xc8, le serin dissolu n'en réchappe pas.

24 ... ♖c1+
25. ♔f2

La suite après 25. ♔d2 serait 25 ... ♖h1 26. ♖e2 ♖a1 ! *(pas tout de suite 26 ... ♘xf4 sinon 27. ♖f2 g5 28. ♗e3)* 27. ♗c5 ♘xf4.

25 ... ♖c2+
26. ♔g3

Ou 26. ♔g1 ♖c3 27. a4 ♖f3.

26 ... ♖c3+
27. ♔g4

Erreur due au zeitnot, mais il n'y avait pas de coup salvateur.

27 ... f5+

Les Blancs abandonnent.

En effet, 28. exf6 e. p. ♘xf6+ gagne la tour.

Cette partie révèle avec la plus grande clarté la faiblesse du grand centre à l'allure trop impétueuse.

5. Traitement asymétrique de variantes symétriques

Non seulement les pseudo-classiques montraient une prédilection aujourd'hui incompréhensible pour les variantes symétriques, mais ils savaient aussi parer cette affaire peu reluisante d'un voile scientifique. Ils laissaient entendre que, puisque beaucoup d'ouvertures tendent éventuellement à la symétrie, ce serait donc un défi à l'intelligence que de refuser cette symétrie voulue par Dieu, que de telles tentatives seraient fausses et devraient échouer dans un contre-jeu correct.

Nous allons utiliser un exemple afin d'observer d'un peu plus près la question. 1. d4 d5 *(que peut-on bien reprocher au coup asymétrique 1 ... ♘f6 ?)* 2. c4 e6 3. ♘c3 c5 ? *(A la poursuite de la symétrie ou éventuellement d'un jeu nivelant. Typique de l'époque : ce coup de relâchement passait pour la seule défense correcte. La réponse adéquate est bien sûr la variante asymétrique 3 ... ♘f6 suivi de 4 ... ♘bd7 etc.)* 4. e3 ? *(La conception d'alors préconisait cette réponse. Naturellement, la variante correcte est 4. cxd5 suivi de 5. ♘f3 et 6. g3, bref la variante Schlechter-Rubinstein.)* 4 ... ♘c6 5. ♘f3 ♘f6 6. ♗d3 ♗d6. Quiconque eût osé à l'époque de Tarrasch jouer 6 ... ♗e7 dans cette position eût été pris en dédain. Et pourtant ce refus d'un développement symétrique représente la continuation logique. Le coup ♗d3 a un point faible : il provoque un manque de protection du pion d4. Le coup 6 ... ♗e7 se sert de cette circonstance en conservant la portée d'action d8-d4 de la dame, par exemple : 6 ... ♗e7 ! 7. 0-0 0-0 8. ♕e2 ! *(Chaque camp poursuit son objectif, les Noirs attaquent le pion d, les Blancs montent une attaque à l'aile-roi étayée par le fou d3.)* 8 ... cxd4 9. exd4 dxc4 10. ♗xc4 ♘xd4 11. ♘xd4 ♕xd4 et les pronostics sont difficiles. Un examen superficiel suggère donc déjà que même si chaque partie comporte quantité de questions, il nous faut absolument en écarter les échecs symétriques ! Nous nous renforçons encore plus dans cette impression en recourant à la comparaison avec d'autres variantes symétriques. Dans la variante d'échange de la Française, on peut après 1. e4 e6 2. d4 d5 3. exd5 exd5 4. ♗d3 ♗d6 développer les cavaliers au centre ou en « diversion ». Un développement au centre peut se faire par ♘f3 ou ♘f6, en diversion par ♘e2 ou ♘e7. Il est important en outre de mentionner que pour opérer un développement en diversion il faut simultanément assurer l'immédiate défense du centre *[le point de percée e4 (et respectivement e5) doit être protégé par f3 (et respectivement f6)]*, sans ceci la diversion serait absurde. Les diversions à l'aile, entreprises sans la sécurisation préalable du centre, ont maintes fois été dénoncées comme absurde dans ce livre.

Une logique impérieuse (quoique de nombreux amateurs d'échecs tentent de se débarrasser de cette contrainte) découle de ce propos : la réponse correcte à ♘f3 est ♘e7, et inversement à ♘e2, il faut rétorquer ♘f6 ! Ce traitement asymétrique recommandé par Svenonius est infiniment supérieur au traitement symétrique en fait de logos stratégique.

Observons à présent de quelle façon claire s'exprime ce motif de combat contraire dont on vient de parler. La partie suivante a été jouée au cours d'une simultanée en 1925 à Aalesund.

Blancs : Strande

1. e4 e6 2. d4 d5 3. exd5 exd5 4. ♗d3 ♗d6 5. ♘f3 ♘e7 ! 6. 0-0 ♘bc6 7. ♗e3

Pour atténuer l'influence du fou g4.

7 ... ♗f5 8. ♘c3 0-0 9. ♖e1 ♗xd3

Ce coup introduit une manœuvre de cavalier qui permettra d'assainir le centre dans le but de renforcer les chances à l'aile.

10. ♕xd3 ♘b4 11. ♕d2 c6 12. a3 ♘a6 13. ♖e2

Les Blancs poursuivent leur plan au centre. On peut néanmoins se demander si 13. ♗g5 n'est pas techniquement préférable.

13 ... ♘c7 14. ♖ae1 ♘e6 15. ♕d3

15. ♘g5 n'est pas dangereux car les Noirs peuvent répondre 15 ... ♘g6, par exemple : 16. ♘xe6 fxe6 17. ♗g5 ♕c7.

15 ... ♘g6

Les Noirs veulent ainsi refréner les aspirations au centre de leur adversaire.

16. g3 ♖e8
17. ♗c1

La colonne centrale passe à l'attaque ! Les Noirs ont cependant déjà pris les mesures nécessaires.

17 ... ♕d7
18. ♘d1

Sans vouloir discuter de la valeur de ce coup, il nous semble que 18. ♘e5 est impératif ici : seule l'occupation de l'avant-poste e5 peut permettre de conserver l'initiative au centre.

18 ... ♖e7
19. ♘e3 ?

Les Blancs devaient encore jouer 19. ♘e5. Les Noirs auraient alors de toute façon continué après 19 ... ♗xe5 20. dxe5 par 20 ... ♖ae8 et la poussée 21. f4 pouvait être contrée par le prometteur sacrifice de pion : 21 ... ♘c5 22. ♕d4 ♘e4 23. ♕xa7 f6 24. exf6 gxf6. Nous nous trouverions alors en présence d'un cas intéressant : une défense tenace au centre aboutissant à une centralisation, amélioration attribuable à la contribution latente des plans de diversion des Noirs.

Les Blancs sont perdus après le faible coup 19. ♘e3 ?.

19 ... ♘ef4

La diversion survient à présent avec une violence décisive.

20. gxf4 ♘xf4
21. ♕d2 ♕h3

Les Blancs abandonnent la partie.

Les Noirs ont indirectement protégé la case e5 dans cette partie, ils ont permis la pénétration du cavalier en e5 mais en ont amoindri l'effet. Il est aussi possible de s'opposer directement à l'incrustation en e5 par la poussée f7-f6, comme cela a déjà été dit.

Passons maintenant à la présentation de quelques parties. Pour nous résumer brièvement, nous sommes persuadés que la volonté de chercher la symétrie dans le développement équivaut à un *testimonium paupertatis* d'une période de manque d'imagination. Les deux prochaines parties sont consacrées à l'association attaque à l'aile et défense du centre.

Partie n° 92
Blancs : J. Möller
Partie amicale
à la pendule,
Copenhague, 1922

1. e4 e6 2. d4 d5 3. ♘c3 ♗b4 4. exd5 exd5 5. ♘f3 ♘c6 6. a3 ♗a5

Si 6 ... ♗xc3+ 7. bxc3 ♗f5 8. ♗d3 ♘ge7 9. 0-0 0-0, 10. ♗f4 et les deux camps contrôlent également le centre mais les Blancs conservent un certain avantage du fait qu'entre les deux fous placés en d3 et f5, celui des Blancs est le mieux protégé.

7. ♗b5 ♘e7 8. 0-0 0-0 9. ♘a4 ♗b6 10. ♘xb6 axb6 11. ♗d3 ♗f5

Les Noirs ne sont pas seulement mieux développés, ils ont aussi la formation la plus solide. Les Blancs ont perdu un peu trop de temps avec les manœuvres du cavalier.

12. ♖e1

Il est difficile *a priori* d'établir un pronostic optimiste pour cette opération au centre *(cf.* la note précédente).

105

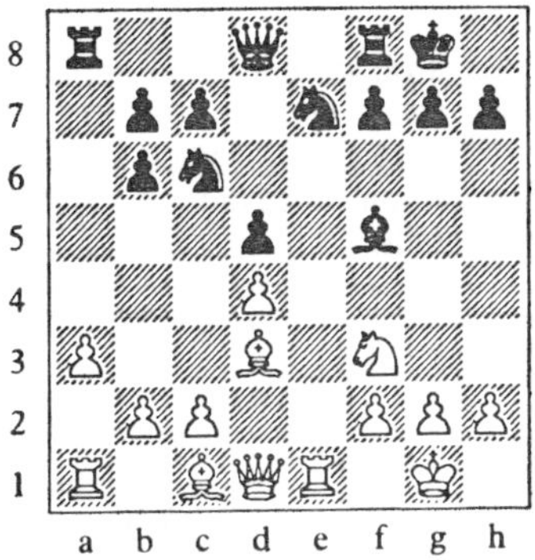

12 ... ♕d7

Pourquoi les Noirs négligent-ils donc le coup évident 12 ... f6 qui permettrait d'étouffer dans l'œuf l'action centrale introduite par leur adversaire ? Les Blancs semblent en effet ne pouvoir progresser sur leur hypothétique colonne au centre qu'en jouant ♘e5, c'est-à-dire en prenant possession du poste avancé ! La réponse à cette question est déterminante pour un jugement équitable de la position caractérisée par les deux cavaliers en f3 et e7. La menace ♘e5 n'existe pas vraiment encore, son application conduirait plutôt à une détérioration de la position des Blancs, par exemple : 13. ♘e5 ♘xe5 14. dxe5 et la majorité blanche à l'aile-roi serait peu mobile. Le coup 12 ... f6 donnerait par ailleurs à la colonne e un nouvel élan, car la case e6 pourrait alors devenir un objet d'attaque. Quelle conclusion en tirer ? Eh bien, s'il est possible de différer f7-f6, il faut d'abord solidifier la case e6 ; ceci fait, on peut jouer f7-f6 l'esprit tranquille.

L'analyse des diverses variantes pouvant suivre 12 ... f6 est particulièrement instructive : 12 ... f6 13. ♘h4 *(essai intéressant)* 13 ... ♘xd4 ! *(solide et approprié est aussi 13 ... ♗xd3 14. ♕xd3 ♕d7 15. ♗d2 g5 puis 16 ... ♕f5)* et les Blancs ont le choix entre 14. ♘xf5 ou 14. ♖xe7.

Si 14. ♘xf5 ♘dxf5 15. ♕g4 ♘d6 ! *(si 15 ... ♕c8, alors 16. ♕h3 avec la menace g2-g4)* 16. ♗f4 ! f5 17. ♕h3 ♕d7 18. ♖e2 ♘g6 ! 19. ♗xd6 cxd6 20. g3 ♘e5 et les Noirs sont un peu mieux. Remarquez que les Noirs ont pourtant eu des difficultés pour réchapper à l'attaque.

Si 14. ♖xe7 ♗xd3 15. ♖e3 ♘xc2 16. ♖xd3 ♘xa1 17. ♗e3 *(cela a bonne allure pour l'instant, toutefois...)* 17 ... ♕e8 18. ♕xa1 ♕e4 !19. ♖d4 ♕e6 20. ♕a2 ♖ad8 21. ♘f3 c5 22. ♖d1, puis 22 ... ♔h8 suivi de 23 ... ♕c6 et avec une cohorte de pions prête à la marche, les Noirs obtiennent dans ce cas aussi un avantage petit mais certain (une position pour Capa !).

Nous pouvons maintenant conclure : 12 ... f6 pourrait certes suffire, mais il provoque en tout un relâchement temporaire de la formation si solidement bâtie par les Noirs auparavant ; nous pouvons en conséquence considérer le coup du texte comme le plus adéquat dans cette position, d'autant plus que 13. ♘e5 ne revient pour l'instant qu'à un coup d'épée dans l'eau.

13. ♘e5 ?

Le « coup d'épée dans l'eau » ! 13. ♗f4 semble bien meilleur.

13 ... ♘xe5
14. ♖xe5

Les Noirs sont aussi mieux après 14. dxe5.

14 ... ♖ae8
15. ♕e2 f6

Ce n'est que maintenant que ce coup peut être joué en bonne conscience.

16. ♖e3 c5 17. c3 c4 18. ♗c2

(Diagramme 106)

18 ... g5 !

Ayant réussi à solidifier le centre, les Noirs entreprennent à bon droit la réalisation de leurs plans de diversion. Le coup du texte crée une base en h4 à l'intention du cavalier e7 prêt à la bataille.

106

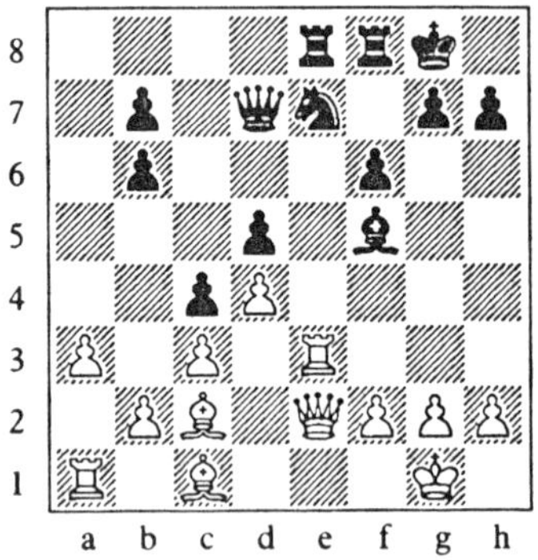

19. b3 ♗xc2 20. ♕xc2 ♘f5 21. ♖xe8 ♖xe8

Les Noirs se sont maintenant aussi emparés de la colonne ; c'est la faillite de l'action au centre commencée par l'intempestif 13. ♘e5.

22. ♗d2 ♘h4

Voir le commentaire du dix-huitième coup noir.

23. ♕d1 cxb3 24. ♕xb3 ♖e2 25. ♗e3 ♕f5

Il reste encore aux Noirs à penser à l'association attaque à l'aile et défense au centre, le pion d5 par exemple ne doit en aucun cas être laissé sans protection.

26. ♕b5 ? ♕e4 !

Les Blancs devaient jouer 26. ♕b1 à la place de 26. ♕b5, mais ne pouvaient pas non plus se sauver dans ce cas, par exemple : 26. ♕b1 ♕g4 27. ♕f1 h6 ! 28. h3 ♕e4 suivi de f6-f5-f4 etc.

27. ♔f1 ♖xe3

Les Blancs abandonnent.

Partie n° 93
Blancs : Enoch
Berlin, 1927

1. e4 e6 2. d4 d5 3. exd5 exd5 4. ♘f3 ♗d6 5. ♗d3 ♘c6 6. c3 ♘ge7 7. 0-0 ♗g4 8. ♖e1 ♕d7 9. ♗g5 f6

La case e6 est bien consolidée, il est donc possible de jouer f7-f6.

10. ♗h4 h5

Une petite nouveauté ! Si maintenant 11. ♗g6+ ♔f8 12. ♕c2 ?, alors 12 ... ♘xg6 13. ♕xg6 ♗f5 gagne la dame.

11. ♘bd2 g5
12. ♗g3 ♗xg3

Provoquant un affaiblissement de la case c5 que les Noirs sont bien forcés de tolérer.

13. fxg3 ! 0-0-0

107

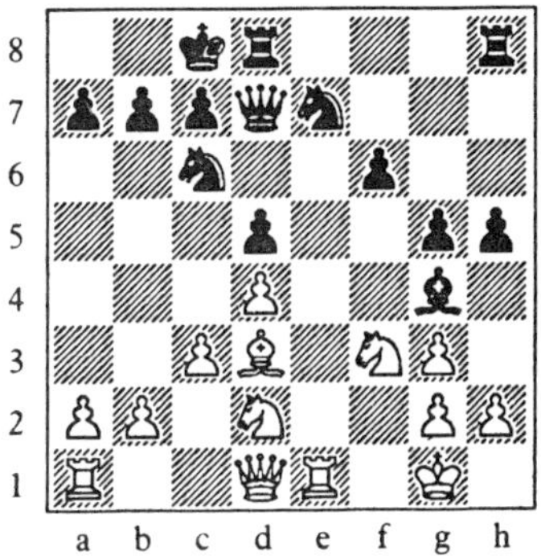

14. b4

La position est très difficile à juger, entre autres parce qu'elle contient notamment une grande diversité de théâtres d'opérations, aussi bien sur les deux ailes qu'au centre (la colonne e). Nous avons déjà une certitude : en aucun cas le désir de monter une attaque à l'aile ne doit impliquer une négligence du théâtre des opérations au centre. Il est indispensable de surveiller simultanément le terrain, agressivement pour les Blancs, défensivement pour les Noirs. Il est évident après tout que nous ne pouvons pas réellement aimer la diversion b4. Le regroupement 14. ♖e3, 15. ♕f1 et 16. ♖ae1 est une option nettement plus sérieuse. La variante 14. ♘b3 est aussi jouable et conduit à un jeu intéressant, par exemple : 14 ... ♕d6 *(si 14 ... b6 ?, alors 15. ♘c5 !)* 15. ♘c5.

La tentative 15 ... h4 est réfutée de la façon suivante : 16. ♕b3 ♘a5 *(16 … b6 perd la qualité sans compensation après 17. ♗a6+ ♔b8 18. ♘b7, par exemple : 18 … ♕d7 19. ♘xd8 ♘xd8 20. ♕b5 ♕d6 21. ♕b4)* 17. ♕a4 b6 18. b4 hxg3 *(la position blanche a un air patibulaire maintenant)* 19. bxa5 ! *(et non 19. ♗a6+ car il semble souhaitable de garder ce fou en d3 pour empêcher un éventuel ♘f5)* 19 … bxc5 (la menace était axb6 suivi d'une démolition) 20. dxc5 ! ! *(une méthode de gain savoureuse, mauvais serait 20. ♖xe7 c4 !)* 20 … ♕xc5+ 21. ♔h1 ♗xf3 *(les Noirs sont démunis face à la double menace ♗a6+ et ♕xg4)* 22. ♗a6+ ♔b8 23. ♖b1+ ♔a8 24. ♗b7+ ♔b8 25. ♗xd5+ ♔c8 26. ♗e6+ et mat au prochain coup.

Les Noirs doivent donc renoncer après 14. ♘b3 ♕d6 15. ♘c5 à 15 … h4. Le bon coup qui s'applique à la position est 15 … ♖de8. Il pourrait suivre 16. ♕b3 *(16. ♕a4 ? h4 17. b4 ♔b8 18. b5 ♘d8 et les Blancs sont en danger)* 16 … ♘d8 17. ♖e3 ♘ec6 18. ♖ae1 ♖xe3 19. ♖xe3 h4 20. ♘d2 hxg3 21. hxg3 et les chances sont à peu près équilibrées. Cette dernière variante est un modèle de la façon de conduire le stratagème dont nous avons plusieurs fois parlé : l'association de l'attaque à l'aile et du jeu au centre.

Durant la suite de la partie, l'idée centrale est faiblement soulignée par les Blancs, les Noirs ont alors la possibilité d'assurer l'indispensable sécurité du centre en utilisant un minimum de forces pour lancer toutes les troupes disponibles à l'attaque de l'aile-roi.

14 … ♖dg8

Ce coup va être expliqué par les prochains coups des Noirs. Le coup 14 … ♖de8 est évidemment aussi juste et sûr.

15. ♕e2 ♖g7 !

Donnant ainsi à la colonne e une sécurité dont elle avait besoin. La « tour g7 » assume ainsi le rôle de champion de l'idée de l'association.

16. a4

L'essai d'initiative au centre par 16. h3 ♗f5 17. ♗xf5 ♘xf5 18. ♕e6 est réfuté par 18 … g4.

16 … ♕d6 17. a5 h4 18. b5 ♘d8 19. b6 ♔b8 ! 20. bxc7+

20. c4 semble un peu mieux.

20 … ♕xc7 21. c4 hxg3 22. hxg3 dxc4 !

Ménageant d'une part la case d5 au centre pour le cavalier et déviant d'autre part le cavalier d2 de la défense de l'aile-roi.

23. ♘xc4

Si 23. ♗xc4 ♘f5 et les Noirs ont une attaque décisive.

23 … ♕xg3 24. a6 ♘d5 25. ♗e4

La variante suivante est intéressante : 25. axb7 ♘f4 26. ♕a2 a6 ! *(et non 26 … ♖xb7 sinon 27. ♖eb1 menaçant ♕xa7)* et les Noirs gagnent.

25 … ♘f4 26. ♕b2 ♗xf3 27. ♗xf3 ♖gh7

Les Blancs abandonnent.

Les Blancs ont omis de diriger leur cavalier en c5 au quatorzième coup et ont en conséquence vu se volatiliser aussi bien leur pression au centre que leur attaque de mat. Les Noirs au contraire se sont appliqués en jouant ♖g7 à relier la défense au centre avec les plans d'attaque à l'aile. Et voyez ! Non seulement l'exécution des plans d'attaque fut entièrement menée à bien, mais la tour g7 défensive put faire triompher ses droits : son effet protecteur agit au-delà du centre jusqu'à b7 et a7. Un cas hautement instructif pour le traitement asymétrique du jeu.

Partie n° 94
Blancs : Marshall
New York, 1927

Dans cette partie, les deux adversaires développent leurs cavaliers respectivement en e2 et e7 et le début est d'abord plutôt ennuyeux.

1. e4 e6 2. d4 d5 3. ♘c3 ♗b4 4. exd5 exd5 5. ♗d3 ♘e7 6. ♘e2 ♗f5 7. 0-0 0-0 8. ♘g3 ♗g6 9. ♘ce2 ♗d6 10. ♗f4 ♘bc6 11. ♕d2 ♕d7 12. ♖ae1 ♖ae8

Mais la vie apparut soudain dans ce jeu aride !

13. c3 ♘c8 !
14. ♗e3 ♘6e7 !

Cette combinaison de coups de replis des deux cavaliers tend en fin de compte à instaurer l'asymétrie, la formation noire adopte en effet soudain les caractéristiques de la variante « ♘f6 » *versus* « ♘e2 » du fait que le cavalier c8 peut atteindre la case e4.

L'auteur a en fait déjà tenté ce repli peu commun durant sa partie contre Spielmann à Copenhague en 1923 : il y eut alors ♘e7-g8, ♘c6-e7, puis ♘g8-f6-e4.

15. ♘f4 ♗xf4 16. ♗xf4 ♗xd3 17. ♕xd3 ♘g6 18. ♕f3

Si 18. ♗d2 ♘d6, mais les Noirs obtiennent aussi du jeu après le coup du texte.

18 … f5 19. ♗d2 ♖xe1 20. ♖xe1 f4 21. ♘e2 ♕f5

21 … ♘h4 n'était pas laid non plus, par exemple : 22. ♕h5 ♘xg2 23. ♔xg2 f3+ 24. ♔h1 fxe2 25. ♖xe2 puis 25 … ♘e7 et 26 … ♘f5 avec du jeu sur les cases blanches.

22. c4 !

La parade est habile, les Blancs veulent ouvrir une brèche dans les remparts ennemis.

22 … ♘b6

Pas 22 ... ♕e4 sinon 23. ♕xe4 et 24. ♘c3.

23. cxd5 ♘xd5 24. ♘c3! ♘xc3 25. ♗xc3 c6 26. ♗b4 ♖d8 27. ♕e4 ♕f7 28. a3 h6 29. g3 ♕f6 30. ♗c3 ♖d5 31. ♕e8+ ♔h7 32. ♕e4 ♕f5 33. ♔g2 ♕g4

Les Noirs ne se résolvent pas à l'échange, car après 33 ... ♕xe4 34. ♖xe4 fxg3 35. hxg3 ♔g8 36. ♖e8+ ♔f7 37. ♖a8 a6 38. ♖b8 ♖d7 39. ♔f3 ♘e7 40. ♔e4 ♘d5 la finale ne semble pas assez avantageuse.

34. f3	**♕g5**
35. ♗d2	**♕f6**

35 ... ♕d8 était en tout cas plus simple, par exemple : 36. ♗xf4 ♖xd4 37. ♕f5 ♕d7 38. ♕c2 ♖d3 et le fou ne parvient pas à occuper l'importante diagonale c3-g7.

36. ♗xf4	**♖xd4**
37. ♕c2	**♖d5?**

Les Noirs ne voient pas la réponse, il faut jouer 37 ... ♕d8.

38. ♗d2	**♕d8**
39. ♗c3	

Les Blancs ont à présent un fou libre et mobile, ce qui leur donne l'avantage.

39 ... ♖d3 40. ♖e4 ♕d5 41. ♕e2 ♕d7 42. h4 h5 43. ♖e8 ♖d1 44. ♖a8 a6 45. ♖b8

Avec l'idée de provoquer le relâchement des pions (la menace immédiate est ♖xb7), après quoi les Blancs échangent les dames et entrent dans une finale gagnante avec tour et fou. Les Noirs trouvent cependant une parade astucieuse. Le coup juste est en fait 45. ♕e4. Les Noirs doivent alors jouer 45 ... ♕f7 suivi de ♖d1-d5-f5 pour tenter de garder la tête hors de l'eau. La défense n'aurait pas été facile.

108

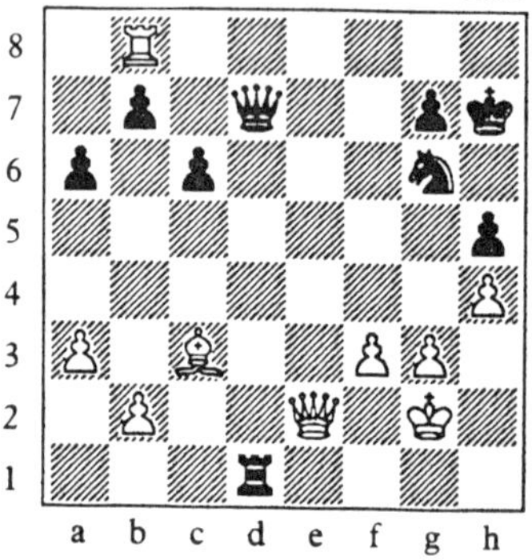

45 ...	**♖h1!!**
46. ♔xh1	

Marshall prit sa décision ici au bout de soixante-dix minutes! 46. ♕e8 serait perdant, par exemple : 46 ...♘f4+! 47. gxf4 ♕h3+ 48. ♔f2 ♖f1+ 49. ♔e3 ♕xf3+ 50. ♔d4 ♕d5+ 51. ♔e3 ♖f3+ 52. ♔e2 ♕d3+ 53. ♔e1 ♖f1 échec et mat. 46. ♕c4 ne va pas non plus, par exemple : 46 ... ♘xh4+ 47. gxh4 ♕h3+ 48. ♔f2 ♕h2+ suivi de 49 ... ♕xb8. L'acceptation du sacrifice est donc forcée et le jeu riche en changements est maintenant nul.

46 ... ♕h3+
47. ♕h2

La partie est nulle.

Il ne faut naturellement pas jouer 47. ♔g1 ? sinon 47 ... ♕xg3+ 48. ♕g2 ♕xb8 49. ♕g5 ♕f4 50. ♕xh5+ ♕h6 et les Noirs ont l'avantage.

6. Le fou avec ou sans avant-poste

L'aimable joueur en rejouant les trois prochaines parties va avoir irréfutablement l'impression d'avoir affaire à des fous de tendance « néo-romantique », ne ressemblant en rien à ceux de l'ancien temps. Il ne s'agit pourtant que de différences impondérables.

Dans la partie n° 95, une diagonale de fou est utilisée suivant un principe linéaire. Dans la position : Blancs : ♖d1, ♘c3, pion e4 ; Noirs : pions c7 et d6 *(nous poursuivons le processus de pensée et le schéma de* Mon Système*)* il nous fallut d'abord contester chaque objectif d'attaque à l'action linéaire, en effet la pénétration sur la septième rangée ne pouvait pas être recommandée comme un objectif réaliste à cause de la formation de défense adverse (c7, d6). Il se produisit 1. ♘d5, par quoi la vague action linéaire fut condensée en un truculent cavalier en poste avancé *(la suite fut c7-c6 pour déloger l'indésirable compagnon, 2. ♘d5-c3 et l'action centrale eut ainsi un objet d'attaque défini : le pion d6)*. — L'idée de notre partie n° 95 est justement de transposer ce processus de matérialisation ébauché ici sur une diagonale ! Comparez d'ailleurs avec le coup 28. ♕f4 que nous avons recommandé dans la soixante et unième partie. La dame f4 doit y être considérée comme un éclaireur sur la diagonale. — Dans la partie n° 96 les fous en attaque sont frappants de témérité, dans la partie n° 97 ils le sont par leur valeur défensive. Dans l'ensemble, il est possible d'expliquer les « différences impondérables » par le fait que la génération moderne de maîtres accorde plus d'importance que nos prédécesseurs au plan lui-même dans la construction. De même, courage et fantaisie sont aujourd'hui autrement et mieux enveloppés. (Voyez les évolutions aériennes des fous de la partie n° 96 et appréciez le courage de renoncement dont témoigne le fou b7 dans la partie n° 97.)

Partie n° 95
Noirs : Dr Tartacover
Carlsbad, 1923

1. ♘f3 f5 2. b3 b6 3. ♗b2 ♗b7 4. g3 ♗xf3

Cet échange ne semble pas utile, la structure de pions noirs va rapidement s'avérer peu dynamique.

5. exf3 e6 6. f4 ♘f6 7. ♗g2 c6 8. 0-0 ♗e7 9. ♕e2 0-0

Les deux fous blancs sont certes forts, mais n'exercent pas pour l'instant d'effet direct.

10. ♘a3 !

Le cavalier se met au service des fous, en effet il va par la suite sonder le terrain et provoquer le relâchement des pions noirs.

10 ... a5

Il n'y a pas d'autre jeu qui permette de développer le cavalier b8. 10 ... b5 échoue à cause de 11. ♘xb5.

11. ♘c4 a4 12. ♗d4 ! b5 13. ♘e5

Si j'avais pendant la partie ressenti ce cavalier comme un poste avancé linéaire (c'est-à-dire un poste avancé sur la colonne e), je n'aurais eu aucune raison de dévoiler ce plan à ce moment. Le cavalier représentait en réalité pour moi un poste avancé sur diagonale. Un effet encore vague et imprécis sur la diagonale prend une forme solide et un but d'attaque clair grâce à la mise en place du cavalier, en d'autres termes : l'effet sur la diagonale se matérialise.

13 ... ♘d5

Si 13 ... ♘a6, les Blancs ne sacrifient pas en c6 mais se développent tranquillement avec ♖fe1, puis c4.

14. c4 bxc4
15. bxc4 ♘b4

Dans le désir compréhensible de tirer profit de la position centrale mais très éphémère du cavalier en d5, selon l'épigraphe : viser le terrain ennemi à partir du centre. Cette action est cependant pernicieuse. Si par ailleurs les Noirs gardent une attitude passive (15 ... ♘c7), les Blancs peuvent réussir la percée décisive d2-d4-d5.

16. ♗c3 a3 17. d4 ♘8a6 18. ♖ab1 ♖b8 19. c5 !

L'autre méthode intéressante est la poussée d4-d5, mais il est tellement plus facile de tirer profit de la malheureuse position du cavalier.

19 ... ♗f6 20. ♖b3 ♗xe5 21. fxe5 ♕a5

109

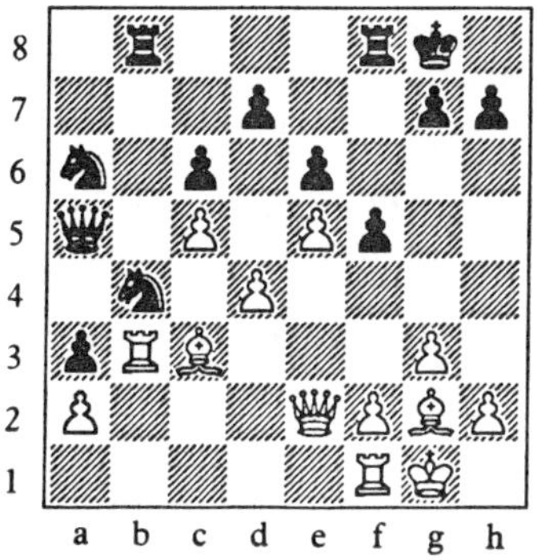

L'unique façon de protéger le pion a.

22. ♖fb1 ♖b7 23. ♕d2 ♖fb8 24. ♗f1 ♕c7

Les Noirs n'avaient plus de défense.

25. ♗xb4 ♘xb4 26. ♖xb4 ♕a5 27. ♖xb7 ♕xd2 28. ♖xb8+

Les Blancs sont gagnants.

28 ... ♔f7 29. ♗c4 ♕xd4 30. ♗b3 ♕xc5 31. ♖b7 ♕xe5 32. ♖xd7+ ♔f6 33. ♖bd1 c5 34. ♖7d6 ♕c3 35. ♖xe6+ ♔g5 36. ♖e3 ♕b4 37. ♖c1 f4 38. ♖e5+ ♔h6 39. ♖exc5

Les Noirs furent mat au quarante-huitième coup.

Partie n° 96
Blancs : Dalseg
et Geelmuyden
Simultanée de trois parties contre consultants à Oslo, 1922

1. e3 g6 2. d4 ♗g7 3. ♘f3 d6 4. ♗e2 ♘d7 5. 0-0 e5 6. dxe5

Ce passage soudain en jeu ouvert est surprenant, nous nous serions plutôt attendus à un développement fermé avec les pions en b3 et c4 et le cavalier en c3. Si 6. c4, les Noirs ne songeaient pas à employer la méthode de Tchigorine *(f7-f5)* qui aurait affaibli sans raison la valeur de e5xd4. Il auraient joué 6 ... ♘gf6, avec comme suite possible : 7. ♘c3 0-0 8. b3 et maintenant peut-être 8 ... exd4 9. exd4 d5 10. c5 ♘e4 ! 11. ♘xd5 ♘dxc5 etc.

6 ... ♘xe5

Le fou g7 entre en action. Les Noirs obtiennent après 6 ... dxe5 7. e4 ♘gf6 8. ♗c4 ! 0-0 9. ♕e2 une position « Hanham » avec certes deux tempi d'avance en raison des coups e2-e3-e4 et ♗f1-e2-c4. On peut néanmoins se demander si le fianchetto des Noirs est réellement une façon avantageuse de disposer de ces tempi. La diagonale a3-f8 risque notamment de subir un certain affaiblissement par exemple après : 9 ... c6 10. a4 ♕c7 11. b3 ♘b6 12. ♗a3 ♖e8 13. ♘bd2.

7. ♘xe5 ♗xe5 8. f4 ♗g7 9. e4 ♘e7 10. c3

La tentative 10. f5 peut, si l'acceptation du sacrifice *(10 ... gxf5 11. exf5 ♗xf5 12. ♗g5 ♗xb2 13. ♖xf5 ♗xa1)* s'avère trop dangereuse, être repoussée de manière paisible avec 10 ... gxf5 11. exf5 ♗f6 12. ♘c3 d5 et ensuite c7-c6, puis ♗d7 et ♕c7 ou b7-b6 et 0-0-0.

10 ... f5
11. ♗d3

Les Noirs projettent visiblement la liquidation par fxe4 et d6-d5. Cette expansion risque cependant d'entraîner l'affaiblissement de quelques points centraux et en particulier de la case e5. C'est pourquoi il vaut mieux jouer 11. ♘d2. Le chevalier aurait en effet dû entreprendre sa tournée de reconnaissance au plus tôt. Une variante plausible serait : 11. ♘d2 0-0 12. ♗c4+ ♔h8 13. ♗b3 ! fxe4 14. ♘xe4 d5 15. ♘g5 h6 16. ♘f3 et les Blancs contrôlent le centre.

11 ... fxe4 12. ♗xe4 d5 13. ♗c2 d4 !

Les Noirs tentent au moyen de ce coup et des suivants de contrecarrer l'essai de consolidation de l'adversaire mentionné dans la note précédente. Le coup superficiel 13 ... ♗f5 serait nettement plus faible.

14. cxd4 ♕xd4+ 15. ♕xd4 ♗xd4+ 16. ♔h1 ♗g4 !

Ce coup comporte plusieurs pointes. Premièrement, la manœuvre redoutée ♘b1-d2-f3 est affaiblie par l'éventuel ♗xf3, deuxièmement si les Blancs jouent 17. ♖e1, le roi pourra aller en d7 sans pour cela craindre 18. ♖d1, tertio le fou pourra demeurer opiniâtrement en g4 si 17. h3.

110

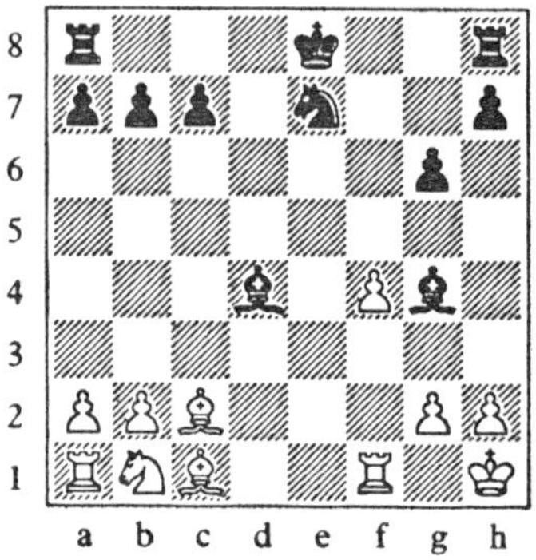

17. ♖e1

Si 17. h3 h5 *(17 ... ♗f5 est beaucoup plus faible, par exemple : 18. ♗a4+ c6 19. ♘d2 ! 0-0-0 20. ♘f3 et les Blancs ne manquent pas de moyens de consolidation)* 18. ♔h2 ♘f5 ! Si maintenant 19. ♗xf5 ♗xf5 et les Noirs ont l'avantage de la paire de fous. Si par contre 19. g3 *(pour pouvoir capturer le fou)*, alors 19 ... h4 ! et les Noirs gagnent, par exemple : 20. hxg4 hxg3++ 21. ♔g2 ♖h2+ 22. ♔f3 ♖xc2 23. ♘a3 (ou 23. gxf5 g2

24. ♖e1+ ♔f7 25. ♗e3? ♗xe3 26. ♔xe3 ♖e8+) 23 ... ♖f2+ 24. ♖xf2 gxf2 25. ♗d2 ♗xb2 et les Noirs ont un avantage matériel. Ou encore *(après 17. h3 h5 18. ♔h2 ♘f5! 19. g3 h4)* 20. ♗a4+ *(pour mettre le fou en sécurité)* 20 ... ♔f7 21. hxg4 hxg3++ 22. ♔g2 ♖h2+ 23. ♔f3 g2 24. ♖d1 ♖ah8! 25. gxf5 gxf5! et les Blancs ne peuvent parer la menace 26 ... ♖8h3+ ♔e2 27. g1 :♕+.

Il doit être évident par ailleurs que 17. ♘d2 à la place de 17. h3 conduit les Blancs après 17 ... 0-0-0 18. ♘f3 ♗xf3 19. ♖xf3 ♖he8 20. ♖b1 ♘f5 à une position inférieure, il nous suffit de référer à la variante 21. ♗xf5+ gxf5 22. ♗d2 ♗xb2! 23. ♖xb2 ♖xd2 et les Noirs gagnent.

17 ... ♔d7!

Le roi avance courageusement. Le voir tirer son soutien des fous quasi planeurs, évoque inconsciemment les plus téméraires prouesses acrobatiques (nous pensons bien sûr aux pyramides vivantes).

18. ♘d2 ♖ae8 19. ♘c4! ♘d5 20. ♗d2?

20. ♘e5+ permet une résistance bien plus énergique, cette occasion de consolidation s'étend comme un fil conducteur durant toute la partie. Les Noirs dans ce cas gardent malgré tout un certain avantage, par exemple : 20. ♘e5+ ♔c8 21. ♖b1 ♗f5! 22. ♗xf5 gxf5 23. ♗d2 ♗xe5 24. fxe5 ♔d7 et 25 ... ♔e6 avec une finale pour le moins supérieure.

20 ... ♗e2

Gagne un pion. La partie devrait maintenant aller comme sur des roulettes pour les Noirs.

21. ♗b3 ♗xc4 22. ♗xc4 ♘b6 23. ♗b3 ♗xb2 24. ♖ad1 ♖xe1+?

Voici une faute qui rend la parole aux fous ennemis. Les Blancs n'auraient aucune compensation pour la perte du pion après 24 ... ♔c8.

25. ♗xe1+ ♔c8 26. ♗e6+ ♔b8 27. ♗h4

La situation des Noirs paraît maintenant critique : il est difficile de trouver une défense convenable contre la menace des Blancs d'échanger les tours en d8, puis de partir à la poursuite du pion par ♗g8 etc.

27 ... ♘c8

27 ... c5 aurait bien suffit pour la nulle, par exemple : 28. ♖d8+ ♖xd8 29. ♗xd8 c4 30. ♗xb6 axb6 31. ♗xc4 et maintenant 31 ... ♗c1 32. g3 g5 33. f5 ♔c7 34. ♔g2 ♔d6 35. ♔f3 *(ou 35. f6 ♔e5 36. f7 ♗a3 37. ♔f3 h5)* ♔e5 36. ♔g4 ♔f6 37. ♔h5 ♔g7.

28. ♖d8 ♖xd8
29. ♗xd8 ♗a3!

Voici la riposte avec laquelle les Noirs se sont confortés.

111

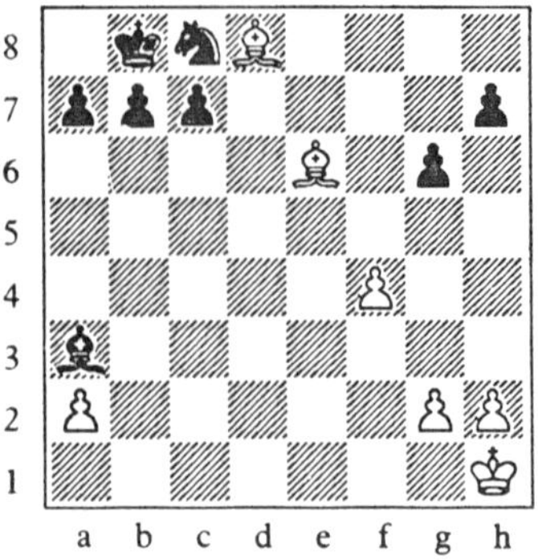

30. g4 ?

Le coup est perdant. 30. ♗g8 serait par ailleurs aussi douteux, à cause de 30 ... ♗e7 *(et non 30 ... h5 ? 31. ♗f6 ! ♗e7 32. ♗e5 h4 33. ♗h7 ! g5 34. f5 ♘d6 35. f6 ♗f8 36. g3 ! hxg3 37. hxg3 c5 38. ♔g2 b5 39. ♔f3 menaçant 40. ♔g4)* 31. ♗xe7 ♘xe7 32. ♗xh7 ♔c8 33. g4 ♔d7 34. h4 b5 *(pas 34 ... ♔e6 sinon 35. ♗xg6)* 35. h5 gxh5 36. gxh5 ♔e6 37. h6 ♔f6 38. ♔g2 c5 39. ♔f3 a5 40. ♔e4 a4 et les Blancs sont en danger. Par contre 30. ♗f6 ! permet clairement d'égaliser, par exemple : 30 ... ♘e7 *(ou encore 30 ... ♗e7 31. ♗g7 ♗d6 32. f5 gxf5 33. ♗xf5 h5 34. h4 etc.)* 31. g4 suivi de 32. ♔g2 avec la menace 33. ♗xe7, puis 34. g5 et 36. ♗g8.

Les Noirs semblent donc avoir laissé échapper leurs chances avec l'échange prématuré de tours (24 ... ♖xe1).

30 ... ♗e7

Le coup gagnant. La partie continua encore :

31. ♗xc8 ♗xd8 32. ♗e6 g5 33. f5 b5

Les Blancs ne peuvent rien espérer en dépit des fous de couleurs opposées.

34. ♔g2 c5 35. ♔f3 ♔c7 36. ♔e4 ♔d6 37 ♗c2 ♗f6 38. ♗b3 c4 39. ♗d1 a5 40. ♗c2 a4 41. ♗d1 a3

Les Blancs abandonnent.

Partie n° 97
Blancs : Stoltz
Berlin, 1928

1. e4 c5 2. ♘c3 ♘c6 3. g3 g6 4. ♗g2 ♗g7 5. ♘ge2 e6

Ainsi le deuxième cavalier pourra soutenir à partir de la case c6 celui occupant l'avant-poste d4 de diagonale.

6. d3 ♘ge7 7. ♗e3 ♘d4 8. ♕d2 ♘ec6

Cf. la note précédente.

9. ♘d1

Dans notre partie de Niendorf, Kostitsch choisit 9. 0-0 et la suite fut 9 ... d6 10. ♘d1 ♕a5 ! 11. ♘xd4 ♕xd2 12. ♗xd2 cxd4 13. c3 *(13. c4 immédiatement semblait plus clair)* 13 ... ♗d7 14. f4 dxc3 15. bxc3 ♖c8 et les Noirs obtinrent du jeu sur la diagonale.

9 ... ♘xe2

Rien ne peut non plus être reproché au coup direct 9 ... d5, par exemple : 10. ♘xd4 cxd4 et les Noirs exercent une pression marquée sur la colonne c ainsi qu'une pression latente sur la diagonale g7-b2. Cette pression latente sur la diagonale obtiendra les honneurs après le coup c2-c3, que les Blancs ne peuvent éviter à long terme.

10. ♕xe2 ♕a5+
11. ♕d2

Se refusant à jouer 11. c3, car 11 ... ♘d4 12. ♕d2 ? ♘b3.

11 ... ♕xd2+
12. ♔xd2 d6

Une pression encore imprécise sur une diagonale doit être traitée avec la plus grande des prudence, sinon elle s'évanouit. Le coup 12 ... b6 ! aurait créé des chances, par exemple : 13. c3 ♗b7 14. f4 d5 15. exd5 ♘e7 16. ♘f2 et peut-être 16 ... ♘f5. Il était important de se réserver aussi la possibilité de construction e6xd5. Le coup du texte diminue inutilement la quantité de perspectives et les Noirs ne peuvent plus démontrer le gain.

13. f4 b6 14. e5 ♗b7 15. exd6 0-0-0 16. c3 ! ♖xd6 17. ♘f2 ♖hd8

La position noire est solide mais offre un choix de formations d'attaque trop limité.

18. ♖ad1

Nous avons une position de nulle, car le pion d3 est imprenable. Steinitz lui-même, malgré la plus coriace persévérance, ne put qu'annuler certaines fins de parties semblables. Voyez par exemple : 18 ... ♘e7 19. ♗xb7+ ♔xb7 20. ♔c2 ♘d5 *(ou 20 ... ♘f5 21. ♖he1 h5 22. ♘e4 ♖6d7 23. ♗c1)* 21. ♖he1 f5 22. ♗c1. Les Noirs arrivent alors à mener le roi en f7 pour protéger le pion e6, mais les Blancs doublent les tours sur la colonne e et peuvent sereinement envisager la prochaine attaque adverse b6-b5-b4.

18 ... e5

Mon jeune adversaire va parer facilement cette tentative énergique.

19. ♖he1 f5
20. ♗xc6 ! ♖xc6

Car 20 ... ♗xc6 21. fxe5 ♗xe5 22. ♗xc5.

21. fxe5 ♗xe5 22. ♗g5 ♗f6 23. ♗xf6 ♖xf6 24. ♖e7

Les Blancs ont obtenu une initiative non négligeable.

24 ... ♗d5 !
25. ♖de1 ♖d7

Les Noirs ne rougissent pas d'assigner le fier fou à une position à ressort (sur la case f7). Cette forme de courage étrangère à la nature des échecs pseudo-classiques convient par contre parfaitement au style néo-romantique.

26. ♘h3 h6 27. ♘f4 ♗f7 ! 28. h4 ♔d8 29. ♖xd7+

Le coup de repli 29. ♖7e5 conduit après 29 ... g5 30. hxg5 hxg5 31. ♘h3 f4 32. ♖xg5 *(ou 32. g4 ♗g6 33. ♘f2 ♗xd3 et 34... c4)* 32 ... fxg3 33. ♖xg3 ♗xa2 à une simplification du jeu. La partie va cependant tourner au détriment des Blancs après le coup du texte.

29 ... ♔xd7 30. a3 g5 31. hxg5 hxg5 32. ♘h3 ♖g6 33. ♖e5 ♗e6

Le fou crée un « pont » pour la manœuvre ♔d7-e7-f6.

34. ♔e1

34. d4 permet de rendre inopérant le pont, mais alors 34 ... cxd4 35. cxd4 f4 36. ♖xg5 ♖xg5 37. ♘xg5 fxg3 et les Blancs ont affaire à un « pion passé éloigné ».

34 ... ♔e7 35. b4 ♔f6 36. ♖e3 ♖g8 37. ♔f2 ♗d5

Le fou sort de sa réserve.

38. c4 ♗f7

38 ... ♗b7 est plus simple et préférable. Après 39. ♔g1 ♖h8 40. ♘f2, la réponse 40 ... f4 n'est pas vilaine, par exemple : 41. gxf4 gxf4 42. ♖e2 ♖g8+ 43. ♔f1 ♗g2+ avec avantage noir. Ou 42. ♖e1 ♖g8+ 43. ♔f1 ♗g2+ 44. ♔e2 *(44. ♔g1 n'est pas précisément plus réjouissant)* 44 ... ♖e8+ 45. ♔d2 ♖xe1 46. ♔xe1 ♔e5 47. ♔d2 ♔d4 48. bxc5 bxc5 49. ♔e2 f3+ 50. ♔d2 ♗f1 et les Noirs gagnent.

Les autres formations de défense sont encore plus défavorables, par exemple : 38 ... ♗b7 39. ♘g1 ♖h8 40. ♘f3 ♗xf3 41. ♔xf3 ♖h2 et les Noirs gagnent (42. ♖e2 ♖xe2 43. ♔xe2 ♔e5 etc.).

39. ♘g1 ♖h8 40. ♘f3 ♖h1 41. ♘e5 !

Meilleur que 41. ♖e1 ♖xe1 42. ♔xe1 ♔e5 etc.

41 ... ♗e6
42. ♘c6

Les Blancs ne devraient plus perdre.

42 ... ♖h2+ 43. ♔e1 ♖a2 44. bxc5 bxc5 45. ♘xa7 ♗d7

Un dernier essai.

46. d4

46. ♘b5 fait nulle, par exemple : 46 ... ♗xb5 47. cxb5 ♖xa3 48. ♖e8 (le plus simple !) 48 ... ♖xd3 *(si 48 ... ♖b3, alors 49. ♖b8)* 49. b6 ♖b3 50. ♖b8 ! ♔e5 51. b7 ♔d6 52. ♖d8+ ♔c7 53. ♖c8+ ♔xb7 54. ♖xc5 ♖f3 55. g4 etc.

46 ... cxd4 47. ♖d3 ♔e5 48. ♘b5 ♗xb5 49. cxb5 ♖b2 !

Met en route une percée intéressante.

112

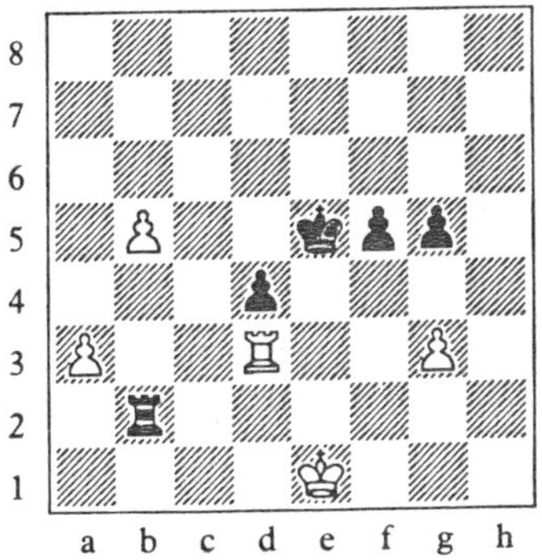

50. a4 g4
51. ♖d2

51. a5 ! ♖xb5 52. ♖a3 est la seule variante qui laisse la porte ouverte à une chance de nulle.

51 ... ♖xd2 52. ♔xd2 f4 ! 53. gxf4+ ♔d6 !

Les Blancs sont perdus. Suivent encore quelques tressaillements :

54. a5 g3 55. a6 ♔c7 56. ♔e2 d3+ 57. ♔xd3 g2 58. ♔e4 g1 :♕ 59. ♔f5 ♕b6 60. ♔g5 ♔d7 61. f5 ♔e7

Les Blancs abandonnent la partie.

7. Le complexe de cases faibles d'une certaine couleur

Voici un tableau typique de la partie de maîtres moderne : l'un des camps souffre de certaines faiblesses qui sont tout au long de la partie d'une couleur déterminée. Les processus de centralisation (partie n° 23) et handicap ont tous deux la particularité de se dérouler avec une étonnante régularité sur des cases d'une couleur déterminée. Dans le cas du jeu de louvoiement (*cf.* la cinquième section) il n'en va pas bien différemment puisque les deux indispensables faiblesses y sont soit blanches, soit noires, mais presque jamais mixtes (*cf.* la partie n° 71). Cela ne semble arriver que dans le cas exceptionnel suivant : le défenseur d'une colonne maîtrisée par l'adversaire (par exemple la colonne e) doit surveiller deux points de percée, peut-être e6 et e7 (voir la partie n° 93) ; ici nous avons donc un complexe de cases de couleurs mixtes.

Nous avons déjà traité du jeu de l'attaque dans la cinquième section. Quel est le chemin à suivre pour la défense ?

Il existe trois possibilités :

1. Un choix consiste à tenter d'engager un contre-jeu sur les cases de couleur opposée. Semblable stratégie ne devrait convenir qu'au joueur d'attaque absolu, le joueur positionnel ne s'y sentirait pas à l'aise. Ces positions (dans lesquelles un des joueurs s'est retranché sur les cases blanches pendant que son adversaire occupe toutes les cases noires) ne permettent pas vraiment les clarifications successives, le facteur le plus important de clarification (l'échange) peut rarement être envisagé dans ces circonstances. Comparez avec la note du neuvième coup de la partie n° 98.

2. Le deuxième choix consiste à tenter de récupérer le terrain composé des cases de la couleur déterminée. C'est une stratégie saine que nous allons illustrer à l'aide d'une partie que j'ai jouée avec les Noirs contre Maroczy à Carlsbad en 1923. Voici la position après le vingt-deuxième coup des Noirs :

Blancs : ♔f2, ♕d2, ♖a1, ♖b1, ♗d4, pions a4, c3, c2, e5, f3, g2, h2

Noirs : ♔g8, ♕c4, ♖f8, ♖f5, ♗a6, pions a7, b6, d5, e6, f4, g7, h7.

La partie continua ainsi :

23. a5 b5 24. ♗xa7 ♖xe5 25. ♖e1

Les Blancs ont l'intention de s'emparer des cases centrales noires de l'adversaire.

25 ... ♖xe1 ! 26. ♕xe1 ♖e8 27. ♕e5

Ils semblent avoir atteint leur but.

27 ... ♖e7 !
28. ♗d4

28. ♗b6 vaut certainement mieux pour empêcher 28 ... ♕c7. Cependant après 28 ... b4 29. cxb4 ♕xb4 30. ♔g1, les Noirs peuvent jouer 30 ... h6 et 31 ... ♔h7 et ne sont pas mal.

28 ... ♕c7 29. ♖e1 ♕xe5 30. ♗xe5 ♖f7 31. g3 fxg3+ 32. hxg3 ♖f8 33. ♖b1 ♖c8

Dans cette position, la possession de la case e5 n'est pas précisément un facteur d'une importance primordiale.

34. ♖b4 g5 35. ♔e3 ♔f7 36. g4 ♔g6 37. ♖b1 h5

Les adversaires convinrent de la partie nulle.

3. Le troisième choix consiste enfin à lutter de façon préventive pour que l'adversaire ne se renforce pas trop sur les cases d'une couleur déterminée. Voyez à cet effet la recommandation que nous avons faite au douzième coup blanc (♗b5) dans la partie n° 99. Nous sommes vraiment tentés de donner la préférence à cette dernière méthode.

Partie n° 98
Noirs : Mieses
Hanovre, 1926

1. c4 e5 2. ♘c3 ♘f6 3. ♘f3 ♘c6 4. e4

Voici ma variante spéciale de Dresde, vous pouvez la comparer avec les parties n° 31 et 52.

4 ... ♗b4 5. d3 d6 6. g3 ♗c5 7. ♗g2

7. h3 est à considérer.

7 ...	**♘g4**
8. 0-0	**f5**

Créant une position difficile à juger : les Noirs semblent être forts sur les cases noires (f2 et d4 par exemple) tandis que les Blancs paraissent avoir la possibilité de contre-attaquer sur les cases blanches.

9. ♘d5

Outre le coup du texte, deux manières de jouer méritent notre examen :

I. 9. exf5 ♗xf5 10. ♘g5 ♕d7 11. ♗d5 ♖f8 12. ♘ge4 ♗b6 et les Noirs sont mieux.

II. 9. ♗g5 ♘f6 10. exf5 ♗xf5 11. ♘h4 ♗e6 12. ♘e4 0-0 13. ♔h1, si maintenant 13 ... ♕d7, alors 14. ♗xf6 gxf6 15. f4 ♔h8 16. f5 ♗g8 17. ♘xc5 suivi de 18. ♗e4 ♘d4 et les chances sont approximativement égales. Remarquons que l'opposition constante entre la structure sur cases blanches et celle sur cases noires s'est conservée pure et dure, pourrait-on dire, jusqu'à la finale ! *Cf.* l'avant-propos à la septième partie.

(Diagramme 113)

113

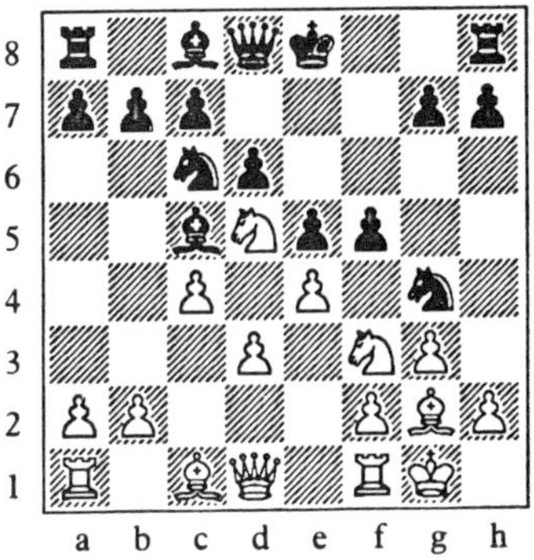

9 ...	**h6 ?**

Les Noirs endommagent leur propre initiative sur cases noires (car le coup 9 ... h6 représente une perte de temps) et favorisent ainsi les plans sur cases blanches de leur adversaire. Il est difficile d'espérer mieux !

Les Noirs peuvent facilement roquer. Après 9 ... 0-0 10. ♗g5 ♕e8 ! 11. ♘xc7 ♕h5, le coup 12. ♘xa8 est interdit *(12 ... fxe4 13. dxe4 ♖xf3)*, le coup 12. h3 crée également une situation désagréable pour les Blancs *[12 ... ♘xf2 13. ♖xf2 ♗xf2+ 14. ♔xf2 fxe4 15. dxe4 ♕xg5 16. ♘xa8 ♘d4 17. ♖c1 (la menace était 17 ... ♗xh3) 17 ... ♗xh3 18. ♖c3 ♗g4 19. ♘c7 ♕h5 20. ♘b5 ♗xf3 21. ♗xf3 ♕h2+ 22. ♔f1 ♕h1+ et les Noirs gagnent]*. Les Blancs ont donc intérêt à renoncer à 10. ♗g5. Ils peuvent essayer 10. h3 (que reste-t-il d'autre ?) 10 ... ♘xf2 11. ♖xf2 ♗xf2+ 12. ♔xf2 fxe4 13. dxe4 ♘d4 14. ♗e3 ♘xf3 suivi de 15 ... ♗xh3 et c'est le même résultat.

Le coup du texte conduit les Noirs dans une situation difficile.

10. exf5 ♗xf5 11. ♘h4 ♗e6 12. ♘g6 ♖g8 13. h3

Maîtres de toutes les cases blanches, les Blancs s'appliquent à rejeter leur adversaire loin des cases noires.

13 ... ♘f6
14. ♗e3!

Pour préparer la poussée b2-b4 qui aurait été contrée, si elle avait été jouée immédiatement, par la riposte ♗d4.

114

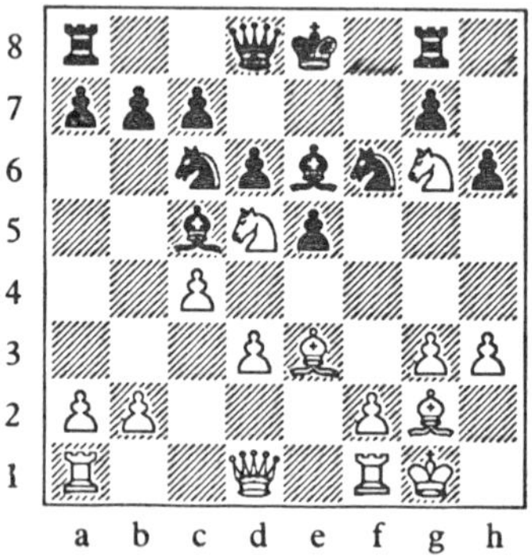

14 ... ♗xd5?

14 ... ♗f7 est nécessaire. Le conducteur des pièces noires a effectivement protégé son camp contre les diverses menaces adverses avec son dernier coup, mais n'a rien fait pour obtenir un assainissement général des cases blanches. Il est intéressant de constater que 14 ... ♕d7 *(avec l'idée 15 ... ♕f7)* ne suffit pas non plus, par exemple : 15. b4 ♗xe3 16. fxe3 0-0-0 *(et non 17 ... ♗xh3 18. ♖xf6)* 17. ♕a4 ♔b8 18. b5 ♗xd5 19. bxc6! ♗xc6 20. ♗xc6 bxc6 21. ♖ab1+ ♔a8 et 22. ♘e7 gagne.

15. cxd5 ♘d4

Ou 15 ... ♘e7 16. ♘xe7, puis 17. d4 avec avantage blanc.

16. f4 ♕d7

La variante 16 ... exf4 17. ♖xf4 ♘e6 ne sert à rien à cause de 18. ♗xc5 ♘xf4 19. ♕e1+ ♔f7 20. ♘xf4 ♖e8 21. ♘e6 avec un net avantage.

17. b4 ♗b6 18. fxe5 dxe5 19. ♘xe5 ♕e7 20. ♘c4

Les Noirs sont bien sûr perdus, d'autant plus précieuse à connaître est l'ingéniosité avec laquelle Mieses guette le salut.

20 ... ♔d8!

20 ... 0-0-0 serait réfuté par 21. ♘xb6+. Les Noirs projettent 21 ... ♖e8.

21. a4

Dommage. 21. ♖e1 gagne de manière élégante, avec notamment 21 ... ♕xb4 22. ♖b1 ♕c3 23. ♕a4 ♘c2 (à nouveau le seul coup) 24. ♗xb6! ♘xe1 25. ♗xc7+ ♔xc7 26. ♖xb7+! ♔xb7 27. d6+ ♘xg2 28. ♕b5+ suivi d'un mat en trois coups. 21. d6 permet aussi de gagner, par exemple : 21 ... cxd6 22. ♖e1 ♕c7 23. a4 a6 24. ♘xb6 ♕xb6 25. ♕d2 ♖e8 26. ♗f2. Le coup joué conduit naturellement aussi au gain.

21 ... ♖e8 22. ♔h2 ♘e2 ! 23. d6

Les Blancs se laissent bluffer. Il faut simplement jouer 23. ♕xe2 pour obtenir un gain assez facile.

23 ... cxd6 24. ♖e1 ♗xe3 25. ♖xe2 ♗g1+ 26. ♕xg1 ♕xe2

Du coup, les Blancs ont encore du travail.

27. ♘xd6 ♖e7 28. a5 ♖d7 29. ♖e1 ♕d2 30. ♘c4 ♕xb4 31. a6

L'attaque doit percer.

31 ... ♖c8

Si 31 ... b5, les Blancs répondent 32. ♘e5, par exemple : 32 ... ♖c8 33. ♘xd7 ♘xd7 34. ♖b1 ♕c5 35. ♕xc5 ♖xc5 36. d4 ♖f5 37. ♗c6. Si 31 ... ♖b8 32. ♘e5 *(menaçant 33. ♕xa7 que les Blancs ne peuvent jouer tout de suite à cause de bxa6)* 32 ... ♕d4 *(c'est encore le mieux !)* 33. ♘f7+ ♔c7 34. ♖c1+ ♔b6 35. ♖b1+ ♔xa6 36. ♕c1 ♕xd3 37. ♗f1.

32. ♖b1 ♕a4 33. axb7 ♖b8 34. ♕c5 ♖c7 35. ♕d4+ ♘d7

Ou 35 ... ♖d7 36. ♕e5 ♖c7 37. ♘a5 avec la menace mortelle 38. ♘c6+ ♖xc6 39. ♕xb8+.

36. ♕xg7 ♖c5 37. ♕h8+ ♔c7 38. ♕xh6 ♕c2 39. ♕d6+ ♔d8 40. ♖f1 ♔e8 41. ♖f8+

Les Noirs abandonnent.

Considérant la variante 41 ... ♘xf8 42. ♕xb8+ ♔f7 43. ♕xf8+ ! ♔xf8 44. b8 : ♕+ ♔f7 45. ♕xa7+ suivi de 46. ♕xc5.

Lorsque les Blancs ont perdu la qualité, la partie est sortie de la voie de son évolution logique. La vitalité de la position et notamment les possibilités d'attaque sur cases blanches n'ont cependant pas été ébranlées.

Partie n° 99
Blancs : Erik Andersen et J. W. Nielsen

Copenhague, 1923, dans une simultanée de trois parties contre consultants

1. e4 ♘c6 2. d4 d5 3. exd5 ♕xd5 4. ♗e3 e6

Le coup objectivement correct dans cette position est sans doute 4 ... e5.

5. ♘f3 ♗d7

Afin d'effaroucher un petit peu l'adversaire, les Noirs « menacent » en effet maintenant de mettre dans la balance l'autorité de la colonne d. Le coup naturel 5 ... ♘f6 est objectivement meilleur. La suite pourrait être : 6. h3 *(pour parer l'éventuel 6 ... ♘g4)* 6 ... e5 7. dxe5 ♕xd1+ 8. ♔xd1 ♘d5. Ou encore (après 5 ... ♘f6 6. h3), 6 ... ♕a5+ 7. c3 e5 8. b4 ♕d5 9. b5 exd4 10. cxd4 ♘e7 ! 11. ♘c3 ♕d8 ! puis 12 ...

♘ed5 et les Noirs ont consolidé leur position.

6. ♘bd2

Le coup 6. ♗e2 est préférable, par exemple : 6 ... 0-0-0 7. 0-0 ♘f6 8. c4 ♕f5 9. h3 et la position de la dame noire ne laisse pas d'être inquiétante. Dans cette variante cependant, les Noirs saisiraient probablement la fantastique manœuvre : 7 ... f6 8. c4 ♕h5 9. ♘c3 ♕f7 mais ils obtiendraient alors aussi une position difficile à défendre.

6 ... 0-0-0
7. ♗d3

Finement pensé ! Les Blancs renoncent à l'évidente variante d'attaque 7. ♗c4 *(suivi de ♕e2 et 0-0-0)* et ne cherchent pas à alarmer la dame ennemie. De l'avis des Blancs, la dame n'est pas indésirable en d5, en particulier parce que grâce à sa présence, il est possible de contrer l'éventuelle poussée e6-e5 par c2-c4 avec tempo et d4-d5.

7 ... ♘f6 8. 0-0 h6 9. c3 g5

Ce coup sert à écarter le cavalier f3 du chemin vers e5 à préparer en même temps le développement du fou en g7.

10. c4

Cette poussée peut, autant sinon plus qu'auparavant, avoir des effets contraires. Il est vrai que la dame ennemie doit maintenant occuper des cases quelque peu insolites, mais celles-ci ne vont pas s'avérer mauvaises.

La méthode à utiliser après 9 ... g5 devrait logiquement être 10. b4. La suite pourrait être : 10 ... g4 11. ♘e1 ♕h5 12. b5 ♘e7 *(il ne faut pas jouer d'abord 12 ... ♗d6, car après 13. g3 ♘e7 14. c4 le fou se trouve coincé)* 13. c4 ♘f5 14. c5 ♘d5 avec un jeu incertain. Après le coup du texte, les Blancs vont rapidement se retrouver aux arrières.

10 ... ♕d6 11. c5 ♕e7 12. ♘c4

Comme les Noirs sont sur le point de gagner du terrain sur cases blanches, le contre-jeu des Blancs devrait aussi être axé sur les cases blanches, donc 12. ♗b5 !

12 ... ♘d5
13. ♘fe5

Préférable ici est la proposition de sacrifice 13. b4. Après 13 ... ♘xb4 ♖b1, l'attaque des Blancs ne doit pas être sous-estimée à condition qu'elle soit parallèlement coordonnée à un « blocage ».

13 ... ♗g7 14. ♖e1 ♘xe5 15. ♘xe5 ♗xe5 16. dxe5 ♗c6

Par contre maintenant les cases blanches des Blancs sont en ruines. Admirez le caractère inéluctable du reste de la partie.

17. ♕c1 ♘f4 18. ♗f1 ♘d3 19. ♗xd3 ♖xd3 20. b4 ♕d7 21. ♕c4 ♖hd8 22. a3 ♗a4 23. ♖fb1 ♗b5 24. ♕c2 ♕d5 25. ♖e1 g4 26.

♕e2 h5 27. a4 ♗c4 28. ♕c2 h4 29. ♕e2 ♖d4 30. ♕b2 ♖d3 31. ♕e2 ♖g8 32. ♔h1 h3

La nouvelle faiblesse sur la case blanche g2 s'associe aux plus anciennes sur c6, d5, b5, d3 etc. C'est la goutte d'eau qui fait déborder le vase (sur cases blanches). Quelques coups encore :

33. ♖g1 hxg2+ 34. ♖xg2 ♖a3 35. ♕e1 ♖xa1 36. ♕xa1 ♕f3 37. ♔g1 ♖d8

Les Blancs abandonnent.

8. Le triomphe des coups « bizarres » et « odieux ».

Voici les on-ne-peut-plus aimables épithètes dont les maîtres pseudo-classiques ont qualifié nos coups. A présent que nos idées ont triomphé sur toute la ligne, tout le monde trouve incompréhensible qu'une méthode de jeu si naturelle, belle et profonde comme par exemple la variante Hanham ait pu attirer tant de haine ? ! Après les coups 1. e4 e5 2. ♘f3 d6 3. d4 ♘f6 4. ♘c3 ♘bd7 !, les Noirs projettent à l'aide de c7-c6 d'avancer un autre pion, ce qui lui permettrait d'obtenir une supériorité centrale certaine. De quelle conséquence peut en comparaison être le non-développement du fou c8 ? ! Mais les pseudo-classiques ne reconnaissaient qu'un idéal : celui de la poursuite ininterrompue du développement.

Loin de nous l'idée de revanche ! Le courant formaliste pseudo-classique est mort, nous ne pourrions frapper un mort. Nous allons relever au demeurant quelques jugements de valeur de l'époque : ce ne sera pas dans un esprit de revanche, mais pour l'intérêt supérieur du jeu d'échecs.

I. 1. e4 e6 2. d4 d5 3. e5 : « la faute décisive ».

Par ceci, il fallait comprendre entre autres que cette poussée « sans motivation » *(elle ne conduisait pas à une attaque du fait que le cavalier noir ne se trouvait pas encore en f6)* était détestable. L'auteur a pourtant durant vingt longues années affirmé (et nul ne voulait le croire) qu'en vérité e4-e5, loin d'être une faute ou un coup odieux, est un coup bon et logique. Après 3 ... c5, les Blancs n'ont pas moins de quatre (sic) bonnes variantes égalisatrices. Il s'agit de 4. c3, 4. dxc5, 4. ♘f3 et 4. ♕g4 ! La justesse du coup 3. e5 est aujourd'hui universellement reconnue.

II. 1. e4 e5 2. ♘f3 ♘c6 3. ♗c4 ♘f6 4. ♘g5 : « un coup de bousilleur » !

Tout le monde sait aujourd'hui que 4. ♘g5 est une tentative logique et correcte de punir le développement prématuré du cavalier des Noirs *(3 ... ♘f6 ?)*.

III. 1. e4 e5 2. ♘f3 ♘c6 3. ♗b5 ♘f6 4. 0-0 ♘xe4 5. d4 ♗e7 6. ♕e2 ♘d6 7. ♗xc6 bxc6 ! ! 8. dxe5 ♘b7 !

Un coup de repli d'une stratégie splendide ! Ce n'est plus un coup de repli, c'est une retraite tactique ! De leur retraite, les Noirs infligent deux blessures sérieuses à l'adversaire : ils leur dérobent un fou, et se préparent au centre une structure de pions compacte et dynamique. Voici un jeu magicien à la vérité ! Le courant pseudo-classique n'était pas du même avis, il ne voyait ni le caractère dynamique du retrait, ni sa beauté conceptuelle, tout ceci ne représentait pour lui qu'un lamentable ... « saut de cavalier » !

Nous donnons deux parties. Dans la partie n° 101, nous trouvons « le fou b5 dans une partie fermée », ce qui selon Tarrasch est « moins excusable que de laisser une pièce en prise ». Le coup ♗b5 semble en réalité très bon et peut être joué dans soixante-dix pour cent des parties fermées sans désavantage et au contraire probablement avec avantage. Dans la partie n° 100, le coup g2-g3 semble être un prélude à un fianchetto ; c'est incompréhensible mais ce coup n'arrive jamais. La partie garde son mystère et sa dysharmonie jusqu'à la fin. On peut pourtant bien la classer parmi les parties les plus logiquement pensées. Le sens esthétique aux échecs doit précisément être ancré à l'idée, c'est la pointe. Qui ne se soucie que de l'apparence peut facilement ressentir certains coups comme odieux qui ne le sont pas le moins du monde. En fin de compte, la seule beauté aux échecs est celle de l'esprit.

Partie n° 100
Noirs : Dr Alekhine
New York, 1927

1. ♘f3 ♘f6 2. b3 d6 3. g3 e5 4. c4 !

« Bizarre » ! Les Blancs ne craignent pas e5-e4. Tout autre eût poussé d2-d3.

4 ... e4

Ce coup affaiblit les cases noires et prépare le terrain à tous les problèmes qui vont suivre.

5. ♘h4 !

La case g2 n'était donc pas destinée au fou f1 mais au « bizarre » cavalier !

5 ... d5

S'il avait été joué en réponse à 5. ♘d4 ? ce coup aurait été fort. Mais il ne mène dans la circonstance présente qu'à une douteuse excursion de la dame. Il faut dire qu'il n'y pas vraiment de bon coup.

6. cxd5 ♕xd5 7. ♘c3 ♕c6 ! 8. e3

Les Blancs abandonnent toute idée de fianchetto.

8 ... a6

8 ... ♗g4 est plus conséquent, la meilleure réponse est alors 9. ♕xg4 ! *(car le cavalier noir perdra un temps lorsqu'il devra reculer)* 9 ... ♘xg4 10. ♗b5 ♘f6 11. ♗b2 a6 12. ♗xc6+ ♘xc6 13. ♘e2 ♘g4 ! 14. f3 *(sinon 14 ... ♘ge5)* 14 ... exf3 15. ♘xf3 0-0-0 et les Blancs obtiennent seulement un avantage minime. Cette variante nous donne un aperçu des ressources défensives des Noirs : ils détiennent visiblement un certain contre-jeu sur les cases blanches ; s'ils utilisent leurs atouts à bon escient *(ils n'en ont pas tellement)* ils auront une chance de handicaper l'attaque adverse basée sur les cases noires. Le coup choisi par Alekhine gêne sa défense sans toutefois la rendre désespérée.

9. ♗b2 ♗g4 10. ♗e2 ♗xe2 11. ♘xe2 ♘bd7 12. ♖c1 ♕b6 13. 0-0

(Diagramme 115)

115

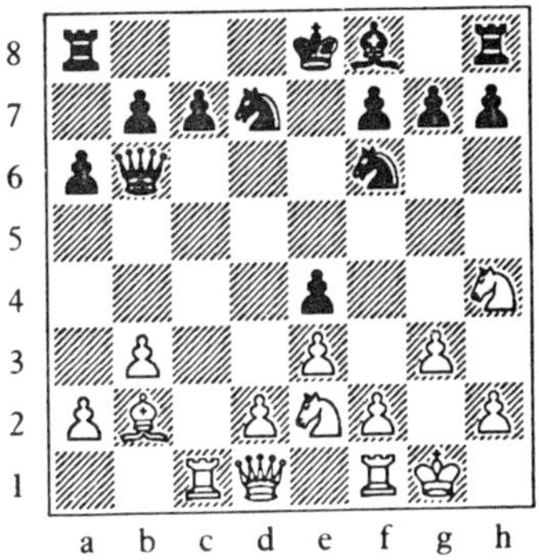

13. ♕c2 est sérieusement à envisager ici, avec par exemple : 13 ... ♗d6 14. ♘f5. Mais les Noirs peuvent apparemment mieux jouer : 13. ♕c2 ♘c5 ! Si maintenant 14. ♗d4, alors 14 ... ♘d3+ 15. ♕xd3 exd3 16. ♗xb6 cxb6 17. ♘d4 *(ou 17. ♘c3 ♗a3 ! et les Noirs arrachent la colonne c)* 17 ... ♗c5 18. ♖c3 ? ♘d5 19. ♖xd3 ♘b4 20. ♖c3 ♗xd4 suivi de 21 ... ♘xa2 et les Noirs sont mieux. La variante débutant par 13. ♕c2 ♘c5 est malgré tout bonne pour les Blancs mais il faut roquer à la place de 14. ♗d4, par exemple : 14. 0-0 ♘d3 15. ♗xf6 ! ♕xf6 *(ou 15 ... gxf6)* 16. ♘f4 *(menaçant 17. ♘d5)* avec avantage blanc. Nous préférons aussi la position des Blancs si les Noirs jouent autre chose que 13 ... ♘d5, par exemple : 13. ♕c2 0-0-0 14. 0-0 et les Noirs vont être embarrassés pour trouver une suite plausible. Les variantes que nous avons analysées donnent l'impression que la négligence du huitième coup noir n'est pas réparable puisque 13. ♕c2 permet de maintenir la pression. Et, nous insistons, même le coup plus faible 13. 0-0 n'aurait pas dû permettre à l'adversaire de se

débarrasser de la pression. L'occasion perdue d'entamer un contre-jeu sur les cases blanches ne devrait plus se présenter. C'est pourquoi nous adoptons une attitude de doute en face du « coup d'État » tenté au cours des prochains coups par Alekhine.

13 ... ♗d6
14. f3

Alekhine pense que 14. d3 vaut mieux.

14 ... ♗e5 !(?)

Extrêmement intéressant ! Les Noirs veulent à tout prix occuper les cases blanches (d3). Que décrète le logos de la partie ? Eh bien il reste relativement sceptique : en vertu de quoi les cases blanches devraient-elles soudainement repousser les cases noires dans l'ombre ? Les faiblesses des Noirs sont pourtant chroniques après leur négligence commise au huitième coup et les Blancs n'ont fait aucune erreur *(13. 0-0 n'est pas vraiment un mauvais coup)*, la violente tentative entreprise par mon adversaire doit donc être incorrecte d'une façon ou d'une autre, en dépit de son génie.

15. ♗xe5 ♘xe5 16. fxe4 ♘d3 17. ♖c3 0-0-0

(Diagramme 116)

18. ♕b1 ♘xe4

116

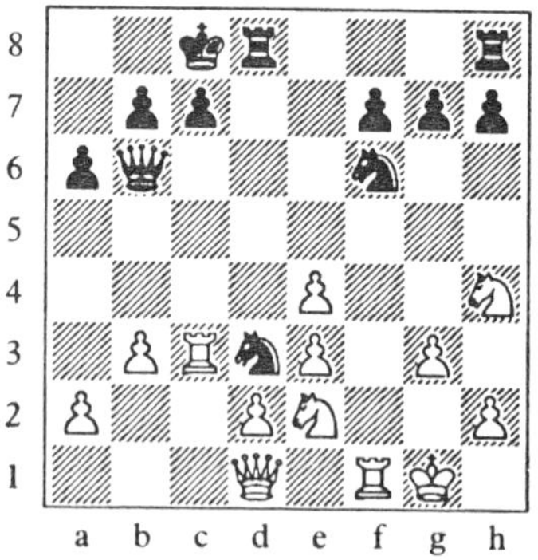

Il n'y a pas de coup d'état sans « cadeau » ! Il semble douteux que 18 ... ♘c5 soit un meilleur coup si l'on considère la suite éventuelle 19. d3 ♘a4 20. bxa4 ♕xe3+ 21. ♖f2 (21. ♔h1 ♕xe2 22. ♖fc1 est prometteur) 21 ... ♘g4 22. ♕f1.

19. ♖xd3 ♘xd2 20. ♖xd8+ ♖xd8 21. ♕f5+ ♔b8 22. ♖e1

Les Blancs peuvent aussi considérer 22. ♖c1.

22 ... ♕xe3+ 23. ♕f2 ♕d3 24. ♘f4 ♕c3 ?

Les Noirs peuvent conserver de bonnes options de nulle avec 14 ... ♕c2. Peut-on réellement en déduire que le « coup d'état » était correct ? Ou bien que les cases noires et blanches peuvent à leur gré s'attirer la puissance ? Rien de tout cela, non. En premier lieu, la partie nulle n'est pas assurée après 24 ... ♕c2 !, deuxièmement nous n'avons pas la preuve que les Blancs n'auraient pas pu jouer mieux à un moment donné ou un autre (par exemple au vingt-deuxième coup), et troisième point, il existe malheureusement de nombreuses positions dans lesquelles un avantage aussi évident ne suffit pas pour le gain. (Les hold-up réussis devraient compter !)

25. ♖e3 ♕c1+

La lutte devient acharnée. Les Blancs gagnent mais seulement après une terrible bataille de plusieurs heures.

26. ♔g2 ♕c6+ 27. ♘f3 g5 28. ♘d3 ♘xf3 29. ♕xf3 ♕c2+ 30. ♘f2 f5 31. ♖e2 ♕c5 32. ♘d3 ♕d4 33. ♘e5 f4 34. ♘c4

Spielmann soutient que 34. g4 est un procédé plus sûr car les Blancs doivent pouvoir arriver à une attaque de milieu de partie. Entendu, mais si la partie parvient tout de même en finale ? Le pion passé protégé ne deviendrait-il pas désagréable ?

34 ... fxg3 35. ♖d2 ♕h8 36. ♖xd8+ ♕xd8 37. hxg3 ♕d4 38. ♕f8+ ♔a7 39. ♕f2 ♕xf2+ 40. ♔xf2 h5

(Diagramme 117)

Le gain ne tient toujours qu'à un fil, c'est-à-dire à une progression digne d'une étude, voyez la note du quarante et unième coup noir.

117

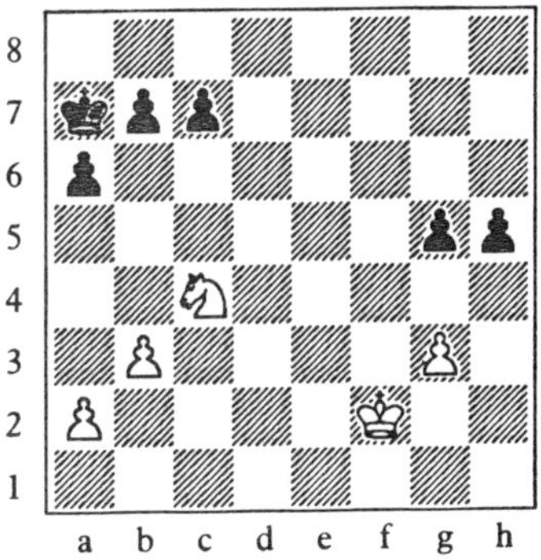

41. ♔e3

Le coup mis sous enveloppe.

41 ... c5

La variante principale consiste en 41 ... b5 42. ♘d2 ! h4 43. g4 h3 44. ♔f3 c5 45. ♘e4 c4 46. b4 ♔b6, car la manœuvre intérieure du roi blanc paraît assez malaisée ; ceci d'autant plus qu'il manque le temps nécessaire à la capture du pion g5. Voici la pointe : 47. ♔g3 et si 47 ... ♔c6, à ce moment seulement la capture fonctionne avec 48. ♘xg5 c3 49. ♘f3 ! et les Blancs gagnent.

42. a4 b5 43. axb5 axb5 44. ♘d2 ♔b6 45. ♘e4 h4 46. g4 h3 47. ♔f3 b4 !

Une dernière étincelle inventive avant l'extinction.

48. ♘xg5 c4
49. ♘e4 cxb3

Ou 49 ... c3 50. ♘f2 suivi de 51. ♘d3.

50. g5 b2 51. ♘d2 ♔c5 52. g6 h2 53. ♔g2 ♔d4 54. g7 ♔d3 55. g8 :♕ ♔xd2 56. ♕a2 ♔c2 57. ♕c4+

Les Noirs abandonnent.

Une partie capitale.

Partie nº 101
Noirs : Gilg
Kecskemet, 1927

1. e4 c5 2. ♘f3 ♘c6 3. ♗b5

Ce coup est bien supérieur à sa réputation et assure au minimum une bonne égalité.

3 ... ♕c7

3 ... d6 est probablement le mieux.

4. c3 !

En effet, maintenant les Blancs peuvent aisément parer ♘f6, la désagréable riposte habituelle à c2-c3, par ♕e2.

4 ... a6 5. ♗a4 ♘f6 6. ♕e2 e5 7. 0-0 ♗e7 8. d4

Les Blancs offrent un pion.

8 ... cxd4

Les Noirs auraient dû refuser le sacrifice et jouer 8 ... d6. Le coup 8 ... 0-0 n'est pas satisfaisant non plus à cause 9. ♗xc6 ♕xc6 10. dxe5 ♘xe4 11. ♖e1 f5 12. exf6 e.p. ♘xf6 13. ♕xe7 ♖e8 14. ♕xe8+ ♘xe8 15. ♖xe8+ ♔f7 16. ♘e5+ et les Blancs restent avec une pièce de plus.

9. cxd4 ♘xd4 10. ♘xd4 exd4 11. e5 d3

Si 11 ... ♘d5, alors 12. e6 fxe6 13. ♕xe6 ♘b6 14. ♗g5 ! ♕d8 15. ♗xe7 ♘xa4 ! 16. ♕b3 ♕xe7 17. ♕xa4 et les Blancs ont un jeu supérieur. La variante 14. ♖e1 est moins claire par contre : 14 ... ♕d8 15. ♗g5 ♘xa4 16. ♕xe7+ ♕xe7 17. ♖xe7+ ♔f8 et l'avantage est incertain.

12. ♕e3 ! ♘d5

12 ... ♗c5 ne sauve pas non plus la partie, par exemple : 13. ♕g3 ♘e4 14. ♕xg7 ♗xf2+ 15. ♔h1 *(et non 15. ♖xf2 ♕xc1+ 16. ♖f1 ♕e3+ avec un mat en quatre coups)* 15 ... ♖f8 16. ♗h6 ♗c5 17. e6 ! et les Blancs gagnent.

13. ♕g3 g6

Si 13 ... 0-0, les Blancs doivent jouer d'abord 14. ♗b3.

14. ♗b3 ♘b4 15. ♗xf7+ ! ♔d8 16. ♗h6 !

Il est difficile d'imaginer que ce fou guigne la case b6, et pourtant !

(Diagramme 118)

16 ... ♘c2
17. ♘c3 ♘d4

Coup de désespoir. Si 17 ... ♘xa1, alors 18. ♘d5 ♕c6 *(le meilleur coup)* 19. ♗e3 ! d6 20.

118

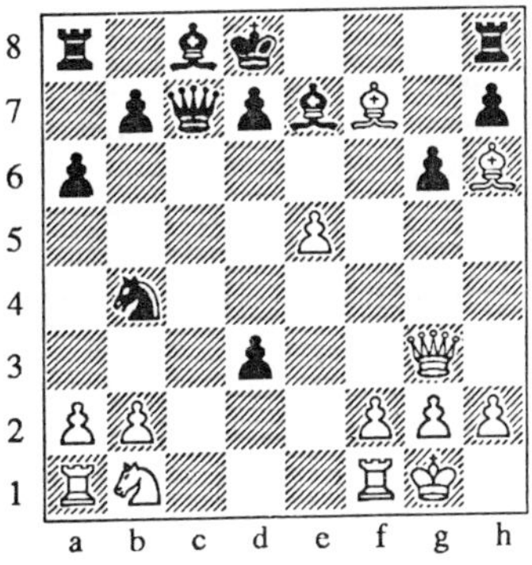

♗b6+ ♔d7 21. e6+ et mat ! La victoire des Blancs après le coup du texte va être éclatante.

18. ♕xd3 ♕xe5 19. ♖fe1 ♕f6 20. ♖xe7

Les Noirs abandonnent.

En considération de 20 ... ♔xe7 21. ♘d5+ ou 20 ... ♕xe7 21. ♕xd4.

9. La défense héroïque

Nous devrions de prime abord pouvoir tenir pour acquis que les nouvelles idées ont pareillement influé sur tous les domaines de la conduite de la partie. Il n'en est cependant pas ainsi. Le domaine de la défense semble opiniâtrement vouloir échapper à la tonique influence de l'esprit moderne. Oui, on dirait presque que le courant pseudo-classique banni de toutes ses « positions » veut se retrancher sur ce dernier territoire. Les progrès faits dans le domaine de la défense sont pour le moins infimes : on adopte toujours une attitude de réserve tremblante en cas d'agression de ses propres lignes et la conception formaliste prédomine encore. Le souci anxieux de la scrupuleuse correction des coups, l'abstention timide de passer par des chemins inusités et par-dessus tout l'emprise « colossale », démesurée de la peur : ô combien tout ceci réveille le souvenir de la lointaine époque pseudo-classique !

L'erreur à notre avis consiste en ce que l'on se sert trop peu des stratagèmes défrichés récemment. L'application de la prophylaxie, du handicap, de la centralisation et de la surprotection devraient également être avantageux dans le domaine de la défense. Nous allons jusqu'à penser que l'art de la défense dans son ensemble pourrait être ainsi élevé à un niveau supérieur. Cela fait pourtant une énorme différence que notre aile visée par l'ennemi ne dépende que de ses propres ressources ou que l'échiquier entier rayonne au contraire de l'énergie de la défense. En effet, qu'est ce que par exemple la centralisation sinon une volonté délibérée de participation de l'ensemble de l'échiquier ? ! Nous présentons quatre parties en guise d'exemples d'une défense héroïque. Elles montrent nettement la contribution des motifs de combat mentionnés plus haut.

Dans la partie n° 102, le « petit centre » est surprotégé avec la plus grande fermeté avec le résultat que ce petit centre prête sa solidité à toute la position, par ailleurs plutôt sous-développée. Les reculs de développement choisis au neuvième et dixième coups à cet effet de consolidation sont réellement empreints de l'esprit moderne.

Dans la partie n° 103, l'ingénuité avec laquelle la défense est menée est remarquable : un tour invraisemblable, emprunté au domaine des plus belles études de finale, permet d'accomplir les desseins de la défense.

L'intérêt de la partie n° 104 est que la nouvelle technique de défense y réussit parfaitement ; une véhémente attaque à l'aile est stoppée par un contre-jeu engagé au bon moment, à savoir une action au centre de très grande intensité. Dans l'ensemble, la partie caractérise bien la « réaction colossale » de l'antipseudoclassicisme, *cf.* plus haut : de furieuses attaques sont neutralisées par des mesures tout aussi violentes. Il nous faut ajouter que la « réaction colossale » représente pour l'essentiel le fruit d'une nouvelle manière de voir mais ne nécessite pas en général un niveau de jeu supérieur, elle est donc tout à fait accessible au joueur moyen.

La technique de défense basée sur les principes hypermodernes triomphe avec éclat aussi dans la partie n° 105. L'attaque sur les cases noires entreprise par l'adversaire, est « retenue » au moyen de contre-attaques sur cases blanches jusqu'à ce qu'apparaisse l'occasion de monter un coup d'état sur cases blanches en rendant le matériel dérobé *(cela ressemble au coup d'état d'Alekhine de la partie n° 100, avec pourtant une différence : le coup d'état de la partie n° 105 est plus sainement motivé)*.

Il existe peu de grands joueurs de défense : l'auteur ne pourrait citer que Steinitz, le Dr. Emanuel Lasker, Amos Burn, le Dr. O. S. Bernstein, Duras et « last but not least » Louis Paulsen. Nous espérons que nos recherches vont contribuer à faire augmenter le nombre des bons défenseurs. Nous pouvons d'ailleurs déjà constater avec satisfaction que certains jeunes maîtres montrent intérêt et talent pour la défense des positions difficiles, parmi eux Saemisch, à l'étincelant don stratégique. Bonne chasse !

Partie n° 102
Blancs : Brinckmann
Berlin, 1927

1. e4 ♘c6 2. d4 d5 3. exd5 ♕xd5 4. ♗e3 e6 5. ♗e2

Le coup 5. ♘f3, joué dans la partie n° 99, suffit pour inquiéter l'adversaire mais le coup de fou est également fort.

5 ... ♕xg2 !

Nous avons foi dans la force de la défense.

6. ♗f3 ♕g6
7. ♘e2 ♘b4

Engagement ferme de la technique moderne de défense : les Noirs préparent la centralisation ♘d5.

8. ♘a3 ♘d5
9. ♘c4

La bonne suite est 9. ♘b5, par exemple : 9 ... c6 *(le meilleur coup)* 10. ♘f4 ! ♘xf4 11. ♘c7+ ♔d7 12. ♘xa8 ♘g2+ et le jeu est incertain. Les expérimentations que le docteur Lasker et l'auteur ont faites au cercle d'échecs se sont soldées par des nulles.

119

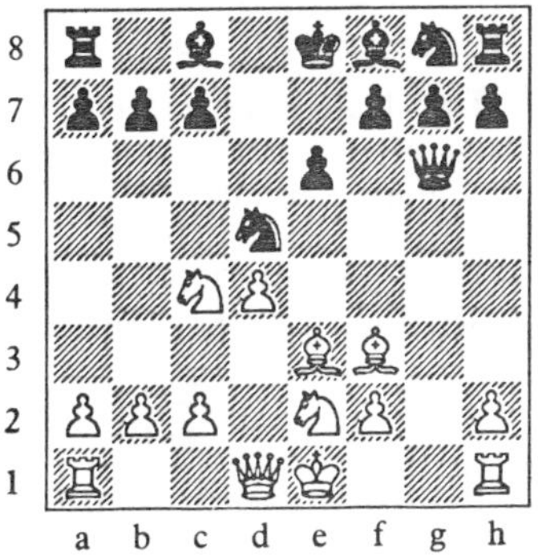

9 ... ♕f6 !!
10. ♘g3 ♕d8 !

Quel est le but de cette manœuvre ?

Il y en a deux ! D'une part la dame aspire à la sécurité, et d'autre part les Noirs s'appliquent à aiguiser au mieux l'idée de la centralisation : ce sont trois pièces qui s'opposent maintenant an plan adverse de percée c2-c4 et d4-d5 (évidemment après le déplacement du cavalier c4). Soyons brefs : c'est une surprotection du cavalier central.

Il est du reste clair que cette manœuvre de repli est d'essence néo-romantique : les Noirs démontrent ainsi leur confiance en la capacité de résistance de leur position d'ouverture, au contraire des pseudo-classiques qui étaient dans ce cas des fanatiques du développement accéléré.

11. ♕d2 ♘gf6

Continuant la surprotection !

12. ♘e5 c6 !

Ce coup « surprotège » tout en « gardant l'expectative » ! Les Noirs veulent conserver le choix des deux roques jusqu'à ce que leur adversaire montre ses couleurs, c'est-à-dire qu'il roque lui-même à l'aile dame ou à l'aile roi. Ce droit à la tergiversation représente pour la position noire resserrée une ressource supplémentaire. On pensera au demeurant au quatrième article de cette section : « le petit centre ».

13. 0-0 !

Si 13. 0-0-0, alors 13 ... ♗b4, par exemple : 14. c3 ♗e7 et les Noirs peuvent préparer par ♕c7 ou a5, ♗d7 et ♖hf8 ! Après le coup du texte par contre, le grand roque serait trop risqué.

13 ... ♗d6 14. ♔h1 ♕c7 15. c4 ♘xe3 16. ♕xe3 c5

Il est toujours excellent d'entreprendre une contre-attaque, ne serait-ce que pour l'effet psychologique. Nos ancêtres le savaient déjà. Ce coup provoque cependant un certain relâchement de la position. 16 ... ♘d7 ! est donc probablement préférable.

17. ♕g5

Les Blancs veulent punir la « désinvolture » de leur adversaire. Il est pourtant plus juste de jouer : 17. ♖ae1 cxd4 18. ♕xd4 ♗d7 quoique dans ce cas non plus les Noirs ne sont pas réellement menacés : si 19. ♘f5 ? exf5 20. ♘g6+ ♗e6 21. ♘xh8 ♔e7 et ils gagnent. Une autre variante à considérer est 17. ♘d3 cxd4 18. ♕xd4.

17 ... cxd4
18. ♖ae1

Ou 18. ♕xg7 ♖g8 19. ♕xf6 ♗xe5 avec un petit avantage noir.

18 ... ♔f8 !

Roquer serait faux, par exemple : 18 ... 0-0 19. ♖g1 h6 20. ♕f4 ♗xe5 21. ♖xe5 ♘d7 22. ♘h5 ! ♕xe5 23. ♕xh6 g6 24. ♖g5 ! ♕h8 25. ♖xg6+ et les Noirs sont mat en deux coups.

19. ♖g1 h6 20. ♕f4 ♗xe5 21. ♕xe5

Ou 21. ♖xe5 ♘d7 etc.

21 ... ♕xe5
22. ♖xe5 ♘d7

22 ... g6 est plus simple avec par exemple : 23. ♖d1 ♔e7 24. ♖xd4 ♖d8 et la finale a de bonnes chances de gagner.

23. ♖b5

23. ♖a5 ! pose bien plus de problèmes aux Noirs.

23 ... a6
24. ♖b3

Ou 24. ♖b4 ♘e5 25. ♗g2 (25. ♗xc6 ? ♖b8) 25 ... ♘d3 ! menaçant ♘xf2 mat.

24 ... ♘c5 25. ♖a3 ♖b8 26. b4 ♘d7 27. c5 ♘e5 28. ♖e1 ♘xf3 29. ♖xf3 ♗d7 30. ♖d3 ♖d8 31. ♔g1 ♗b5 32. ♖d2 ♖d5 33. ♘e4 ♔e7 34. ♘d6

Une faute dans une position sans espoir. La relativement meilleure variante 34. f3 est contrée par 34 ... ♖b8 35. ♘d6 b6 36. ♘xb5 axb5 37. cxb6 ♖xb6 et les Noirs gagnent aisément.

34 ... ♖g5+
35. ♔h1 ♗c6+

Les Blancs abandonnent.

Partie n° 103
Blancs : Leonhardt
Berlin, 1928

La partie commence dans un style pot-au-feu.

1. e4 e6 2. d4 d5 3. ♘c3 ♗b4 4. exd5 exd5 5. ♗d3 ♘c6 6. ♘e2 ♘ge7 7. 0-0 0-0 8. ♗f4 ♗g4 9. h3

Leonhardt fait soudain mine de vouloir entreprendre une attaque. Il semble néanmoins plus facile de jouer 9. f3 ♗h5 10. ♕d2 ou 10. ♗e3 suivi de 11. ♘f4. L'affaiblissement de la case e3 serait très supportable.

9 ... ♗h5
10. ♕c1 ♗a5 !

Nul ne pourrait prétendre que les Noirs évitent les chemins inusités !

11. ♕e3

J'avais prévu si 11. a3 (pour empêcher 11 ... ♘b4) de répondre 11 ... ♗xc3 12. bxc3 et le pion avancé en a3 serait une faiblesse dans la position blanche sinon irréprochable. Il existe bien sûr d'autres possibilités au onzième coup, entre autres 11 ... ♗b6 ou 11 ... ♗g6.

11 ... ♘b4 12. ♘g3 ♘xd3 13. ♘xh5 ♘xb2 ! 14. ♗h6 !

Les Noirs s'y attendaient.

120

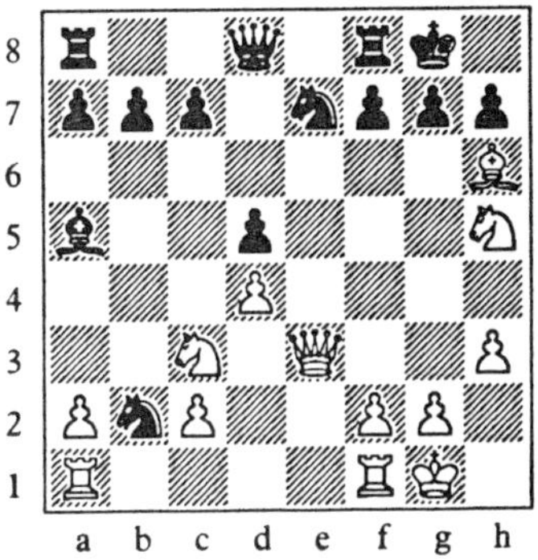

14 ... ♘c4 !
15. ♕g5

La variante principale 15. ♕g3 se continue avec 15 ... ♘f5 16. ♕g4 g6 ! ! 17. ♗xf8 ♗xc3 et le fou f8 n'a pas de case de fuite, nous sommes en présence d'un motif de Rinck, connu sous le nom de la « croix du fou ».

15 ... ♘g6
16. ♘xd5 f6

Il existe deux autres bonnes variantes. La première consiste simplement à échanger les dames 16 ... ♕xg5 17. ♗xg5 f6 18. ♗e3 ♖ad8 et les Noirs ont une finale avec avantage sur les cases blanches. La seconde nous a été communiquée par Kostitsch : 16 ... ♗d2, avec :

a) 17. ♕xd8 ♖axd8 18. ♗xd2 ♘xd2 19. ♖fd1 ♖xd5 20. ♖xd2 ♖xh5, ou

b) 17. f4 ♕xg5 18. ♗xg5 f6 19. f5 ♗xg5 et les Noirs ont un pion de plus, ou enfin *c*) 17. ♘e3 gxh6 18. ♕xd8 (*18. ♕xh6 ♕xd4*) 18 ... ♖axd8 19. ♘xc4 ♖xd4 20. ♖ad1 ♖fd8 et les Noirs ont à nouveau un pion de plus.

La variante choisie semble néanmoins être encore plus forte.

17. ♘dxf6+ ♖xf6

Ou 17 ... gxf6 18. ♕b5.

18. ♗xg7 ♖f7 19. ♗f6 ♕d6 20. ♖ad1

20. ♕h6 ♖e8 21. f4 ♖e2 22. f5 ♗d2 23. fxg6 ♗xh6 24. gxf7+ ♔f8 et les Noirs gagnent, ou 23. ♗g5 ♘e3 et les Noirs ont une pièce supplémentaire et une très forte attaque.

20 ... ♖af8
21. ♕b5

Si 20. ♕h6, alors 21 ... c6 (avec la menace 22 ... ♗d8) 22. f4 ♘e3 23. f5 ♘xf1 24. ♖xf1 (24. fxg6 ? ♕h2+ etc.) 24 ... ♗d2 25. ♕xd2 ♖xf6 26. ♘xf6+ ♕xf6 et les Noirs gagnent.

21 ... ♕c6 22. ♕xc6 bxc6 23. ♗g5 ♖f5 24. f4 ♘e3 25. g4 ♖5f7 26. f5 ♘xf1 27. ♖xf1 ♗c3 28. ♖d1 ♘e7 29. ♖d3 ♘d5 30. ♔g2 ♖b8 31. ♔f3 ♖b2 32. ♘f6+ ♖xf6

Je n'avais pas envie de me séparer de mon beau cavalier centralisé. La simple variante 32 ... ♘xf6 33. ♖xc3 ♖b6 gagne bien sûr également sans problèmes. Le reste de la partie est facile à comprendre :

33. ♗xf6 ♖xa2 34. g5 ♖xc2 35. ♗e5 a5 35. g6 a4 37. ♖d1 ♖d2 38. ♖b1 ♗b2 39. gxh7+ ♔xh7 40. ♖g1 ♗xd4

Parant toutes les menaces.

41. ♖g7+ ♔h8 42. ♖g2+ ♗xe5 43. ♖xd2 a3 44. ♖e2 ♗b2 45. ♖e8+ ♔g7 46. ♖a8 ♘b4

Les Blancs abandonnent.

Partie n° 104
Blancs : Brinckmann
Copenhague, 1924

1. d4 f5 2. e4 fxe4 3. ♘c3 ♘f6 4. ♗g5 b6

Voici une nouveauté qui semble fort risquée. L'habituel 4 ... ♘c6 peut conduire soit à 5. d5 ♘e5 6. ♕d4 ♘f7 7. ♗xf6 exf6 8. ♘xe4 f5 ! 9. ♘g3 g6 10. 0-0-0 ♗h6+ 11. ♔b1 0-0 12. ♘f3 !, soit à une variante intéressante qui n'a pas encore été expérimentée : (*4 ... ♘c6*) ? 5. ♗xf6 ! exf6 6. a3 ! f5 7. ♗c4 ♘e7 8. d5 et les Blancs sont prêts à exploiter comme il convient la faiblesse e6 qui va apparaître après la poussée obligatoire d7-d6.

5. ♗c4

Le plan déjà esquissé dans la note précédente semble bien meilleur : 5. ♗xf6 ! exf6 6. a3 ! et les Noirs ont de très sérieuses difficultés.

5 ... e6 6. ♗xf6 ♕xf6 7. ♘xe4 ♕e7 !

En dépit du nombre limité de coups déjà joués, la position recèle une masse de possibilités merveilleuses. Voyez par exemple les variantes suivantes :

a) 7 ... ♕g6 8. ♕f3 ♗b7 ! (*pas 8 ... d5 sinon 8. ♗d3 !*) 9. ♘d6+ ? ♗xd6 10. ♕xb7 0-0 11. ♕xa8 ♘c6 suivi de 12 ... ♕xg2, ou

b) 7 ... ♕g6 8. ♕f3 ♗b7 ! 9. ♘f6+ ? ♕xf6 10. ♕xb7 ♕xd4 11. ♕xa8 ♗b4+ 12. c3 ♗xc3+ ! 13. ♔f1 0-0 et les Noirs doivent gagner, ou enfin

c) 7 ... ♕g6 8. ♕f3 ♗b7 ! 9. ♗d3 ! ♗b4+ 10. c3 ♖f8 11. ♘d6+ ♔e7 12. ♘xb7 ♖xf3 13. ♗xg6 ♖xc3 14. ♔e2 ♖c4 15. ♗d3 ♖xd4 16. a3 et les Blancs devraient gagner.

La tentative 7 ... ♕g6 conduit donc somme toute au désavantage des Noirs.

8. ♗d3 ♘c6 9. c3 ♗b7 10. ♘f3 0-0-0

Les Noirs ont par chance obtenu une position qui de l'opinion courante est difficile à défendre. Mais l'opinion courante n'est pas toujours juste. Pour vous donner un exemple, on accorde à très peu de situations la réputation d'être défendables alors qu'il est possible en réalité de tenir la plupart d'entre elles.

En l'occurrence ici, la variante 10 ... d5 suivi de 11 ... e5 semble aussi jouable, par exemple : 10 ... d5 11. ♘eg5 e5 12. dxe5 ♘xe5 13. 0-0 ♘xf3+ 14. ♘xf3 0-0-0. Les Noirs se retrouvent alors tout de même avec des faiblesses sur la colonne e et sur les cases blanches, en particulier après 15. ♕a4 ♔b8 16. ♖ae1 ♕f6 17. ♘e5. Un tel résultat n'a rien de surprenant puisque les transpositions brutales dans une partie ouverte se produisent rarement sans accroc.

11. 0-0 ♖g8 !

Ce coup est conçu pour agir sur le centre, de façon explicite : avec l'idée g7-g5-g4 pour soulager la case e5. La suite de « libération » 11 ... d5 12. ♘g3 e5 pouvait aussi être envisagée mais elle serait fausse à cause de 13. ♘xe5 ♘xe5 14. ♖e1. Cependant la variante suivante bien éloignée de la connaissance livresque moderne est jouable : 11 ... d5 12. ♘g3 h5 13. h4 e5, en effet la prise en e5 (♘xe5) ne fonctionne plus car le pion h4 est en l'air.

12. ♕e2 ♔b8
13. a4

13. ♗a6 vaut peut-être mieux, car les Blancs sont assurés de pouvoir déclencher à tout moment leur marée de pions.

13 ... a5

N'ayant pas été bloqué par ♗a6, le pion manifeste sa mobilité.

14. ♖fb1 g5
15. b4 d5

Voici qui est joué bien à propos, puisque le cavalier e4 n'a plus le droit d'aller sur la bonne case d2 : en effet si 16. ♘ed2, alors 16 ... axb4 et le plan 17. a5 ne fonctionne plus à cause de 17 ... bxc3 attaquant le cavalier.

16. ♘g3 axb4 17. a5! g4 18. ♘e5 ♘xe5 19. dxe5 c5!

121

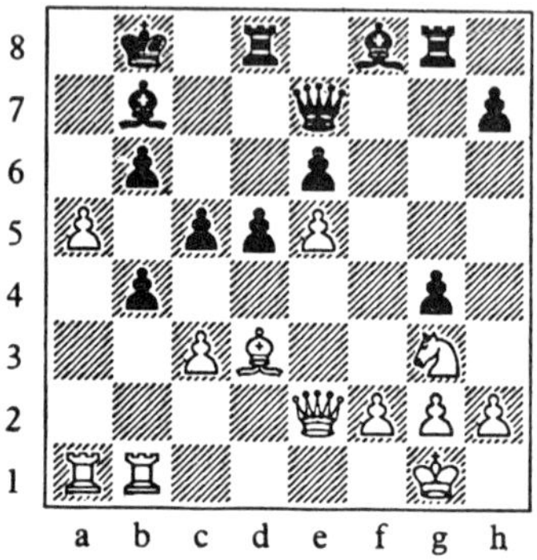

20. cxb4

L'auteur avait calculé une suite étonnante que les Blancs pouvaient forcer en jouant 20. axb6 : 20 ... c4 21. cxb4! ♖c8! (*ouvrir la colonne c par cxd3 serait néfaste : 21 ... cxd3? 22. ♕a2! etc.*) 22. ♕a2 ♖c6 23. ♕a7+ ♔c8 24. b5 ♖c5!! Une telle disposition de tour n'est pas commune! La position obtenue est passionnante, de violentes attaques ricochent sur des ressources de défense de la même colossale intensité. Voici une position de nature héroïque! Voyez notamment la variante : 25. ♗e2 ♗g7 26. ♗xg4 ♗xe5 27. ♖e1 ♖xg4 28. ♖xe5 c3 29. ♘f5 ♕d7 30. ♕a3 ♖gc4 31. ♘e3 ♕xb5 32. ♘xc4 ♕xc4 33. ♖xe6 c2 34. ♖be1 d4 avec d'extrêmes complications.

Voici ce qui se produisit dans la partie :

20 ... cxb4
21. ♖c1

Si 21. axb6, les Noirs jouent simplement 21 ... ♕c5.

21 ... ♗h6 22. ♖cb1 ♕c5 23. axb6 ♕xb6 24. ♖a4 ♗f8 25. ♘h5

Le cavalier menace de s'établir solidement en f6.

25 ... ♗c5 26. ♘f6 ♖g7 27. ♗b5 ♗c8 28. ♖ba1 ♗b7

Les Noirs sont sans arrêt importunés.

29. ♔h1

Les Blancs ont jusqu'ici mené la partie avec une vigueur remarquable, mais ils auraient dû choisir 29. ♖b1 ici.

29 ... ♗d4! 30. ♖b1 ♗c3 31. ♘e8 ♖g5 32. ♕f1! ♖xe5 33. ♘f6! ♕d6 34. ♘xg4 ♖g5 35. f3 ♖dg8?

Les Noirs sont momentanément infidèles à leur plan principal (jeu au centre contre attaque à l'aile) et sonnent tout d'un coup l'attaque au roi ! 35. ♖gg8 est le bon coup.

122

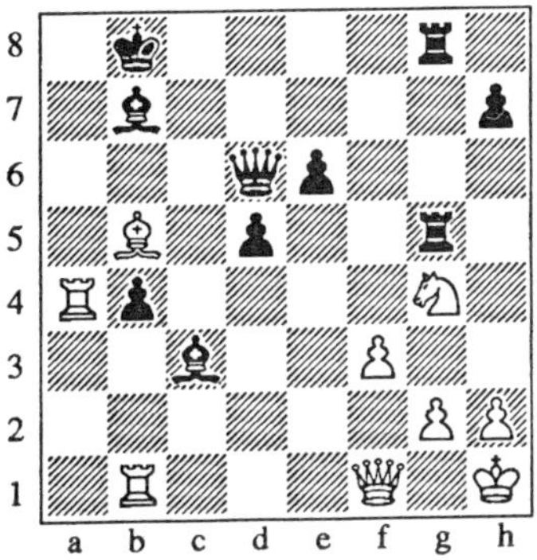

36. ♗a6 ! ♕b6
37. ♕d3 ♖c8

La tour doit revenir sans délai : c'est le seul mot d'ordre possible !

38. ♗xb7 ♔xb7 39. ♕xh7+ ♖c7 40. ♕d3 ♖g8 41. h3 ?

Meilleur est 41. ♘e3 pour menacer 42. ♘d1 ou 42. ♘c2.

41 ... ♖gc8 42. ♘e3 ♖c5 43. f4 ? ♕b5

Coup de consolidation.

44. ♕d1 ♖a8 ! 45. ♖xa8 ♔xa8 46. f5

C'est une faute, mais de toute façon la position des Blancs n'a aucune chance de tenir car le fou c3 et les pions passés sont souverains.

46 ... d4 47. f6 dxe3 48. ♕f3+ ♕c6 49. ♕xe3 ♗xf6 50. ♖f1

Ou 50. ♖xb4 ♖c1+ 51. ♔h2 ♕d6+ 52. ♖f4 ♗e5.

50 ... ♖c2 51. ♕g3 ♗e5 52. ♕g8+ ♔b7

Les Blancs abandonnent.

Partie n° 105
Blancs : Rubinstein
Carlsbad, 1923

1. e4 c5 2. ♘f3 ♘c6 3. d4 cxd4 4. ♘xd4 d5

Cette nouveauté, inaugurée à l'occasion de cette partie, conduit à des positions difficiles. Nous ne pouvons donc pas la recommander à ceux qui croient à l'existence d'une seule voie rigoureusement correcte, c'est-à-dire à la grande avenue. Les chemins de montagne, qui longent les précipices mais offrent d'autre part de si splendides points de vue, ne sont pas faits pour les âmes dociles.

5. exd5

Les Blancs évitent la variante 5. ♗b5 dxe4 ! jouée dans notre quarante-quatrième partie. Le docteur Lasker recommandait d'ailleurs la suite 5. ♘xc6 bxc6 6. exd5 ♕xd5 7. ♘c3 ♕xd1+ 8.♘xd1, pourtant l'avantage en finale que les Blancs obtiennent ainsi nous semble encore problématique.

5... ♕xd5
6. ♗e3 e6!

6 ... e5 serait faux à cause de la réponse 7. ♘b5, les Noirs ont besoin de la case e5 pour leur dame. Si les Noirs avaient déjà un pion en a6, ce qui peut arriver dans les attaques de Sicilienne, la poussée e7-e5 serait admissible mais elle ne permettrait toujours pas un jeu tranquille : la partie est sous le signe de la « défense héroïque », elle n'est certainement pas conseillée si l'on veut tranquillement « pousser du bois ».

Comparons avec le début de la partie que j'ai jouée en juillet 1928 contre (Noirs) Norman Hansen : 1. c4 e5 2. a3 (*les Blancs jouent une Sicilienne avec un temps d'avance*) 2 ... ♘f6 3. ♘c3 d5 4. cxd5 ♘xd5 5. d4 exd4 6. ♕xd4 ♗e6 7. e4 ♘c6 8. ♗b5 ♘e7! 9. ♘ge2 a6 10. ♗a4 b5! 11. ♕xd8+ ♖xd8 12. ♗c2 ♘e5 (*12 ... ♘a5 est aussi à considérer*) et les Noirs obtiennent assez d'espace de manœuvre au centre. Le mesuré 7. e3! est en fait meilleur que l'« énergique » 7. e4, par exemple : 7. e3! ♘c6 8. ♗b5. Si maintenant 8 ... ♘e7, on répond 9. ♕e4! Bien plus, même avec 9. ♘f3 et ensuite 9 ... a6 10. ♗a4 b5 11. ♕xd8+ ♖xd8 12. ♗c2, les Blancs seraient mieux que dans la partie (*leur structure serait beaucoup plus compacte*). La poussée e2-e4 trop enthousiaste (*ou e7-e5 dans la Sicilienne*) ne semble pas vraiment convenir à l'esprit ténébreux de la partie.

7. ♘c3 ♗b4
8. ♘b5

On peut considérer ici 8. ♗e2 ♘ge7 (*8. ♕xg2 ? 9. ♗f3*) 9. 0-0.

8 ... ♕e5!

Le côté lumière du coup mesuré 6 ... e6 apparaît.

9. a3 ♗xc3+!

Revenir en e7 est également suffisant, par exemple : 9 ... ♗e7 10. ♗e2 a6 11. ♘d4 ♘f6 avec le plan de faire le petit roque puis de jouer ♖d8. Mais les Noirs ont choisi une variante plus logique car ils doivent arrêter la tourmente sur cases noires que leur adversaire est en mesure de lancer, d'autre part, la volonté d'éviter les complications serait tout à fait en opposition avec le caractère de la partie. L'épisode suivant est terrible.

10. bxc3!!

Si 10. ♘xc3 ♘f6, les Blancs ont la paire de fous mais les Noirs sont mieux centralisés. Le coup joué dans la partie permet de pénétrer en d6, au prix d'un pion cependant.

10 ... a6 11. ♘d6+ ♔e7 12. ♘c4 ♕xc3+ 13. ♗d2 ♕d4

Afin de pouvoir parer 14. ♗b4+ par 14 ... ♘xb4!

14. ♗d3 b5

Les Noirs veulent écarter le cavalier des cases noires et préparent en même temps leur contre-jeu sur cases blanches (♗b7).

15. ♘a5 ♕e5+ 16. ♗e2 ♘xa5 17. ♗xa5 ♗b7

Si les Blancs jouent maintenant 18. 0-0, les Noirs peuvent forcer l'échange des dames en jouant 18 ... ♕d5.

18. f3 ♘f6

Les Noirs trouvent enfin le temps de développer leur pauvre cavalier : les possibilités qui s'ouvrent maintenant sur les cases d5 et e3 dédommagent amplement pour la longue attente.

19. ♗b4+ ♔e8

Le Roi s'amuse ! *

20. 0-0 ♖d8 21. ♗d3 ♘d5 22. ♗a5 ♖d7 23. ♖e1 ♕d4+

Le livre du congrès remarque ici en s'étonnant : « la dame noire a toujours un échappatoire en faisant échec » !

24. ♔h1 ♘f4

Pour en finir avec la paire de fous. C'est la centralisation intensive qui a rendu ceci possible.

25. ♕d2 ♘xd3
26. cxd3 h5 !

Les Noirs, avec une tour de moins en jeu, font bien pour le moment de refuser poliment le pion d3 : ils projettent de pousser h5-h4, puis ♖h8-h5-d5 ou encore ♖h8-h6-g6.

27. ♖ac1 ♖h6
28. ♗c3

28. ♖e3 suivi de ♖ce1 est le plan à choisir ici, en premier lieu car le pion d3 n'est plus aussi tabou que les Blancs — un peu trop optimistes — semblent penser, et deuxièmement parce que cela permettrait d'empêcher la suite f7-f6 et ♔f7.

28 ... ♕xd3 ! 29. ♕f4 ♕d6 30. ♕g5 ?

Coup anti-prophylactique qui rend plus favorable encore le développement f7-f6, suivi de ♔f7, *cf.* le dernier commentaire. Le bon coup est 30. ♕e3.

30 ... f6 31. ♕e3 e5 32. ♗b4

Les Blancs ont toujours de venimeux desseins sur les cases noires.

32 ... ♕d4 33. ♕b3 ♕d5 34. ♕c2 ♕d3 35. ♕c5 ♔f7 36. ♖c2 ♖h8

Les forces de combat des Noirs sont maintenant entièrement rassemblées.

37. ♖d2 ♕f5 38. ♖xd7+ ♕xd7 39. ♕c2 ! ♗c8 !

Si 39 ... ♖c8, 40. ♕h7.

40. ♖d1 ♕f5

* En français dans le texte.

La défense se déroule de façon naturelle sur les cases blanches.

41. ♕c7+ ♔g6 42. h3 ♖e8 43. ♖c1 ♕f4 44. ♖c6 ♗f5

Menaçant 45 ... ♖c8.

45. ♕d6 h4

Plus fort que 45 ... ♖e6.

46. ♗d2 ♕g3

123

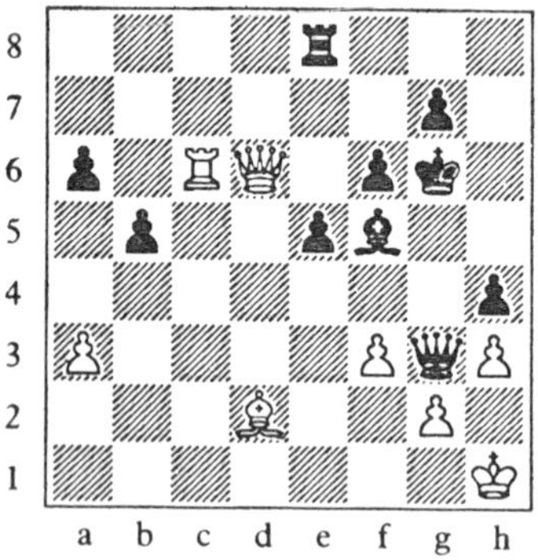

47. ♖c3 a5 !

Le « coup d'état » : les Blancs rendent tout leur matériel supplémentaire pour avoir une attaque combinée sur les deux ailes, voyez la note suivante.

48. f4 ♕f2 49. ♖f3 ♕e2 50. fxe5 ♖xe5 51. ♖f4 b4 ! 52. axb4 a4 53. ♖xh4 a3 54. ♔h2 a2

Les Blancs sont évidemment irrémédiablement perdus. Ils ont un pion passé à dompter sur une aile pendant que sur l'autre ils font face à une attaque de mat. Le reste de la partie garde malgré tout un certain intérêt.

55. ♗c3 ♕e3
56. ♗b2

Si 56. ♗xe5 ? ♕xe5+ 57. ♕xe5 fxe5 et le pion a va à dame.

56 ... ♕e1
57. ♕d4 ♖e3

Les Noirs menaçaient 58 ... ♕g3+ etc.

58. ♕f4 ♖e4 59. ♕g3+ ♕xg3+ 60. ♔xg3 ♖e2 61. ♗d4 ♖d2

Les Blancs abandonnent.

La suite pouvait être 62. ♗a1 ♖d1 63. ♗b2 ♖b1 64. ♗d4 ♖b3+ suivi de 65 ... ♖xb4 et a1 :♕. Les Blancs ont payé le prix fort pour gagner le pion **h**, ils ont pour cela dû éloigner leur tour, ce fut la cause de leur infortune dans la phase finale de la partie.

Si l'on examine à nouveau la partie, les coups de dame méritent particulièrement l'attention : ils semblaient n'être que des coups sans suite logique ayant comme seul but de parer des menaces temporaires. Il s'agissait en réalité d'une utilisation planifiée du terrain central dont ils disposaient, utilisation délibérée en fonction d'un contre-jeu sur cases blanches. En conclusion : centralisation et contre-jeu sur cases blanches de la part d'un camp, pression sur les cases noires de la part de l'autre camp. Dans ce contexte, la victoire des Noirs peut s'inscrire comme le triomphe de la « défense héroïque » soutenue par les stratagèmes modernes.

Nous terminons par une finale extraordinaire de par la qualité plastique du principe sur lequel s'appuie la « défense héroïque ».

Partie n° 106
Noirs : C. Behting
Fin de partie, Riga, 1909

124

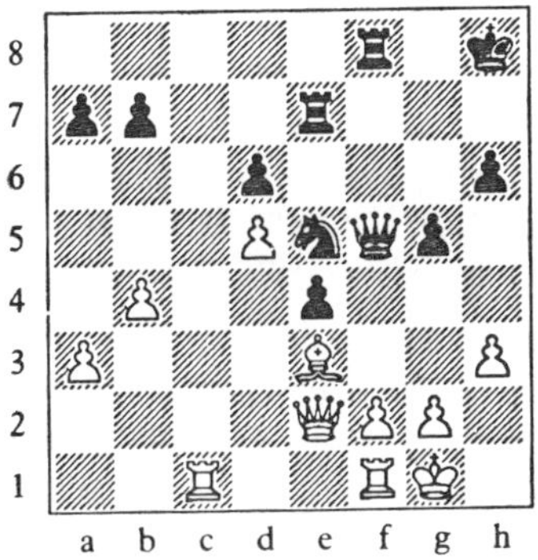

Les Noirs au trait jouent le sacrifice évident :

1 ... ♘f3+ 2. gxf3 ♕xh3 3. ♗d4+ ♔g8 4. fxe4 ♖f3 5. ♖c8+

Les Blancs refusent simplement de mordre dans la pomme acide de la nulle et dédaignent la sûre parade 5. ♖fe1. Au lieu de cela, ils s'engagent dans une aventure effrayante au cours de laquelle ils doivent offrir une tour entière pour parer le mat. Ils semblent n'avoir aucune compensation pour la qualité et le pion de moins... c'est alors qu'ils invoquent le Merveilleux de l'aventure.

5 ... ♔h7 6. ♖fc1 ♕g4+ 7. ♔f1 ♖xe4 8. ♖1c7+ ♔g6 9. ♖g7+ ♔h5 10. ♖xg5! hxg5 11. ♖h8+ ♔g6

Les Blancs ont échappé à une terrible menace de mat (♕h3+ et ♖g4 mat), mais à quel prix ! La dame et le fou d4 sont en outre toujours en prise. Nulle trace d'attaque pour eux aussi loin que l'on regarde !

12. ♕c2 !

Achevant la construction de la formation de défense. Les défenseurs blancs, fantastiques funambules épars, forment un contraste comique avec le groupe grossièrement hostile du trio adverse (la dame g4 et des deux tours en e4 et f3). Mais que vient donc faire l'esthétique, les Blancs ne sont-ils pas assurés de perdre avec une qualité et un pion de moins ? Que non ! La défense héroïque des Blancs se base sur l'utilisation de la centralisation, le fou d4 et la dame en c2 (elle vise la case g6 au travers de e4) tenant lieu de troupes au centre. L'énergie centrale utilisée aux fins de la défense peut aussi s'employer pour l'attaque, nous allons bientôt en être témoin. En effet une forte menace apparaît soudain, à savoir 13. ♖g8+ et si 13 ... ♔h7 ?, alors vient 14. ♕c7+ ♔xg8 15. ♕g7 mat. Voici la suite de la partie :

12 ...	**♕f5**
13. ♕c7	

Ce coup recèle des menaces violentes.

13 ...	**♖e1+**

Par chance, les Noirs ont encore cette réplique.

14. ♔xe1	**♕b1+**
15. ♔e2	**♕d3+**

La partie est nulle par échec perpétuel.

La défense héroïque s'est entièrement appuyée sur la centralisation dans cette partie. Le lecteur attentif essaiera d'établir de quelle façon et à quel point les fonctions de chaque membre du trio blanc (la dame et les deux tours) ont évolué au douzième coup.

10. « Les combinaisons qui sommeillent sous de fines couches »

Le professeur Adolf Anderssen est le véritable créateur de cette excellente formule, qu'il appliquait aux combinaisons de parties fermées. Si ce Grand de l'époque classique était encore en vie, il déciderait peut-être d'y adjoindre toutes les combinaisons du courant hypermoderne. Une sorte de volonté de passer inaperçu semble effectivement adhérer aux combinaisons modernes : de temps à autre, fantomatiques, elles glissent entre les lignes sans se risquer jusqu'au texte. Mais même quand soulevées par une vague puissante, elles ont été attirées de leur existence souterraine à la surface de la partie réelle, même alors elles semblent encore pleines de réserve et se gardent de fulminer. Leur aspect modeste (voyez par exemple 17 ... ♘g6 dans la note du seizième coup de la partie n° 107) figure souvent en contraste (que l'on dirait voulu) avec la profondeur du concept qu'elles renferment.

Nous n'irions évidemment pas affirmer que la modestie est particulièrement caractéristique de notre époque, mais il existe aujourd'hui une sorte de modestie qui semble typique, nous pensons en la matière à la volonté de l'individu de s'intégrer dans l'ensemble (*cf.* Reinhardt, Stanislawsky, pensons aussi au film *Le Cuirassé Potemkine* où un seul personnage principal figure : le peuple !). On peut aussi méditer, en plus de la modestie, au goût actuel pour les techniques pures. Enfin, la campagne menée par l'auteur a également eu sa part d'importance. Le but de cette campagne a été de substituer une nouvelle esthétique échiquéenne à celle qui faisait force de loi : la beauté ne se trouve ni dans l'accumulation de petits avantages ni dans des parties créées « d'un bloc », elle existe dans tout ce qui relie de quelque manière que ce soit l'enchevêtrement des événements de la partie aux lois de la nature, ou révélons-le : « comment, pleine de bienveillance, de merveilleux et de mystère la mère nature remplit son office ». Nous citons notre article « qu'est-ce qui est beau ? » paru dans les « Kagans neue Nachrichten » de 1926 (page 484) et lui empruntons la description suivante d'une partie que nous considérons comme un modèle de l'esthétique des échecs modernes : les Noirs ayant joué légèrement, une pente inévitable les entraîne à la perte. Mais une détermination extraordinaire leur permet de trouver un coup qui permet de tenir la partie. Ils parviennent à stopper leur descente aux enfers. Puis, ils font leur remontée jusqu'à la victoire en dépit des probabilités, car la position est complètement nulle. Pourquoi les Noirs gagnent-ils ? Ils gagnent parce que, pour arrêter le processus de leur déroute, les Noirs sont allés avec une terrible détermination dégager des forces qui sommeillaient dans leur position et ce sont ces forces qui se sont ensuite curieusement imposées. Le pneumologue connaît bien ce phénomène : « Si l'on arrive à enrayer le processus, il se produit forcément par la suite une remontée, la guérison. »

Le manque d'espace nous interdit de détailler notre conclusion, nous vous renvoyons donc à l'article dont nous vous avons parlé plus haut. Nous croyons cependant avoir réussi par cette brève évocation à rendre plausible que la combinaison moderne est moins agaçante, moins vulgairement clinquante et qu'elle s'aligne de meilleur gré au fait stratégique que les combinaisons de la vieille école. Bref, que la combinaison moderne mérite amplement la description faite par Andersen, quand bien même elle visait un autre !

Partie n° 107
Blancs : Dr G. Fluss
(de Budapest)
Partie par correspondance,
1912-1913

1. e4 e5 2. Nf3 Nc6 3. Nc3 Nf6 4. Bc4 Bc5 5. d3 d6 6. Bg5 h6 7. Bh4 g5 8. Bg3 Bg4

Les Blancs choisissent à présent la manœuvre :

9. h3

9. h4 provoque la forte réponse 9 ... Nh5, par exemple :

10. hxg5 ♘xg3 ! 11. fxg3 ♘d4 12. ♘d5 ♗xf3 13. gxf3 ♕xg5 ! et les Noirs gagnent à cause de 14. g4 c6 15. ♖h5 cxd5 !! etc.

9 ... ♗h5 10. h4 g4 11. ♘d2 a6

Coup d'attente et de prévention à l'égard de ♗b5.

12. ♘d5 ♘xd5
13. ♗xd5 ♘e7 !

Ce sacrifice de pion cache une pointe inhabituelle.

14. ♗xb7 ♖a7
15. ♗d5 f5

125

16. f4

La pointe du sacrifice apparaît si les Blancs choisissent la variante naturelle 16. ♗e6 f4 17. ♗h2. Les Noirs auraient dans ce cas dédaigné le coup chahuteur 17 ... ♗xf2+ !? et préféré la parade charmante de modestie 17 ... ♘g6.

Après 17 ... ♗xf2+ ? 18. ♔f1 ♗e3 19. ♘c4 ♘g6 *(il n'y a pas d'autre façon de protéger le précieux pion g)* 20. ♗g1 !! ♗xg1 21. ♗xg4 ! les Blancs ont l'avantage.

17 ... ♘g6 ! est au contraire très efficace *(pour répliquer à 18. ♗xg4 ? ♕xh4, remarquez que 19. ♗xh5 ne fait pas échec à cause du cavalier situé en g6)*, par exemple : 18. g3 *(protégeant le pion h4)* 18 ... f3 et les Blancs ont un fou enfermé en h2. Ou encore 18. ♗g1 f3 19. gxf3 gxf3 suivi de 20 ... ♘f4 et les Noirs ont l'avantage. Nous considérons que la combinaison renonciatrice 17 ... ♘g6 *(et non 17 ... ♗xf2+)* est caractéristique du thème abordé dans notre avant-propos.

Dans la position de notre diagramme, il faut aussi analyser le coup 16. ♕e2. Il y aurait alors 16 ... ♘xd5 17. exd5 ♕a8 18. c4 *(le mieux, surtout pas 18. ♗xe5 sinon 18 ... 0-0 !)* 18 ... c6 19. dxc6 ♕xc6 et les Noirs ont probablement un avantage décisif si l'on considère la bonne mobilité de leur tour à l'aile-dame avec les possibilités ♖a7-e7 ou ♖a7-g7. Le coup 16. f4 joué dans la partie présente lui aussi des inconvénients.

16 ... gxf3 e. p. 17. gxf3 ♘xd5 18. exd5 ♖g8 19. ♘f1

Si 19. ♗f2, alors 19 ... ♗xf2+ 20. ♔xf2 c6 !! Ce coup dote la dame d8 et la tour a7 d'une formidable agilité. Une variante éventuelle est 21. dxc6 ♕b6+ 22. ♔f1 ♖ag7 avec un mat en peu de coups.

19 ... ♕b8 !

Beaucoup plus fort que 19 ... e4 après quoi 20. ♕d2 menaçant ♕xh6 et éventuellement ♕e6+.

20. d4

Les Blancs font une dernière tentative pour se sauver. D'autres essais sont 20. b3 ♕b4+ 21. ♔e2 e4 et les Noirs gagnent ou encore 20. ♖b1 ♖b7 ! 21. b3 et l'échec mortel en b4 a disparu mais une variante tout aussi fatale consiste en 21 ... ♗b4+ 22. ♔f2 ♕a7+ 23. d4 ♗c3 ! et les Noirs gagnent.

20 ... ♗xd4
21. c3

Voici une espèce de gambit Evans, si maintenant 21 ... ♗c5 alors 22. b4 !, mais...

21 ... ♕xb2 !!

Une élégante combinaison pour en finir.

22. cxd4 ♕c3+
23. ♔f2 ♖b7 !

A cela, point de remède.

24. ♖c1

24. ♖h2 conduit au même résultat.

24 ... ♖b2+
25. ♔g1 ♖xg3+

Les Blancs abandonnent.

Car 26. ♘xg3 ♕e3+ puis mat en f2. Les Noirs pouvaient faire le même sacrifice après 24. ♖h2, il est vrai qu'après ♕e3+ les Blancs auraient encore eu la case h1 pour leur roi mais cela n'aurait servi à rien à cause de ♗xf3+.

Partie n° 108
Noirs : Dr O. H. Krause
Copenhague, 1924

Cette partie ne semble pas combinatoire, pourtant elle fourmille de combinaisons brillantes et hautes en couleur, mais celles-ci restent tranquillement en coulisse sans jamais apparaître au grand jour. Nous faisons le vœu que le lecteur rejoue les variantes analysées dans chaque note en leur accordant une extrême attention.

1. d4 f5 2. ♘f3 ♘f6 3. ♗f4 d6

La spécialité du docteur Krause, il la joue d'ordinaire aussi après 3. c4. Son idée principale est de pousser e7-e5 même si cela coûte un pion. *Cf.* le sixième coup des Noirs.

4. e3 h6
5. h4

Pour s'opposer à la menace d'expansion g7-g5 et ♗g7.

5 ... ♘c6
6. d5

Si on tient à jouer ce coup, il faut le faire immédiatement. Tergiverser avec par exemple 6. c4 ou 6. ♘bd2 permettrait aux Noirs 6 ... ♘g4 et l'action commençant par 7. d5 e5 serait alors moins bonne pour les Blancs que dans la partie (le coup « ♘g4 » représenterait un tempo entier de plus au profit des Noirs).

6 ... e5

La recette du docteur Krause n'a pas fonctionné au mieux ici.

7. dxc6 exf4
8. ♗b5

Et non 8. cxb7 ♗xb7 9. exf4 ♕e7+ 10. ♗e2 ♗xf3 après quoi les Blancs se retrouvent avec des pions triplés.

126

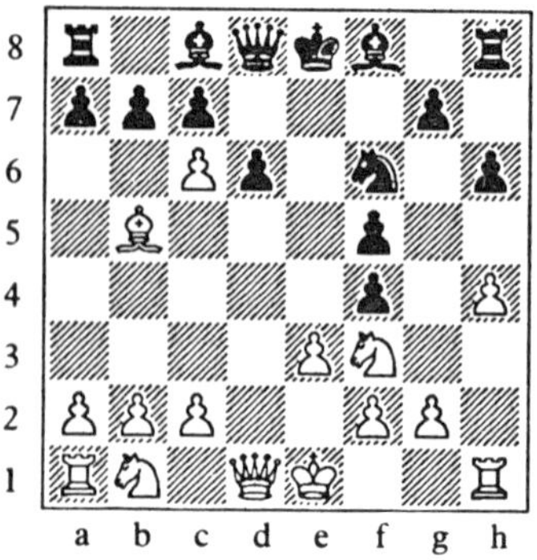

8 ... b6

Le docteur Krause suggère que 8 ... ♔f7 est meilleur. Il semble alors que les deux variantes 9. exf4 et 9. 0-0 sont mauvaises pour les Blancs. Par exemple : 9. exf4 ♕e7+ *(si 9 ... ♕e8+ 10. ♘e5+ ! dxe5 11. cxb7 gagne)* 10. ♕e2 ♕xe2+ 11. ♔xe2 bxc6 12. ♗xc6 ♖b8. Et après 9. 0-0 fxe3 10. ♘e5+ ♔g8 11. fxe3 ♕e7 ! 12. ♘g6 ♕xe3+ 13. ♔h1 ♕g3 14. ♘xh8 ♘g4 les Noirs gagnent. La centralisation sans prétention 9. ♕d4 donne par contre un jeu supérieur aux Blancs, analysons-la : 8 ... ♔f7 9. ♕d4 fxe3 10. fxe3 d5 11. ♘e5+ ♔g8 12. ♘d2 b6 13. b4 *(pour empêcher 13 ... ♗c5)* et les Blancs ont effectivement un avantage clair. Vous constaterez que la centralisation de la dame a joué un rôle crucial sur l'échiquier pendant cet épisode tactique ! Les coups intermédiaires s'adaptent d'ailleurs parfaitement à l'art combinatoire moderne.

9. exf4 d5 ! 10. 0-0 ♗c5 11. g3 ♘e4 12. ♔g2 g5

La variante la plus aiguë mais la meilleure. 12 ... ♕d6 est aussi à considérer. Si alors 13. ♘e5 ? ♗e6 14. f3 ♘f6 et les Noirs menacent d'avancer d5-d4 puis de jouer ♘f6-d5-e3, mais après 13. c3 ! a5 14. ♘d4 les Blancs ont l'avantage.

13. ♘e5 ! 0-0 !

13 ... g4 ? est évidemment erroné, à cause de 14. ♘d7 d4 15. b4 ♗xb4 16. ♕xd4 et les Blancs gagnent une pièce.

La position critique de la partie est atteinte après le dernier coup des Noirs.

127

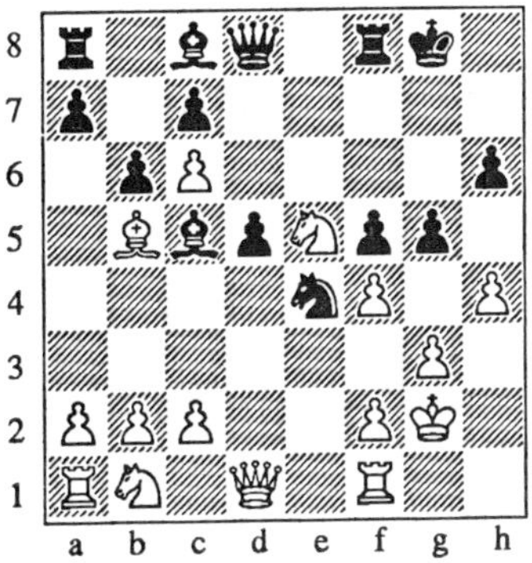

14. hxg5 !

C'est le coup logique. En effet 14. ♕h5 immédiatement échoue à cause de l'amusante réponse 14 ... ♕e8 15. ♕xh6 ? ♖f6, il faut donc protéger la dame h5 par ♖h1, vérifions : 14. hxg5 hxg5 15. ♕h5 ♕e8 16. ♖h1.

Le coup 14. f3, non-logique car il provoque l'obstruction de l'importante diagonale d1-h5, conduit à un jeu plein de péripéties : 14. f3 ♘d6 ! 15. ♕xd5+ ♔h7 16. hxg5 ! *(avec 16. ♘c3 ♘xb5 17. ♕xd8 ♖xd8 18. ♘xb5 ♖d2+ les Blancs n'obtiennent pas plus que la nulle)* 16 ... ♘xb5 17. ♘c3 ! ♘xc3 ? 18. ♖h1 ! et les Blancs gagnent, par exemple : 18 ... ♕f6 *(pour parer le mat en trois coups)* 19. gxf6 ♘xd5 20. ♖xh6+ et mat en peu de coups. Les Noirs peuvent aussi échanger les dames au dix-septième coup : 17 ... ♕xd5 18. ♘xd5, ils obtiennent alors une position difficile. S'ils continuent avec 18 ...hxg5, l'attaque des Blancs l'emporte grâce à 19. ♖h1+ ♔g7 20. ♖h5. Ils peuvent pourtant organiser une résistance coriace en jouant 18 ... ♖h8 !, par exemple : 19. a4 *(19. ♘f7 ? ♗e6 ! 20. ♘xh8 ♗xd5 etc.)* 19 ... ♘d4 20. ♘xc7 ♖b8 21. ♖h1 ♔g7 22. gxh6+ ♔h7 *(surtout pas 22 ... ♖xh6, sinon : échec intermédiaire en e8, échange de tours et mat, c'est-à-dire 23. ♘e8+ ♔h7 24. ♖xh6+ ♔xh6 25. ♖h1 échec et mat !)* 23. ♘d5 ♖f8 *(pare la menace de mat)* 24. c3 et les Blancs auront encore à travailler durement pour gagner.

Le coup joué dans la partie est donc bien le meilleur. Cela ne devrait pas nous étonner car le logos remplit aussi son office dans les positions fantastiques.

14 ...	**hxg5**
15. ♕h5	**♕f6**

127 a

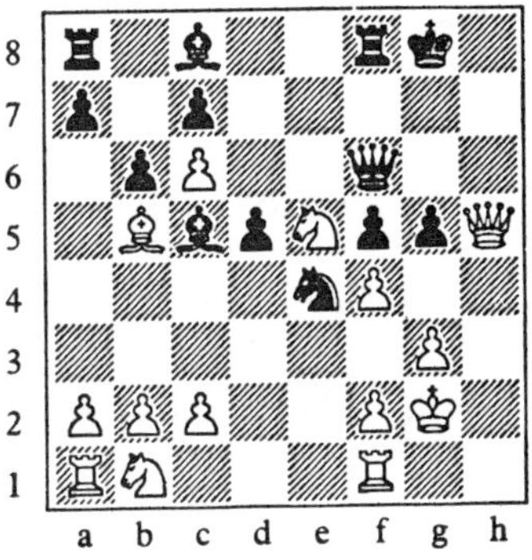

16. f3 !

Assez d'histoires de fantômes ! Les Blancs ne redoutent pas le spectre 16 ... gxf4 17. fxe4 ♕xe5, car ils ont 18. ♘c3 ! et le pion e4 est tabou ! Après le coup 18 ... ♖f7, qui selon d'aucuns est profitable pour les Noirs, les Blancs poursuivent avec 19. ♖xf4. Les Noirs doivent absolument s'abstenir de jouer leur atout 19 ... ♖h7 qui invoquerait une catastrophe : 20. ♖g4+ ♔h8 21. ♕xh7+. Ils n'ont donc pas mieux que le coup de développement 19 ... ♗e6 ! Les Blancs peuvent alors forcer le gain par une manœuvre extrêmement précise : 19 ... ♗e6 20. exf5 ♗xf5 21. ♖h1 *(menaçant ♖xf5 !)* ♗e4+. Les Noirs doivent tenter de simplifier ! 22. ♘xe4 ♕xh5 23. ♖xh5 ♖xf4 24. ♘xc5 ♖b4 25. ♘a6 ♖xb5 26. b4 ! ! et les Blancs gagnent, mais pas avec 26. ♘xc7 ? ♖xb2 27. ♘xa8 ♖xc2+ 28. ♔f3 ♖xc6 car la capture du cavalier assure la nulle. La position originale atteinte avec le coup 26. b4 ! ! mérite d'être représentée par un diagramme.

(Diagramme 128)

Dans la partie, les Noirs décident de reculer leur cavalier :

16 ... ♘d6 17. ♘c3 ♗e6 18. fxg5 ! ♕xe5 19. ♕g6+ ♕g7 20. ♕xe6+ ♕f7 21. ♕xf7+ ♔xf7 22. ♗d3 ♗d4

128

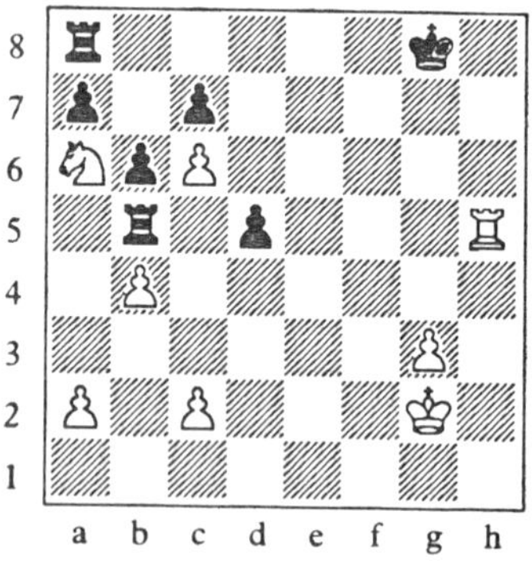

Si 22 ... d4 23. ♘d5 avec la menace 24. b4.

23. ♘xd5 ♗xb2 24. ♖ae1 ♖ae8 25. ♘xc7 ♖xe1 26. ♖xe1 ♖c8 27. ♘d5 !

Plus précis que 27. ♘e6 ♖e8 28. c7 ♖xe6 29. ♗c4. Les Blancs guignent du coin de l'œil le pat de l'ensemble des pièces noires.

27 ... ♖xc6
28. ♖e7+
Les Noirs abandonnent.

Après 28 ... ♔g6 29. ♘f4+ ♔xg5 30. ♖e6 ♗f6 31. c4 ! les Noirs seraient en zugzwang. Cette partie a eu un étrange destin, les combinaisons n'ont jamais pu y voir jour. Qui oserait dire pourtant qu'elle a été terne ?

Nous vous présentons enfin une partie courte, passionnante qui — à dire vrai — ne peut prétendre à l'absolue correction.

Les Noirs commencent d'abord une combinaison parfaitement juste, mais ensuite voulant éviter l'échange des dames, ils se lancent dans une aventure qui aurait pu mal finir.

Partie nº 109
Blancs : Spielmann
Stockholm, 1920

1. e4 ♘c6 2. d4 d5 3. e5 ♗f5

Plus simple que 3 ... f6.

4. ♘e2

4. ♘f3 semble plus naturel.

4 ... e6 5. ♘g3 ♗g6. h4 h5 7. ♗e2 ♗e7

La manœuvre des Blancs était donc juste ! Les Noirs auraient cependant pu mieux jouer : 7 ... ♘b4 avec par exemple : 8. ♘a3 c5 9. c3 ♘c6 et la prise d'importance de la situation centrale amoindrit l'effet du déploiement de forces autour du pion h5.

8. ♗xh5 ♗xh5 9. ♘xh5 g6 10. ♘f4 ♖xh4 11. ♖xh4 ♗xh4 12. ♕d3

Ce coup contrecarre 12 ... ♗g5, car alors 13. ♘xe6 ! gagnerait.

(Diagramme 129)

12 ... ♘ge7 ! ! 13. g3 ♘f5 14. gxh4 ♘fxd4

Les Noirs ont les menaces 14 ... ♘b4 15. ♕xd4 ♘xc2+ et 14

129

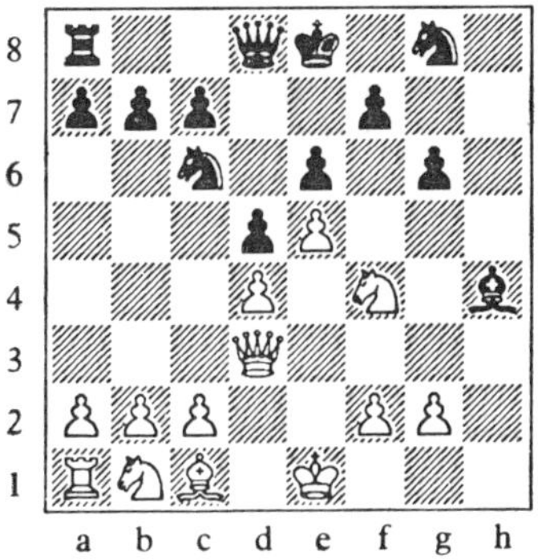

... ♘xe5 15. ♕xd4 ♘f3+, c'est une mignonne attaque double.

15. ♘a3 ♕xh4

Ils pouvaient jouer plus simplement 15 ... ♘xe5 16. ♕h3 ♘df3+ 17. ♔f1 ♕xh4 obtenant ainsi une finale prometteuse, mais les Noirs veulent éviter l'échange des dames.

16. ♕h3

Forçant l'échange de dames.

130

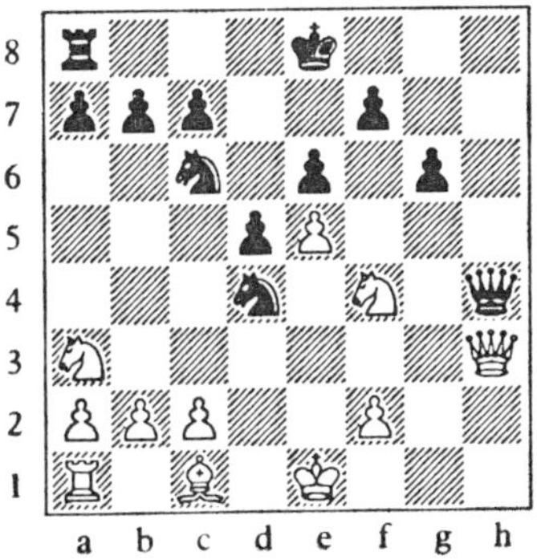

16 ... ♕g5!?

Avec l'idée : 17. ♕h8+ ♔d7 18. ♕xa8 ♕g1+ 19. ♔d2 ♕xf2+ 20. ♔c3 ♘b3!! *(après la partie, la solution accessoire 20 ... ♘f3 a été découverte).* 16 ... ♕xh3 était pourtant nécessaire.

17. ♗e3?

17. ♘d3 permet aux Blancs d'avoir l'avantage : 17 ... ♕g1+ 18. ♔d2 ♘xe5 19. ♘xe5 ♕xf2+ n'est pas plus satisfaisant pour les Noirs que l'autre possibilité 17 ... ♕g1+ 18. ♔d2 ♔d7 19. ♘c5+ *(pas 19. c3 sinon 19 ... ♖h8! ♕xh8 20. ♕g5+ avec échec perpétuel)* 19 ... ♔e7 20. ♕h4+ ♔e8 *(ou 20 ... g5 21. ♕g3)* 21. ♕h8+ ♔e7 22. ♕f6+ et 23. c3.

17 ... ♕g1+ 18. ♕f1 ♘f3+ 19. ♔e2 ♘fd4+ 20. ♔d2 ♘f3+ 21. ♔e2 ♘cd4+ 22. ♔d3

Funeste coup. Les Blancs devaient accepter la variante 22. ♗xd4 ♘xd4+ 23. ♔d3 ♕g5, mais leur situation ne serait toujours pas enviable : 24. ♔xd4 ♕xf4+ 25. ♔d3 c5.

22 ... ♕g5 23. ♕h3 ♕xe5 24. ♖f1 0-0-0 25. b3 b5 26. ♘xb5 ♕e4+ 27. ♔c3 ♕xc2+ 28. ♔b4 c5+

Les Blancs abandonnent.

TABLE DES STRATAGÈMES

(Les numéros renvoient aux parties)

Formation solide ou relâchée

Finesses positionnelles

Connaissances indispensables au joueur

Finales de...

TABLE DES DÉBUTS

(Les numéros renvoient aux parties)

Débuts ouverts

Débuts semi-ouverts

Débuts fermés

* Défense Tarrasch.

INDEX DES PARTIES

TABLE DES MATIÈRES

LES ÉCHECS AUX ÉDITIONS PAYOT

En grand format :

Jacques BAUDRIER et Christophe BOUTON, *L'ABC de la stratégie* (184 p., 111 diagr.)

Ou comment apprendre la stratégie échiquéenne, se perfectionner sans trop souffrir et dans la bonne humeur, à travers un match entre deux joueurs fictifs, Attakanski et Defendarov...

Frank BRADY, *Bobby Fischer* (386 p.)

Frank Brady a rencontré le « kid de Brooklyn » à l'âge de onze ans et, depuis, il a suivi toute la carrière du champion le plus controversé des soixante-quatre cases. La première grande biographie de l'enfant terrible des échecs.

David BRONSTEIN, *L'art du combat aux échecs* (473 p., 352 diagr.)

Considéré dans le monde entier comme l'un des plus grands classiques de la littérature échiquéenne, ce livre dévoile les secrets du milieu de partie. Bronstein analyse toutes les parties de l'un des tournois les plus fascinants de l'histoire du jeu : l'interzonal de Zürich 1953. Peu de variantes sont données. Mais le style est si limpide que l'on revit vraiment une à une ces pièces d'anthologie.

José-Raul CAPABLANCA, *Principes fondamentaux du jeu d'échecs* (177 p., 150 diagr.)

Le champion du monde cubain avait le sens de l'économie aux échecs, car là où les pédagogues ont développé, Capablanca a dit ce qu'il estimait essentiel. Un manuel fondamental pour les joueurs de tous niveaux.

Max EUWE, *Les échecs*, t. I : *Position et combinaison* (214 p., 132 diagr.) ; t. II : *Jugement et plan* (317 p., 168 diagr.)

Deux grands classiques de la littérature échiquéenne dans lesquels l'ex-champion du monde détaille de manière analytique comment apprendre et comprendre le jeu dans toutes ses phases.

Hans KMOCH, *L'art de jouer les pions* (287 p., 346 diagr.)

« Les pions sont l'âme du jeu d'échecs », écrivait le grand maître Philidor. Près de deux siècles se sont écoulés depuis et la théorie se penche toujours sur les problèmes posés par les pions, qui sont le thème essentiel des manuels sur le milieu du jeu. Si Kmoch n'est pas un philosophe échiquéen comme A. Nimzovitch, il est pourtant l'un des plus grands pédagogues de cette discipline, et, à cet égard, sans aucun doute le plus digne successeur du Dr Tarrasch.

Bent LARSEN, *Les coups de maître aux échecs* (169 p., 219 diagr.)

Le grand maître, qui fut candidat au titre mondial, fait partie de ces rares joueurs de haut niveau vraiment pédagogues. En rassemblant des parties et des positions exemplaires à plus d'un titre, il communique au lecteur l'amour de l'étude, avec humour et talent.

Alexandre NIKITINE, *Kasparov* (351 p., 95 diagr.)

Alexandre Nikitine a été pendant des années l'entraîneur de Kasparov. Cette biographie, unique et spécialement enrichie pour la version française, nous dévoile la formation d'un formidable champion, du petit « Garik » au grand Garri dominateur. Les dessous politiques et techniques des championnats du monde contre Karpov sont révélés pour la première fois. En complément, l'auteur analyse les cinquante parties marquantes de la carrière du plus jeune champion du monde de tous les temps.

Lev POLOUGAÏEVSKY, *Le labyrinthe sicilien,* t. I (247 p., 211 diagr.) et II (209 p., 217 diagr.)

Adepte inconditionnel de la défense Sicilienne, Lev Polougaïevsky fait partager au lecteur son amour de cette défense. C'est la première fois que la défense Sicilienne est traitée en français de manière exhaustive dans un ouvrage à la fois technique et pédagogique. Un modèle du genre.

Robert J. WADE et Kevin O'CONNELL, *Les parties d'échecs de Bobby Fischer* (507 p., 434 diagr.)

Une collecte chronologique de toutes les parties de Bobby Fischer, qui nous livrent l'art du champion à l'état brut. Édition revue et augmentée, avec notamment le match revanche Fischer-Spassky de 1992.

En poche :

Michel BENOIT, *Les échecs en trois jours* (279 p., 316 diagr.)

Dans ce manuel pour tous les débutants, le parti pris du champion de France Michel Benoit a été de commencer par enseigner les mats fondamentaux et les fins de partie. Cette approche rare, mais systématiquement recommandée par les forts joueurs, rend possible une compréhension rapide des bases de la stratégie.

Max EUWE et Walter MEIDEN, *Maître contre amateur* (287 p., 124 diagr.)

Quand l'amateur affronte le maître... et perd, naturellement. Toutes les fautes possibles du plus faible, stratégiques et tactiques, sont expliquées en vingt-cinq parties avec un grand art de la pédagogie.

Max EUWE et Walter MEIDEN, *L'amateur devient maître* (350 p., 177 diagr.)

Après le succès de *Maître contre amateur,* Euwe et Meiden invitent toute personne étudiant le jeu d'échecs dans un voyage périlleux : acquérir cette fameuse maîtrise de la pensée et du calcul. Leur style concis ravira tous les « candidats-maîtres ».

Alexandre KOBLENTZ et Mikhaïl TAL, *L'école des échecs,* t. I (189 p., 341 diagr.)

L'ancien champion Mikhaïl Tal était connu pour ses combinaisons brillantes. Avec son entraîneur de toujours, il donne tous les schémas d'attaque sur le roi qu'un joueur se doit de connaître. Un livre simple et accessible.

Alexandre KOTOV, *L'école des échecs,* t. II (220 p., 251 diagr.)

A l'aide des parties choisies avec soin, Kotov systématise toutes les méthodes d'attaque sur le roi ; il répertorie les différents types de sacrifices pour exposer le roi ennemi.

Bent LARSEN, *Mes 50 meilleures parties* (325 p., 79 diagr.)

Larsen analyse les parties qui l'ont hissé au plus haut niveau mondial de 1948 à 1969, tout en relatant ses péripéties de jeune maître occidental dans un monde échiquéen alors dominé par les Soviétiques.

Emanuel LASKER, *Le bon sens aux échecs* (158 p., 35 diagr.)

En douze conférences données en 1895, le jeune champion du monde Emanuel Lasker (1868-1941) exposa les notions de base du jeu d'échecs. Son succès fut tel qu'on lui demanda d'en faire un livre.

Aaron NIMZOWITSCH, *Mon système,* t. I (189 p., 31 diagr.) et II (139 p., 75 diagr.)

Nimzowitsch (1886-1935) est le premier à avoir su scinder la stratégie du jeu en plusieurs thèmes. Son livre, qui ne donne pas de recettes mais réapprend l'art de la réflexion, fut en 1925 le manifeste de l'école « hypermoderne ».

Ludek PACHMAN, *Les ouvertures* (158 p., 35 diagr.)

Bien connaître les ouvertures est une étape importante si l'on veut ne pas perdre dès les premiers coups. Ludek Pachman, inlassable pédagogue du jeu d'échecs, a donc répertorié toutes les ouvertures à l'aide de nombreuses variantes. Un petit missel indispensable si l'on ne veut pas perdre... dans l'ouverture.

Michael STEAN, *Les échecs simples* (110 p., 83 diagr.)

Pour accompagner le boom des échecs anglais à la fin des années soixante-dix, le grand maître a voulu expliquer la stratégie en termes simples et pragmatiques. Pari tenu, dans une sorte de bible permanente et pratique du jeu d'échecs.

Siegbert TARRASCH, *Traité pratique du jeu d'échecs* (463 p., 339 diagr.)

Douzième édition de ce grand classique, qui connaît un succès constant depuis 1931. Dans ce modèle de précision sont répertoriés tableaux de mat, finales et finesses de milieu de jeu. Exception faite de la théorie des ouvertures, ce livre n'a pas pris une ride.

Xavier TARTACOVER, *Tartacover vous parle* (335 p., 140 diagr.)

Le premier grand livre d'échecs de l'après-guerre, resté pourtant inédit depuis 1953. L'auteur du très célèbre *Bréviaire des échecs* raconte ici ses tournois et commente ses parties, de 1905 à 1931, le tout dans un français pétillant.

Ouvrage imprimé en septembre 1995.
Tirage sur presse CAMERON
dans les ateliers de B.C.I.
à Saint-Amand-Montrond (Cher).

ISBN 2-228-88952-0

N° d'impression : 1834-1/1591
Dépôt légal : septembre 1995

Imprimé en France